4차 산업혁명 시대
북한의 ICT 발전과 강성대국

In the era of the 4th industrial revolution,
North Korea's ICT development
and **construction of a strong and**
prosperous nation

4차 산업혁명 시대
북한의 ICT 발전과
강성대국

남성욱 지음

한울
아카데미

차례

머리말

세상이 온통 ICT(Information & Communication Technology)다. 새벽잠이 깨면 간밤에 도착한 스마트폰 카톡부터 확인하며 하루가 시작된다. 잠자리에 들 때까지도 모두가 ICT 세상에서 일하고 먹을 것을 주문하고 여가를 보낸다. 코로나 팬데믹 위기에 비대면 ICT 기술은 도깨비방망이 역할을 하고 있다. 인공지능(AI: Artificial Intelligence)의 기술은 인간의 취향을 미행해 그물망에서 벗어나지 못하도록 유혹한다. 인간의 삶 속 모든 분야에서 ICT 기술이 활용되고 산업의 융합과 창조가 꽃핀다. ICT 분야의 눈부신 발전은 빛의 속도로 나아갔다. 최근 10~20년 사이에 있었던 창조적 성과보다 빠르게 성공을 거둔 초유의 일이다. 유발 하라리(Yuval Harari)의 『사피엔스(Sapiens)』에 나오는 과학혁명의 시대가 도래한 것이다. 혁신과 통합의 새로운 '4차 산업혁명'이 인간의 삶에 거대한 구조적 변화를 몰고 오고 있다.

이러한 변화의 트렌드에 북한은 조심조심 발을 담그는 중이다. 하지만 급류에 휩쓸려 갈까 봐 이러지도 저러지도 못하고 있다. 1970년대 들어 세계적으로 TV 등 전자산업이 크게 발전하면서 북한에서도 전자산업에 대한 관심이 높아졌었다. 일부 조총련계 재일동포들을 통해 소니 등 일본산 전자제품이 북한에 유입되고, 일본의 전자산업 기술에 북한 권력자들도 큰 관심을 가졌었다. 하지만 북한은 1990년대 탈냉전시대에 국제사회가 이데올로기적인 대립에서 벗어나 경제협력을 모색할 때에도 여전히 폐쇄적인 상태에서 벗어나지 못했다. 남한이 급속한 경제적 성장을 이루는 시점에 북한의 산업적 낙후성은 더욱 심해졌다. 그나마 북한은 2000년대 들어 단번도약론과 CNC(Computer Numerical Control, 컴퓨터 수치제어)를 통한 정보화 방식의 경제발전 전략으로

ICT 산업의 육성을 강조했다.

　이 책의 근간이 된『북한의 IT 산업 발전 전략과 강성대국 건설』을 발간한 2002년 당시 북한의 ICT 산업은 그야말로 걸음마 단계였다. 북한 IT(Information Technology) 연구 분야에서 선구자적인 서적인『북한의 IT 산업 발전 전략과 강성대국 건설』은 자료 부족과 북한 실상 파악의 어려움 등 집필 과정에서 간단치 않은 고충을 겪으며 완성했다. 이후 그 책을 기반으로 한 책들이 출간되며 개척자로서 보람을 느꼈다. 북한은 디지털의 발전 추세를 이해하는 정보화 지도층의 출현으로 ICT를 집중 육성하기 시작했다. 디지털 경제를 의미하는 '수자경제'를 강조함으로써 세계적인 트렌드에 동참하기 시작했다. 그로부터 20년이 지났다. 2021년 북한의 ICT 수준은 상전벽해를 실감하며 각 분야에서 상당한 성과를 거두고 있다. 600만 대의 '손전화' 가입자를 보유한 데다, 2019년에는 평양에서 미국 국적의 암호화폐 전문가를 초청해 비트코인 등 첨단 암호화폐 기술에 대한 국제 세미나를 개최했다.

　국제적으로 문제가 되는 군사 및 경제 보안 분야의 단골 해킹국가의 명단에는 북한이 가장 먼저 오르고 있다. 상당한 해킹 기술이 뒷받침되지 않으면 어려운 작업이다. 김정은 위원장은 중국의 알리바바와 같은 전자상거래 기업, 남한의 네이버와 같은 포털 및 인터넷 정보 매개 서비스 기업을 만들어서 수익을 창출하고 싶을 것이다. 그러나 '북한의 구글', '북한의 알리바바', '북한의 텔레콤' 설립을 통한 수익에는 관심이 많지만, 독이든 성배(聖杯)인지 의심을 거두지 않아 실제 개혁과 개방에는 신 포도를 눈앞에 두고 재는 여우와 같이 바라만 볼 뿐이다.

　북한은 이집트의 오라스콤(Orascom)과 합작으로 스마트폰 사업을 시작해 600만 명의 가입자가 손전화를 사용하고 있음에도, 오라스콤이 투자해 거둔 수익을 평양 밖으로 반출하지 못하게 막고 있다. 오라스콤과 평양 당국 간의 이익 분배와 외부 송금을 둘러싼 갈등은 전 세계 투자자들에게 "북한은 약속을 지키지 않는 체제"라는 어두운 이미지를 드리웠다. 합리적인 계약이 체결되더라도 계약을 이행하지 않는 북한의 부당한 비즈니스 관행은 북한 ICT 발전전략에 심각한 장애물이 되었다. 핵과 경제의 병진 정책 또한 국제사회의 투자를 가로막는 심각한 장벽이다. 비대면 시대에 인간의 온라인 소통을 가로막는 북한의 행태가 시정되지 않는 한 '단번도약 전략'이 큰 성과를 거두기는 어렵다.

20여 년 만에 개정판을 출간하려고 시도했지만 상전벽해 수준으로 정보통신기술의 범위가 확대되고 평양 역시 다양한 상황 변화가 발생해서 손댈 곳이 너무 많았다. 결국 서명에 ICT를 추가해 새로운 책으로 펴내고자 마음먹었다. 한편으로 2016년 4차, 5차와 2017년 6차 핵실험으로 북한에 대한 국제제재가 강화되고 국제사회와 북한과의 ICT 협력이 중단되면서 과거의 협력사업들이 구시대의 산물이 되었다. 하지만 과거의 정책이고 사업이라고 판단해 배제하고 삭제한다면 시계열적인 측면이나 역사적 관점에서 단절이 발생할 수밖에 없을 것이다. 특히 2000년 남북정상회담 이후 봇물처럼 터졌던 남·북한 ICT 협력사업의 실상과 문제점 등은 향후에도 유용한 자료로 검토될 수밖에 없다. 평양에서 복권 사업을 시도하고 배달 대행사를 통해 치킨을 배달하며 저녁에 텔리 마켓에서 식재료를 주문해서 새벽에 받는 각종 ICT 벤처 사업은 여건이 조성되면 새로운 형태로 향후에 시도될 것이다. 따라서 앞서 실행되었던 사업의 사례 분석과 함의를 도출 자료로 남겨놓았다. 그러므로 과거의 사례와 현재의 사안이 중첩되기도 할 것이다. 이런 부분이 있더라도 독자분들의 혜량을 바란다.

유발 하라리가 지적하는 '21세기'와, 클라우스 슈바프(Klaus Schwab)가 2016년 다보스 포럼에서 지적한 '4차 산업혁명'에 북한도 동참하고 있다는 점을 강조하고자 이 책의 제목을 '4차 산업혁명 시대 북한의 ICT 발전과 강성대국'으로 정했다.

2002년 이후 북한의 ICT 발전상을 분야별로 정리하고 분석했고, 2011년 12월 김정은 위원장 집권 후의 정책과 실태 변화도 면밀히 살폈다. 특히 이전에 출간했던 『북한의 IT 산업 발전 전략과 강성대국 건설』에서는 정보기술을 좁은 의미의 IT로 한정했으나, 이 책에서는 컴퓨터를 기반으로 하는 단순 정보기술에 통신을 결합한 ICT로 영역을 확대했다. 정보기술이 생활에서 다양하게 사용되는 현실을 반영한 용어로 대체한 것이다. ICT는 정보기술과 통신 기술을 합한 용어로, 우리말로 정보통신기술이라고 한다. 하드웨어(H/W)·소프트웨어(S/W)·통신 기술을 종합적으로 활용한 ICT는 자동화·전산화·시스템화를 추구하지만 크게는 정보사회의 구축을 목표로 한다. ICT는 정보화 전략 수립, 정보관리, 정보화 환경 조성, 시스템 공학, 통신, 시스템 구축, 시스템 구현, 시스템 평가, 감사 기술로 분류 가능하다. 컴퓨터와 통신 기술뿐만 아니라 정보화를 위해 필요한 모든 기술을 포괄하는 용어다.

　최근 중국과 같은 권위주의 국가들이 ICT 기술을 이용해 '하이테크 독재(high-tech autocracy)'를 지향하는 행태는 기술과 권력의 병존 차원에서 의미가 적지 않다. 쿠바, 러시아 등 여타 권위주의 국가의 행태와 북한을 비교하는 것 또한 향후 북한의 행보를 예측하는 데에 시사점이 크다. 이에 1장에서 연구의 목적을 새롭게 기술했으며 이와 관련한 이론적 논의와 배경 등도 추가했다. 2장에서는 북한의 통신 및 체신 정책과 전자공업 정책의 현황을 다루었다. 일전 『북한의 IT 산업 발전 전략과 강성대국 건설』에서는 3장과 같이 김정일 시대만을 다루었으나, 이제 3대 지도자 김정은 시대의 ICT 정책이 중요한 주제로 부각되어 새로운 4장을 신설했다. 5장에서는 북한의 ICT 전문인력 양성 정책을 중심으로 북한의 ICT 전문 인력 양성 시스템과 관련 연구 기관 ICT 사료 서비스 등 주제와 관련된 제반을 살폈다. 6장은 전기통신과 우편통신, 방송, 전자공업 현황을 다루었다. 또 비약적인 발전을 거듭한 이동통신 분야를 7장에 '북한의 이동통신 사업 실태와 평가'라는 주제로 신설했다. 8장에서는 북한의 소프트웨어 산업 현황에 대해 기술했다. 9장 '북한의 군사 분야 정보화·자동화'에서는 최근 국제사회에서 문제가 되고 있는 북한의 해킹 실태와 문제점과 관련된 절을 추가했다. 또한 비트코인 등 암호화폐 관련 북한의 최신 동향을 포함하고자 노력했다. 10장에서는 북한의 인터넷 정책과 연결, 사이트 운영 현황 등을 다뤘으며 11장에서는 텍스트마이닝 분석을 통해 북한 ICT 연구를 다룬 내용으로 신설했다. 12장에서는 남·북한 협력과 동·서독의 교류 협력 사례를 분석했다. 13장은 남·북한의 교류 협력의 장애요인과 현 상태에서의 한계를 다루고, 14장에서는 4차 산업혁명과 관련해 북한의 ICT 산업 전망을 살펴보며 디지털 권위주의와 북한 ICT 미래에 대한 담론을 담았다.

특히 이 책의 집필에 도움을 준 백연주 연구원은 북한의 과학원에서 발행한 ≪조선민주주의인민공화국 과학원통보≫(이하 ≪과학원통보≫) 등 각종 ICT 학술지의 논문과 언론보도 기사에 대해 텍스트마이닝 분석을 시도해 북한 당국과 연구자들이 관심을 갖는 주제에 대한 흐름을 체계적으로 파악하고자 했다. 또한 백 연구원은 부록에 수록한 ≪과학원통보≫에 실린 ICT 관련 논문 목록을 체계적으로 정리해 주었다. 백 연구원의 노고에 감사의 마음을 전하며 곧 멋진 박사학위 논문의 완성을 소망한다. (사)남북경제연구원 살림을 책임진 정유석 기업은행 경제연구소 선임연구위원, 한국해양수산개발연구원 채수란 박사, 배진 박사수료생, 정다현 박사수료생의 남다른 기여에 감사한 마음을 전하며 앞날의 대성이 있기를 기대한다. 무더운 여름날 색인 작업 등 각종 편집과 교정을 꼼꼼히 마무리해 준 (사)남북경제연구원 조정연 박사수료생에게는 특별한 고마움을 전하고 향후 큰 발전이 있기를 기원한다. 20년 전 『북한의 IT 산업 발전 전략과 강성대국 건설』을 내는 데 격려를 아끼지 않았던 데이콤의 정규석 사장님, 강영철 상무님께 다시 한번 감사의 말씀을 드린다. 선각자들의 물심양면의 지원이 없었다면 이 책은 세상에 나오기 어려웠을 것이다.

마지막으로 이 책의 출판을 기꺼이 맡아주신 한울엠플러스(주)의 김종수 사장과 윤순현 차장, 아름다운 편집을 해주신 이동규 씨 등 편집부 여러분에게 감사드린다.

2021년 10월
코로나 이전의 정상적인 삶으로 돌아가기를 고대하며
남성욱

1. ICT 발전전략 연구 목적

1) 연구 목적

각종 미래 전망 보고서들은 4차 산업혁명(Schwab, 2016)과 미래사회 변화가 기술적 측면과 사회·경제적 측면의 변화 동인이 복합적으로 작동해 시작될 것으로 전망한다. 특히 2016년 발간된 보고서 「2016 다보스 리포트: 인공지능발 4차 산업혁명」은 '업무환경 및 방식의 변화', '신흥시장에서의 중산층 등장' 및 '기후변화' 등이 사회·경제적 측면에서의 주요 변화 동인이고, 과학기술적 측면에서는 '모바일 인터넷', '클라우드 기술', '빅데이터', '사물인터넷(IoT)', '인공지능(이하 AI)' 등의 기술이 주요 변화 동인이 될 것으로 보았다(김정욱 외, 2017).

미국, 독일, 일본을 비롯한 선진국과 대한민국은 4차 산업혁명 도래와 함께 글로벌 ICT(Information and Communications Technology, 정보통신기술) 기술 개발과 활용에 주력해 오고 있다. 새로운 차원의 산업혁명이 시작되었다는 휘슬과 함께 목표를 향해 빛의 속도로 질주하고 있다. 북한 역시 '새로운 세기'라는 명칭하에 4차 산업혁명의 흐름에 동참하려고 시도 중이다. 다만 사회주의 통제체제의 특성상 자유민주주의와는 다른 방식의 독특한 '주체 과학기술'을 강조하며 새로운 시대에 대응하고 있다.

이 연구의 목적은 통일 한국의 미래에 대비하기 위해 북한의 ICT 산업발전 전략과 의의를 살펴보고 북한이 중국의 경우처럼 기술 진보와 통제를 동시에 강화하는 전략인 '하이테크 독재'로 갈 것인가를 전망하고자 한다. 또한 이를 바탕으로 북핵 문제 해결과 동시에 정보통신 분야의 개혁·개방 전략과 남·북한 협력과제를 도출하고 시사점을 제시하고자 한다. 4차 산업혁명 시대를 맞이하는 시점에 ICT와 소통 및 연결(connectivity)이라는 화두는 북한 경제의 회생을 좌우할 핵심 과제임과 동시에 통일 한국을 위한 인프라 부문 재건 및 협력에도 상당히 중요한 분야다. 따라서 북한이 어떤 유형의 ICT 산업발전 전략을 펼치느냐에 따라 통일 한국을 대비하는 정부의 개혁과 개방 대응책도 달라질수 있다.

기술진보와 대중의 통제를 병렬적으로 지향하는 '중국의 하이테크 독재' 전략은 철저한 인터넷 통제시스템 운영을 통해 이루어진다. 역설적으로 중국의 기본적인 통제 기술은 최초에 미국 등 서방 정보시스템을 기반으로 구축되었다. 중국은 시장경제는 가지고 가되 민주주의와 자유주의는 버리는 중국식의 독특한 정치경제 발전전략 비전을 제시한다. 김진용(2013), 차정미(2018) 및 우평균(2019)의 연구는 중국의 인터넷 통제 메커니즘과 중국 특유의 사이버 안보 시스템을 체계적으로 분석했다. 중국의 기술통제는 사회통제에는 유용하나 2020년 코로나19 사태와 예상치 못한 비정형적 문제 대응에서 혼란을 가중시켰다. 철저하게 정보를 통제함으로써 코로나19 관련 정보가 외부로 유출되는 것을 막았다. 거대한 중국 시장 진입을 위한 서구 IT 기업들의 적극적인 기술 공유와 협력은 한편으로 중국의 하이테크 독재를 더욱 공고하게 만들고 있다. 그 결과 인터넷과 AI 등 21세기 첨단 ICT는 이전에는 불가능했던 새로운 유형의 권력 조작 방법을 제공했으며, 중국 정부는 더욱 효과적이고 강력한 사회 통제력을 보유하게 되었다.

실제로 중국과 중동 국가의 검열시스템은 미국을 비롯한 해외에서 도입한 첨단기술을 활용해 구축되었다. 그 이후 인터넷과 AI 등 기술 진보는 인류를 이롭게 하는 것이 아니라 지도자가 국민을 효율적으로 통제하는 '하이테크 독재'로 변질됐다. 기술 진보가 투명성과 평등을 향상시키는 도구가 되지 못하고 감시와 규제의 도구로 쓰이고 있기 때문이다.

통상적으로 권위주의 국가들은 ICT의 확산에 매우 예민하다. 2011년 아랍의 봄을 일으킨 튀니지의 재스민 혁명은 대표적 사례였다. 이집트 정부는 무바라크 대통령 퇴진 과정에서 소셜네트워크서비스(SNS)가 중요한 역할을 한 것으로 지목하고 시위 확산을 막기 위해 인터넷을 일시 차단하는 강경한 대응조치를 취했다(김유향, 2001; ≪연합뉴스≫, 2020.2.11). 한편 대외에 인터넷을 개방시킨 쿠바의 사례도 북한의 속칭 '하이테크 독재'에 대한 연구 방향을 잡는 데 참고할 수 있다(고경민, 2014). 결과적으로 권위주의 국가들은 첨단 ICT 도입에 소극적이다. 또, 불가피하게 신기술을 통한 정보가 확산된 경우에는 대응 방어기술로 적극적인 사회통제에 나서고 있다.

북한 역시 노동당 내부 문건을 통해 '아랍의 봄' 사태를 거론하면서 북한에서도 유사한 사태가 벌어질 수 있다는 점을 우려했다. 북한 당국은 노동당 기관지 '근로자' 2019년 4월 호에 기고된 글에서 "청년들을 무방비로 내버려 두면 (아랍의 봄과 같은) 상상 밖의 무서운 일이 벌어질 수 있다"라고 경고했다. 또 '외부 정보' 유입의 위험성을 강조하면서 "'아랍의 봄'을 통한 정권 교체의 비극적 사례들이 연발한 것도 그 나라 청년들이 미국이 불어대는 허튼 나발을 곧이 듣고 기만선전에 발맞춰 춤을 추었기 때문"이라고 했고, 이어 "주로 20대 청년들이 손전화기(스마트폰)을 통해 서방의 인터넷에 접속해 그들이 내보내는 역선전 자료를 보면서 반정부 행동에 합세하였다"라고 했다. 권영승(2013)은 중동 민주화 진전이 북한에 주는 시사점을 정리했다. 2020년 기준 북한도 시장기능이 작동하는 종합시장(general market)이 전국적으로 500여 개이고(Victor and Collins, 2018), 휴대전화 사용자도 600만 명을 상회하고 있다. 시장은 정부의 적극적인 개입 없이 상거래 관련 정보가 유통되고 있다. 시장화가 정보화와 연결되면서 하이테크 독재의 탈피 가능성이 조심스럽게 제한될 수 있다는 지적도 대두되었다(≪조선일보≫, 2020.2.11).

북한 당국은 최신 ICT라고 해도 무조건 받아들이지는 않는다. 북한이 받아들이는 기술은 ① 경제성장에 도움이 되어야 하고, ② 체제의 존립에 위협을 가하지 않는 것이어야 한다. 그렇지 않는 기술은 애초에 도입하지 않거나 도입된 이후라도 사후 통제에 주력한다. ICT에서 '선별적 도입(selective introduction)'의 행태를 보인다. 경제적 이득을 고려하는 데에서는 단기적으로 성과를 내는 것뿐만 아니라, 장기적으로 도입된 기술들을 국내 환경에 정착·발전시켜 자립할 수 있도록 여건을 마련하는 것 역시 중요한 과제다. 또한 북한은 체제의 존립에 위협이 되지 않는 기술을 도입하는 것에서 그치지 않고, 체제에 위협이 되는 정보를 차단하는 통제 기술을 도입하는 데에도 적극적이다(김태심, 2011).

이 책은 인터넷 등 ICT의 도입과 발전이 북한 사회에 민주화를 가져올 것인지에 대한 실증적 및 국제 간 비교·분석적 연구를 부분적으로 시도했다. 중국과 중동의 사례와 북한의 환경에 대한 각종 기술적·사회적·문화적 요인을 비교했다. 특히 북한의 ICT와 소셜 네트워크 서비스 사용에 대한 실태를 파악하기 위해 탈북자 대상 직접조사를 병행했다. 과연 북한의 정보화 정책이 중국의 하이테크 독재 모델의 경로를 벤치마킹할 것인지, 혹은 민주화와 시민사회에 대한 소통과 협력의 토대를 제공할 것인지를 전망하는 것은 이 연구의 핵심 과제 중 하나다. 연구 과정에서 도출된 결론은 향후 4차 산업혁명의 발전 추세에 맞추어 남·북한 협력 정책의 이론적 기반으로 활용될 수 있다. 또한 이 연구는 중국의 하이테크 독재 모델의 북한 적용과 비적용 가능성을 전망했다.

2) 선행 연구 검토

(1) 정보화의 특수성과 권위주의 국가

정보통신 부문의 특수성은 여러 기준에 따라 살펴볼 수 있다. 먼저 위치 특정성은 기준 가운데 하나로 제시할 수 있다. 위치 특정성 측면에서 정보통신 부문은 1차 산업과 제조업보다는 '위치 특정성(location specificity)'이 작고(즉, 이동성이 크고) 금융 부문보다는 위치 특정성이 큰(즉, 이동성이 작은) 중간 위치에 속한다고 할 수 있다. 이는 정보통신 부문이 온라인상으로는 시공간적 제약을 허무는 속성을 지니고 있음에도, 동시에 이것을 가능하게 해주는 서버(server), 통신망(network) 등 오프라인상의 인프라가 필요하다는 의미다.

다른 한편으로 정보통신 부문은 그것이 창출하는 효용(utility)의 종류에서도 다른 사업 부문과의 차이를 가진다. 정보통신 부문 전체를 포괄하는 특성은 '연결(connectivity)'을 목적으로 한다. 이러한 연결을 통해 궁극적으로 발생하는 효용은 콘텐츠의 전달이다. 이 같은 특수한 효용의 발생 때문에 권위주의 국가는 다른 산업보다도 정보통신 부문의 도입에 민감하게 반응할 수밖에 없으며, 체제의 안정성을 위협하는 콘텐츠가 언제든지 유입될 수 있음을 경계한다. ICT를 통한 콘텐츠의 전달은 〈그림 1-1〉과 같이 도식화할 수 있다.

이러한 구조는 권위주의 국가가 콘텐츠를 차단하고 검열하는 것을 보다 용이하게 해준다. 콘텐츠의 생산자가 국내에 존재하는 경우에는 국내법 적용 등

그림 1-1 정보통신 기본 구조

주: 오늘날의 인터넷 환경에서는 콘텐츠 생산자와 수용자 사이의 경계가 점차 허물어지고 있다고 여겨진다. 그러나 이 책은 논의의 명확성을 위해 콘텐츠 생산자와 수용자는 구분되는 주체로 간주한다.

비교적 간단한 조치로도 차단과 검열이 가능하고, 때로는 콘텐츠의 생산 자체를 막을 수도 있다. 콘텐츠의 생산 주체가 국내법에 닿지 못하는 곳, 예를 들어 해외에 있는 경우 역시 콘텐츠의 생산 자체를 막을 수는 없지만 인프라상의 차단·검열 기제 도입을 통해 콘텐츠의 국내 유입과 확산을 막을 수 있다. 실제로 상당수의 권위주의 국가들은 정보통신 인프라를 국가 소유로 하고 있으며, 민주주의 국가들 또한 안보상의 이유로 해당 인프라를 국가 소유로 하고 있다(Jones, 2005). 이러한 구조와 소유의 특성은 미디어 차원에서의 통제 가능성으로도 연결된다.

같은 맥락에서 헬렌 밀너(Helen Milner)는 정치제도(political institution)가 신기술의 도입에 중요한 역할을 하며 특히 민주주의 국가는 비민주주의 국가에 비해 인터넷과 같은 기술을 빠른 속도로 도입할 가능성이 있다고 주장한다(Milner, 2006). 이는 독재국가의 지배층이 인터넷 도입으로 입는 손실이 이득보다 크고, 그들의 제도가 비민주적이기에 기술 확산 속도를 늦추는 것 또한 용이하기 때문이다. 이 국가들은 인터넷의 성장을 지체시킬 수 있는 제도적 도구를 민주주의 국가보다 많이 갖추고 있는 한편, 추후에도 인터넷 발전을 저해하는 정책을 시행하지 않을 것이라는 신뢰감을 주지 못한다. 그렇기 때문에 새로운 기술 발전에 투자하고 전파할 만한 민간사업자 역시 구하기 어렵다. 따라서 평균적으로 독재국가는 인터넷을 억압하고자 하는 이 정부들의 열망, 그렇게 할 수 있는 제도적 능력과 그러한 정책을 펴지 않겠다고 약속할 수 있는 신뢰의 부재로 인해 인터넷 확산에 소극적이다. 동기와 능력(capability) 측면에서 볼 때 민주주의 국가는 권위주의 국가보다 인터넷 확산을 저해하려는 노력을 덜 할 것이다(Milner, 2006).

그러나 '발전지향적 권위주의 체제'의 경우 밀너의 주장과 달리 상대적으로 인터넷을 비롯한 ICT 도입에 적극적인 편이다. 이들은 ICT 도입을 통해 경제 발전을 도모하는 한편, 일반적으로 상정되는 '독재자들의 딜레마(dictator's dilemma)'와 달리 ICT를 체제 위협의 기제로 남겨두기보다는 오히려 체제 유지의 수단으로 활용한다.

샨티 칼라틸(Shanthi Kalathil)과 타일러 보애스(Tyler Boas)는 '인터넷이 민주화를 가져올 것'이라는 기존 연구들이 기술의 특정 용도에 초점을 맞추기보다는 인터넷 그 자체에 정치적 성격을 부여하는 한편, 기술 사용이 정치적 결과물을 생산해 낼 수 있는 경로를 모호하게 만드는 '블랙박스식' 주장에 기반하고 있다고 비판한다(Kalathil and Boas, 2003). 국가 전체적 맥락에서 고찰되지 않았음은 물론, 권위주의 지배를 강화할 수 있는 사용과 정치적 변화를 가져올 수 있는 사용 사이의 경중을 따지는 데 실패했다는 것이다. 한편으로 인터넷을 비교적 정태적으로 바라보고 있다는 점 역시 문제점으로 지적한다. 이들은 8개 권위주의 국가[1]에 대한 연구를 통해 인터넷이 반드시 권위주의 국가에 위협이 되는 것은 아니라고 주장한다(Kalathil and Boas, 2003).

에브게니 모로조프(Evgeny Morozov) 역시 같은 맥락에서 인터넷의 정치적 영향력을 연구한 초기 이론가들은 국가에 어떠한 여지도 남겨주지 않았고, 다만 법의 지배를 무시하고 의견을 억압하는 권위주의 국가만을 상정했을 뿐이라고 비판했다(Morozov, 2011). 권위주의 국가가 어떻게 인터넷에 반응하는지 규명하는 데 실패하면서 사이버 이상주의자들(cyber-utopians)은 인터넷이 얼마나 선전·선동 목적에 유용한지, 독재자들이 감시를 위해 인터넷을 얼마나 잘 사용하는지, 현대 인터넷 검열시스템이 얼마나 정교하게 발전할 것인지 전혀 예측하지 못했다는 지적이다(Morozov, 2011).

필립 하워드(Philip Howard)는 무슬림 국가들에 대한 실증적인 연구를 통해 다수의 권위주의 국가가 포함된 여러 국가가 어떻게 ICT를 통치해 '활용'했는지 분석했다(Howard, 2010). 이러한 정부들은 국가관리 능력을 향상하고 기업에 경제적 기회를 제공하기 위해 국가의 정보 인프라를 구축하려 한다. ICT 도

---

1) 8개 권위주의 국가에는 중국, 쿠바, 싱가포르, 베트남, 미얀마, 아랍에미리트연합, 사우디아라비아, 이집트가 포함되었다.

입을 통한 '세계화의 이득' 획득은 거대한 무슬림 커뮤니티를 가진 국가들의 우선 목표이지만, 동시에 정부는 인터넷으로의 노출이 공중도덕과 이슬람 사회 내 전통적 질서를 해치지 못하도록 하는 데 총력을 기울이고 있다. 하워드는 2010년까지 15년간 이러한 정부들에게 인터넷은 '통치의 도구'였다고 주장한다(Howard, 2010).

이와 같은 권위주의 국가의 ICT 도입에 대한 상반된 설명들을 고경민은 '독재자의 딜레마론'과 '사이버체제론'으로 명명한다. 즉, 밀너의 이론은 '독재자의 딜레마론'에, 칼라틸과 보애스, 모르조프, 하워드의 이론은 '사이버체제론'에 해당한다. 이 연구들에서 발생하는 차이에 대해 고경민은 이 연구들이 대상으로 하고 있는 국가들의 정보화에 대한 인식에 차이가 존재하고, 이러한 인식은 심지어 변화하기도 한다는 점을 지적한다. 독재자의 딜레마론에서 권위주의 정부 당국자들은 인터넷을 민주화와 경제적 쇠퇴 간의 양자택일적 구도로 인식하는 반면, 사이버체제론에서는 인터넷 통제와 발전 병행의 필연성을 전제로 접근하는 경향을 보인다. 또한 방법론 측면에서도 독재자의 딜레마론은 인터넷의 정치적 영향에 초점을 맞추기 때문에 인터넷을 독립변수로 다루는 반면, 사이버체제론에서는 인터넷 통제 메커니즘의 형성과 발전에 보다 높은 관심을 기울이며 인터넷을 종속변수로 다루는 차이가 있다(고경민 외, 2004: 31~57).

(2) 북한의 ICT 관련 연구

북한의 정보화 혹은 북한 ICT와 관련한 연구는 연구기관과 학계에서 꾸준하게 이뤄지고 있다. 최근에는 북한의 시장화를 촉진하는 중요한 매개체의 하나로서 북한의 이동통신에 주목하는 논문들이 자주 발표되고 있는 추세다. 시기별로 살펴보면 2010년 이전의 선행 연구는 주로 북한의 전반적인 정보통신 정책과 ICT 전략 위주로 진행되었고, 2010년 이후의 선행 연구는 북한의 과학기술 정책보다는 이동통신 관련 연구가 주를 이룬다.

필자는 『북한의 IT 산업 발전전략과 강성대국 건설』에서 북한의 ICT 현황부터 시작해 남·북한 교류 협력 방안까지 전반적인 현안을 모두 수록했다. 먼저 북한 경제의 실상과 경제위기 극복을 위한 노력의 한계를 고찰하여 북한의 ICT 정책과 발전 과정, 담당 부서까지 파악했다. 또 북한의 ICT 전문 인력 양성 노력과 연구기관의 역할, 북한의 인터넷 구축과 이용 현황, 사이트 개설 연혁도 정리했다. 이뿐만 아니라 동·서독의 통신 교류 협력과 남·북한 ICT 인프라 연결 현황을 비교했고 남한 기업의 대북한 ICT 산업 현황을 정리, 북한 지역에 진출한 외국 통신 기업의 현황과 더불어 대북 이동통신 사업 진출과 정책을 연구했다(남성욱, 2002).

이종희 등은 『북한의 정보통신기술』에서 북한 IT 이해를 위해 다양한 의견을 정리했다. 북한 소프트웨어 기술과 IT 교육의 현황에서는 김일성종합대학, 김책공업종합대학, 국가과학원 등 연구기관을 소개했다. 또 1998년 북한 자체 기술력으로 인공위성을 발사한 사례를 들며 우주산업 분야에서 상당한 기술을 축적했을 것이라 유추했고, ICT 협력에서 가장 시급한 것은 정보기술 용어의 통일이라는 문제를 지적했다(이종희 외, 2003).

고경민은 북한 당국의 정보통신 정책, 인프라 현황과 북한 경제의 '단번도약론'에 대한 분석을 토대로 북한의 'ICT 전략'을 파악할 수 있는 기본적인 시각을 제시한다. ICT 산업, 전자정부 구축, 인터넷 통제·활용이라는 세 가지 분야를 대상으로 북한의 국가전략 틀 속에서 현재의 활용 방식과 향후 활용 전략과 방식 등을 전망하고 있다. 사회주의 국가들의 인터넷 통제와 활용을 북한 인터넷 전략과 비교하며, 단순히 인터넷 개방 이후 북한의 변화는 시간문제라는 지나친 낙관론을 경계한다. 김정일 시대의 국가전략인 '사회주의 강성대국' 건설에 대한 분석을 시작으로 북한의 ICT를 통한 단번도약 의지와 인터넷 활용·통제의 딜레마에 이르기까지, 북한 ICT 전략을 비교사회주의 관점에서 보여주고 있다(고경민, 2004).

이춘근은 북한의 과학기술 정책 형성에 관해 '민족경제 토대 건설기'부터 '대외무역 침체와 고난기'까지 역사적 과정에서의 과학기술 정책 변화를 자세히 분석했다(이춘근, 2005). 김홍광은 북한의 ICT 거버넌스 작용하에서 ICT 형성과 변천 과정을 시기적으로 분석했다. 논문은 북한의 컴퓨터 제작의 1세대부터 3세대까지 개발 과정과 정책 방향을 설명한다. 북한 ICT 산업의 형성과 변천은 곧 지도부의 ICT 정책, 추진 시스템, 산업과 기술 능력의 변천으로 대변된다. 특히 최고지도자의 정책 방향 제시와 정치적 관여는 절대적이고 지배적인 추진 동인이었다. 북한 ICT 산업 발전의 실패는 북한 지도부의 의욕적인 ICT 정책이 현실과 유리되어 추진되었기 때문이라고 주장했다(김홍광, 2008).

박문우는 1990년대 후반부터 추진해 온 북한식 정보화를 '정보격차' 개념으로 설명하고 그 실태와 원인을 규명하고자 북한의 정보화 담론과 인구구조와 정보화 현황에 대해 고찰했다. 정보격차 원인은 사회주의 국가의 정보화에 대한 통제 기반 위에서 단번도약 방식으로 양적인 경제발전이 추진되었다는 폐쇄적인 특성 이외에도, 경기침체로 인한 재원의 한계, 미국을 포함한 국제사회의 봉쇄, 정보 후발국이라는 불리한 초기 조건이 있음을 확인했다(박문우, 2009). 2010년 이후에는 북한의 ICT 거버넌스에 대한 연구는 드물어지고, 시장화의 매개체로서 이동통신 사용, 이동통신이 체제에 미치는 영향, 이동통신 협력 가능성 등을 다루는 연구가 증가한 추세다. [2]

기존 연구를 종합적으로 평가하면 첫째, 북한의 ICT 정책의 방향과 실행에는 큰 변화가 없다. 정권교체가 없는 세습 체제의 특성인 일종의 정책 일관성 때문이다. 김정일이 1998년 2월 8일 '전국 프로그램 경연 및 전시회'를 시찰하면서 ICT 기술을 강조한 이래, 2011년 12월 3대 세습 정권의 최고지도자로 등극한 김정은 역시 과학기술을 강조하는 선대의 정책을 그대로 유지하고 있다. 둘째, 2009년 북한의 화폐개혁 실패 이후 묵인된 시장화 확산과 휴대전화 가입

---

[2] 관련 보고로는 엠네스티(AMNESTY)의 2016년 3월 보고서와 류현정(2012), 서소영(2013), 김연호(2014년), 이정진(2018) 등이 있다.

자의 급격한 증가는 북한 ICT 연구에 새로운 전기를 마련해 주었다. 연구는 북한의 일상, 휴대전화 사용 실태, 기술협력 등 미시적인 분야를 분석하며 북한의 ICT 전략에서 개인의 ICT 활용 차원까지 이해의 폭을 넓혀 주었다.

이것은 북한 연구가 냉전 이데올로기의 인식론적 논쟁에서 벗어나 미시적·실증적 방법을 도입한 학계 흐름의 반영이기도 하다. 2010년 이전의 북한 ICT 연구는 일종의 내재적 방법에 입각해 북한 사회를 그들이 상정한 이념과 논리 혹은 있는 그대로의 현상을 탐구한 경향이 짙다. 이전 연구들이 관찰자의 시각으로 북한의 ICT 현상을 파악하는 전략적 연구에 비중을 두었다면, 2010년 이후의 연구는 북한의 특수성에서 벗어난 비교연구와 다원주의 입장에서 정량적 연구와 정성적 연구를 병행한 사례가 늘었다. 북한 혹은 북한 주민이라는 특수한 국가, 이방인이 아닌 보편적인 사회주의 국가, 인간이라는 비판적인 시각으로 연구가 진행된 것이다.

북한의 시장화와 꾸준히 증가하고 있는 북한의 이동통신 이용자 수, 북한의 인터넷 사용률 증가(≪뉴시스≫, 2020.2.11), 북한식 4차 산업혁명 추진 등의 북한 내부 상황을 고려해 볼 때 북한의 ICT 산업발전 전략에 따른 함의와 대응책은 다각적이고 유기적으로 연구되어야 한다. 이 작업은 통일 한국의 미래를 안정적으로 관리하고 진행하는 데 매우 중요한 자원이 될 것이다.

중국의 '하이테크 독재' 전략 검토를 위해 중국의 인터넷 도입 배경과 과정과 인터넷 통제 기술의 진화, 시기별 통제 현황과 중국의 인터넷 법률적 규제도 간단하게 살펴본다. 중국에서는 인터넷의 발전과 확산이 사이버 공간에서 정치참여를 활성화해 민주주의를 촉진하거나 권위주의 체제의 약화로 이어지지 않고, 오히려 역설적으로 권위주의 체제를 강화하는 결과로 나타나고 있다. 이것이 바로 중국의 '하이테크 독재'의 출현이다. 특히 중국의 하이테크 독재전략은 철저한 인터넷 통제 시스템 운영을 통해 이루어지는데, 이러한 인터넷 기술은 최초에 미국 등 서방 기술을 기반으로 구축되었으며, 4차 산업혁명과 기술 발전에 따른 거대한 첨단기술 시장 진입을 위한 서구 IT 기업들의 적극적인 기술 협조 덕에 지속적으로 유지되고 있다. 중국, 쿠바 등 권위주의 국가의 사례를 단편적으로나마 비교·분석하는 것은 북한의 미래를 전망하는 데 시사점을 얻기 위해서다.

결국, 인터넷과 AI 등 ICT는 이전에는 불가능했던 새로운 유형의 권력 행사방법을 제공했으며, 중국 정부는 더욱 효과적이고 강력한 사회 통제력을 보유하게 되었다. 이어서 중국공산당 정부가 인터넷을 경제성장의 견인차 역할로 활용하면서도 오히려 중국공산당의 통치 체제를 공고하게 만든 중국 특유의 인터넷 전략을 참고했다. 이를 바탕으로 북한에 적용했을 시 북한에서는 어떠한 유형으로 나타나는지, 즉 북한에서도 '하이테크 독재'가 실현될 수 있는지의 조건들을 검토했다. 중국의 '하이테크 독재이론'을 비교·분석하기 위해서 '중동의 봄' 사태와 관련한 중동 권위주의 국가들의 정보 허용과 통제 정책 및 사례도 비교·분석했다. 최근 미중 갈등 구도가 지속되고 있는 상황에서 중국의 정보통제와 첨단 ICT 기술의 융합은 북한뿐만 아니라 21세기 기술과 정보 패권의 향방을 예측하는 데 도움이 될 것이다.

다음은 북한 내부 분석이다. 시대별 북한의 ICT 산업 발전 과정과 전략을 파악했다. 연구 범위는 김정일 정권의 공식 출범기인 1998년부터 최근 2020년 김정은 시대로 했다. 김정일 시대에 중심적으로 추진해 온 과학기술 정책을 계승·발전시키고 있는 김정은 시대의 정책을 고려해, 현재까지 북한 당국의 ICT에 대한 인식과 과학기술 정책 및 ICT 전략의 역사적 흐름을 같이 살펴보았다.

기술 분야에서는 가능한 최신 자료 위주로 연구를 진행하되, 북한의 '강성대국 건설' 전략과 북한의 ICT의 형성과 발전 과정의 역사에 대해서는 1차 자료인 북한 자료와 2차 자료인 남한 연구 분석 자료를 활용했다. 1차 자료인 북한 자료는 최고지도자 "신년공동사설"(이하 "신년사"), ≪로동신문≫,『김일성저작집』,『김정일저작집』, ≪김일성종합대학학보≫, ≪조선중앙연감≫ 등이다. "신년사"는 북한 최고지도자의 교시로서 당해 연도에, 또는 중장기적으로 달성해야 할 당위 사업을 제시하고 있기 때문에 이를 통해 북한의 과학기술 정책 방향과 전망을 유추할 수 있는 유용한 자료다. 통일부는 북한 언론보도 중에서 ICT 관련기사 일지를 작성했다. 이 연구는 통일부의 ICT 기사 일지 전문을 대상으로 텍스트마이닝 분석을 통해 주요 키워드를 파악하여 ICT 정책 방향을 조망했다.

북한의 각종 출판물 가운데 ICT 관련 논문을 수록한 대표 간행물은 ≪과학원통보≫, ≪정보과학≫, ≪정보과학과 기술≫, ≪콤퓨터와 프로그람기술≫ 등이 있다.

먼저 ≪과학원통보≫는 1953년 9월 15일에 창간되었으며 4×6배판 56쪽, 격월간으로 과학백과사전출판사의 과학기술출판사에서 발행되고 있다. 이 잡지는 처음에 ≪조선민주주의인민공화국 과학원학보≫라는 제호로 과학원에서 발행되다가 1955년부터 4×6배판, 「사회과학편」, 「자연편」, 「기술과학편」, 「농학」, 「의학」으로 나뉘어 발행되었다. 1957년부터 ≪조선과학원통보≫로 제호가 변경되면서 분기간으로 발행되다가 1958년부터 과학원 출판사에서 격월간으로 발행되었고, 1960년부터 ≪조선민주주의인민공화국 과학원통보≫로 변경되었다. 잡지는 김일성과 김정일의 주체적인 과학 사상과 과학 정책으로 과학연구사업을 진행하며 과학기술을 발전시키는 것을 기본 사명으로 하고 있다. 잡지는 수학, 물리, 화학, 생물학, 기계, 전기, 건설, 농학, 의학 등 기초과학과 기술 및 응용과학 분야의 새로운 연구 성과들을 연구논문, 연구 자료의 형식으로 소개한다. 독자층은 자연과학과 기술 부문의 과학자, 기술자, 대학 교원들이 있다.

둘째, ≪정보과학≫은 1975년 6월 호를 창간호로 과학기술출판사에서 발행하기 시작했고 약 50쪽 분량이다. 처음에는 격월마다 발행되던 ≪전자공학≫이라는 잡지가 2003년부터 ≪정보공학≫으로 바뀌었고, 2006년부터 분기별로, 즉 연 4회로 축소 간행되고 있다. 2009년에는 다시 ≪전자공학≫으로 변경되었다가 2010년에 ≪정보과학≫으로 복귀했다. 잡지의 주된 내용은 전자 재료를 개발하고 그 순도를 높이며 집적회로를 비롯한 전자요소와 컴퓨터를 개

표 1-1 텍스트마이닝 분석 대상 수집 자료

출판물명	발행처	수집 대상 기간	발행 주기
≪로동신문≫ 등 통일부 과학기사 일지	로동신문사	1998년 1월 1일~ 2020년 9월 30일	일간
≪과학원통보≫	과학기술출판사	1996년 1호~ 2019년 6호	계간 (연 6회)
≪정보과학≫	과학기술출판사	2012년 1호~ 2019년 4호	계간 (연 4회)
≪정보과학과 기술≫	중앙과학기술통보사	2015년 1호~ 2019년 6호	계간 (연 6회)
≪컴퓨터와 프로그람기술≫	중앙과학기술통보사	2015년 1호~ 2019년 6호	계간 (연 6회)

발하는 분야에서 축적된 과학 연구 성과들과 최신 기술자료, 세계 과학기술 발전 추세를 소개·선전하는 것을 기본 내용으로 한다.

셋째, ≪정보과학과 기술≫은 김정은 시대에 창간된 과학 관련 잡지로, 2015년 1월에 창간되었고 약 40쪽의 분량으로 중앙과학기술통보사에서 발행한다. 잡지에는 프로그래밍 언어, 조선어 처리와 번역, 멀티미디어, 컴퓨터 시뮬레이션, 통신, AI, 데이터베이스 구축 등 정보과학기술 분야 연구논문들이 실린다.

마지막으로 ≪콤퓨터와 프로그람기술≫은 중앙과학기술통보사에 격월로 발행하고 있고 분량은 약 30쪽이다. 잡지에는 컴퓨터를 활용해 정보화사회 구축에 필요한 프로그래밍 연구와 관련된 논문들과, 주로 일본의 소프트웨어 관련 저널에서 발췌한 지식정보화사회 관련 기사들을 게재하고 있다. 연구를 위한 북한 문헌 중 연속간행물의 수집 범위는 〈표 1-1〉과 같다.

북한 당국의 ICT 정책을 반영한 연구 주제가 무엇인지, 그리고 기술 진보와 함께 통제는 얼마나 이뤄지고 있는지를 파악하기 위해서는 북한자료센터에 공개된 ICT 관련 연속간행물들을 분석해야 한다. 북한에서는 연속간행물을 출판물 중 잡지로 분류하고 있으며 잡지는 "신문, 통신, 방송 도서와 함께 사상문화

표 1-2 북한 문헌에 실린 ICT 관련 논문 수

북한 문헌	총게재 건수	ICT 관련 논문 수
≪과학원통보≫	4065건	332편
≪정보과학≫	909건	909편
≪정보과학과 기술≫	550건	550편
≪콤퓨터와 프로그람기술≫	550건	550편
소계	7242건	3509편

교양 및 과학기술지식, 일반상식 보급의 위력한 수단으로서 매우 중요한 자리를 차지한다"라고 정의했다(조선백과사전편찬위원회, 2011: 729).

북한의 잡지는 구조상으로 볼 때 두 가지 큰 특징이 있다. 첫째, 출판사와 잡지사 모두 국영이거나 국가기관에 준하는 단체가 운영한다. 따라서 상업성을 철저히 배격한다. 둘째, 북한의 출판물은 특수한 영역을 서로 분담해 경쟁과 중복을 허용하지 않고 있다. 상업성을 배격하고 경쟁을 허용하지 않는다는 두 가지 특성은 출판과 잡지가 자유로운 시장경제 원칙에 따라 그 질을 높이고 독자와 국가, 사회에 이바지하지 않는 자본주의 사회의 출판물과는 근본적으로 다른 형상이다(정진석, 1989: 185~186). 이와 같이 북한의 잡지는 정치, 경제, 사회문화, 군사 등 사회생활의 모든 분야에서 중요한 역할을 한다. 이 논문에서 분석할 대상은 〈표 1-2〉에서 제시된 4개의 잡지 중에서 김정일 시대부터 발행해 온 ≪과학원통보≫다. 주요 키워드의 빈도 분석을 시행하여 김정일 시대에서 김정은 시대로의 변화 경향성을 파악하고자 한다.

이와 함께 1998년부터 2020년[3]까지 매년 발표된 최고지도자의 "신년사" 내용 분석을 통해 김정일과 김정일 통치 이념의 경직 혹은 유연 수준 등을 보완적으로 파악했다. 이를 토대로 북한 당국의 ICT 산업에 대한 체제 위협과 경제성장에 대한 인식, 경제발전 전략의 자립적 혹은 실리적 추진 방향을 유추했

---

3)   2020년에는 "신년사" 대신 조선노동당 중앙위원회 전원회의 결과로 대신했다.

다. 또한 귀납적으로 각 독립변수의 상호작용이 종속변수인 ICT 산업발전 전략에 작용해 어떤 유형으로 변화했는지 분석했다.

"신년사" 전체의 문자수와 각 독립변수별로 표기된 용어가 포함된 문장의 문자수를 계산해 독립변수들이 "신년사" 전체의 문자 중에서 차지하는 비중을 계량화했다. 북한의 인터넷·이동통신 현황은 남·북한 및 외신의 보도 자료와 연구논문, 이집트 통신 회사인 오라스콤의 재무제표와 사업보고서, 북한 고려링크(Koryolink)의 모회사가 된 OTMT 홈페이지와 관련 보고서, 국제전기통신연합(ITU: International Telecommunications Union)의 현황 자료, 미국 인권감시 단체 프리덤하우스(Freedom House), ≪로이터(Reuters)≫와 ≪포브스(Forbes)≫와 같은 경제 잡지 등을 참고해 분석했다.

북한의 ICT 중 인터넷과 휴대전화 사용 실태와 기반 시설 현황을 알아보기 위한 탈북민 대상 면접에 의한 질적인 설문조사를 실시했다. 사용자의 ICT 기기를 인터넷과 휴대전화로 한정 지은 이유는 다음과 같다. 첫째, 중국의 하이테크 독재전략 실현에 인터넷과 휴대전화가 활용됐다. 둘째, 북한 지역의 현지조사가 불가능한 여건을 보완하기 위해서다. 이를 위해 북한에서 인터넷과 휴대전화 사용 경험이 있는 탈북민의 설문을 통해 간접적으로 현황과 실태를 도출했다. 셋째, 북한 당국이 펼치고 있는 ICT 관련 정책이 주민생활에 어떻게 반영되고 있는지, 또 정보통신 분야의 통제와 자율성의 정도를 파악하기 위해서다. 설문지에는 북한의 ICT 산업 전반, 북한의 인터넷과 휴대폰 사용 실태, 남북교류 협력 전반과 그 필요성, 남북과학기술교류 분야 및 우선순위 분야 등 다양한 질문을 포함한다. 설문조사 결과 분석의 한계점은 'FGI(Focus Group Interview) 조사'로 보충했다.

탈북민 대상 설문조사 결과를 바탕으로 FGI(Focus Group Interview) 조사를 실시했다. 먼저 FGI 시나리오를 작성했다. 주요 내용은 북한의 ICT 산업 현황과 정책, 북한의 인터넷 및 휴대폰 사용 실태와 기반 시설, 북한의 하이테크 독재의 이탈 가능성 여부 등을 조사했다. 또한 북한에 대한 정보 부족과 정보의 부정확성 및 신뢰성 문제를 해결하기 위해 비교 집단으로 탈북 과학자 집단을 설정해 각각 FGI 결과를 비교·분석한다. 이러한 기준에 따라 '집단 1'은 북한 출신 과학자와 ICT 관련 실무자로 구성했으며, '집단 2'는 ICT 분야 전문가 중에서 남·북한 정보통신 및 과학기술협력과 관련된 연구 수행 경험이 있는 전문가들로 구성했다. 각 집단별로 각 주제에 따라 주요 내용을 분류하여 집단별 결과를 비교·분석했으며, 최종 결론은 설문조사 결과와 FGI의 주요 결과를 종합적으로 분석해 연구진과 전문가 의견을 참고하여 도출했다.

2. 신사고 경제발전 전략

북한은 2001년 1월 1일 발표된 당보·군보·청년보 "신년사"를 통해 '신사고'의 포문을 열었다. "신년사"는 21세기를 "거창한 전변의 세기, 창조의 세기"라고 규정하며 "새 세기에 맞춰 사상관념과 사고방식 투쟁 기풍과 일본새에서 근본적 혁신을 이룩해 나가는 것은 우리 앞에 나타난 선차적인 과업이다"라고 규정했다. 또한 "새 세기는 혁신적인 안목과 기발한 착상, 진취적인 사업기풍을 요구한다"라고 지적했다. 김정일 국방위원장의 '신사고'는 모든 분야에 걸쳐 구습을 탈피하고 새로운 변혁을 일으켜 나갈 것을 촉구하는 대중선전 구호였다.[4] 경제 발전에서 인민들의 분투와 사고 전환을 강조하는 정책의 표현이었

---

4) "지금은 1960년대와는 다르므로 지난날의 낡은 일본새로 일하여서는 안됩니다. 21세기에 들어서는 새 시대의 요구에 맞게 무슨 일이나 손색이 없게 하여야 합니다", "새로운 연대에 들어선 것인 만큼 우리는 지난날 다른 나라식의 낡은 틀과 관례를 전면적으로 검토하여 보고 모든 사업을 우리 식대로 전개해 나가야 합니다", "현시대는 과학과 기술의 시대이며 오늘 과학과 기술은 매우 빠른 속도로 발전하고 있습니다. 지난날 이룩한 성과에 자만하거나 제자리걸음을 하여서는 우리 앞에 부닥친 난관을 성과적으로 뚫고 나갈 수 없으며 나라의 경제를 추켜세울 수 없습니다. 이제는 2000년대에 들어선 만큼 모든 문제를 새로운 관점과 새로운 높이에서 보고 풀어나가야 합니다"(≪로동신문≫, 2001.1.4).

다. 사실 '신사고'의 개념에 해당하는 정책의 방향 전환이 제기된 것은 1999년 경이다. 전 세계가 세기말의 대전환을 피부로 느끼기 시작할 때 북한도 한 세기가 지나가고 새로운 세기가 오고 있다는 데에 대한 중압감을 인식하기 시작했다.

1999년은 일단 9년간의 마이너스성장을 종식하고 10년 만에 6.2%의 플러스성장을 기록한 의미 있는 해였다. 곡물생산량은 작물 생육에 양호한 기상 여건으로 1998년보다 8.6% 증가한 422만 톤(농촌진흥청 통계)을 기록해 일부 극심한 식량 부족 사태는 면할 수 있었다. 당시는 심각한 경제난을 어렵게 넘기면서도 한편으로 한 세기를 마감하면서 희미하게나마 미래를 설계해야 하는 시대적 상황이었다. 사회주의 동유럽권 국가들의 체제 전환과 김일성 주석의 사망, 연이은 자연재해에 따른 곡물 생산 부진과 지속된 경제침체 등 고난의 1990년대를 마감하면서 새로운 시대에 대비해 패배주의에 사로잡힌 인민들의 사고를 전환시킬 필요가 있었다. 이러한 사고의 전환은 낙후된 국가경제를 개발하는 데 인민들의 참여를 독려하기 위한 것이다. 특히 새로운 세기에 걸맞는 새로운 정책 이념을 제시해야 할 필요가 있었다(≪시사저널≫, 2001.2: 26~30).

새로운 사고는 개혁과 개방을 통한 시장경제 체제를 지향하기 위한 사상적 변화를 요구하기보다는 경제 전반에 걸친 비효율을 타개하려는 데 의미가 있었다. 즉 경제 관련 일반 노동자들이나 관료들로 하여금 타성에 젖은 행동을 버리고 생산효율 제고를 위해 새로운 아이디어와 효율적인 조직관리와 기술개발 등을 촉구하는 것이다. 외부 자본의 도입이 어렵고 내부적으로는 신규 자본의 발굴도 어려운 상황에서, 새로운 사고를 통해 내부적 생산효율 제고에 주력하는 것은 당연한 정책이었다.

김정일 국방위원장은 2001년 1월 15~20일간 중국의 개혁·개방 현장인 상하이(上海)와 베이징(北京)을 답사하고 돌아온 후에 세계경제로의 진입을 향한 국가경제력 강화라는 키워드를 제시하고 대책 강구를 지시했다. 북한 내각은 김 위원장이 '신사고'를 제창한 직후인 2001년 1월 중순 '전원회의 확대회의'를 소집했다. 김 위원장은 이 확대회의에서 21세기에 상응하는 강력한 경제력을 다져나가기 위해 경제 전반을 현대적 기술로 개건(改建)할 것을 경제 건설의 중심과업으로 제시했다(연합뉴스 편집부, 2001: 523). 현대적 기술이란 첨단 과학기술을 의미한다.

3. 과학기술 우선주의

과학기술 우선주의의 핵심은 개건이다. 북한은 자본주의식 방법의 전면적인 도입을 경계한다는 측면에서 개혁이나 개방이라는 단어를 사용하지 않는다. 기술 분야 혁신에는 개건이라는 단어를 사용하고, 경제관리에 더 나은 방식을 의미할 때는 개선이라는 단어를 사용한다. 북한은 1995년 이래 계속된 경제난을 극복하는 과정에서 외부의 지원이 용이하지 않음을 고려해 자력갱생을 인민들에게 강조해 왔다. 자력갱생은 현대적인 과학기술에 기초한 경제 건설 구호다. 1999년 "신년사"에서는 과학기술을 "강성대국 건설의 힘 있는 추동력"으로 규정했다. 1999년 1월 김정일 국방위원장은 과학원을 현지 지도한 후 1999년을 '과학의 해'로 지정했다. 2000년 "신년사"는 과학기술을 사상, 총대와 함께 강성대국 건설의 3대 기둥으로 규정했다.[5]

과학기술은 점차 '경제 건설의 모든 것'과 동일하게 취급되었다. 2001년 2월 28일 자 ≪로동신문≫은 "자력갱생에서 나서는 중요한 문제"라는 제목의 기사를 통해 현시대를 '과학과 기술의 시대'로 정의한 후 "현대적인 과학기술을 떠난 자력갱생이란 있을 수 없다"라고 강조했다. 또한 "자립적 민족경제를 건설

---

5) "우리는 사상 중시, 총대 중시, 과학기술 중시 노선을 틀어쥐고 올해 총진군을 다그쳐 나가야 한다. 사상과 총대, 과학기술은 강성대국 건설의 3대 기둥이다. 사상이 간결하고 총대가 위력하며 과학기술이 발전하면 그것이 곧 주체의 사회주의 강성대국이다"(≪로동신문≫, 2000.1.1).

한다는 것은 결코 문을 닫고 경제를 건설한다는 것을 의미하지 않는다. 현대과학기술을 적극 받아들여 경제를 현대적 기술로 장비해야 민족경제의 자립적 토대를 강화하고 경제가 인민을 위해 더 잘 복무할 수 있게 할 수 있다"라며, 자력갱생이란 "경제의 기술적 낙후성을 청산하고 그것을 현대적 기술로 바꾸는 것"이라고 강조했다.

≪로동신문≫ 2001년 "신년사"는 "인민경제 전반을 현대적 기술로 개건해야 한다"라고 지적하면서 "인민경제의 기술적 개건은 현 시기 경제사업의 중심 고리이며 더는 미룰 수 없는 절박한 과제이다. 우리는 모든 공장·기업소들을 대담하게 현대적 기술로 갱신해 나가며 최신과학기술에 기초한 새로운 생산기지들을 일떠세워야 한다"라고 주장했다. 또한 "온 사회에 과학기술을 중시하는 기풍을 세우며 기술혁신의 불길이 세차게 타오르게 하여야 한다"라면서 과학기술의 발전과 생산설비의 현대화가 산업의 전 부문에 걸쳐 이루어져야 할 것이라고 강조했다. 이러한 주장은 생산 기반 정상화라는 당면 과제를 실천하기 위해 과학기술을 기초로 새로운 생산 시설을 설치하고 노후화된 시설들을 현대적으로 교체하자는 것으로, 하드웨어 측면의 방안이라고 평가할 수 있다 (조동호·김상기, 2001: 12~13).

북한은 인민경제 전반을 현대적 기술로 개건하고 인민 생활을 향상한다는 목표 아래 각종 과학기술 진흥 관련 대회와 축전을 연이어 개최했다. 북한은 2001년 4월 23~26일간 '제16차 중앙과학기술축전'을 열었다. 과학기술축전에서는 350여 건의 과학 연구 기술혁신 성과 자료들이 발표되었다. 북한은 이어 4월 20일 '모범기대창조 발단 40돌 기념 중앙보고대회'를 개최해 기계설비와 생산공정을 현대화·과학화·정보화해 '26호 모범기대 창조운동'을 강화할 것을 촉구했으며, 4월 23일 개최된 '전국 기술혁신'에서는 21세기 과학기술의 시대, 정보산업의 시대를 맞아 현대적 과학기술 학습과 발명을 강조했다.

과학기술 중시 정책은 경제난을 극복하는 도구의 차원과 국가 발전의 핵심 전략이라는 적극적인 의미를 동시에 보유했다. 경제난을 극복하는 도구로서

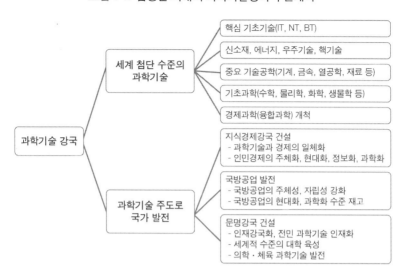

그림 1-2 김정은 시대의 과학기술강국 추진계획

```
                                    ┌─────────────────────────────────┐
                                    │ 핵심 기초기술(IT, NT, BT)          │
                                    └─────────────────────────────────┘
                                    ┌─────────────────────────────────┐
                                    │ 신소재, 에너지, 우주기술, 핵기술     │
                    ┌───────────┐   └─────────────────────────────────┘
                    │세계 첨단 수준의│   ┌─────────────────────────────────┐
                    │  과학기술   │───│ 중요 기술공학(기계, 금속, 열공학, 재료 등) │
                    └───────────┘   └─────────────────────────────────┘
                                    ┌─────────────────────────────────┐
                                    │ 기초과학(수학, 물리학, 화학, 생물학 등)  │
                                    └─────────────────────────────────┘
                                    ┌─────────────────────────────────┐
                                    │ 경제과학(융합과학) 개척             │
    ┌───────────┐                   └─────────────────────────────────┘
    │ 과학기술 강국 │
    └───────────┘                   ┌─────────────────────────────────┐
                                    │ 지식경제강국 건설                  │
                                    │ - 과학기술과 경제의 일체화           │
                                    │ - 인민경제의 주체화, 현대화, 정보화, 과학화 │
                                    └─────────────────────────────────┘
                    ┌───────────┐   ┌─────────────────────────────────┐
                    │과학기술 주도로 │───│ 국방공업 발전                     │
                    │  국가 발전  │   │ - 국방공업의 주체성, 자립성 강화      │
                    └───────────┘   │ - 국방공업의 현대화, 과학화 수준 재고  │
                                    └─────────────────────────────────┘
                                    ┌─────────────────────────────────┐
                                    │ 문명강국 건설                     │
                                    │ - 인재강국화, 전민 과학기술 인재화     │
                                    │ - 세계적 수준의 대학 육성           │
                                    │ - 의학 · 체육 과학기술 발전         │
                                    └─────────────────────────────────┘
```

자료: "신년공동사설", 《로동신문》 등 북한 문헌을 바탕으로 연구자가 작성했다.

과학기술은 농업 분야에서는 곡물의 생산성을 향상하며, 공업 분야에서는 효율성을 제고하는 역할을 했다. 즉 과학기술의 제고는 순수 과학기술 분야의 수준 향상이나 첨단 과학의 체계적인 육성이라기보다는 생산 현장에서 발생하는 기술적 문제를 해결하기 위한 실질적인 차원으로 이해된다. 과학 연구 역량을 집중해 전력공업·석탄공업·금속공업·철도운수·화학공업 부문을 비롯한 중요 공업 부문을 현대적으로 개건하고 현장에서 제기되는 과학기술적 문제 해결에 박차를 가한다는 실용적 성격을 내포했다(《로동신문》, 2001.1.2). 반면 적극적인 의미에서의 국가 발전의 핵심 전략은 IT 산업의 집중 육성과 연계되어 있다. 결국 과학기술 중시 정책은 단기적 경제정책의 한계를 전세보, 향후 북한의 경제발전과 사회주의 건설의 전략적 토대로 제시된 목표였다(김근식, 2000: 91~121).

2011년 12월 김정일 위원장의 사망으로 2012년 김정은 시대가 시작되었다. 김정은 위원장은 선대의 통치 이념을 계승했다. 경제와 국방, 문화를 비롯한

표 1-3 북한의 국가과학기술발전 5개년계획

1차 (1998~2002)		2차 (2003~2007)	3차 (2008~2012)	4차 (2013~2017)
인민경제 기술 개건	에너지 문제 해결 (6개 부문)	인민경제의 기술적 개건 (8개 부문, 53개 대상)	인민경제 4대 선행 부문(전력, 석탄, 금속, 철도운수)	에너지 문제 해결(전력생산, 전기절약)
	기간산업 정상화 (5개 부문)		인민경제 개건, 현대화 (자원, 채취, 기계, 화학, 건설 건재, 국토환경)	공업 주체화, 현대화 (금속, 화학, 석탄, 기계, 전자, 건설, 경공업, 국토환경, 도시)
인민 생활 개선 (6개 부문)		인민 생활 (7개 부문)	식량문제 해결(농업, 수산, 경공업, 보건)	먹는 문제 해결(농업, 축산, 과수, 수산)
기초 첨단기술 (5개 부문)		첨단기술 (5개 부문, 37개 대상)	첨단 과학기술(IT, NT, BT, 에너지, 우주, 해양, 레이저/플라즈마)	첨단 과학기술(IT, NT, BT, 신소재, 에너지, 우주)
		기초과학 (4개 부문)	기초과학(수학, 물리, 화학, 생물, 지리)	기초과학(수학, 물리, 화학, 생물, 지리)

자료: 이춘근·김종선(2015); ≪STEPI Insight≫; ≪로동신문≫; ≪과학원통보≫.

모든 부문이 급속히 발전하는 사회주의 강국을 만들기 위해 과학기술강국 건설을 선차적 과제로 선정하고, 특히 정보기술을 강조했다. 2016년 5월, 36년 만에 개최된 제7차 조선로동당대회 사업 총화보고를 통해 "과학기술강국은 나라의 전반적인 과학기술이 세계 첨단 수준에 올라선 나라, 과학기술의 주도적 역할에 의해 경제와 국방, 문화를 비롯한 모든 부문이 급속히 발전하는 나라"라고 규정했다.

북한은 제4차 과학기술발전 5개년계획(2013~2017)과 국가경제발전 5개년계획(2016~2020)을 수립하고, 정보기술 산업의 직접 육성과 정보기술 적용을 통한 전 산업의 현대화와 교육의 정보화를 국가적 과제로 추진하고 있다. 또한 과학기술 예산(7.45%)과 교육 예산(7.5%)의 확대, 과학기술위원회 기능 강화와 전문 연구기관의 설립, 과학자 우대 정책의 본격화 등 과학기술 발전을 위한 국가 차원의 투자와 지원을 강화했다.

4. ICT 산업발전 전략 추진 배경

IT(Information Technology) 산업은 전자적 방식에 의한 정보처리·통신에 사용되는 재화와 서비스 생산물을 산출하는 산업으로, 최근 통신(communication) 부문의 발달을 반영해 ICT 산업으로 정의되기도 한다(OECD, 2002). 북한은 ICT 산업을 정보기술과 관련한 제품, 즉 정보기술 설비를 생산하고 정보의 수집, 처리, 봉사를 제공하는 업종으로 정의하고 있다. 정보기술은 정보의 수집과 가공처리, 보관과 전송 등을 공학적으로 지원하는 기술이다. 여기에는 컴퓨터 기술, 프로그램 기술, 정보처리 기술, 정보전송 기술, 정보서비스 기술 등이 포함된다. 이러한 기준에 의거해 ICT 산업을 컴퓨터 및 통신기계설비의 하드웨어와 소프트웨어·통신 및 방송봉사로 구분하며, 이를 컴퓨터 제작·프로그램·정보통신·정보 봉사로 분류하기도 한다(박광길, 2009: 18).

자본과 자원이 부족한 북한이 고부가가치 산업인 ICT 산업을 집중 육성해 자력갱생의 발판을 마련하고자 하는 전략은 21세기 산업 발전에서 시대적 흐름을 객관적으로 파악한 것이다. 지식정보사회의 전 세계적 흐름을 인정하고 이러한 시대적 조류에서 뒤처지지 않기 위해 ICT에 역량을 집중시켜 경제발전을 도모하려는 전략은 여타 경제정책과 비교해 현실성이 있다. 현실성의 이론적인 근거는 다음과 같다. 첫째, IT를 통한 단번도약론[6]이다. 단번도약론에 대한 근거는 유럽의 ICT 선진국인 아일랜드의 사례에서도 찾아볼 수 있다. 1850년대 감자 농사 흉년으로 대규모 아사자가 발생[7]할 정도로 후진국이었던

---

[6] "오물 쪼물 뜯어 맞추고 남의 꼬리를 따라가는 식으로서가 아니라 단번에 세계최상의 것을 큼직큼직하게 들어앉히자는 것이 우리의 배심이다. 기존 관념에 사로잡혀 지난 시기의 관습과 유물들을 붙들고 앉아 있을 것이 아니라 대담하게 없앨 것은 없애 버리고 무엇을 하나 해도 손색이 없게 해 놓아야 한다는 것이 우리의 본때이며 위력이다. 우리는 단번도약의 본때를 이미 맛보았다. 인공지구위성 '광명성 1호'의 탄생도 그것이었고 토지정리의 천지개벽도 그것이었다. 고난의 시기 여기저기 일어선 멋쟁이 공장들도 그것이었다"(≪로동신문≫, 2001.1.7).

아일랜드는 1970년대 후반부터 국가 도약의 주요 수단으로 ICT 산업을 선정하고 급속한 발전에 매진한 결과, 유럽에서 소득수준 4위에 오를 정도로 성공을 거두었다.

북한은 농업화 → 산업화 → 정보화라는 이미 선진국이 거쳐 간 발전 과정에 따라 산업화에 주력할 경우, 기존 선진국이 정보화에 매진한 만큼 영원히 선진국을 추격할 수 없다고 판단했다. 따라서 아일랜드의 모델을 벤치마킹해, 오히려 산업화를 생략하고 바로 정보화를 달성하는 데 주력하는 것이 바람직하다는 논리다. 중국처럼 농업 개혁부터 시작해 노동집약적인 경공업 발전 단계와 중화학공업 발전 단계를 지나서 비로소 ICT 산업에 도달하는 전통적인 산업의 발전 단계를 거치는 것이 아니라, 농업화와 산업화를 축소하고 바로 ICT 산업에 주력한다는 전략이다(서재진, 2001: 6). 여기에는 또한 기존의 경공업 → 중화학공업 → 첨단산업식의 추격형(catch-up) 방식보다 첨단산업을 먼저 육성해 역으로 경공업, 중화학공업의 효율성을 높이는 단번도약형(leap-frog) 방식이 유리하다는 판단이 작용했다.

둘째, ICT의 발전을 통해 국가·사회 통제를 확실히 시행하려는 전략이다. 구소련의 이오시프 스탈린(Иосиф Сталин)이 통신 장악을 통해 주민들의 사생활을 빈틈없이 통제했던 사례와 같이, 커뮤니케이션은 독재체제를 유지하기 위한 효율적인 수단이었다. 독재자들은 항상 인민들을 감시하는 효율적인 수단을 찾는 데 주력해 왔다. 유선통신이 커뮤니케이션의 주요한 수단이었던 1970년대까지는 전화를 보급하고 관리하는 데 주력했다. 폐쇄 국가의 지도자들일지라도 21세기 무선통신 시대에 외부적으로는 ICT 기술의 발전을 통해 세계 각국의 정보 교환 추세를 이해하고 파악하는 한편, 내부적으로는 주민들을 통제할 수 있는 각종 첨단기술을 개발하는 데 총력을 기울였다.

---

7)   19세기 아일랜드의 감자기근으로 인한 아사자 발생에 대한 자세한 내용은 Zuckerman (1998) 참고.

북한도 자본주의 국가와 무역을 확대하고 있고 국제기구의 지원을 받는 등 대외 접촉의 접점이 증가하는 과정에서 주민들이 외국의 ICT 발전을 목격할 여지는 얼마든지 있다. 통치자가 앞서서 이러한 흐름을 이해하고 효율적으로 외국의 정보 유입을 차단하기 위해서는 오히려 ICT 산업을 육성하고 발전을 독려하는 정책을 추진하는 것이 바람직할 수 있다. 개인보다는 정무원, 당과 군부 등 국가기관 중심으로 ICT 기술을 활용하며 인터넷 등 통신 사용에서는 외부 정보를 획득하기만 하고 내부 접근을 차단하는 방화벽 기능을 개발하는 데 역점을 두는 것은 이러한 맥락의 일환이라고 볼 수 있다. 역으로 첨단 ICT 기술로 선진국의 각종 정보 등을 해킹해 경제적 이득을 취하는 장점도 있다. 중국과 러시아에서 코로나19 신약 개발에 주력하는 서방 선진국들의 제약사를 해킹하는 일은 비일비재하다.

셋째, ICT 산업 발전은 체제의 급진적인 개혁을 수반하지 않고 추진할 수 있다. ICT 산업의 경우 비교적 소수의 전문 인력과 컴퓨터 등 일부 하드웨어 장비만 구비하면 추진이 가능하기 때문에 경제특구처럼 지역을 외부에 개방할 필요도 없고 다수의 인력을 숙련시킬 필요도 없다. 소수의 전문 인력을 중심으로 체재 내부에서도 추진이 가능하며, 초기 단계에는 외부 세계의 대규모 지원 없이도 추진이 가능하다.

넷째, 경제 전반에 정보화를 추진해 효율성을 제고하고 사회주의 경제의 계획성을 더욱 정확하게 확보하기 위한 전략이다. 북한은 경제 정보화를 경제발전의 중요한 도구로서 간주하고 있다. 경제 정보화가 가능해야만 경영관리에서 실리를 보장하며 경영관리의 과학화 수준을 높이고 경영관리의 신속성과 정확성, 기동성이 보장된다. 사회주의 경제는 경영활동 전반이 계획에 따라 진행되기 때문에 경영활동을 정보화하기 위해서는 첫 공정인 계획 업무부터 정보화해야 한다는 논리다. 경제 정보화를 첫째로 경제 전반에 대한 컴퓨터와 정보설비 보급, 둘째로 정보설비에 기초한 생산과 경영활동으로 정의하고 "정보망에 의거하면 국가의 경제에 대한 통일적 지도 기능이 비상히 강화되며 사회

표 1-4 북한의 전력생산량 추계치(1990~2019)

구분	1990	1991	1992	1993	1994	1995	1996	2010	2012	2015	2017	2019
발전시설 용량	714.2	714.2	714.2	714.2	723.7	723.7	738.7	697	722	743	766	815
전력 생산량	277 (△5.1)	263 (△5.0)	247 (△6.1)	221 (△10.5)	231.3 (4.5)	230 (△0.4)	213 (△7.4)	237	215	190	235	238

자료: 한국은행(2002; 2020); IMF(1997).

주의 경제가 계획적으로 높은 속도로 발전하게 된다"라고 평가했다. 즉 노동행정기관과 자재공급기관, 재정금융기관 등 국가경제 기관들이 경제 모든 부문과 지역 및 기업소로부터 각종 정보를 신속·정확하게 받을 수 있게 됨으로써 경제 전반의 노동력과 자재, 자금 등에 대한 수요 동향과 그 원천 등을 제때 파악해 경제의 통일적 지도 기능을 강화한다는 것이다(≪경제연구≫, 2002).

마지막으로 북한이 ICT 발전에 주력하는 배경에는 ICT 산업이 에너지 절약형이라는 실질적인 이유도 있다. 북한의 전력난이 심각한 상황에서 에너지 과소비형인 중공업을 집중적으로 육성하는 정책은 현실적으로 한계가 있다. 현실적인 경제 여건으로만 판단해도 에너지 다소비형 산업을 집중적으로 육성하려는 경제정책은 추진에 장애 사항이 많다. 그에 비해 훈련된 전문 인력을 중심으로 컴퓨터라는 하드웨어만을 가지고 경제적 도약을 도모할 수 있는 ICT 산업은, 북측으로서는 리스크가 적으며 분명히 매력이 있다.

북한이 첨단 ICT 산업을 육성하는 데도 전력이 충분한 것은 아니나 중공업보다는 훨씬 여유가 있는 것은 사실이다. 이른바 혁명적 경제정책은 자력갱생 원칙을 강조한 '강계의 혁명 정신'이나 절대적 노동력의 동원을 강조하는 '제2의 천리마운동'을 통해 먹는 문제를 해결하고 북한 경제를 정상화하는 유용한 방도일 수 있으나, 정상화 이후에 북한이 추구해야 할 중장기 경제발전 전략으로는 부족한 감이 있다. 결국 최소한의 먹는 문제를 해결하고 난 이후에 경제 성장의 견인차로 제시된 정책이 ICT 분야라고 할 수 있다. 특히 급진적인 경제 개혁을 취하지 않고 경제를 재건할 수 있는 길로 ICT 분야를 택한 것은 기존의 사상 중시 유형을 결합하는 방향이다(양문수, 2001). 근본적인 체제 변화 없이 첨단기술을 통한 효율성 제고와 생산성 증가를 위한 단기적인 경제 회생 전략이라고 볼 수 있다(김유향, 2001: 221).

5. ICT 발전정책 추진에 담긴 의미

현실적으로 북한 ICT 산업의 의미를 단순하게 표현하기는 어렵다. 초기 단계에 있는 산업의 의미를 포괄적으로 평가하는 것은 한계가 있으며 향후 지속적으로 발전할 수 있는지를 판단하는 것은 용이하지 않다. 최고지도자의 정책 추진 의지, 전문 인력 양성과 컴퓨터 통신망 등 인프라 구축 여건과 UN의 대북 경제제재 해제 등 국제적 협력체제의 편입 여부에 달려 있다. 특히 ICT 산업이 인력 중심의 소프트웨어 분야를 중심으로 발전하고 있으나 기본적으로 거시경제의 일부인 만큼 전체 경제의 회복 여부와도 연관되어 있다. 따라서 ICT 산업이 향후 북한 경제 도약의 견인차가 될 수 있다는 전망이 성립되기 위해서는 몇 가지 전제 조건이 필요하다.

첫째, ICT 산업을 발전시키기 위해서는 전문 인력 육성 이외에 전자산업에서 생산하는 ICT 하드웨어 인프라가 구축되어야 한다. 남한이 ICT 인프라 구축을 위해 추진한 ICT 산업육성 정책에서 보듯이 첨단기술과 장비가 필수적이다. 첨단 통신 장비는 제작에 비용이 많이 소요되고 기초과학 지식이 필요하다. 이와 같은 하드웨어 인프라를 제대로 구축하기 위해서는 상당한 비용과 시간이 소요된다.

외국에서 고가의 장비를 도입하는 데는 예산이 많이 소요되고, 또한 자체적으로 제작하기도 어렵다. 국가기간 통신연결망 등 하드웨어의 설치는 예산 부족으로 단기간에 용이하지 않다. 남측이 '사이버 코리아(Cyber Korea)'를 구성하기 위해 투입한 예산을 고려한다면 ICT 산업육성에 대한 북측의 어려움은

짐작할 수 있다. 향후 북한 ICT 산업이 성공적으로 발전하기 위해서는 역설적으로 어려움에 처한 경제 여건이 개선되어야 한다. ICT 산업육성을 통해 경제를 발전시킨다는 전략과 논리가 성공적으로 실현되기 위해서는 오히려 선행적으로 경제 여건이 호전되어야 한다. 북한 ICT 산업의 성공적인 발전은 일반 경제 상황과 맞물려 있다고 볼 수 있다.

만약 재원 부족으로 하드웨어에 대한 투자가 원활히 이루어지지 않는다면 소프트웨어의 단순 개발에 치중할 수밖에 없다. 하드웨어의 지원 없이 소프트웨어 개발만을 통해 ICT 산업을 경제발전의 추동력으로 삼기에는 한계가 있다. 북한 산업의 효율성을 높이기 위한 노력에 첨단 소프트웨어들이 기여는 하고 있으나 획기적인 성과를 단기에 도출하기는 어려우며, 특히 북한 소프트웨어 제품들이 기본적인 성능이 우수함에도 불구하고 자본주의 소비자를 대상으로 한 상품성이 부족해 마케팅에 어려움이 있는 것을 고려한다면 소프트웨어 중심의 ICT 산업은 부가가치 창출에서 제한될 수밖에 없다.

둘째, ICT 산업이 성공하기 위해서는 과거에는 김정일 위원장, 현재에는 김정은 위원장을 중심으로 한 최고 정책결정자들의 확고한 의지가 지속적으로 필요하다. 선군정치를 최우선으로 하는 북한에서 성과가 미흡한 분야에 지속적으로 예산을 투입하기 위해서는 최고지도자의 산업 발전에 대한 중장기적인 비전이 필수적이다. 식량난이 해결되지 않아 매년 50만 톤의 식량을 외부에서 도입해야 하는 현실 속에서 부가가치의 창출이 미미한 분야를 적극적으로 육성하는 것은 정책결정자의 입장에서 단순한 일이 아니다.

특히 정책이 실패했을 경우 정책 관련 실무자들이 책임을 떠안은 전례가 비일비재한 만큼 중장기적으로 산업을 육성하기 위해서는 최고지도자의 톱다운(Top-down) 방식의 관심이 절대적이다. 또한 ICT 산업이 발전하기 위해서는 주민들의 디지털 마인드가 필수적이다. 폐쇄·통제 사회인 북한에서 주민들이 자발적으로 특정 산업 분야에 적극적인 관심을 보이고 참여하기는 어렵다. 집체주의(集體主義) 원리에 의한 사회주의 북한에서 사회적 행동의 중요한 기준

중 하나는 '동조(同調)의 원리'다. "전체는 개인을 위하고 개인은 전체를 위한다"는 사회주의 행동 양식이 고착화된 사회에서 ICT라는 새로운 문화를 수용하는 것은 톱다운 방식으로 진행될 수밖에 없다.

셋째, 북한의 ICT 산업이 발전하기 위해서는 유엔 안보리 제재를 비롯한 미국의 대북 경제제재 해제가 필수적이다. 북한은 군수산업에 전용될 수 있는 전략물자에 대한 공산권 수출을 금지하는 바세나르협정(The Wassenaar Arrangement)의 적용을 받는다. 북한은 이라크 등과 함께 '악의 축' 국가로 분류되어 테러지원국 리스트에 올라 있으며 철저하게 미국의 경제제재를 받고 있다. 바세나르협정에 가입되어 있는 한국 또한 전략물자수출입공고를 통해 대북 물자 반출·반입을 제한받는다. 국내에서 거의 사용되지 않는 386급 컴퓨터의 대북 반출이 허용되지 않는 것도 이러한 이유 때문이다.

2002년 6월 남·북한이 평양과 남포 일원에서 이동통신 사업을 추진하기로 합의해 구체적인 방안을 논의하는 과정에서 미국 측이 보인 반응은 북한의 ICT 산업 발전이 남·북한에만 국한된 문제가 아니라는 점을 시사한다. 2001년 부호분할다중접속(CDMA) 방식의 휴대전화 사업과 국제전화 관문국 고도화사업을 공동으로 추진하기로 합의했으나 미국 정부는 CDMA 원천기술의 특허를 보유하고 있는 퀄컴사가 미국 기업이기 때문에 '적성국교역금지법'을 들어 한국의 북한 이동통신 사업 참여 반대 입장을 비공식적으로 한국의 정보통신부에 전달했다. 물론 미국은 CDMA 기술에 대한 원천기술을 미국이 보유 중이기 때문에 반대한 것이라며, 북한이 일반적인 유럽형비동기식(GSM) 기술을 채택할 경우 반대하지 않을 것이라는 입장을 보였다. 원칙적으로 첨단기술의 이전에 부정적인 입장임에는 분명하다. 당시 미국은 100만 북한군이 첨단 휴대전화기로 무장되는 것을 원치 않았으므로, 통신과 언론의 자유가 통제되고 있는 북한에서 휴대전화기가 사용될 경우 정보의 흐름이 증가할 것이라는 입장인 한국과는 상반된 견해를 보였다. 이는 북한이 ICT 산업의 본격적인 육성을 위해서는 미·북 관계의 개선이 불가피하다는 것을 암시하고 있다.

김정은 위원장은 2011년 12월 30일 집권 이후 2013년 한 차례, 2016년 두 차례, 2017년 한 차례 등 총 4번의 핵실험을 감행했다. 핵무력 완성과 함께 대륙간탄도미사일(ICBM) 등 다양한 투발 수단을 개발하고 있다. 유엔 안보리는 1993년 3월 북한의 핵확산금지조약(NPT) 탈퇴와 2006년 1차 북핵 실험 후 지금까지 모두 11건의 대북 제재를 채택했다. 이 중 6건이 2016~2017년 동안에 결의됐다. 무기 거래와 관련된 특정 기관과 개인을 겨냥한 2017년 6월 제재를 제외한 나머지가 하노이 회담의 노딜(no deal) 이후 이용호 북한 외무상이 심야 기자회견에서 밝힌 5건의 유엔 제재다.

2016년을 전후로 유엔 제재의 성격이 근본적으로 달라졌다. 유엔 대북 제재 결의안은 2006년 7월 결의안 1695호가 시작이었다. 다만 북한 핵과 미사일, 대량살상무기(WMD) 개발 금지와 관련 자금 동결, 기술 이전 금지 등을 '권고'하는 수준이었다. 하지만 2016년 이후 제재는 단순 권고를 넘어 이행을 '강제'하고 있다. 특히 2016년 이전 제재는 대부분 미사일 부품 등 군수용품과 사치품을 제한하는 부분적 비경제제재였다. 하지만 북핵·미사일 실험이 국제 이슈가 된 2016년 이후 대북 제재는 북한의 '돈줄'을 죄는 경제제재로 전환되면서 북한 정권과 경제에 직접적인 타격을 주었다.

참고문헌

1. 국내 문헌

고경민. 2004. 『북한의 IT전략: IT산업, 전자정부, 인터넷』. 커뮤니케이션북스.

_____. 2006. 『인터넷은 민주주의를 이끄는가?』. 삼성경제연구소.

고경민·김일기. 2011. 「중동 시민혁명이 북한 민주화에 주는 시사점: 민주화 지원과 정보기술 효과를 중심으로」. ≪북한연구학회보≫, 제15권 1호.

_____. 2012. 「정보기술과 민주화의 패러독스?: 미국의 정보기술 수출통제정책 변화와 중국의 인터넷 발전」. ≪평화학연구≫, 제13권 3호.

_____. 2014. 「북한의 인터넷 개방: 쿠바 사례를 통해 본 함의와 전망」. ≪국가전략≫, 제20권 1호.

고경민·이희진·장승권. 2004. 「독재자의 딜레마'인가 권위주의적 '사이버체제'인가: 권위주의체제에서 인터넷의 정치적 영향과 통제 메커니즘」. ≪외국학종합연구≫, 제12권 3호.

_____. 2007. 「북한의 IT딜레마와 이중전략: 인터넷 정책과 소프트웨어 산업정책을 중심으로」. ≪정보화 정책≫, 제14권 4호.

_____. 2008. 「북한의 국가 도메인(.kp) 승인과 인터넷 정책변화: 배경과 전망」. ≪정책연구≫, 2008년 봄호.

_____. 2009. 「발전지향적 권위주의 체제의 인터넷 발전모델? 중국과 베트남의 인터넷 확산과 정보통제」. ≪한국정치학회보≫, 제43집 2호.

공영일. 2006. 「북한 체신법 분석」. ≪정보통신정책≫, 제18권 1호.

권영승. 2013. 「중동의 민주화와 북한에 대한 시사점」. ≪현대북한연구≫, 제16권 2호.

김근식. 2000. 「김정일 시대 북한의 경제발전 전략: '3대 제일주의'에서 '과학기술 중시'로」. ≪현대북한연구≫, 제3권 2호.

김명성. 2020.2.11. "北 내부문건 '청년들 그냥 두면 큰일 터진다'". ≪조선일보≫. https://news.chosun.com/site/data/html_dir/2020/02/11/2020021100151.html?utm_source=naver&utm_medium=original&utm_campAIgn=news(검색일: 2020.2.11).

김봉식. 2017. 「북한 유무선 통신서비스 현황 및 시사점」. ≪정보통신방송정책≫, 제29권 10호.

김연호. 2014. 「북한의 휴대전화 사용 실태」. ≪KDI 북한경제리뷰≫, 3월 호.

김유향. 2001. 「북한의 IT 부문 발전 전략: 현실과 가능성의 갭」. ≪현대북한연구≫, 제4권 2호.

김정욱·박봉권·노영우·임성현. 2017. 『2016 다보스 리포트: 인공지능발 4차 산업혁명』. 매일경제신문사.

김진용. 2013. 「중국의 인터넷 통제 메커니즘」. ≪정보화정책≫, 제20권 1호.

김태심. 2011. 「권위주의 국가의 선별적 정보통신기술 도입: 중국과 중동(UAE, 사우디아라비아)의 사례를 중심으로」. 서강대학교 정치외교학과 석사학위논문.

김화순. 2011. 「북한 주민의 외부정보 접촉실태와 의식변화」. 2011년 제4회 북한전략센터 학술세미나.

김홍광. 2008. 「북한 IT 형성 및 변천과정 연구」. 북한대학원대학교 석사학위논문.

남문희. 2001.2.8. "김정일의 신사고 경제개발 전략". ≪시사저널≫.

남성욱. 2002. 『북한의 IT산업 발전전략과 강성대국 건설』. 한울엠플러스.

≪뉴시스≫, 2020.2.11. "북한 인터넷 사용 3년 새 300% 증가". http://www.newsis.com/view/?id=NISX20200211_0000914863&cID=10101&pID=10100(검색일: 2020.2.12).

류현정. 2012. 「북한의 이중 휴대전화 네트워크에 관한 연구 행위자: 연결망이론(ANT)을 중심으로」. 북한대학원대학교 석사학위논문.

박문우. 2009. 「북한식 '정보화에 관한 연구" 정보격차 문제를 중심으로」. 북한대학원대학교 박사학위

논문.

서소영. 2013. 「북한 이동통신 시장 동향: 이동전화시장을 중심으로」. ≪정보통신방송정책≫, 제25권 20호.

서재진. 2001. 「북한 IT산업정책의 의미와 남북 IT교류」, ≪국제정치논총≫, 제41집 4호; 민주평통 통일연구회 제10차 정책포럼 "햇볕정책 평가와 과제, 중장기 비전" 제4부 학술회의 제5주제 남·북한 정보통신과 환경 분야 발제문.

슈바프, 클라우스(Klaus Schwab). 2016. 『제4차 산업혁명(Fourth Industrial Revolution)』. 송경진 옮김. 새로운 현재.

양문수. 2001. 「김정일 시대 북한의 경제운용과 과학중시 정책」. ≪통일문제연구≫, 2001년 상반기 제13권 1호.

≪연합뉴스≫. 2020.2.11. "北신문, '아랍의 봄'이 몰아온 겨울… 정권붕괴 비극의 연속".

연합뉴스 편집부. 2001. 『2002 북한연감』. 연합뉴스.

우평균. 2019. 「디지털 권위주의와 통제 메커니즘의 확산: 중국, 러시아 모델과 한국에 대한 함의」, ≪중소연구≫, 제44권 3호.

이정진. 2018. 「북한의 이동통신연구」. 북한대학원대학교 박사학위논문.

이종회·김철환·박찬모 외. 2003. 『북한의 정보통신기술』. 생각의나무.

이주철. 2008. 「북한주민의 외부정보 수용 태도 변화」. ≪한국동북아논총≫, 제46집.

이춘근. 2005. 『북한의 과학기술』. 한울엠플러스.

이춘근·김종선. 2015. 「북한 김정은 시대의 과학기술정책 변화와 시사점」. ≪STEPI insight≫, 제173호.

_____. 2015. 「북한의 IT 산업의 개발 역사와 시사점」. ≪과학기술정책≫, 제25권 8호.

이호규·곽정래. 2011. 「북한의 사회적 커뮤니케이션 구조와 미디어」. 한국언론진흥재단 지정주제 연구보고서 2011-18.

정진석. 1989. 「북한의 잡지」. 유재천 엮음. 『북한의 언론』. 을유문화사.

조동호·김상기. 2001. 「북한 경제정책 구도 및 향후 경제정책 전망」. ≪KDI 북한경제리뷰≫, 제3권 1호.

차정미. 2018. 「중국 특색의 '사이버 안보'담론과 전략, 제도 분석」, ≪국가안보와 전략≫, 제18권 1호.

_____. 2018. 「중국의 4차 산업혁명 담론과 전략, 추진체계 분석」. ≪동서연구≫, 제30권 1호.

차정미·박차오름. 2019. 「중국 '1개 중심 2개 기본점 원칙'의 인터넷 발전전략과 북한에의 적용」. ≪아세아연구≫, 제2권 3호.

통계청. 2021. 『2020 북한의 주요통계지표』. https://kosis.kr/bukhan/publication/publication_01List.jsp?parentId=A00(검색일: 2021.2.10).

통일부 통일교육원. 2021. 『2019 북한이해』.

한국은행. 2002. 「북한 GDP 추정결과」. 한국은행 보도자료 2002.

_____. 2020. 「북한 GDP 추정결과」. 한국은행 보도자료 2020.

2. 외국 문헌

AMNESTY. 2016. "통제된 사회, 단절된 삶: 북한 내 휴대폰 사용 및 외부세계 정보제한 실태". AMNESTY INTERNATIONAL, 문서번호: ASA 24/3373/2016 Korean.

Geoffry, Jones. 2005. *Multinationals and Global Capitalism: From nineteenth to the twenty-first century*. New york: Oxford Uni Press.

Howard, Philip. 2010. *The Digital Origins of Dictatorship and Democracy: Information technology and political islam*. New York: Oxford Uni, Press.

IMF. 1997.11.12. "Democratic People's Republic of Korea Fact Finding." IMF Asian Pacific Department.

Kalathil, Shnthi and Taylor Boas. 2003. *Open Networks Closed Regimes: The impact of the internet on authoritarian rule*. Washington D.C.: Carnegie Endowment for International Peace.

Milner, Helen. 2006. "Digital Divide: The Role of Political Institutions in Technology Diffusion." *Comparative Political Studies*, Vol.39, No.2. pp. 176~199.

Morozov, Evgeny. 2011. *The Net Delusion: The dark side of internet freedom*. New york: Public AffAIrs.

OECD. 2002. "Measuring the Information Economy 2002". http://www.oecd.org/digital/ieconomy/measuringtheinformationeconomy.htm.

Victor, Cha and Lisa Collins. 2018.8.26. "The Markets: Private Economy and Capitalism in North Korea?". https://beyondparallel.csis.org/markets-private-economy-capitalism-north-korea/ (검색일: 2020.2.3).

Zuckerman, Larry. 1998. *The Potato: How the humble spud rescued the western world*. New York: North Point Press. pp.187~219.

3. 북한 문헌

과학기술출판사. ≪정보과학≫.

과학백과사전출판사. 2002. 「인민경제 정보화는 현 시기 경제발전의 도구」. ≪경제연구≫, 2월 호.

과학백과사전출판사. ≪과학원통보≫. 각 연도.

≪로동신문≫. 2000.1.1. "[신년공동사설] 당 창건 55돐을 맞는 올해를 천리마대고조의 불길 속에 자랑찬 승리의 해로 빛내이자".

_____. 2001.1.2. "과학기술로 인민경제기술개건을".

_____. 2001.1.4. "21세기는 거창한 전변의 세기, 창조의 세기이다".

_____. 2001.1.7. "정론: 더 용감하게, 더 빨리, 더 높이".

박광길. 2009. 「정보기술은 사회주의사회에서 정보산업 발전에 작용하는 중요한 요인」. ≪경제연구≫, 제2호.

조선백과사전편찬위원회. 2011. 『광명백과사전』제7권. 평양: 백과사전출판사.

중앙과학기술통보사. ≪정보과학과 기술≫. 각 연도.

_____. ≪콤퓨터프로그람기술≫. 각 연도.

2장

북한의 ICT 발전정책 추진 현황

1. 북한의 통신정책

1) 통신의 개념과 기능

(1) 통신의 개념

넓은 의미에서 볼 때 북한의 통신은 매체 전달과 구분 유형 등에서 자본주의 국가들의 통신 개념과 큰 차이는 없다. 그러나 통신 생산물의 필요성이나 적용되는 범위에 대해서는 근본적인 입장이 상이하다. 사회간접자본(SOC)으로 인간의 삶의 질을 높이고 주민의 편익과 공공성에 기여한다는 공익성보다는 정치사회의 통제적 기능이 강하다.

북한에서 통신이란 일반적으로 신문·방송·잡지 등 각종 보도매체와 이를 통해 수집된 정보나 사실의 전파를 의미한다. 또한 남한의 사회간접자본으로서의 통신을 '생산적 체신'이라고 하는데, 북한 당국이 통신을 사적 목적하에 개인들의 커뮤니케이션 수단으로 사용하는 데는 부정적이며, 생산활동에 활용될 때만 긍정적으로 인식한다는 것을 의미한다. 물론 기본적인 통신과 방송 수요를 원만히 보장하기 위해서 전신·전화·우편·방송 등 여러 가지 통신망을 설치해 운영하고 있으나 생산활동의 기여도를 중심으로 투자의 우선순위를 매기고 있다.

북한에서 통신과 유선방송을 포괄하는 개념인 체신은 체제 유지에 중요한 역할을 한다는 점에서, 확고한 지휘통신의 보장이 체신법 제정 요인으로 작용했을 가능성이 높다. 두 번째는 장기간 침체되어 온 경제를 활성화하기 위한 통신 등 사회간접자본에 대한 북한 당국의 중요성을 인식했다는 것이다(공영일, 2006: 54~59). 당국은 '체신법'(1997),[1] '전파관리법'(2006)[2] 등으로써 체신과 통신에 관한 내용을 법제화했다.

"체신은 나라의 신경이라고 말할 수 있습니다"라는 표현에서 사회주의 체제하의 체신 의미를 짐작할 수 있다. 북한에서 체신은 통신·방송을 통해 정치, 경제, 사회, 문화, 군사 등 사회생활의 모든 영역에서 이루어지는 연계를 신속·정확히 지어주고, 소식을 제때에 전달해 주는 나라의 신경이다(사회과학출판사, 1985: 514~515). 북한에서 체신은 당과 국가경제 기관들의 지도와 지휘를 보장하는 수단으로 사상·기술·문화의 '3대혁명'을 수행하는 대중 교양 수단이다. 또한 당의 노선과 노동당 정책을 적절한 시기에 전파하고 선전하며 북한 인민과 해외 동포 및 세계의 모든 진보적인 인민들에게 주체사상을 널리 선전하는 역할을 한다. 북한은 체신을 '나라의 통신 및 방송 수요를 보장하는 인민경제' 부문으로 취급하며 당과 국가경제 기관들의 생산과 건설에 대한 지도와 지휘를 원만히 보장해 주고 경제 부문들 간이나 공장과 기업소 상호 간, 도시와 농촌 간의 생산과 소비를 연계하는 도구로 인식하고 있다(김영세, 2001: 33). 남·북한의 통신 개념도 심한 차이를 보인다. 북측의 통신은 남한에서 흔히 말하는

---

1) 통신, 우편, 방송 분야의 북한 최초 종합행정법인 체신법은 1장 체신법의 기본규정(10개조), 2장 전기통신(8개조), 3장 우편통신(11개조), 4장 방송 시설 운영(8개조), 5장 체신의 물질 기술적 토대 강화(10개조), 6장 체신사업에 대한 지도통제(5개조) 등 총 6장 52조로 구성되어 있다.
2) 2011년, 2015년 두 차례 수정·보충되었다. 4장 36조로 구성되어 있다. 2장 전파설비의 등록, 3장 전파설비의 이용, 4장 전파관리사업의 지도통제 등으로 구성되었다.

표 2-1 북한의 체신사업 분류방식

체 신	우편통신	편지, 소포, 송금, 저금, 정기간행물 배포
	전기통신	유무선 전신, 전화
	방송	유선방송, 무선방송, 텔레비전 방송

자료: 북한 체신법; 정보통신부(2000: 359).

통신 인프라, 이용자의 편익·소통을 위한 일상적인 생활용품과 같은 편익적인 개념과는 다르다.

북한에서는 체신을 운수와 함께 인민경제의 특수한 부분으로 보며, 인민경제는 크게 '사람들의 활동이 물질적 부로 체화(滯貨)되는' 생산 부문과 '물질적 부로 체화되지 않는' 비생산 부문으로 구분한다. 여기서 생산 부문은 현물을 직접 창출하는 형태로 참가하는 공업·농업·기본건설 부문과, 물질적 부의 생산과정을 사회적으로 완성하는 데 참가하는 화물 운수·생산적인 상업·자재공급 부문, 그리고 물질적 부의 창조 과정에 생산적으로 봉사하는 체신 부문 등으로 구분한다. 비생산 부문은 여객 운수·비생산적 체신·과학·교육·문화·보건·재정 금융 부문 등으로 구분한다.

북한에서는 체신을 기술적 상태에 따라 전기통신(유무선, 전신, 전화), 우편통신(편지, 소포, 송금), 방송(유무선, 라디오, TV) 등으로 구분한다. 통신은 유무선, 전신, 전화 등을 의미하며 이는 '전기통신'으로 분류되어 있다. 북한에서 말하는 '체신'의 기능은 다음과 같이 네 가지로 구분된다. 첫째, 체신은 중요하게 지휘통신과 산업통신으로 인민경제 모든 부문에 대한 당과 국가의 경제지도 및 관리를 보장하며 공장, 기업소, 협동단체 사이의 긴밀한 생산적 연계를 맺어줌으로써 경제 건설에 적극 복무한다. 둘째, 주민통신과 방송을 보장함으로써 인민 생활에 직접 봉사한다. 셋째, 당의 노선과 정책을 모든 부문, 모든 단위, 모든 근로자들에게 신속·정확히 전달·침투하며 그 관철을 위한 당과 국가의 중앙집권적인 통일적 지도를 기동적으로 보장한다. 넷째, 현대전의 신경으로서 국방력을 강화하는 데도 중요한 역할을 수행한다(사회과학출판사, 1985).

체신의 기능은 무엇보다도 언론과 방송의 역할에서도 분명하게 드러난다. 북한에서는 언론을 "당의 사상과 혁명이론, 독창적인 전략·전술적 방침들을 대내외에 널리 선전하며 유일적 주체사상 체계에 기초해 당의 테두리에 인민대중을 반석같이 묶어세우고 대중을 당 정책의 관철에로 힘 있게 조직·동원해 제국주의자들의 침략 정책을 분쇄하는 유일한 사상 선전 무기"로 규정한다. 또 방송은 "인민대중을 당의 유일사상으로 튼튼히 무장시키고 그들의 혁명 위업 실천에로 조직·동원하는 강력한 무기"로 정의하고 있다.

(2) 통신의 기능

자본주의 국가에서는 기본적으로 통신을 포함한 사회간접자본이 국가의 생산력을 향상시켜 국민 삶의 질을 높이는 기능을 담당한다. 그러나 사회주의 국가에서 통신은 일차적으로 당과 국가의 정책을 선전하는 기능을 담당해 주민을 경제 건설에 동원하고 공산주의 사상을 주입하는 선전·선동 기능을 하고 있다. 사회주의 국가인 북한은 통신을 당과 국가경제지도 기관들의 지휘를 보장하는, 사상·기술·문화의 3대혁명을 수행하기 위한 대중교양 수단으로 보았다. 행정 수요의 편의상 주민에게 정책을 홍보하는 기능만을 강조한다. 통신은

표 2-2 남·북한 통신제도 및 체계 비교

시기	남한	북한
관련법	전기통신기본법, 공중전기통신기본법, 우편법, 방송법 등	체신법(1997), 전파관리법(2006)
경영주체와 경영	통신: 민간경쟁 우편: 국가독점(택배: 경쟁) 방송: 공영·민영 혼합체계	전체 체신시설에 대한 국영체계 유지
통신에 대한 인식	공공서비스, 산업인프라	체제 유지 수단, 인프라
주무부처	산업통상자원부, 과학기술정보통신부, 방송통신위원회	체신성
통신사업구조	정책과 사업 분리, 민영화를 통한 경쟁 확보	정책과 사업 미분류

자료: ≪조선중앙연감≫(각 연도); ≪북한개요≫(각 연도); 사회과학출판사(1985); 국가정보본부(2021: 213).

'유일적 지배체제' 혹은 '중앙집권적 명령체제' 유지에 이바지하는 범위에서만 의미가 있다. 북한에서 통신은 체제 유지를 위한 제한된 기능을 수행하며 인민이 소비하는 생활 물자의 대상은 아니다.

이렇듯 북한 통신과 체신은 주민의 생활 편익을 위한 수단이라기보다는 인민을 당국이 원하는 방향으로 조직화하거나 통제하는 수단으로 이용되어 왔다. 북한 당국이 개인들의 스마트폰 사용을 허가하지만 유선방송망을 통해 주민들의 집단 청취를 강요하고 있다는 점 등이 이를 입증한다. 독재 지도자들이 통신을 장악해 주민을 통제한 사례는 구소련의 스탈린이나 중국의 마오쩌둥(毛泽东)의 통신정책에 이미 드러나 있다.

2) 북한의 통신·체신 발전 연혁

(1) 1940년대

북한 당국의 정보통신에 대한 관심은 정권 수립 준비기부터 시작되었다. 1946년 2월 평양에 체신국을 창설하고 각 도 단위별로 산하 체신국을 설치해 총 405개소의 우편국과 8개소의 통신공무국 및 8개소의 중계국 등을 개설함으로써 근대적 의미의 통신시설이 갖추어졌다. 또한 체신국 직속 기관으로 평양, 청진과 원산에 3개 철도 우편국과 방송국을 설치했다. 그러나 당시 주요 기간산업 시설을 운영하고 관리해 오던 일본인 기술자들이 해방과 함께 본국으로 철수하면서 시설을 재가동하는 데 필요한 기술자가 절대적으로 부족했다. 이를 위해 1946년 8월 「기술자 확보에 관한 결정서」, 1947년 6월 「기술교육 진흥에 관한 결정서」 등을 발표하면서 기술 인력 동원에 힘썼다.

1946년 평양-원산, 평양-함흥 사이에 전화가 개설된 것을 시작으로 전신·전화 통신망 확충이 본격화되었으며, 1940년대 후반부터 소규모 전자통신 공장 신설을 통한 전자공업 기반 구축에 착수했다. 1947년에는 통신기계제작소를 설립하고 1948년에 자석식 교환기, 전화기 등을 제작했다.

(2) 1950년대

1950년대는 북한이 한국전쟁으로 파괴된 시설 기반을 복구하는 데 주력한 시기다. 해방 이후부터 한국전쟁 이전까지의 북한 통신망은 소련 기술자들에 의해 구축되었으며 전쟁 후의 수복 과정에서도 소련 기술력에 대한 의존이 지속되었다. 1951년 체신기술연구소를 설립해 통신 기술 연구를 시작했다. 북한은 주민생활 향상을 위해 전후 경제부흥 3개년계획(1954~1956)을 실행했고, 사회주의 공업화의 기초 마련과 인민의 식의주 해결을 목표로 제1차 5개년계획(1957~1961)을 시행했다. 1954년 평양과 각 시·도 간의 전시전화망이 거의 복구되었다. 1957년에는 평양에 현대식 자동전화국을, 신의주에 자동 전화교환기를 설치하고 시내 전화 능력을 1.4배로 확장하는 등 통신시설을 증설해 산업전화망의 중앙 지휘 체계를 구축했다. 중앙 → 도 → 군 → 리 단위에 이르는 제반 통신 시설의 증설을 위해 시외 전신전화선을 1.5배 증가시키는 계획을 추진했다(북한연구소, 1983: 859). 또한 1958년에 통신기계 제작공장을 건설·가동했으며, 각 지방에는 리(里) 단위의 소규모 공장을 신설했다. 1958년 생산 실적은 교환기 200대, 전화기 900대, 유선방송기 400대, 스피커 7000대에 달했다.

(3) 1960년대

1960년대 주체사상이 강조되면서 기술 자립을 추구했으나 기술력 부족으로 기본적으로 소련 제품의 복제에서 벗어나지 못했다. 1960년대는 제1차 7개년 경제개발계획 기간(1961~1970)에 해당했다. 이 기간 중에는 경제개발을 위해 최신 과학기술을 접목시켰으며 주민의 통신 수요를 충족하고 통신의 품질을 개선했다. 산업통신의 확장과 지방통신시설 확장 등에 기본 목표를 두어 수동식 교환기의 자동화, 통신선로의 케이블화, 시외 노선의 다중화를 추진했다. 특히 이 기간에는 전 지역의 통신 업무를 집중적으로 관장하는 체신성이 설립되었다. 무선방송의 출력 강화를 위한 장비 개선과 모든 리 단위까지의 유선망 확충이 이루어졌고, 마침내 1963년 유선방송을 개시했다.

이 시기 북한의 과학기술은 획기적으로 발전했다. 1961년 9월 개최된 제4차 당대회에서 "최신 과학기술을 개발하고 그 성과를 인민경제에 광범하게 도입해 기초과학 부문들을 적극 발전시킬 것"을 결정했다. 또한 전자공업에 중점을 두면서 국내 원료를 이용한 반도체 물질의 생산공정을 확립하고 그 사용 범위도 확대하게 되었다(조선로동당, 1961.9.11). 통신 장비 제작 공장 건설과 생산 실적을 살펴보면 1962년에는 남포통신기계공장에서 반송전화기 1만 대를 생산하기 시작했으며, 이어 1969년에는 박천통신기계공장이 건설되어 통신기계를 생산했다. 1966년 진공관·다이오드식 '만능계산기'를 개발했다. 1969년 아날로스 컴퓨터인 '전진-5500'을 개발했다.

(4) 1970년대

1971년 경제개발 6개년계획(1971~1976)에 착수할 즈음 북한이 중시한 것은 기계화·자동화를 핵심으로 하는 기술혁명이었다. 이 무렵 북한에서는 노동력 부족이 심각한 문제로 제기됐으며, 북한은 노동생산성의 향상을 위해 현대적인 기술과 장비를 도입하지 않으면 안 되었다(최신림, 1999: 7). 이에 따라 1970년대에 들어오면서 국내 생산의 자주노선에서 탈피해 일부 외국 장비들을 도입하기 시작했으나 전반적으로 부품 수입을 통한 조립 형태였다. 1970년대부터 증가하는 통신 수요를 해소하기 위해 방송 출력을 강화했으며 전국적으로 방송망을 확대·보급했다. 평양과 각 도(道) 간에 자동전화기를 도입해 초단파 중기 통신에 대한 다중화를 추진했고, 시외전화기에서 교환기 표시기 등의 기술 개선이 이루어졌다. 1971년부터 시작된 경제개발 6개년계획에서는 통신사업의 목표를 산업통신 시설과 지방통신 시설의 확장에 두고 유선전화망을 각지의 리 단위까지 확충했다.

1973년 김일성 주석의 '새로운 산업전화' 확장 보급 지시에 따라 수입에 의존하던 중계기 등 일부 통신기기를 자체 생산했다. 각 도 간 총국과 경영국, 총국과 주요 기업체 간의 산업전화망을 확충했다. 또한 중앙과 도마다 초단파 중계통신을 실시하고 도와 군 사이에 반송 선로를 유지해 공장 간 직통전화가 가능하게 하며 군(郡) 체신소의 구내전화를 반자동화하는 등 계획을 세웠다. 그 결과 시내전화 회선은 1.6배로 늘어났으며 무선방송 출력은 2배 증가했다.

그러나 1970년대 중반 이후 제2차 7개년계획(1978~1984)과 완충기(1985~1986) 기간 동안에는 북한의 공업화 전략이 한계노동력 체감의 법칙에 따라 생산성이 하락했고, 자본 부족과 기술 개발의 부진으로 점차 한계에 봉착하게 되며 통신산업도 정체상태에 이르렀다. 특히 통신정책의 경우 일차적으로 공적인 행정 수요 충족에 목적을 두었기 때문에 사적인 민간 통신 부문은 투자가 이뤄지지 않아 더욱 낙후되었다.

(5) 1980년대

1980년대 들어 산업화가 더 이상 진전되지 못하고 정체됨에 따라 북한은 기존의 공업화 전략을 일부 수정했으며, 대외 무역의 중요성을 점차 강조했다. 그 이후 국내·국제통신 시설 확장과 현대화를 추진하기 시작했다. 당국은 경제개발 제3차 7개년계획(1987~1993)을 발표하고 통신과 방송을 현대화해 체신 운영을 과학적으로 전개하는 데 중점을 두었다. 그리고 전자·정보기술 분야를 강조하며 '전 산업의 자동화·로봇화·전자계산기화'를 제시했다.

1984년 6월 김일성 주석의 동유럽 순방[3]을 계기로 ICT 산업에 대한 관심이 시작되었다. 김일성 주석은 동유럽 순방을 통해 각국의 정보기술 발전상을 확인하고 전자산업을 중심으로 한 첨단기술 분야 육성의 중요성을 인식했다. 김일성 주석은 순방했던 국가들과 기술협약을 체결하고 실습생을 유럽 각국에 파견해 선진기술을 익히도록 했다. 한편 1989년 평양 세계청년학생축전 준비와 나진·선봉자유경제무역지대 설치 등을 계기로 대내외 통신시설 확장과 현

---

3) 1984년 6월 4일부터 7월 1일간 김일성은 소련, 체코, 헝가리, 유고, 불가리아, 루마니아, 우크라이나 등을 방문했다(국토통일원, 1986: 346~351).

대화를 적극 추진했다. 컴퓨터 인재 육성을 위한 교육기관 확충 작업도 시행되었다. 조선계산기단과대학(1985), 평양정보쎈터(1986), 조선콤퓨터쎈터(1990) 등의 교육기관이 연쇄적으로 설립되었다.

1987년에는 '과학기술 연구 성과의 심의 등록 및 도입에 관한 규정'을 제정하고 1989년에는 '과학기술법'을 만들었다. 이러한 법적·제도적 장치와 함께 1986년 2월에는 '기술혁명을 다그칠 데 대하여'라는 의제를 채택했으며 1988년 11월에는 조선로동당 중앙위원회 제6기 제14차 전원회의에서 '전자·자동화 공업 부문'을 중점적으로 육성하기로 했다. 당시 정무원 산하 자동화 총국을 '전자자동화공업위원회'로 확대·개편했다. 이뿐만 아니라 1988년 3월 당중앙위원회 제6기 제13차 전원회의에서 제3차 7개년계획과 별도로 '과학기술발전 3개년계획'을 시행하기로 결정했다. 제1차 과학기술발전 3개년계획(1988~1991)은 전자공학·생물학·열공학 등을 중점 육성 대상 분야로 확정했다. 3대 분야의 기술 향상을 위해 계획기간 동안 각 기관 과학기술 연구에서 이러한 분야를 집중 관리했다.

한편 과학기술 요원들을 공장이나 기업소 등 생산 현장에 파견해 기술혁신 운동을 독려하며 선진기술의 도입을 위해 관련 전문가들의 해외 연수를 강화하는 조치를 채택했다. 계획은 15개 종합 과제와 44개 대상 과제로 구성되었다. 특히 초대형 규모의 집적회로 및 대출력 고내압 반도체 생산의 공업화와 경제 주요 부문에 대한 전산화의 일환으로 조선콤퓨터쎈터를 중심해 전산망을 구축했다. 또한 소프트웨어 산업과 하드웨어, 자동화 요소 등의 생산에 비중을 두었다.

(6) 1990년대

1990년대 초반 들어 북한의 체신부와 산하 단위들은 '단기간 안에 전신·전화와 우편통신 및 방송의 현대화 수준을 높이기 위한 조직 사업'을 추진했다. 전신·전화의 기술 장비를 새로 구비하고 전기통신 능력을 향상하기 위한 각종 시설 공사를 시행했으며 전신 부문에서는 최신 방송기술 수단과 새로운 방송 방식을 도입하기 위해 노력했다. 제2차 과학기술발전 3개년계획(1991~1994)도 수립되었다. 2000년까지 전국적으로 모든 분야의 전산 자동화와 대규모 집적회로 생산의 공업화를 당면 목표로 삼았다. 16MB 초대 규모 집적회로 개발과 함께 32bit 초소형 컴퓨터의 공업화와 64bit 초소형 컴퓨터 연구개발에도 박차를 가했다.

1991년에는 각 공장·기업소의 전산화와 전산망 구축을 위한 '2000년 과학발전 전망목표'를 수립하고 ① 수학 등 기초과학 발전, ② 컴퓨터·원자력 기술 등 첨단 과학기술 발전, ③ 금속전자 기계공업·경공업·농업 분야 과학기술 발전, ④ 국민소득 5%를 투자해 박사·준박사 등 200만 명의 기술자 전문가 양성, ⑤ 유엔개발계획 등 국제기구와 교류 증대, ⑥ 연구단지 조성과 공장·기업소 등 현장연구소의 현대화와 연구 환경 개선 등을 결의했다(이재승, 1998: 57). 1995년에는 기초과학 부문의 과학기술자를 양성하는 평성리과대학을 세우고 주요 대학이 위치하고 있는 평양시 은정구역을 과학자치구로 지정했다. 이뿐만 아니라 대동강밸리 등 정보통신 관련 산업지구 조성을 위한 노력도 있었다(박찬모, 1999: 124). 1999년 11월 전자공업성을 신설하고 2001년 1월 18일에는 교육성 산하에 '프로그램 교육지도국'을 신설해 ICT 분야에 대한 북한의 관심을 보여주었다.

(7) 2000년대

북한은 1998년 최고인민회의 제10기 1차 회의에서 '제1차 과학기술발전 5개년계획'(1998~2002)이 제시되어 전자공학, 컴퓨터 프로그램 등 첨단과학 부문에 우선순위를 두는 정책 전환이 이뤄졌다. 1999년 11월에는 정보통신 부문을 전담할 주무 부서인 전자공업성을 금속기계공업성에서 분리·신설했다(≪경제연구≫, 2009: 24~27). 2002년 전국과학자기술대회에서 '제2차 과학기술발전 5개년계획'(2003~2007)이 제시되어 정보기술, 나노기술 생물공학 발전에 역점을 두었다. 2003년에는 최고인민회의 상임위원회의 정령으로 '컴퓨터 소프트웨어 보호법'과 2004년 6월 '소프트웨어산업법'을 채택해 ICT 발전전략을 법제화했다. 2006년 4월에는 최고인민회의 제11기 4차 회의를 통해 2022년을 목표 연도로 '과학기술강국'이라는 장기적 과학기술 비전을 선포했으며 '제3차 과학기술발전 5개년계획'(2008~2012)을 수립·시행했다.

북한 당국은 김정은 정권 출범 직후인 2012년 "신년사"[4] 등을 통해 정보기술 분야의 중요성을 지속해서 강조했다. 이에 따라 CNC화, 태블릿 컴퓨터 생산과 판매 및 VR·AI 연구 등 4차 산업혁명 시대에 맞는 전국적 정보통신망 구축에 심혈을 기울이고 있다.

2016년 노동당 제7차당대회에서는 '과학기술이 세계 첨단에 올라선 나라'를 목표로 제시했으며, 정보기술을 '핵심기초기술' 분야로 선정했다. 이에 따라 정보 자료 구축, 정보통신 인프라 확대, 정보서비스의 다양화를 세부 추진 전략으로 제시하고, 2015년 말 완공된 과학기술전당 등에 정보화 보급기지 구축, 정보화 교육 확대, 정보화 인재 발굴 등을 통해 전 주민을 대상으로 하는 ICT의 생활화와 산업 동력으로의 연결을 추진 중이다(KDB 산업은행, 2020: 176). 그러나 북한은 2016년 4·5차, 2017년 6차 핵실험 이후 본격화된 유엔 대북 경제제재에 따라 중국 등 해외 근무 ICT 인력 철수, ICT관련 국제협력 중단, 기술·장비 수입 곤란 등으로 ICT 발전정책은 심각한 한계에 직면했다.

3) 통신·컴퓨터 담당부서

북한의 ICT를 전담하는 부서는 통신 부문을 관장하는 체신성과 컴퓨터 관련 부문을 담당하는 전자공업성으로 구분된다. 체신성은 우편통신, 전기·전자

---

4) "과학연구 기관들에서는 정보기술과 같은 핵심기초기술과 중요부문 기술공학발전에 연구 성과들을 더 많이 내놓아야 합니다"(≪로동신문≫, 2012.1.1).

표 2-3 **북한 ICT 정책 발전 연혁**

시기	내용
1940년대 후반	과거 일본 식민지 시절 유산의 재구성과 새로운 사회주의 구조의 기초 마련
1950년대	전후 재건과 산업전화망의 중앙 지휘 체계 구축
1960년대	과학기술 개발 성과를 인민경제에 도입
1970년대	산업·지방통신시설의 확장 국제협력 증대를 통한 자동화와 기계화에 의한 고도성장
1980년대	국제적 고립과 일반 경기침체에 의한 기술침체 및 산업후퇴기 과학기술 관련법 정비, 제1차 과학기술발전 3개년계획 시행
1990년대	전신·전화·우편통신·방송의 현대화 제2차 과학기술발전 3개년계획 시행
2000년대	단번도약 강조, CNC 기술 발전 강조, 이동통신 보급 확대, 인트라넷 사용, SW 산업 육성, 과학기술 경제발전 정책으로 IT 산업육성 정보통신 인프라 확대, 정보서비스 다양화 추진

자료: ≪조선중앙연감≫(각 연도); ≪북한개요≫(각 연도); 사회과학출판사(1985).

통신, 방송통신 관련 업무를 담당한다. 체신성 산하에 ICT 관련 조직은 인트라넷을 관리하는 중앙정보통신국, 이동통신을 관리하는 이동통신운영국, 인터넷과 국제전화를 담당하는 국제위성통신국이 있다.

　북한의 유선통신 사업은 체신성에서 관할하며 통신행정은 북한 권력체계에서 당과 행정기구의 이원적 운용 원리에 의해 조직되어 있다. 따라서 체신성은 내각 산하 33개 부서[5] 가운데 하나지만 중앙인민위원회의 지도와 승인을 통해 통신사업을 집행하고 있다. 북한의 통신은 1946년 2월에 조직된 '북조선 임시인민위원회' 산하에 체신국이 발족되면서 체계화되었다. 그 이후 1948년 9월

---

[5]　2002년 기준으로 2위원회(체육지도위원회, 국가계획위원회), 27성(체신성, 경공업성 등), 1원(과학원), 1행(중앙은행), 2국(중앙통계국, 사무국)이다(연합뉴스 편집부, 2001: 10, 440). 2019년 북한 개정헌법에 따르면 공화국 헌법 제6장 4절 117조에 의해 '최고 주권의 행정적 집행기관인 동시에 전반적 국가관리 기관'으로 규정된 내각은 119조에 의해 다음과 같은 기능을 수행한다. 7항에서 공업과 농업, 건설, 운수, 체신, 상업, 무역, 국토관리, 도시경영, 교육, 과학, 문화, 보건, 체육, 노동행정, 환경보호, 관광, 그 밖의 여러 부문의 사업의 조직집행 등 체신 분야를 규정하고 있다.

표 2-4 북한 체신성 변천사

1946	북조선 임시인민위원회 산하의 체신국으로 설립
1948	북한정권수립과 함께 체신부로 승격
1963	체신 관련기구를 체신성으로 통합
1972	중앙인민위원회산하 교통체신위원회로 단일화, 체신부로 개편
1976	중앙인민위원회로부터 정무원산하 체신부로 분리
1998	내각 산하 체신성으로 환원

자료: 북한연구소(1983: 859~861).

9일 북한정권 수립과 동시에 체신국은 체신성으로 승격되었고, 1963년에는 체신 업무에 대한 지휘체제의 확립과 집중화를 위해 모든 체신 기구를 통합시켜 체신성을 중심으로 한 단일 운영체계를 구성했다. 이에 따라 체신성은 단일 운영체계를 갖게 되면서 각종 우편물과 출판·배포 업무까지 관장한다. 2021년 제8차 당대회를 기준으로 북한의 내각은 43개 기관(8개 위원회, 31개 성, 1원, 1은행, 2국)으로 이루어져 있다.

체신성은 1967년에 한 명의 상(相, 장관급), 세 명의 부상(副相, 차관급)을 위시해 9개국 5개처 1개부 1개실로 조직되었다. 1972년 사회주의 헌법이 채택됨과 동시에 종전의 내각이 정무원으로 개편되면서 행정통제 기관인 중앙인민위원회 산하로 철도성과 해운 및 육운성을 통합해 교통체신위로 단일화하고 체신부로 개편하게 되었다. 이에 따라 체신성은 종래 내각이 가지고 있던 정책결정권을 중앙인민위원회로 넘기고 행정권만을 가지는 하위 행정기관으로 격하되었다. 1976년 12월 다시 중앙인민위원회에서 정무원 산하 체신부로 분리된다. 1998년 헌법 개정으로 주석, 중앙인민위원회, 정무원이 폐지되고 내각이 설립되어 체신부는 내각 산하 체신성으로 다시 환원되었다.

특히 체신성은 2010년경 이동통신운영국을 창설해 이동통신 관련 업무를 추진하기 시작했으며, 정보통신연구소 등을 통해 통신 기술 습득에 주력하고 있다(KDB산업은행, 2015: 732). 기술경제기준제정소, 약전공학연구소, 정보연구소, 정보통신연구소, 정보빛섬유통신관리소, TV중계소, 체신연구소, 설계사

표 2-5 북한 체신성의 분장 업무

① 체신정책의 수립과 집행지휘 감독
② 각종 우편물과 배포 업무 관장
③ 전신전화 시설의 계획과 설비관리
④ 무선전파의 통제와 감시 감독
⑤ 사회주의 국가들과의 통신 업무에 대한 정책 수립과 협정 체결 및 집행 감독
⑥ 체신요원 양성과 확보에 관한 계획 실시 및 지휘 감독
⑦ 체신 분야에 소요되는 일체의 자재 설비에 관한 계획과 분배
⑧ 전시체제하에서의 체신 업무 관장
⑨ 체신성 산하 전체 기관의 영리 업무에 대한 계획과 분배
⑩ 체신 분야에 대한 총괄적인 업무실적 보고와 통계 작성 및 유지

주: 현재 체신성은 우편, 전신·전화, 방송, 예금, 간행물 배달 등의 업무를 관장한다. 2020년 통일부 발행 산하조직
으로는 건설지도국, 국제관계국, 국제위성통신국, 국제통신국, 과학기술국, 기술설비국, 무선및TV방송지도국, 4
국, 생산국, 우편출판물지도국, 이동통신운영국, 자재공급국, 전기통신지도국, 조선중앙전신전화국, 중앙우편출
판물체송국, 중앙정보통신국, 통신지도국, 행정조직국, 협력국, 이름이 명기되지 않은 보안국(보위부 직할로 추
정) 등 20개국으로 구성되어 있다.

업소, 조선체신회사, 자재상사 등이 소속되어 있다. 이 외에 평양전화국, 함남
전신전화국, 신의주우편국, 청진우편국, 평성우편국, 평양우편국, 해주우편국,
혜산우편국 등이 있다. 각 도와 직할시에 체신관리국이, 각 시·군에는 체신소
가, 리 단위에는 체신분소가 설치되어 지방의 체신 업무를 담당한다(통일부,
2020: 123~128).

체신성 산하 전국에 220개의 전신전화국은 북한의 각 도·시·군에 배치되어
있으며 전신전화국 밑에는 2200여 개의 전화분국이 각 동·리 단위로 배치된
다. 평양시 전신전화국, 함경남도 전신전화국, 함경북도 전신전화국, 평안남도
전신전화국, 평안북도 전신전화국을 비롯한 20여 개 군·구·동·리 단위의 전
화분국들이 동(銅) 케이블로 연결되어 있다. 평양시를 제외하고 지방에는 여전
히 100% 구식 동(銅) 케이블망을 이용하는 지역이 다수 있다. 또한 체신성은
전신전화국(소), 중계소, 무선결속소, 방송국 등의 운영 기업소를 관리한다.

체신운영기업소는 필요한 체신 설비와 기술 수단들을 갖추고 체신사업을
직접 보장하며 그 장비들에 대한 기술적인 관리 운영, 보수·보강 사업을 수행

그림 2-1 북한 정권의 내각과 기관

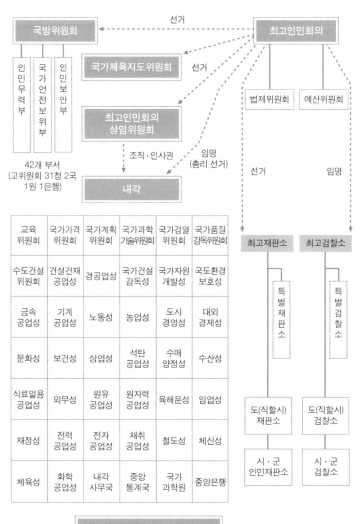

교육 위원회	국가가격 위원회	국가계획 위원회	국가과학 기술위원회	국가검열 위원회	국가품질 감독위원회
수도건설 위원회	건설건재 공업성	경공업성	국가건설 감독성	국가자원 개발성	국도환경 보호성
금속 공업성	기계 공업성	노동성	농업성	도시 경영성	대외 경제성
문화성	보건성	상업성	석탄 공업성	수매 양정성	수산성
식료일용 공업성	외무성	원유 공업성	원자력 공업성	육해운성	임업성
재정성	전력 공업성	전자 공업성	채취 공업성	철도성	체신성
체육성	화학 공업성	내각 사무국	중앙 통계국	국가 과학원	중앙은행

도(직할시·특별시) 인민위원회

평양시	나선시	남포시	강원도	양강도	자강도
평안남도	평안북도	함경남도	함경북도	황해남도	황해북도

표 2-6 북한 체신성 조직체계 I

부장 및 부부장	방송	방송국
		지구국
		M/W국
	통 신	중앙체신소(전화국)
		선로 유지·보수
		국제통신센터
	우 편	우편소
	기 술	연구소(약전연구소)
	제 조	공장
	계 획	물자 조달·협력
	물자보급	물자보급회사
	건 설	설계소
		건설회사
	국제관련	
	주파수관리	감리국
	노 동	
	재 정	
	지방행정	도 및 직할시 단위: 체신처
		시·군 단위: 체신소
		리·노동자구 단위: 체신분소

자료: UNDP(1993).

하고 있다. 최근에는 체신성 산하 정보통신연구소, 중앙전신전화국, 중앙빛섬유통신관리소의 기술자·노동자들이 정보통신망의 대용량화, 고속도화를 실현하기 위해 노력했다. 또한 평양전화국의 컴퓨터 통신실을 전국적인 컴퓨터 통신망 중심기 기지로 구축하면서 각 도와 컴퓨터 통신을 할 수 있는 '정보고속도로' 준비사업을 적극 추진했다(≪로동신문≫, 2002.5.12).

체신성은 통신 관련 공장·기업소도 관할한다. 체신성 산하의 공장·기업소로는 '5월7일영예군인통신기계공장', '룡강통신기계공장', '평양통신기계공장',

표 2-7 북한 체신성 조직체계 II

'신천영예군인통신기계공장', '원산통신기계공장', '함흥통신기계공장', '선천통
신기계공장', '길주통신기계공장', '3월20일통신케이블공장', '강원도통신기계
수리공장', '자강도통신기계수리소', '함경남도통신기계수리소' 등이 있다.

유엔개발계획(UNDP)의 연구보고서에 따르면 체신성 산하 약전공학연구소
(LVI: Low Voltage Institute)는 전화국 간의 접속 케이블을 사용할 수 있는 저용
량의 펄스부호 변조(PCM: Pulse Code Modulation) 기술 개발이 가능한 것으로
판단된다. 연구 인력은 조선과학원(DPRK: Academy of Sciences) 산하의 연구소
를 비롯해 각 공업대학의 전기과, 통신대학과 고등기술학교에서 담당한다. 현
재 체신성내 통신 인력은 1만 5000명으로 추신되며 그 구성비는 고급 기술사
10%, 기술자 30%, 기능 인력 57%, 행정 인력 3%다.

2. 북한의 전자공업 정책

1) 북한의 전자공업 정책 발전과정

북한은 기계공업을 핵심으로 한 중공업 우선 정책과 자체의 능력과 기술로 모든 것을 해결한다는 자력갱생의 원칙을 강조했다. 고립주의 정책을 시행했기 때문에 첨단기술 개발이 필요한 전자산업은 세계 기술 수준과 상당한 격차가 있다. 여타 산업과 마찬가지로 기본적인 발전 여건이 남한에 비해 상대적으로 유리했던 북한은 1960년대 이전에 이미 본격적인 전자산업 발전에 착수했다. 북한 전자산업 당국은 일제강점기 시설을 토대로 1947년에 통신기계제작소를 설립해 1948년에는 자석식 교환기, 전화기, 고성기와 확성기를 제작했다. 뒤이어 전후 복구공사로서 통신기계수리공장을 복구하는 한편 체신기자재공장과 건전지 공장 등 전기 자재 공장을 건설하고 1958년에는 통신 기술 제작공장을 가동했다. 각 지방의 리 단위의 소규모 공장을 신설했는데 같은 연도의 생산 실적은 교환기 200대, 전화기 900대, 유선방송기 400대와 고성기(스피커) 7000대였다.

1960년대 들어와 남포통신기계공장 내 조립직장이 신설된 데 이어 1967년 평양통신기계공장에서는 반송전화기를 1만 대 생산했으며 1969년부터 TV수상기를 생산 개시했다. 1964년 중국의 기술적 지원으로 착공된 희천종합전자기공장도 1970년대부터 생산을 개시했고 1969년에는 박천통신기계공장에서 통신기계를 생산하는 등 전자기기 산업의 급속한 발전이 이루어졌다. 이러한 생산 기반을 토대로 북한은 1970년대에 전자제품의 대량생산 체계를 구축하는 한편 산업 현대화의 중추적 역할을 담당할 자동화 부문의 발전을 도모했다. 북한은 자체의 기술과 부품에 의한 전자산업의 발전을 위해 1970년대 제5차 당대회에서는 전자부품과 재료 생산에 대한 기본 정책 방향을 제시하기도 하는 등 전자산업 발전을 위해 나름대로 노력했다.

경제개발 6개년계획 기간(1971~1976)에 북한은 서방으로부터 전자공업 기술도입을 시도했다. 특히 가정용 전자제품 생산을 확대하기 위해 일본, 루마니아 등의 지원을 받고 1972년에는 평양에 전기 공장(현 10월5일자동화종합공장) 신호기구 분공장 건설한 것을 비롯해 각 지역에 자동화기기 분공장 60여 개소, 소재 공장 8개소를 건설했다. 그러나 1970년대 중반 이후 북한의 전자산업은 산업경제 침체의 여파, 자력갱생에 따른 폐쇄정책과 거기서 비롯된 기술적 낙후 등으로 한계에 직면했다. 북한의 민수용 전자제품, 산업용 전자기기, 자동화기기, 유무선 통신기기와 전자부품 등 모든 전자산업 부문이 정체했으며, 특히 컴퓨터와 반도체를 비롯한 정보화 부문은 세계적인 기술 수준과는 상당한 격차가 벌어졌다.

북한은 이처럼 낙후된 산업을 선진국 수준으로 끌어올린다는 방침 아래 1980년대 후반부터 전자공업과 자동화공업 분야의 발전을 강조해 왔으며, 이에 필요한 컴퓨터·집적회로와 프로그램 등의 정보기기 및 전자계측기기를 생산하는 공장들을 건설했다. 북한은 1986년 2월, 제6기 11차 당중앙위원회 전원회의에서 '기술혁명을 다그칠 데 대하여'라는 의제를 채택했고 두 차례의 과학기술발전 3개년계획 기간(1차: 1988~1991, 2차: 1991~1994)에는 전자공업 발전, 반도체 개발, 전자부품 80% 국산화 등을 계획했다. '2000년 과학 발전 전망 목표'에서는 32bit급 극소형 컴퓨터의 공업화 실현, 64bit급 극소형 컴퓨터 개발, 자동화기기 생산 등을 목표로 설정했다. 특히 주요 부문 전산화를 위해 소프트웨어 산업육성에 중점을 두고 조선콤퓨터쎈터(KCC)를 중심으로 한 전산망 구축에 큰 관심을 보였다.

2000년대 들어 북한 당국은 본격적인 ICT 발전정책을 추진하기로 결정했다. 컴퓨터를 이용한 정밀기계 제어 계측기술인 CNC의 도입을 적극 강조했다. 2004년 이후에는 이집트의 오라스콤과 손잡고 이동통신 사업을 추진해 2020년 12월 말 기준으로 600만 명의 가입자를 확보하는 등 세계의 ICT 발전 추세에 동참하려고 노력했다.

표 2-8 남·북한 전자공업 정책 추진 방향 비교

	남한	북한
1950년대	• 전자산업의 태동 - 진공관식 라디오 조립 생산(1959년)	• 소규모 전자통신 공장 신설을 통한 전자공업 기반 구축 - 통신기계제작소 설립(1947), 자석식 교환기, 전화기, 고성기 등 제작 - 각 지방에 소규모 공장 신설
1960년대	• 라디오, 흑백TV 등 조립생산 단계와 전자공업 본격 개발 여건 마련 - 1969년 '전자공업진흥법' 제정	• 통신기계 중심의 전자제품 생산 본격화 - 냉장고, 선풍기, 전기다리미 등 가전 일용품 생산(1961) - 평양통신기계공장의 전화기 1만 대 생산(1969) - 박천통신기계공장 준공(1969) - 전자회로 부문에서 남한보다 우위 - TV 수상기 생산 개시(1969)
1970년대	• 기술개발을 통한 양적 체제 확립에 치중 - 전자시계, 전자계산기 및 컬러TV, VTR 등 다양한 제품생산 - 반도체, 컴퓨터 등 산업용 기기 개발 노력	• 전자제품 대량생산체제 구축과 자동화 부문 발전을 도모했으나 기술적 낙후로 정체상태 - 연간 5만 대 생산규모의 냉장고, 세탁기 생산(1972) 등 전자공업의 기술도입 시도
1980년대 이후	• 산업용 전자기기공업 본격적 발달 - 국책연구개발제도 실시, 전자공업 고도화 계획 추진 등 정책적 진흥 노력 강화 • 반도체 부문을 중심으로 전자산업이 최대 수출산업으로 부상 • 전자업체 간의 빅딜로 구조조정 추진	• 전자·자동화공업 발전을 위한 전략 수립에 부심 - 과학기술발전 3개년계획 2회 추진, 전자공업 분야 발전, 반도체 개발, 전자부품 80% 국산화 목표 - 전자·자동화 부문 발전을 위한 외국인 투자 유치 노력
1990년대 이후	• 가전산업의 도약 • 반도체 개발 본격화 • 초고속 인터넷 개발 주력 • 이동통신 사업 본격 추진 • 전자공업 육성을 위한 첨단기술 개발	• 2000년 과학발전 전망 목표 발표 • 반도체 개발 목표 설정 • 주요 부분 전산화 목표 설정 • 소형 컴퓨터의 공업화 추진 • 소프트웨어 산업육성을 위한 기관 신설
2000년대 이후	• 디지털 가전 본격화, 세계 최상위 가전 기술 • 광통신, 이동통신, 초고속 인터넷 • 첨단 반도체 생산, 고부가가치 IT 기술 발전 • 전 세계 가전 및 통신 시장 개척	• 핵심 설비 수입에 의존 • 자동화기기 개발 부진 • 단위 기계의 자동화 • CNC 강조 • 손전화(smart-phone) 600만 대 보급, 이집트 오라스콤과 합작, 수익금 분쟁으로 중단 • 군사, 금융 등 첨단 분야 해킹 시도

자료: 산업은행(2000: 137~138); KDB산업은행[2005, 2015, 2020(『2020 북한의 산업 II』)].

2) 전자공업 담당부서

북한의 전자산업은 1998년 이전까지는 정무원의 전자자동화공업위원회에서 관할해 왔으나 1998년 헌법 개정 이후에는 내각의 금속기계공업성에서 관할하고 있다. 전자공업 활성화를 위해 1999년 11월 내각 산하 금속기계공업성에서 전자 분야를 분리하여 전자공업성을 신설했다. 이와 함께 전자공업과 자동화 부품 생산 공장들은 기존의 자동화총국이 확대·개편된 내각 산하 전자자동화공업위원회에서 관리하고 있다. 이 위원회 산하에는 전자공업총국, 자동화공업총국과 평양집적회로 공장 등이 있다.

전자자동화공업위원회에는 전자공업총국, 자동화공업총국, 조명기구연합회사 등이 소속되어 있었는데, 전자공업총국은 축전기, 저항기, 반도체 등 전자부품 공장과 TV와 같은 가정용 전자제품 공장 등을 관할했고, 자동화공업총국은 자동화 관련 부품 생산 공장들을 관할했다. 전자공업성에서는 전자자동화설계사무소를 설치하고 전력, 석탄공업을 비롯한 경제 건설에서 제기되는 기술 개건 과제들에 선차적인 관심을 돌리고 있다. 전자자동화설계사무소에서는 장자강발전소, 내평발전소의 컴퓨터화 시설을 설계했다(≪로동신문≫, 2002.1.17). 대동강텔레비전수상기공장은 2000년 4월부터 2010년 5월까지 삼선전자의 브라운관 TV를 OEM 방식으로 연간 2~3만 대를 생산했고, LG전자의 브라운관 TV도 1996년부터 2009년까지 위탁 생산했다(≪한국경제≫, 2000.6.19; ≪KBS뉴스≫, 1996.5.9).

한편 2003년에는 과학기술개발 연구를 총괄하는 국가과학원 산하에 전자자동화분원을 설치해 ICT 관련 기술개발을 총괄했다. 또한 하드웨어 개발을 담당하는 전자계산기연구소, 실리콘 웨이퍼 제조 기술을 연구하는 전자재료연구소, 정보처리산업 관련 컴퓨터과학연구소와 반도체 연구를 담당하는 집적회로연구소 등을 통해 각 분야별 연구과제에 대응하고 있다(KDB산업은행, 2015: 733). 2010년대 들어 북한은 '제4차 과학기술발전 5개년계획'(2013~2017) 등을 통해 과학기술을 통한 전자공업의 주체화(자급화)를 더욱 강조했다. 2010년대 강화된 국제사회의 대북 제재로 전자공업 관련 기술과 원부자재의 조달이 힘들어졌지만, 핵·경제 병진노선으로 천명한 핵과 미사일 보유 군사 강국 달성을 위해서 전자공업이 더 중요해졌기 때문이다(KDB산업은행, 2020a: 205).

김정은 국무위원장은 2016년 7차 당대회에서 정보화와 현대화를 경제발전의 키워드로 제시한 이후 체신 설비, 즉 통신 장비의 국산화를 지시했다. 김일성종합대학은 2018년 8월 2일 「단색조화파 특징에 기초한 통화음 검출방법」이라는 보고서를 대학 홈페이지에 게재했다. 이 보고서는 통화음 검출과 관련된 기술적인 내용을 소개하고 있다. 김일성종합대학은 이 글에서 김정은 위원장의 지시 사항을 소개했다. 김 위원장은 "과학자, 기술자들은 체신 설비들을 정상운영하고 그 효율을 높이기 위한 과학기술적 담보를 마련하는 것과 함께 체신 설비를 국산화하기 위한 연구 사업에 힘을 넣어야 한다. 과학자, 기술자들은 자기 땅에 발을 붙이고 눈은 세계를 보는 혁신적인 안목을 가지고 두뇌전, 실력전을 벌려 최첨단 체신기술과 수단들을 더 많이 연구개발해야 한다"라고 말했다.

김 위원장은 자력갱생 방침에 따라 통신 장비를 국산화하라고 지시했다. 2015년 10월 19일 북한 잡지 ≪조선의 오늘≫은 김일성종학대학 연구원들이 수자식중심교환기(소프트교환기)를 자체 개발해 전국적으로 설치하고 있다고 보도했다. 당시 ≪조선의 오늘≫은 김 위원장이 북한 연구원들에게 차세대 통신 기술을 개발하도록 지시했다고 밝혔다. 또 2016년 1월 31일 자 ≪로동신문≫은 김 위원장이 "정보통신을 최첨단 수준으로 발전시키는 데 힘을 넣어야 한다"라고 지시했다고 소개했다. 2017년 5월 2일 자 ≪조선의 오늘≫은 북한 체신성이 레이어2(L2) 스위치를 자체 개발했다고 보도하면서 김정은 위원장의 지시에 따른 것이라고 설명했다. 이 같은 내용으로 볼 때 북한은 김정은 위원장의 지시에 따라 2016년 이전부터 체신 설비의 자체 개발과 생산을 추진해 왔다.

참고문헌

1. 국내 문헌

공영일. 2006. 「북한 체신법 분석」. ≪정보통신정책≫, 제18권 1호.

국가정보본부. 2021. 『2021 북한 전략정보 자료집』. 국가정보본부.

국토통일원. 1986. 『북한연표: 1980~1985』. 국토통일원.

김영세. 2001. 『남북통일에 대비한 정보통신정책 협력방안』. 대외정책연구원.

박찬모. 1999. 「북한의 정보기술과 남북협력」. ≪통일시론≫, 봄호.

북한연구소. 1983. 『북한총람』. 북한연구소.

산업은행. 2000. 『북한의 산업』. 한국산업은행.

_____. 2005. 『신 북한의 산업』.

연합뉴스 편집부. 2001. 『2002 북한연감』. 연합뉴스.

이재승. 1998. 『북한을 움직이는 테크노크라트』. 일빛.

최신림. 1999. 『북한의 산업기술: 정보통신산업』. 산업연구원.

통일부. 2020. 『북한 주요기관·단체 인명록』. 통일부.

_____. 각 연도. ≪북한개요≫.

통일부 홈페이지. unikorea.go.kr.

≪한국경제≫. 2000.6.19. "삼성전자, 북한 TV시판. 19일부터 대동강 텔레비전".

〈KBS 뉴스〉. 1996.5.9. "LG 태국서 북한 TV기술자 교육 실시".

KDB 산업은행. 2015. 『북한의 산업: 2015』. KDB미래전략연구소.

_____. 2020. 『2020 북한의 산업』 I~III. KDB미래전략연구소.

2. 외국 문헌

UNDP. 1993. "Project for the Government of Democratic People's Republic of Kore".

3. 북한 문헌

북한 2019년 개정헌법.

북한 체신법.

과학백과사전출판사. 2009. 「주체적인 정보산업 발전 전략 수립에서 나서는 기본문제」. ≪경제연구≫, 제3권.

김영세. 2001. 『남북통일에 대비한 정보통신정책 협력방안』. 대외정책연구원.

≪로동신문≫. 2002.1.17. "설계부터 손색없이: 전자자동화설계사업소에서".

_____. 2002.5.12. "정보통신을 세계적 수준으로".

_____. 2012.1.1. "[신년공동사설] 위대한 김정일 동지의 유훈을 받들어 2012년을 강성부흥의 전성기가 펼쳐지는 자랑찬 승리의 해로 빛내이자".

사회과학출판사. 1985. 『경제사전 II』. 사회과학출판사.

정보통신부. 2000. 「2000년도 전기통신에 관한 연차보고서」.

조선로동당. 1961.9.11. 「당중앙위원회 사업총화 보고」. 조선로동당 제4차 대회.

조선중앙통신사. 각 연도. ≪조선중앙연감≫.

3장
김정일 시대 북한의 ICT 발전전략과 그 의의

1. 김정일이 ICT를 선택한 이유

북한은 1947년 제1차 2개년계획을 시작으로 총 9차에 걸친 단기 및 중장기 계획을 통해 경제발전을 적극 추진해 왔다. 1960~1970년대까지는 '중공업 우선정책'에 따라 자본과 노동력을 집중 동원해 고도성장을 이룩했으나, 1980년대는 자립경제 건설 노선 고수에 따른 산업 시설 노후화와 선진기술 부족으로 성장의 한계에 도달했다. 그 이후 1990년대 들어서도 내부 인적·물적 자원 동원의 한계로 경제성장이 점차 둔화되어 장기적인 경제침체 국면이 지속되었다.

경제침체 극복 방법을 찾던 김정일 국방위원장은 주민들의 생필품 부족 문제를 해결하기 위해 경공업이나 산업 시설을 정비하며 경제 운영의 정상화를 시도하는 것은 물론 ICT(정보통신산업) 분야 집중 육성을 통한 경제발전 전략을 제시했다. 당시 상황에서 시급하게 해결해야 할 과제들을 제시하는 동시에 북한 경제 여건으로는 몇 단계 기술 장벽을 뛰어넘어야 가능한 ICT를 선택했다. 사상·총대와 함께 과학기술의 위력으로 강성대국을 건설하려는 당 의지에 따라 북한 ICT는 경제 발전을 위한 '비장의 무기 전략'으로 등장했다(≪로동신문≫, 2002.1.23).

중국식 개혁과 개방 모델은 점진적인 발전 모델로서 외부로부터의 개혁과 개방을 도모한다. 이에 따라 김일성·김정일 유일수령 지도 체제 유지에 부정적인 영향을 미치고 동시에 많은 시간과 비용을 필요로 하는 모델이다. 러시아의 경제발전 모델도 혼란과 시행착오를 겪었다. 경기침체가 지속되고 시행착오를 반복할 경제적·정치적 여유가 없는 북한은 역설적으로 가장 신속하게 발전 중인 동력으로 인식되는 ICT를 통해 4차 산업혁명 시대 강성대국 건설을 시도했다.

북한은 ICT 집중 투자에 성공해 낙후된 산업을 발전시킨 대표적인 나라인 인도와 아일랜드의 발전 과정에 주목했다. 인도는 제조업의 기반과 토대가 미약한 경제적 여건을 고려해, 저렴한 인적자원을 활용하는 컴퓨터 프로그램 개발과 ICT 전문가 양성에 힘써왔다. 북한은 4차 산업혁명 시대에 ICT 기술을 빠르게 받아들여 커다란 성과를 이룰 것이라고 확신했다. 특히 ICT를 활용하는 중진국과 개발도상국들의 경제발전 속도가 선진국들보다 더 빠를 것으로 예견하며 ICT를 통한 북한 경제의 발전 가능성을 암시했다(≪로동신문≫, 2002.6.9). 아일랜드는 1850년대 감자기근으로 대규모 아사자가 발생할 정도의 후진 농업국이었다. 아일랜드는 1970년대 들어 경제발전의 대상으로 정보통신을 선택하고 정책과 자원을 집중시켰다. 외국 기업에 대하여 입주 시 세금감면이나 기업 창설 절차 간소화 등의 각종 혜택을 부여해 총력을 기울인 결과, 유럽 국가 중 ICT 산업이 경제발전 기여도에서 상위에 위치할 정도로 비약적인 발전을 이뤘다.

북한이 선택한 ICT가 경제발전의 동력으로 작용하기 위해서는 최소한 두 가지 전제가 필요하다. 첫째, 사회 전반적으로 경제난을 겪고 있지만 ICT 선택을 뒷받침할 수 있을 최소한의 여력, 즉 경제력·기술력 기반이 준비되어야 한다. 둘째, 최고지도자가 톱다운(top-down)으로 정책을 추진하는 정치적·사회적 환경과 여건이 조성되어 있어야 한다. 21세기가 시작된 시점에 북한은 정치·경제·사회·문화적으로 새로운 변화가 필요했다. 과거 북한이 1970년대 3대혁명 소조운동으로 새로운 바람을 불러일으켰듯이, 김정일 국방위원장은

2000년대 들어 ICT를 통해 '제2의 3대혁명 소조운동'을 전개하려고 시도하고 있었다(고수석·박경은, 2002: 46).

김정일 위원장이 당시 ICT를 통해 경제정책의 일부 노선 변화를 시도할 수 있었던 것은 1990년 이후 9년 연속 마이너스성장에서 1999년 6.2%의 GDP 성장률(한국은행, 2000.6.20)을 기록하며 플러스성장의 길로 들어섬에 따라 최소한의 경제회생 토대를 확보했기 때문이었다. 2000년 1.3%의 GDP 성장률(한국은행, 2001.5.28)과 2001년 3.7%의 GDP 성장률(한국은행, 2002.5.14)을 달성하면서 일단 최악의 경제위기 상황은 넘겼다. 기본적인 경제 여건 회복으로 북한은 ICT 산업을 추진할 수 있는 경제적 기반을 마련했다. 김정일 위원장은 자재와 에너지가 부족한 가운데 경제를 회생시키는 최선의 대안으로 ICT 산업을 선택했다. 자재와 에너지의 소비가 많지 않은 ICT 산업을 통해 산업 생산성을 높이고 각종 소프트웨어 개발 등으로 부가가치를 창출하려는 전략이었다. 물적자원이 고갈된 상태에서 인적자원 기반의 사업을 통해 경제발전을 도모한 것이다.

북한은 "주체의 사회주의 강성대국은 ICT의 위력으로 건설된다"라고 선전할 정도로 총력을 기울였다. 사상적 기반이 확고하고 군사적 역량은 갖추었으나 경제적으로 강성한 국가를 이루지 못하고 있는 현실을 타개할 방안을 ICT에서 모색했다. 북한은 사회주의 사회제도의 우월성과 생명력을 대내외에 과시하고 교육과 인적 관리의 우월성을 발휘하기 위해 ICT를 중점적으로 개발해야 한다며, ICT 산업을 민족의 장래와 관련된 중차대한 문제로 간주했다(≪로동신문≫, 2002.5.21).

2. 김정일의 ICT 정책 방향과 교시

김정일 위원장은 1993년 8월 '전국체신일군대회'에 보낸 「체신사업의 현대화를 더욱 다그치자」라는 서한에서 "체신사업은 혁명과 건설에 참답게 이바지하는 위력한 무기로 근로 인민대중에게 보다 자주적이며 창조적인 생활 조건을 마련하는 데 복무하는 중요한 수단이다"라고 강조했다. 결국 북한에서 ICT의 기능은 '유일적 지배체제' 혹은 '중앙집권적 명령경제체제'의 유지에 이바지하는 특성을 가졌다. 또한 김정일 국방위원장은 1996년 1월 1일에 국가과학원을 방문해 '외국 컴퓨터 기술도입의 필요성'을 역설했다.

북한이 ICT 산업을 정책적으로 강조하기 시작한 것은 1998년부터다. 김정일 국방위원장은 1998년 2월 8일 전국 프로그람(프로그램) 경연과 전시회를 시찰했다. 이때 김정일 국방위원장이 '우리식 콤퓨터공업 발전과 프로그램 개발'을 촉진시킬 것을 지시하면서 북한 ICT 기술이 개발되기 시작했다. 김정일 위원장은 1999년 1월 11일 신년 첫 현지 지도로 조선과학원을 방문했다. 조선과학원 현지 지도를 계기로 1999년 1월 16일 자 ≪로동신문≫은 "과학중시 사상을 구현해 강성대국의 앞길을 열어나가자"는 사설을 발표해 과학 중시 정책을 사상 수준으로 격상시켰다. 2000년 4월 2일에는 인민군 산하 지휘자동화대학을 방문해 프로그램 개발과 자동화대학 역할의 중요성을 강조했다.

김정일 위원장은 2000년 5월 30일 중국 방문 시 중국의 실리콘밸리라고 불리는 베이징 중관촌(中關村)에 위치한 컴퓨터 제조업체 '렌산집단(聯相集團)'을 방문했다. 그 이후 2001년 1월 중국 상하이를 방문해 "세계가 놀란 시각으로 바라보고 있는 중국 상해는 천지개벽했다"라는 말까지 했다. 또한 김 위원장은 "18년 만에 상하이를 방문하니 변하지 않은 것은 황푸(黃浦)강 하나뿐이다"라며 상하이 방문의 흥분을 표현했다. 특히 상하이 푸둥 지구 내에 중·미 합작기업인 '제너럴모터스(GM)', 중·일 합작기업 '상하이화홍-NEC(上海華虹NEC)'를 방문했으며, 장강(長江) 하이테크 단지 내 상하이 푸둥 소프트웨어 개발연구소, 인간 게놈 남방연구센터 등을 방문해 첨단 정보연구단지를 살펴보았다. 물론 김 위원장이 상하이 방문 중에 정보통신 분야에만 관심을 보인 것은 아니다. 상하이 증권거래소를 두 차례나 방문하는 등 금융 문제에도 초점을 맞추었다. 이는 경제개발에 소요되는 자본을 어떻게 조달할 것인가와 관련이 있다.

중국 방문 후 ≪로동신문≫은 김정일 위원장의 발언을 실은 ICT 관련 기사를 게재했다. 북한은 20세기는 기계제 산업의 시대였고 21세기는 정보산업의 시대라고 판단하고 "기계제 산업의 시대에는 물질적 부를 창조하는 데서 주로 육체노동에 의거했다면, 정보산업의 시대에는 고도의 지능 노동에 의거하게 된다"라며 정보산업의 중요성을 강조했다(≪로동신문≫, 2001.4.22).

김정은은 "나라의 과학기술을 세계적 수준에 올려 세우자면 발전된 과학기술을 받아들이는 것과 함께 새로운 과학기술 분야를 개척하고 그 성과를 인민경제의 인민경제에 적극 받아들여야 합니다"(≪로동신문≫, 2001.5.15), "정보산업을 빨리 발전시키고 인민경제의 모든 부문을 정보화하여야 합니다"(≪로동신문≫, 2001.6.11)라며 IT 산업의 발전을 통해 인민경제의 부흥을 강조했다.

또한 김정일 위원장의 통치 방식을 '주체의 과학정치'라고 선전했다(조선중앙방송, 2001.5.19). 김정일 위원장은 1990년 이후부터 컴퓨터 연구시설을 직접 현지 방문하며 컴퓨터 산업 추진 방향을 제시했다. 김정일은 1993년 11월과 1996년 1월 1일 조선과학원을 방문해 '외국 컴퓨터 기술도입의 필요성'을 강조했다. 1998년 2월 8일에는 전국 프로그램 경연과 전시회장을 방문해 '우리식 컴퓨터공업 발전과 프로그램 개발'을 강조하고 2000년 4월 2일 인민군 '지휘자동화대학'을 방문해 '프로그램 개발'과 '자동화대학의 위치와 역할의 중요성'을 언급했다.

이렇듯 김정일 위원장은 1990년 이후 ICT 분야를 집중 육성하는 정책을 추진하고 관련 연구기관들을 직접 현지 지도하며 첨단산업 개발을 통한 경제부흥 의지를 표출했다. 북한은 "남이 한 걸음 걸을 때 열 걸음 백 걸음으로 달려 과학기술 발전에 혁명적 전환을 이룩하는 바로 여기에 우리 조국과 민족의 부흥과 우리식 사회주의의 전도가 달려 있다"라고 말하며 ICT를 '단번도약'의 기회를 활용하고자 시도했다(≪로동신문≫, 1999.1.16). 또한 "선진과학기술을 받아들이기 위한 사업을 적극적으로 벌려야 하겠습니다"라고 강조했다(김정일,

1991.10.28). 북한 당국은 "단번도약을 이루기 위해 선진 과학기술을 받아들이기를 주저하지 않는다. 과학 중시, 과학 선행은 김정일 위원장의 확고부동한 의지이고 결심이었다"라고 선전했다(≪로동신문≫, 2002.5.21).

북한이 정보화에 힘쓰는 것은 정보화를 통한 기술 발전을 인민경제에 전파해 경제난을 극복하려는 노력의 일환이었다. "나라의 과학기술을 세계적수준에 올려세우자면 발전된 과학기술을 받아들이는 것과 함께 새로운 과학기술분야를 개척하고 그 성과를 인민경제에 적극 받아들여야 합니다"(≪로동신문≫, 1998.9.16), "정보산업을 빨리 발전시키고 인민경제의 모든 부문을 정보화하여야 합니다"(≪로동신문≫, 2001.6.11)라는 김정일 위원장의 발언에서 북한이 한층 더 많은 과학기술 정보를 받아들여 인민경제 발전에 기여할 것을 기대했다. 이에 따라 인민경제 각 부문에서 진행하는 생산공정 기술 향상을 위한 컴퓨터 지식과 해당 전공 분야의 새로운 컴퓨터 기술 보급 필요성에 대해서도 강조했다. 김정일 위원장은 "근로자들 속에서 정보산업에 대한 기술 학습을 잘 조직해 많은 사람들이 정보기술 설비를 다룰 수 있도록 하여야 합니다"(김정일, 2001)라고 말하며 "공장이나 기업소의 근로자들은 정보통신과 관련한 지식을 빨리 배워야 한다"라고 지시했다. 또한 "강성대국 건설을 위해 '정보산업의 요새를 점령해야 한다'라고 강조했다(조선중앙방송, 2001.4.22).

3. 과학기술 중시 노선

1998년 8월 광명성 1호 시험발사 성공으로 북한은 과학기술에 기반한 ICT 산업 발전에 자신감을 내비치기 시작했다. 북한은 광명성 1호를 발사하고 1998년 10월 제10기 제1차 최고인민회의에서 헌법을 개정했으며, 개정된 '헌법' 제27조에서 "기술 혁명은 사회주의 경제를 발전시키기 위한 기본고리이다. 국가는 언제나 기술발전 문제를 첫 자리에 놓고 모든 경제활동을 진행하며 과학기술 발전과 인민경제의 기술 개조를 다그치고 대중적 기술혁신 운동을 힘 있게 벌리자"라고 강조했다.

또한 2019년 4월 개정헌법 제27조에서 "기술혁명은 사회주의 경제를 발전시키기 위한 기본고리이며 과학기술력은 국가의 가장 중요한 전략적자원이다. 국가는 모든 경제활동에서 과학기술의 주도적 역할을 높이며 과학기술과 생산을 일체화하고 대중적 기술혁신운동을 힘 있게 벌려 경제 건설을 다그쳐나간다"라고 규정했다. 특히 26조에서는 "국가는 사회주의 자립적 민족경제 건설 로선을 틀어쥐고 인민경제의 주체화, 현대화, 정보화, 과학화를 다그쳐 인민경제를 고도로 발전된 주체적인 경제로 만들며 완전한 사회주의사회에 맞는 물질기술적 토대를 쌓기 위하여 투쟁한다"라고 규정함으로써 정보화와 과학화를 경제발전의 핵심 키워드로 강조했다.

북한은 창조성, 전략성, 수익성, 침투성을 첨단과학 기술의 4대 특징으로 꼽았다. 첨단과학 기술의 특징 가운데 창조성은 "새로운 지식과 기술을 창조하고 축적할 뿐 아니라 기술 발전 방향과 방도를 새롭게 제시한다"라고 강조했다. 또한 첨단과학 기술은 전략적 차원으로 세계적 경쟁에서 개별 나라와 지역의 정치·경제·군사적 지위를 규정하는 중요한 징표 중 하나라며 전략성을 역설했다. 이 밖에 첨단과학 기술은 노동생산성과 자원 이용의 효율성을 높임으로써 막대한 경제적 이익을 가져온다며 수익성을 강조했고, 이미 이룩된 산업 분야에 널리 전파되어 기술적 발전을 촉진하는 침투성이 강하다고 설명했다(문학예술종합출판사, 2002).

북한은 1999년을 '과학의 해'로 지정하고 1999년 "신년사"에서 "과학기술은 강성대국 건설의 힘 있는 추동력이다. 조국의 부흥 발전이 과학자·기술자들의 손에 달려 있다. 과학자·기술자들은 우리의 기술, 우리의 힘으로 첫 인공위성을 쏘아올린 그 본때로 나라의 전반적 과학기술을 세계적 수준에 올려 세워야 한다. 온 나라에 과학을 중시하는 기풍을 세우고 도처에서 기술혁신의 불길이 세차게 타 번지게 해야 한다"(《로동신문》, 1999.1.1)라며 ICT 산업에 대한 자신감을 나타냈다. 1999년 1월 16일 자 ≪로동신문≫에서는 "조선로동당의 과학중시사상을 높이 받들고 과학기술 발전에서 새로운 전환을 일으킴으로써 조선식 사회주의 위력을 백방으로 강화하고 강성부흥의 새 시대를 앞당겨나가자"고 호소하면서 사회주의 경제대국 건설에서의 과학기술의 중요성을 강조했다(≪로동신문≫, 1999.1.16).

2000년 1월 1일 "신년사"에서는 강성대국 건설의 3대 기둥은 사상, 총대, 과학기술이라며 '과학기술 중시' 노선을 채택했다. "높은 혁명성에 과학기술이 뒷받침되지 않으면 사회주의의 성공탑을 쌓을 수 없다"라며 과학기술을 '경제건설의 모든 것'으로 평가했다(≪로동신문≫, 2000.1.1). 2000년 당 창건 55돌을 맞이해 발표한 '당중앙위원회 구호'에서도 김정일 국방위원장의 과학기술 중시 사상과 전자공학, 생물공학을 비롯한 첨단 과학기술 분야를 빨리 발전시키며 전자 자동화 공업과 컴퓨터 공업 발전에 힘을 불어넣어 21세기 현대적인 공업을 창설하자고 역설했다(≪로동신문≫, 2000.8.1).

2000년 1월 18일에는 북한 교육성 예하에 '프로그램 교육지도국'을 신설했다. 2000년 4월에는 전 재정상 임경숙이 '컴퓨터 부문 집중투자' 정책을 보고했다. 결국 과학기술은 '나라의 부강 번영과 사회적 진보를 이룩하기 위한 기본 열쇠의 하나'이며 이런 의미에서 과학기술은 '국력과 군력'이라고까지 평가했다(리창근, 2001: 9). 2000년 8월 1일 조선로동당 창건 55돌 즈음해 발표한 조선로동당 중앙위원회 구호에서 주의를 끄는 대목이 있다. "인공위성 광명성 1호를 쏴올린 그 기세로 과학기술 발전에서 세계적인 기술을 창조해 나가자. 전자공학·생물공학을 비롯한 과학기술의 첨단 분야를 빨리 발전시키며 전자자동화 공업과 콤퓨터 공업 발전에 힘을 넣어 21세기 현대적인 공업을 창설하자" (≪로동신문≫, 2000.8.1)라는 주장이었다.

2001년 1월 1일 "신년사"에서는 "현시대는 과학과 기술의 시대, 낡은 것을 버리는 현대적 기술재건의 시대"라며 정보화 산업정책 의지를 과시했다. ≪조선신보≫는 북한이 지속적으로 주장하고 있는 새로운 사고와 발상의 전환이란

당의 정책인 과학기술 중시 정책에 입각해 기술 개발을 촉진하는 것(≪조선신보≫, 2001.2.18)이라고 밝혔다. 이뿐만 아니라 최근 북한은 강성대국 건설을 위해 "정보산업의 요새를 점령해야 한다"라고 역설하며(조선중앙방송, 2001.4.22) 청년과 노동자들에게 컴퓨터를 능숙하게 다룰 줄 알아야 한다고 지적했다(≪청년전위≫, 2001.4.11). 즉 컴퓨터 기술이 강성대국 건설을 위한 핵심 수단임을 부각하기 위해 무엇보다 '첨단과학 기술 = 컴퓨터 기술', '21세기 = 컴퓨터 시대'라는 등식을 선전한 것이다. 또한 경제강국을 건설하고 주민생활을 획기적으로 향상시키기 위해서는 '인민경제의 현대화와 정보화'를 적극 추진해야 한다고 강조했다(≪로동신문≫, 2001.5.17). 2001년 7월 4일 자 ≪로동신문≫ 사설은 과학기술의 중요성을 혁명성에 견준 의미 있는 변화로 평가했다. 사설에서는 "사회주의를 건설하는 데서 혁명성을 견지하는 것이 중요하다. 그러나 혁명성 하나만 가지고 혁명과 건설을 다그치던 때는 지나갔다. 높은 혁명성 더하기 과학기술, 이것이 사회주의를 성공으로 이끄는 지름길이다"라고 주장했다(≪로동신문≫, 2001.7.4).

2002년 1월 1일 "신년사"에서도 "정보기술과 정보 산업 발전에 힘을 집중하여야 한다"(≪로동신문≫, 2002.1.1)라며 ICT 산업 부문을 강조했다. ICT 부문에 사회주의 건설과 생산 경쟁을 다그치는 대중운동으로서의 속도전에 문예창작 과정에서 중요한 역할을 한 종자론(種子論)[1]을 적용했다. 북한은 종자론을 21세기 창조와 변혁의 무기로 보고 그 기반을 유지하면서, 적은 투자로 각종 제조업 생산 공장을 빠른 기간에 현대화해야 할 문제를 종자로 선택하는 정책을

---

1) 북한의『문학예술사전』은 "종자란 작품의 핵으로서 작가가 말하려는 기본문제가 잇고 형상의 요소들이 뿌리내릴 바탕이 있는 생활의 사상적 알맹이다. 종자는 소재·주제·사상을 유기적 연관 속에서 하나로 통일시키는 작품의 기초이며 핵이다. 종자는 추상적 개념으로써가 아니라 생동한 생활로써 파악된 사상적 알맹이인 것으로 하여 처음부터 사상성·예술성을 결합시킬 바탕을 가지고 있다"(사회과학출판사, 1972)라고 설명하고 있다.

추진했다. 김정일 위원장은 "과학기술 중시 방침을 잘 틀어쥐고 관철해 나가야 합니다"(≪로동신문≫, 2002.5.21)라고 언급했다. 과학기술 중시 방침을 인민경제를 현대화·과학화하기 위해 틀어쥐고 관철해 나갈 종자로 보는 것이다(≪로동신문≫, 2002.5.25). 요컨대 ICT 분야를 산업 발전의 핵심 요소로 간주하는 정책을 추진했다.

4. 김정일의 ICT 정책 실상

1) 경제회복과 체제 유지

김정일 위원장은 급격한 통치 체제의 변화 없이 단기간에 경제를 재건할 수 있는 방법으로 ICT 분야를 선택했다. ICT는 소수의 전문가를 중심으로 추진 가능한 산업이기 때문에 대규모 개방과 개혁을 하지 않아도 된다는 입장이다. 북한 체제가 소수 엘리트에 의존하는 정치체제라는 특징을 고려할 때 소수의 전문 인력으로 추진할 수 있는 ICT 산업은 21세기 북한 체제에 가장 적합한 산업 업종이라고 당국은 판단하고 있다(서재진, 2001: 188~189). 강성대국의 3대 목표인 정치·사상의 강국, 경제강국, 군사 강국 건설을 추진하는 과정에서 "사상도 건실하고 총대가 군건한 상황에서 이제 과학기술만 발전시키면 강성대국을 이룰 수 있다"(≪로동신문≫, 2000.7.4)라고 주장했다. 과학기술 중시 정책을 통해 '인민경제의 기술적 개건'이 현 시기 경제사업의 중심 고리로 규정되고 과학기술 중시 기풍을 통해 기술혁신의 불길을 일으켜야 한다고 강조한 점(≪로동신문≫, 2001.1.11) 역시 같은 맥락이었다.

북한의 ICT 발전정책은 낙후한 공장과 기업소의 보수·자동화를 이루기 위한 생산력 향상 차원의 경영 개선과 기술 개건의 측면이 강했다. 근본적인 체제 변화 없이 단기적인 경제 회생을 위한 전략이자, 이른바 소수 인력을 활용한 소프트웨어 개발과 수출 전략에 정책의 초점을 맞추었다(김유향, 2001: 220~222). "청년 과학자들과 학생 청년들은 과학기술로써 우리 당을 받들고 조국을 떠메고 나가겠다는 굳은 각오를 가지고 과학연구사업과 학습을 정력적으로 하여야 하겠습니다"(《로동신문》, 2002.7.1)라는 김정일 위원장의 교시에서도 보이듯이 과학기술을 국가체제 유지 수단으로 활용했다.

인도가 내수 시장 없이 세계 일류의 소프트웨어 수출 국가로 발돋움할 수 있었던 것은 영어권이라는 점과 저렴하고 우수한 노동력을 바탕으로 국가 차원의 ICT 전문 인력 집중 육성 정책의 결과라는 점을 감안해 볼 때, 북한도 자신들의 전략이 반드시 불가능한 것만은 아니라고 판단했다(김근식, 2002: 38~ 39). 그러나 북한이 인도나 아일랜드처럼 ICT를 통해 경제적 단번도약을 추진하기 위해서는 외국 기업과 투자가들이 자유롭게 방문해 투자를 하고 세금을 감면해 주는 등 최대한의 개방정책을 취해야 한다. 과연 경직된 북한 체제가 이 국가들처럼 개방적 자세를 보일 것인지 여전히 불분명하다. 폐쇄적인 상태를 유지하는 입장으로는 ICT 기술의 낙후성, 자본 부족, 판매 시장의 한계성 등으로 외국 선진 제품과 기술을 모방하고 벤치마킹하는 수준은 가능하지만, 세계적인 기술 시장을 선도하는 차원에서는 발전에 한계가 있다.

2) 김정일의 ICT 활용 통치 방식

일반적으로 최고지도자는 이전의 지도자에 대한 부정을 통해 자신의 정통성을 확보한다. 그러나 북한 체제의 특수성과 김정일 위원장의 태생적 한계를 고려하면 김일성 주석에 대한 부정은 상상할 수 없는 일이다. 하지만 변화하는 세상 속에서 과거의 통치 방식에 의존할 수만은 없다. 고난의 행군으로 지친 북한 주민들에게 밝은 빛을 제시할 필요가 있었다. 이러한 면에서 ICT는 새로움을 제공한다. 특히 외부 세계와의 교류가 제한된 북한 주민들에게 제시되는 ICT는 신선함을 넘어 충격적인 측면도 적지 않았다. 북한 당국은 이 충격이 주민 통제의 효율성을 극대화하고 지도자에 대한 충성심과 확신성을 심어줄 수 있다는 측면에서 상당한 긍정적 효과를 기대했다(고수석·박경은, 2002: 50~51).

북한은 김정일 위원장의 지도력을 ICT 지도자라는 측면에서 강조했다. 북한 언론에서는 "우리 장군님께서만이 새 세기의 머나먼 앞날을 내다보시며 미래는 과학기술과 사회경제적 측면에서 고찰된 시대적 규정에 따라 정보산업의 시대로 될 것이라는 명철한 규정을 주시였다"라며 "과거의 인류사회 력사 발전에 정통하시고 오늘의 시대발전 추세에 민감하며 비범한 분석력과 판단력, 비상한 추리능력과 원대한 시야를 지니신 위대한 장군님만이 밝혀주실 수 있는 시대적 규정이다"라고 선전했다(≪로동신문≫, 2002.3.11b). ICT 발전정책이 최고지도자의 통치력을 높이는 하나의 수단이 될 수 있다는 점도 북한 당국이 ICT를 집중 육성하는 이유 가운데 하나다.

3) 과학기술발전 5개년계획

2003년부터 시작된 '제2차 과학기술발전 5개년계획'도 이전의 중장기 과학기술 발전 계획들에 비해 정보화, 정보산업의 비중이 더욱 높아졌다. 일단 이 계획에서는 정보기술에 기초한 경제 각 부문의 현대화 과제가 크게 증가했다. 예를 들어 채취공업 부문에서 GIS(지리정보시스템)·GPS(범지구위치확정시스템)·컴퓨터화된 숫자식 물리탐사기구를 이용한 지질탐사 방법 개발 등이, 전력 부문에서는 송배전 시 전력손실을 줄이기 위한 각종 숫자식 통제장치 개발 등이, 석탄공업에서 탐사 속도 제고를 위한 CT(단층촬영) 탐사 기술과 정보처리 기술 도입 등이 주요 과제로 제기되었다. 특히 북한이 '공업의 왕'이라고 할 정도로 전통적으로 중시해 온 기계공업 부문은 CAD(컴퓨터지원설계)와 CAM(컴퓨터지원가공) 체계 확립, CNC의 전단계인 '수자조종종합가공반'과 '수자조종공작기계'의 품종 확대 등 정보화 과제에서 가장 집중되었다. 북한 당국의 과학기술에 대한 관심은 예산 투입의 증가율에 달려 있다. 과학기술 분야

표 3-1 **김정일 시기 북한 국가 전체 예산 및 과학기술 예산 증감률** (단위: %)

연도	2003	2004	2005	2006	2007	2008	2009	2010	2011
전체	14.4	8.6	11.4	3.5	3.3	2.5	7.0	8.3	8.9
과학	15.7	60.0	14.7	3.1	60.3	6.1	8.0	8.5	10.1

자료: ≪로동신문≫(각 연도 4월); 최고인민회의 보도.

의 예산 증가율이 일반적인 전체 예산 증가율을 상회함으로써 북한이 과학 기술 발전에 주력하고 있다는 것을 시사한다.

한편 첨단 과학기술 부문에서 정보과학기술이 첫째 순서에 자리 잡았다. 구체적인 과제로는 ① 고성능 컴퓨터 등 수십 종의 정보설비 생산과 자동화 기술 개발, ② 전국적인 광통신망 구축을 위한 기술연구·설비 생산·통신망 건설, ③ 조선어정보처리 기술·정보관리·경영관리·CAD/CAM·AI·화상처리 등 프로그램 개발과 응용, ④ 위성정보하부구조 구축·기상수문정보체계 구축·정밀농업체계 개발·경영관리와 생산공정 관리의 정보화 등 경제 부문별 정보화 과제가 제시되었다.[2]

이 시기 북한 정권은 정보통신뿐 아니라 다른 첨단 과학기술 부문들도 적극 육성 중임을 지속적으로 선전했다. 예를 들어 2002~2005년 북한 매체들은 생물공학 연구진이 토끼 복제에 성공했다는 보도를 여러 번 했으며, 2004년에는 과학원 학술지 ≪과학원통보≫에 관련 논문이 공개되기도 했다(전정삼 외, 2004). 비록 토끼 복제 주장은 과장이었을 가능성이 크지만 북한은 1990년대 말부터 토끼 복제 연구를 시작했다고 알려져 있고, 2009년 국내 언론보도에 따르면 북한의 핵심 영재교육기관인 평양제1고등중학교에서 학생들에게 토끼 복제 기술을 가르칠 정도로 실제 토끼 복제를 포함한 생물공학에 많은 관심을 기울인 것은 사실로 보인다(연합뉴스, 2009.6.11).[3] 나노기술과 관련해서도 북

---

2) 제2차 과학기술발전 5개년계획 내용은 이춘근 외(2009) 참고.

3) 북한의 토끼 복제 주장이 과장이라고 판단하는 이유는 다음과 같다. 당시 북한 과학 저널

한은 2002년 9월 나노부문과학기술위원회, 같은 해 11월 조선나노기술협회를 조직했고, 2004년부터는 전국 나노기술 부문 과학기술 발표회와 전시회를 매년 실시했다.

5. 정보화 계층의 대두와 ICT 활용

1) 정보화 지도층의 대두와 현황

(1) 정보화 지도층의 대두

북한 ICT 산업의 발전 초기에는 김정일 위원장이 선두에 있었다. 그는 "21세기는 정보산업의 시대"라는 슬로건을 내세우면서 정보 산업의 중요성을 강조했다. 북한은 "간부들은 누구나 콤퓨터에 대하여 잘 알아야 합니다"(≪로동신문≫, 2001.6.13)라는 교시를 통해 간부들이 먼저 솔선수범해서 정보기술을 배울 것을 강요했다. 홍성남 내각총리가 최고인민회의 제10기 4차 회의 보고를 통해 "다른 나라들과의 과학기술 교류 사업과 과학기술 정보사업도 더욱 개선 강화될 것"이라고 강조한 점 역시 김 위원장과 기조를 같이했다. 문일봉 재정상도 예산·결산 보고에서 당의 '과학기술 중시 방침'에 따라 이 분야에 많은 '자금'을 돌릴 것이라며 ICT 산업을 국가적 차원에서 지원해 나갈 것임을 밝혔다. 북한 지도층의 이러한 움직임은 '현 시대는 과학과 기술의 시대'라고 말한 김 총비서(김정일 위원장)의 의지를 강하게 반영했다.

에 발표된 토끼 복제 관련 논문은 극소수에 불과했고, 그마저도 복제 관련 논문의 핵심 내용인 유전자 검사 결과·기형 발생 여부 등에 대한 정보는 담겨 있지 않았다. 더구나 2005년 이후 북한에서 토끼 복제에 성공했다는 보도는 찾아볼 수 없다. 이를 볼 때 아마 2000년대 전반기의 성공 주장이 허위였거나, 또는 한두 번 성공 이후 재연하지 못한 불안정한 기술이었을 가능성이 크다.

평양에 디지털 지도층이 존재하는지 검증해 보는 것은 향후 북한 ICT 산업의 발전 여부를 전망한다는 차원에서 필요하다. '디지털 지도층(Digitally oriented leadership)'이란 "인터넷을 중심으로 발전하는 현재의 정보통신 패러다임에 대해 평균 이상의 기술적 이해와 사활적 이해관계의 인식을 가지고 이를 국가경제 운영에 반영하거나 반영하는 의도를 가진 지도층"이라고 정의할 수 있다. '사이버 코리아 21(Cyber Korea 21)' 등 정보통신에 관한 정책에 사활적 중요성을 부여한 남한의 역대 정부도 디지털 지도층에 해당한다고 할 수 있다. 이들은 디지털 경제가 가져오는 변화에 민감할 뿐 아니라 미래 변화를 예측해 대책 수립의 필요성을 절감하는 계층이다(노승준·박종봉, 2000: 6~7).

북한에 자본주의 국가에서 의미하는 '디지털 지도층'이 존재하는지에 대해서는 이견이 있다. 정치체제나 경제정책을 정치적·경제적 능력으로 변화시킬 수 있는 힘을 보유한 계층은 북한에 하나의 세력이나 그룹으로 존재하지 않는다는 견해가 주류다(김유향, 2001: 196). 북한에서 2000년대 초중반 김정일 위원장과 아들인 김정은을 제외하고는 자신의 힘으로 국가정책과 이념을 변화시킬 수 있는 사람은 없다고 볼 수 있다. 따라서 정보화시대를 지향하는 계층이 정책 그룹으로 존재한다는 표현은 모호했다.

그러나 2000년대 들어 김 위원장의 ICT 육성 정책에 따라 예산과 인력을 여타 분야보다 ICT에 집중 배정하고 정책추진 과정에서 우선순위를 두는 등 일부 ICT 관련 정책을 적극적으로 추진하는 것은 의미가 적지 않았다. 핵심 주도 세력들이 비정치적 분야에서 자신들의 의견을 강력하게 주장하고 서서히 제 목소리를 내는 것은 새로운 전략의 일환이었다. 평양의 권력층에 20세기 아날로그적 시각이 아닌 21세기 디지털의 관점에서 경제 사회 발전 변화를 예상하는 정책 추진자들이 나타나기 시작했다.

이러한 계층들이 조직적이고 집단적으로 자신들 의견을 반영하는 등의 움직임은 시장경제 체제에서의 디지털 계층과는 근본적으로 차원이 다르지만, 이념의 경직성을 고려해 볼 경우 상당히 고무적인 일이 아닐 수 없었다. 따라서 실제 정책 추진 의미뿐만 아니라 미래지향적 개념에서 볼 때 디지털 지도층의 존재를 협의로만 단정할 필요는 없다. 다만 디지털 지도층이라는 용어는 현재까지는 다소 급진적이고 앞서 나간 표현이라고 판단되며, 일반적으로 정보통신의 흐름을 이해하고 정보통신 발전에 적극적인 관심을 표현하는 계층이라는 좁은 의미에서 '정보화 지도층'이라는 용어를 사용할 수 있다.

'정보화 지도층'이라는 생소한 용어는 집권층의 새로운 기술에 대한 친밀성이나 경제면에서의 정보통신 비중에 대한 인식과 같은 기술적인 의미에 국한되지 않는다. 더 큰 의미는 정치적 가치의 우선순위 변화에 있다. 정보화 지도층은 대체로 다음과 같은 행동 성향을 보인다고 한다.

첫째, '정보화 지도층'은 경제이슈가 정치이슈보다 하위를 차지하는 종래의 정치현실주의론(political realism)을 부분적으로 부정하거나 유보하는 경향이 있다. 중국이 미국에 대해 가지는 정치·군사적인 잠재적 위협을 부각하는 반대 의견에도 불구하고 과거 중국에 대한 첨단기술 공여를 지지해 온 미국의 클린턴-고어 행정부가 좋은 예였다. 정치적인 선전과는 별도로 실제적으로 경제·기술적인 이익 추구를 우선시하는 경향은 중국과 타이완 사이에서도 존재하며, 향후 북한 지도층에서도 전향적인 정책을 과연 추진할 수 있는가는 개혁과 개방의 가늠자가 될 수 있다.

둘째, 정보화 지도층은 정치체제와 주체사상에 대한 과도한 집착과 집권 세력의 내부 관계에서 경직적인 충성 등을 어느 정도 완화하거나, 적어도 완화할 필요성을 인식할 수 있다. 물론 개방 체제로 전환하며 1978년 이후 덩샤오핑(鄧小平) 중심의 중국공산당 지도부가 보여줬던 긍정적인 방향과는 다소 거리가 있지만 ICT 분야에서는 변화의 접점을 찾을 수 있을 것이다. 변화의 반응을 절대적 관점이 아닌 상대적 관점에서 평가한다면 사회주의 통제 체제에서 ICT 정책에 대한 적은 관심 정도도 중장기적으로 적지 않은 파급효과를 가져올 것이다.

2000년 기준으로 중국의 보수파에 해당하는 정보산업부 우지추안(吳基傳)

전 부장과 그의 부하들의 경우 진보파인 주룽지(朱鎔基) 총리에 비하면 이념에 대한 집착도가 높았으나, 과거의 지도층에 비하면 매우 실용적이며 탈이념적인 경향을 보였다(노승준·박종봉, 2000: 6~10). 정치개혁에 대한 높은 기대를 ICT 분야에 접목하는 것은 단기간에는 용이하지 않지만, 변화의 방향성을 다소나마 잡는다면 미래지향적인 변화의 단초는 마련할 수 있을 것이다.

(2) 정보화 지도층과 북한의 ICT 산업

2000년 6월 15일 남북정상회담 과정에서 보였듯이 북한의 최고지도자인 김정일 위원장과 그를 보좌하는 테크노크라트(technocrat: 기술관료)는 디지털 경제와 정보화 추세에 매우 민감했다. 이를 뒷받침하는 사례는 다양하다. 우선 가장 중요한 점은 북한의 정보통신은 '과학기술정책'에 의해 좌우되며, 정책을 직접 통제하는 인사는 김정일 위원장이라는 것이다. 이를 증명하듯 1991년 10월 김정일 위원장이 '과학자대회'에 보낸 서한은 북한의 정보통신 발전 방향의 골간을 이루고 있다.

1999년 1월의 "신년사"에서는 "온 나라의 과학을 중시하는 기풍을 세워 도처에 기술혁신의 불길이 세차게 타 번지게 하라"며 디지털 기술개발의 중요성을 강조한 것으로 전해진다. 그의 교시는 즉각 정책으로 구현되었다. 예를 들어 1995년에는 '은정구역'이라는 IT 연구단지를 조성하고 1999년에는 평양과 함흥에 컴퓨터기술대학을 신설했으며, 2000년대 이후에는 미국의 실리콘밸리나 베이징의 중관촌을 벤치마킹해 '대동강밸리'를 만들도록 지시하기도 했다는 보도도 나왔다. 이러한 일련의 발전은 '북한'이라는 이름을 가리고 보면 아시아의 어느 곳에서도 발견할 수 있는, 보편적인 정보통신 정책을 추진하는 것과 크게 다르지 않았다.

'정보화 지도층'이라는 개념을 어느 정도 뒷받침해 주는 정책과 각종 사업은 2000년대 이후 지속되었다. 우선 김정일 집권시대에 전자우편과 웹서핑이 가능하도록 허용한 것은 정보화 지도층의 대두를 조장하는 환경을 마련한 것이었다. 용어는 모호하지만 김정일 위원장은 '강성대국'의 건설이라는 구호하에 과학기술 중시 정책을 추진해 왔다. 이 정책 속에서 김일성종합대학에 컴퓨터 과학대학이 창설되었고, 평양과 함흥에는 콤퓨터기술대학이 설립되었다. 전 국적으로 각급 대학에 콤퓨터기술대학이 설립되었고 평양과 함흥에도 '콤퓨터 기술대학'이 별도로 설립되었으며, 각급 대학에 컴퓨터공학부와 정보공학과, 정보공학강좌, 정보공학과가 개설되었다(조선중앙통신, 2000.12.20).

ICT 기술 강의에 쓰이는 교수 방법도 업그레이드 노력의 일환으로서, 함흥 콤퓨터기술대학의 교원 세 명이 '새 교수방법 등록증'을 받았다(≪로동신문≫, 2002.3.22). 이러한 노력으로 각급 대학에 김일성종학대학, 김책공업종합대학, 평양전자계산기 단과대학, 조선과학원, 조선콤퓨터쎈터, 평양정보쎈터, 은별 콤퓨터기술연구소(Silver Star) 등에서 ICT 관련 기술이 축적되었다. 2000년대 들어 전문 강의 인력이 부족해지면서 따라 남한의 한양대학교 공과대학 오희 욱, 차재혁 교수까지 초청해 2002년 7~8월 동안 상주시키며 지식을 전수받을 정도로 열의를 보였다(≪전자신문≫, 2002.9.18).

(3) 대표적인 정보화 지도층

2000년대 초반 북한의 대표적인 정보화 지도층으로는 북한 군수공업부 전 병호 군수공업부장, 당 군수공업부 주규창 제1부부장, 내각 교육성 프로그람 교육쎈터 이수락 소장, 중앙과학기술통보사 박사원 이상설 원장, 과학원 콤퓨 터과학연구소 서웅전 실장, 김책공업종합대학 유순열 전자계산학부장, 김일성 종합대학 컴퓨터과학대학 김영준 학장 등이 있었다. 민족경제연합회 장우영 총사장, 평양정보쎈터 최주식 총사장 등은 ICT 분야의 대남협력과 경영 능력 을 보유한 테크노크라트들이다. 군수공업부장은 전병호 비서지만 실무를 담당 하기 어려운 나이라서 실질적으로 모든 업무를 당시 제2자연과학원(현 국방과 학원) 소속이던 주규창이 담당했다(고수석·박경은, 2002: 32~33).

당 군수공업부 주규창 제1부부장은 북한 군수공업 발전에 지속적으로 노력해 온 인물이다. 김책공업종합대학을 졸업한 뒤 당시 정무원 기계공업부에서 일하다가 당 기계공업부(현 군수공업부)로 자리를 옮겼다. 1970년대 중반 군수 분야가 정무원 기계공업부에서 제2경제위원회로 독립하면서 부위원장에 임명 되었으며 1991년 제2자연과학원(전 국방과학원) 원장으로 일했다. 1998년 발 사한 대포동 미사일 개발을 실무적으로 관장했다. 1998년 7월 최고인민회의 제10기 대의원으로 선출됐으며 "실무능력이 뛰어나면서도 조용하고 착한 전 형적인 선비형"으로 알려졌었다(연합뉴스 편집부, 2001: 459).

이수락 소장은 북한 최고의 과학 연구기관인 조선과학원의 자동화연구소, 조선콤퓨터쎈터 등에서 컴퓨터 프로그램과 교육체계 개발 확립에 다양한 업적 을 쌓았기 때문에 북한 내에서 정보산업의 실력가로 평가받았다. 이수락은 김 책공업종합대학 교원으로 있던 1960년대부터 컴퓨터 제작에 참여했다.

이상설 원장은 재치 있는 입담과 풍부한 학식을 바탕으로 컴퓨터 강의를 하 기 때문에 누구나 마음만 먹으면 컴퓨터 전문가가 될 수 있다는 자신감을 갖게 하여 '정보화 전도사'라는 별명이 붙었다. 그는 정보화에 대한 깊이 있는 분석 을 통해 정보화의 필요성과 실천 방안을 강조해 수강생들이 '컴퓨터 능수(전문 가)'로 성장해야겠다는 각오를 다지게 해주었다. 게다가 다양한 경험을 통해 청중에게 많은 상식을 전달하고 조언해 인기 있는 강의를 했다. 2001년 4월 한 달 동안 72세의 나이에도 불구하고 김일성종합대학 체육관에서 약 1만 명을 대상으로 강의를 진행했다. 젊은 시절 수력발전소 건설 기사였다가 60세부터 전문적으로 ICT를 배워 박사가 된 입지전적인 인물이었다(≪로동신문≫, 2001. 5.28).

서웅전 박사는 북한 최초로 진공관식 컴퓨터 제작에 참가한 과학자 중 한 사 람이다. '수리계획법'을 연구하고 인민경제 여러 부문에서 기업·생산관리를 합 리적으로 할 수 있는 방법을 연구했다. 서웅전 박사는 다리 설계 프로그램, 굴 설계 프로그램, 배합먹이 계산 프로그램, 컴퓨터 조작 체계 프로그램을 비롯해 북한 실정에 맞는 가치 있는 여러 프로그램을 개발·도입해 북한의 정보기술을 발전시키고 인민경제를 현대화·정보화하는 데 크게 기여했다(≪로동신문≫, 2001.6.12).

류순렬 박사는 북송 일본인 출신이며 김책공업종합대학 연구소 연구사로 과학자 생활을 시작해 실장을 거쳐 강좌장과 학부장이 된, 북한 컴퓨터 과학 발전에서 매우 중요한 인물이다. 북한에서 소형 컴퓨터와 극소형 컴퓨터 개발에 정성을 쏟아왔다. 1970년대에 수백 대의 소형 컴퓨터를 만들어 교육기관으로 보내고 큰 공장에 출장해서 공장 직원들에게 컴퓨터의 기술적 원리와 조작에 대한 지식을 보급하고 새로운 계열의 신호 발생 회로와 이론을 연구해 컴퓨터, 자동화, 통신 분야 등에 적용했다. 이 분야에서 교육자로서 교육의 골격을 세우고 세계적 추세에 비견할 수 있는 학과목을 개척했으며 그 수준을 향상시키기도 했다. 류순렬 박사가 집필한 교재는 『컴퓨터 주변장치』, 『컴퓨터 회로와 기본방식』 등 30여 권이 있다. 평양정보쎈터(PIC)와 조선콤퓨터쎈터에서 일하는 유능한 기사들 가운데는 그가 키운 제자들이 많았다(이재승, 1998: 240~241).

김영준 학장은 30여 년 동안 컴퓨터 교육의 내용과 방법을 개선하고 강의의 질을 높여 컴퓨터 부문의 수많은 인재를 양성했다. 또한 과학기술적 문제들에 대한 연구 사업을 심화해 인민경제의 정보화를 실현하는 데도 기여했다. 김일성종합대학 자동화학부를 나온 뒤 자동화학부 강좌장이 된 그는 군관출신으로 어려운 일이 닥치면 군인정신을 강조하며 해결하는 스타일이다. 김영준 학장은 현장에서 교원, 연구사들과 함께 살다시피 하며 연구하는 것으로 유명했다(≪로동신문≫, 2001.7.18).

북한은 2002년 '고난의 행군기'에도 불구하고 생산을 정상화하고 2개의 자회사까지 보유한 '라남탄광기계연합기업소'의 경영진과 노동자들을 본받도록 촉구하는 '라남의 봉화'를 발기했다(연합뉴스, 2002.1.30). 이 기업소의 노동자들은 '긍정적 모범' 따라 배우기의 대상으로 소개되고 있는데, 대표적인 인물이 한석주 설계사다. 그는 "지혜와 실력으로 조국의 부강에 이바지하는 기술자"

(≪로동신문≫, 2002.1.26)로 불리며 각종 기계설비를 제작해 오늘의 라남탄광 기계연합기업소가 있게 하는 데 큰 몫을 담당했다. 북한 언론은 "현대적인 기계를 만들 수 없다던 낡은 관념과 신비주의를 대담하게 불사르고 그처럼 어려운 조건에서도 현대적인 기계를 설계했다"라며 그를 '새 세기 봉화를 든 선구자'로 내세운다(조선중앙방송, 2002.2.7). 또한 누구나 제2, 제3의 한석주가 될 결심으로 많은 과학기술 연구 성과를 이룩하자고 독려했다(≪로동신문≫, 2002. 2.28).

2) 국가기관과 산업 시설의 정보화 현황

(1) 내각

북한의 ICT를 활용한 첨단기술은 내각의 각 분야에서 적극적으로 사용되고 있다. 전기석탄공업성은 1996년부터 컴퓨터를 이용해 전력 계통 운영 지휘 체계를 구축해 운영했다. 컴퓨터로 운용되는 전력 계통 운영 지휘 체계에서 가장 중요한 것은 전력 계통을 실시간으로 감시·조종하는 체계다. 전국적인 전력 계통 운영에서 중요한 역할을 하는 여러 부서에서는 수시로 변하는 전압·전류·주파수 측정량과 차단기의 개방 상태와 각종 보호회로의 동작 상태 신호가 원격 말단장치를 통해 중앙으로 보고된다. 컴퓨터에 의한 전력 계통 운영·지휘 체계에서는 전력 계통의 운영 상태를 감시하고 조종하는 것만이 아니다. 이 부문의 기술자들은 자체로 개발한 전력 계통 감시와 운영 분석 체계를 이용해 전력 계통의 운영 상태를 체계적·종합적으로 분석하고, 또한 전력 생산과 공급에 관한 실태 보고를 일별, 월별로 작성했다.

전력 계통 운영을 직접 지휘하는 직원들의 작업은 컴퓨터 도입으로 훨씬 수월해졌다. 단순한 계기들을 놓고 언제나 긴장하면서 지켜봐야 하는 일은 옛일이 되어버렸다. 이제는 직접 현장을 방문하지 않고도 컴퓨터 화면에 펼쳐지는 전력 계통 운영 상태와 분석 자료들을 보면서 전력 생산과 소비 사이의 균형을 효율적으로 조절할 수 있게 됐다(≪로동신문≫, 2001.9.7).

임업성에서는 컴퓨터를 이용한 통나무 생산 처리 준비 작업을 전개했다. 이를 위해 임업성 관리국과 여러 국·처·실의 직원들은 컴퓨터에 능숙해 있으며 컴퓨터로 지휘하고 통나무 생산조직과 업무처리를 하기 위해 적극 노력했다. 임업성은 조만간 통나무 생산과 산림 조성, 목재 가공, 생산물 처리, 문서 처리 등에 이르는 모든 일에 컴퓨터 통신망을 형성하기 위한 사업을 추진했다. 이는 임업성 기술국과 컴퓨터실이 주축이 되어 준비 작업을 책임지고 있다. 임업성에서는 통나무 생산에서 발생하는 여러 가지 업무 처리와 문서 처리를 할 수 있는 프로그램을 개발해 각 지역 임업 연합기업소들과 컴퓨터 통신망을 연결하는 작업도 전개했다. 임업성에는 국가계획위원회를 비롯한 여러 기관들과 컴퓨터 통신망으로 연결되어 있어 필요한 업무 처리와 함께 기술 서비스도 제공했다. 수산성에서도 컴퓨터를 통해 위성정보 자료를 분석해 각 어장의 어선에 정보를 제공했다. 수산성 전자계산소에서 나가는 정보는 각 어장의 해수 온도나 바다 날씨 등인데, 이곳에서 자체 개발한 것이다(≪로동신문≫, 2001.3.23).

도시경영성에서도 정보산업 시대의 요구에 맞게 일반 주택과 공공건물에 대한 기술 관리를 과학화하기 위한 사업을 진행한다. 최근 도시경영성 건물국에서는 전국의 살림집, 공공건물에 대한 자료들을 컴퓨터에 입력해 데이터베이스(DB)를 구축했다. 이 데이터베이스에는 전국의 모든 일반 주택과 공공건물의 건설 연도와 보수 날짜를 비롯한 기술 실태 자료를 입력했다. 예를 들면 어떤 공공건물이 언제 준공됐으며 중보수·대보수는 몇 년 주기로 진행했는지, 건물 내부의 기술 실태는 어떠한지 등 구체적인 자료들을 자료기지에 입력한다. 데이터베이스를 통해 건물에 대한 예방과 보수를 계획적으로 진행할 수 있으며 자재 인력의 낭비를 없애고 최대한 효과적으로 이용할 수 있게 되었다(≪로동신문≫, 2001.6.22).

ICT 산업을 적극 지원하기 위해 각 부처마다 협조 체제가 구축되어 있다. 예를 들어 전자제품개발회사를 돕기 위해 전기석탄공업성에서는 전력 사정을 알아보고 무역성 경제협조관리국에서 발동발전기를 가져다주며 로동성과 체신성, 재정성에서는 회사의 노동행정 사업과 기업 관리에 제기되는 문제들을 해결해 준다. 광명성지도국과 무역성 경제협조관리국에서도 자재문제를 해결해 주었다(≪로동신문≫, 2002.2.23).

(2) 공장·기업소

황해북도 황주 닭공장에서는 컴퓨터를 이용한 '알깨우기(부화)'를 시도했다. 이 공장에는 컴퓨터로 부화시키는 현대적인 기계들이 있다. 기계들이 있는 방은 컴퓨터 통신망으로 연결되어 있다. 알을 부화시키는 데 필요한 적당한 온도·습도·환기 조건을 날짜별로 입력시킨 프로그램을 컴퓨터에 설치했다. 조종용 컴퓨터는 프로그램에 맞게 알깨우기 기계의 온도·습도·환기조건 등을 자동으로 조절한다. 한 시간에 한 번씩 알이 자동적으로 뒤집어지면서 부화율을 높인다. 관리원들은 컴퓨터의 작동 상황을 수시로 확인하고 문제가 생길 경우에 적당한 조치만 취하면 해결이 되었다. 알을 기계에 넣은 후 21일이 되면 병아리가 나온다. 황주 닭공장에서는 보통 한 번에 10여 만 마리의 병아리를 생산하고 있다. ICT 기술의 도입을 통해 병아리 생산을 계획화·과학화할 수 있음을 보여주었다(≪로동신문≫, 2001.5.23).

9월27일닭공장은 여러 가지 배합먹이 원료의 배합 비율을 정해서 컴퓨터에 입력시켜 원료의 운반과 분쇄부터 배합과 성형, 포장과 출하에 이르기까지 모든 공정을 자동으로 진행한다. 이 배합먹이 가공작업은 시간당 생산 능력이 매우 높다. 기계가 작동하기 시작해 35분이면 완성된 배합먹이가 쏟아지고 이 공장에서 필요한 양을 충분히 생산하고도 남는다고 한다(≪민주조선≫, 2001. 9.21). 평안북도 구성군에 있는 닭공장은 컴퓨터종합지령실에 여러 대의 컴퓨터를 놓고 중앙과 망을 형성해 생산 지령을 받거나 생산 결과를 매일 보고한다. 그리고 새로운 과학기술 자료를 통보받는 등 공장관리 운영과 관련한 자료들을 교환한다. 이로써 혼자서 3만 6000마리의 닭을 관리할 수 있게 되었다고 한다(≪로동신문≫, 2002.5.26).

2월8일직업총동맹청년탄광사업소의 재정부기과 직원들도 맡겨진 사업을 컴퓨터로 처리했다. 이들은 매일 발파용 자재, 설비, 부속품을 비롯해 부속품 소비 현황과 설비 이용 현황, 노력 관리 현황, 전기 소비 현황 등을 컴퓨터로 처리하고 있다. 그리고 탄광의 굴진 소대, 채탄 중대, 작업반에서는 진행한 일과 재정 총화 결과도 컴퓨터로 처리하고 있다. 직원들도 자료를 처리하는 데 그치지 않고 그 자료들을 탄광 안의 모든 부서에 통보해 주었다.

따라서 어느 부서에서나 자료를 놓고 분석하면서 적은 자재와 동력으로 더 많은 석탄을 생산하기 위한 방도를 찾기 위해서 노력했다. 탄광에서 일하는 중대, 소대, 작업반에서는 재정부기과에서 통보한 '일과 재정총화 자료'를 그날그날 알려줘 모든 탄부들이 결과를 직접 확인했다. 재정부기과에서는 컴퓨터로 처리한 자료들을 간부들에게 매일 전송해 주고 있다. 이를 통해 좋은 점은 제때에 일반화하고, 고쳐야 할 점은 그때그때 바로잡아 나갈 수 있게 하여 기업 관리를 더욱 과학적으로 운영했다(≪로동신문≫, 2001.6.27).

대흥청년광산에서는 컴퓨터로 소성로 운영을 관리했다. 소성로의 컴퓨터화로 종전보다 생산을 최고 1.5배로 높일 수 있다. 이뿐만 아니라 소성로 조작이 간단해지고 생산 환경이 보다 위생적으로 개선되었다. 이렇듯 소성로 운영을 컴퓨터화하기 위해 기술 혁신조를 만들어 생산을 1.5배 높일 수 있는 프로그램을 개발해냈다(≪로동신문≫, 2002.6.3).

상원시멘트 연합기업소는 컴퓨터로 몇 가지 주목할 만한 성과를 냈다. 이곳의 중앙조종실에는 과거에 설치한 흑백TV 대신 컬러TV로 바꿨으며 소성로에는 3차원 표면온도 측정 감시체계를 설치해 최신형 컴퓨터로 설비의 진동 특성과 해석 장치를 조종했다. 연합기업소에서는 기업소의 기술자들을 키워내는 공업대학에 컴퓨터 기술을 가르치는 학과를 신설했다(≪로동신문≫, 2001.10.7).

평안남도 안주시에서는 농업 경영활동의 컴퓨터화를 성과적으로 실현해 큰 이득을 보았다. 안주시 협동농장경영위원회와 협동농장들은 컴퓨터 통신망을 형성해 농업 경영활동을 한층 더 과학화했다. 안주시는 21세기 경제강국을 위한 현실의 요구에 맞게 최신 컴퓨터 통신망을 형성할 수 있는 방법을 모색했다. 컴퓨터 통신망을 형성해 인민대학습당과 중앙과학기술통보사, 농업과학원 과학기술통보사와 연결하며 새로운 기술을 신속하게 받아들일 수 있게 됐다. 이뿐만 아니라 농업생산과 관련한 문제들에 컴퓨터 통신망을 구축할 계획을 마련했다(≪민주조선≫, 2001.3.2). 전자계산기실의 장치개발조 기술자들은 원료 공급 계통부터 건조로·배소로를 거쳐 냉각 계통에 이르기까지 모든 생산 공정을 컴퓨터로 운영했다. 이로써 기업소에서는 산화배소구 단광 생산공정의 컴퓨터화에 성공해 생산성과 제품의 질을 높이면서도 새로운 환경에서 철강재 생산을 늘려나갔다(≪민주조선≫, 2001.5.29).

안주절연물공장에서도 짧은 기간 동안에 컴퓨터에 의한 자동조종체계를 실현해 기업관리 운영과 생산 지휘를 과학적으로 개선했다. 절연과 니스 생산공정에서의 모든 기술규정과 표준조작법들에 따라 자동 조종되고 반응의 매 단계를 컴퓨터가 알려주었다. 생산공정을 원만히 운영하는 데 필요한 인력이 여덟 명에서 두 명으로 줄었고 보일러 관리와 온도감시 등의 작업이 없어지면서 생산성이 증대되었다(≪로동신문≫, 2002.6.19).

구성방직공장에서는 지난날의 노동자들과 오늘날의 노동자들은 다르다며 기술자는 물론 노동자들에게까지 컴퓨터교육을 실시했다. 대학 졸업생들에게 먼저 강사 교육을 하고, 이들이 선발된 노동자들을 교육하게 했다. 컴퓨터의 일반 구조에서부터 프로그램 작성법까지 기초지식에 대한 강의를 진행했다(≪로동신문≫, 2002.6.10).

단천제련소에서는 중요생산직장에서 컴퓨터화에 의한 생산기술 공정을 확립함으로써 전반적인 생산공정을 새로운 과학기술적 토대 위에 세우고 생산성을 더욱 높일 수 있게 했다. 이로써 제품의 하자도 줄이고 전력소비량도 줄였으며 배소 공정이 컴퓨터에 의해 자동조종체계로 이루어지면서 노동조건이 개선되었다. 생산공정의 컴퓨터화를 실현하는 데는 김일성종합대학 컴퓨터과학대학의 교원, 연구사들이 중심적인 역할을 했다(≪로동신문≫, 2002.3.3).

희천공작기계공장에서도 생산공정의 자동화를 실현해 기계설비를 종합 가공하는 시험 생산이 진행되고 있다. 한 대의 컴퓨터로 여러 대의 공작기계를 자동 조종해 기계설비를 가공하고 있다(≪로동신문≫, 2002.3.11a). 대동강축전지공장에서는 과학원 수학연구소 경영수학연구실의 도움으로 경영활동과 생산공정의 컴퓨터화를 실현해 제품의 질을 높은 수준으로 담보할 수 있게 했다(≪로동신문≫, 2002.1.19). 7월담배련합회사에서는 컴퓨터로 종이 생산공정을 조종하고 있다. 나남탄광기계연합기업소에서는 "생산공정에 따르는 기술 개건과 함께 기업소 전반에 기술관리를 현대화할 높은 목표를 제기하고 부기, 계획, 자재, 기술장비 설계 등 모든 부문의 컴퓨터화를 실현하기 위해 힘찬 투쟁을 벌려 나가고 있다"라며 컴퓨터 활용을 장려했다(연합뉴스, 2001.4.7).

(3) 의학기관

의학과학원 방사선의학연구소, 평양남도인민병원, 림상연구소 안과연구실, 김만유병원 보건경영학연구소 전자계산기실과 렌트겐과, 조선적십자종합병원 소화기전문병원 등의 의학기관에서는 과학기술을 치료 사업에 받아들여 효과를 보았다. 평안남도인민병원 림상연구소 안과연구실은 백내장 치료를 더 잘할 수 있는 연구 성과를 거두었다. 김만유병원 보건경영학연구소 전자계산기실과 렌트겐과에서는 '콤퓨터에 의한 렌트겐종합검사지원체계'를 개발하고 임상치료에 도입해 렌트겐진단의 과학화를 이루었다. 조선적십자종합병원 소화기전문병원 의료진은 김책공업종합대학 리공학부 연구진과 공동으로 컴퓨터에 의해 조종되는 전자파 치료기와 소화기계통의 암 예비 진단 체계 등을 연구개발해 의학·과학 기술 발전과 예방 치료 사업에 크게 이바지했다(≪로동신문≫, 2002.5.12).

(4) 기타 기관

컴퓨터를 비롯한 정보기술을 적극 이용하고 응용하기 위한 노력은 조선예술영화촬영소에서도 이루어졌다. 김일성종합대학, 김책공업종합대학, 조선콤퓨터쎈터의 과학자·기술자들이 합심해 컴퓨터 화상처리기술을 영화에 도입해 〈살아있는 령혼들〉이라는 제목의 영화를 만들었다. 이 영화는 약 1만 명의 엑스트라와 북한 영화 평균 제작비의 3~4배를 투입해 우키시마마루 사건[4]을 다루었다.

경공업성 피복연구소, 김형직 사범대학 등에서도 컴퓨터를 응용한 사업을 적극적으로 추진해 성과를 거두었다. 특히 경공업성 피복연구소 옷 설계 연구사들은 사람들의 취미와 기호, 몸에 맞는 옷 설계를 컴퓨터로 처리하는 옷 설계 프로그램 '혜성'을 만들었다. 조선인민군창작사는 컴퓨터 화상처리 프로그램을 이용해 백두산 해돋이 장면을 담은 컴퓨터 필름 '백두산 해돋이'를 창작했다. 컴퓨터 필름화는 컴퓨터 기술과 전쟁 수단을 이용한 새로운 종류의 미술작품이다. 컴퓨터 필름화는 채색 안료로는 해결할 수 없는 빛깔과 색상을 낼 수 있게 한 것으로, 현실을 생동감 있게 그대로 보여준다. 또한 보존을 영구화하고 그 규모와 양상을 바꾸는 데 제한이 없으며 작품을 복사하는 데도 화상도가 원화와 차이가 나지 않도록 원작을 CD에 저장한다(《민주조선》, 2001.6.22).

함경북도는 지역 내 공장·기업소·기관을 총망라하는 컴퓨터 지역망을 확대하기 위한 사업을 활발히 진행했다. 당 위원회의 지도하에 도 인민위원회 과학기술국 과학기술통보사 기술자들과 연구사들은 정보산업 시대의 요구에 맞게 도내 인민경제의 여러 부문을 컴퓨터망으로 연결시켜 경영활동을 했다. 함경북도의 과학기술통보실에서는 기술 일군들이 김책제철연합기업소, 무산광산

---

4) 1945년 8월 22일 일본 아오모리현 군사시설에서 강제 노동에 시달렸던 조선인 노동자와 가족을 태우고 한국으로 향하던 우키시마마루가 8월 24일 오후 5시 20분 마이쓰루항에 입항하려는 순간 원인을 알 수 없는 폭발로 침몰한 대형 참사다.

연합기업소, 청진광산금속대학,[5] 5월28일금속연구소 등 수십 개의 컴퓨터 지역망 가입을 적극 돕는 기술 봉사를 담당했다(≪민주조선≫, 2001.6.1).

남측의 한국은행 격인 조선중앙은행의 부서들은 이미 각 도 지점들과 컴퓨터 통신망을 연결했으며 직원들과 기술자들은 데이터베이스를 조성하기 위한 각종 사업을 전개했다. 조선중앙은행 고정재산감독국에서는 과거의 전자계산기나 주판, 장부책이 아닌 컴퓨터로 문서편집과 자료 검색, 자료화를 종합했다. 지난 자료들도 문서고가 아닌 사무실에서 볼 수 있게 되어 업무처리를 신속하고 정확하게 할 수 있게 되었다. 과거에는 은행 직원들이 전자계산기나 주판에 의해 계산된 숫자들을 서로 대조하고 확인했으나 지금은 복잡한 통계 계산을 데이터베이스의 도움으로 처리했다.

조선중앙은행은 모든 직원들이 데이터베이스를 관리하고 새로운 자료들을 보충하는 사업을 효과적으로 계획하고 진행한다고 전한다. 일별·월별·분기별 자료들을 빠짐없이 데이터베이스에 입력시켜 사업을 실속 있게 처리하는 체계를 세웠다. 컴퓨터 고장으로 자료를 보지 못하게 되는 경우에 대비해 외부기억 장치를 구축하는 작업도 진행했다(≪로동신문≫, 2001.7.2).

참고문헌

1. 국내 문헌

고수석·박경은. 2002. 『김정일과 IT 혁명』. 베스트북.

김근식. 2002. 「북한의 IT 경협 전략과 대응 방안」. ≪통일경제≫, 5·6월 호.

김유향. 2001. 「북한의 IT 부문 발전 전략: 현실과 가능성의 갭」. ≪현대북한연구≫, 제4권 2호.

---

5) 2002년 4월 새 학기부터 '함흥화학공업대학'과 '청진광산금속대학', '조군실원산공업대학'에서 양성하던 건설, 경공업 부문의 기술자들을 '함흥건설대학', '함흥경공업대학'에서 육성하기로 했다(≪로동신문≫, 2002.3.19).

노승준·박종봉. 2000. 「북한의 정보통신현황과 정책」, 경남대 극동문제연구소·하나로통신 엮음. 『인
　　터넷과 북한』. 경남대학교 극동문제연구소.

서재진. 2001. 『식량난에서 IT산업으로 변화하는 북한』. 미래인력연구원.

연합뉴스. 2001.4.7. "북한 전 생산현장에 부는 컴퓨터 바람".

_____. 2002.1.30. "북한, 라남의 봉화를 발기".

_____. 2009.6.11. "北 로켓 기술 요람 평양제1중학교".

연합뉴스 편집부. 2001. 『2002 북한연감』. 연합뉴스.

이재승. 1998. 『북한을 움직이는 테크노크라트』. 일빛.

이춘근·김종선·배용호·이명진·신태영·이우성. 2009. 「상생과 공영의 남북 과학기술협력 추진방안」.
　　과학기술정책연구원 정책연구.

≪전자신문≫. 2002.9.18. "북한, 한양대 교수 IT 강의 초청".

한국은행. 2000.6.20. 「1999년 북한GDP 추정 결과」. 한국은행 보도 자료.

_____. 2001.5.28. 「2000년 북한GDP 추정 결과」. 한국은행 보도 자료.

_____. 2002.5.14. 「2000년 북한GDP 추정 결과」. 한국은행 보도 자료.

2. 북한 문헌

조선민주주의인민공화국 사회주의헌법.

김정일. "과학기술발전에서 새로운 전환을 일으키자"(1991.10.28). 전국과학자대회 참가자들에게 보
　　낸 서한, ≪로동신문≫. 2001.5.13.

≪로동신문≫. 1998.9.16. "인공지구위성관리설비를 갖춘것은 강위력한 경제력의 표시".

_____. 1999.1.1. "[신년공동사설] 새해를 강성대국 건설의 위대한 전환의 해로 빛내이자".

_____. 1999.1.16. "과학중시사상을 구현하여 강성대국의 앞길을 열어나가자".

_____. 2000.1.1. "[신년공동사설] 당 창건 55돐을 맞는 올해를 천리마대고조의 불길 속에 자랑찬 승
　　리의 해로 빛내이자".

_____. 2000.7.4. "'근로자' 공동논설: 과학 중시사상을 틀어쥐고 강성대국을 건설하자".

_____. 2000.8.1. "조선로동당 중앙위원회 구호".

_____. 2001.1.11. "인민경제의 기술적 개건으로 기술혁신의 불길을 일으켜야".

_____. 2001.3.23. "수산성 전자계산소 어장 정보 제공".

_____. 2001.4.22. "정보산업시대에 대한 일반적 리해".

_____. 2001.5.15. "인민경제를 정보화하는 길에서".

_____. 2001.5.17. "인민경제의 현대화와 정보화를 적극 추진해야".

_____. 2001.5.23. "알깨우기도 컴퓨터로".

_____. 2001.5.28. "이상설 원장 정보화 전도사".

_____. 2001.6.11. "정보산업을 빨리 발전시키고 인민경제의 모든 부문을 정보화하여야 합니다".

_____. 2001.6.12. "서웅전 박사 여러 프로그램 개발로 인민경제 현대화에 크게 기여".

_____. 2001.6.13. "콤퓨터로 일하는 일군".

_____. 2001.6.22. "자료기지 조성에 큰 힘을".

_____. 2001.6.27. "콤퓨터로 일을 한다: 재정부기과에서".

_____. 2001.7.2. "훌륭히 꾸려진 자료기지: 중앙은행에서".

_____. 2001.7.4. "과학중시 사상을 틀어쥐고 강성대국을 건설하자".

_____. 2001.7.18. "컴퓨터 교육 개선으로 인민경제의 정보화 실현".

_____. 2001.9.7. "정보화와 실리".

_____. 2001.10.7. "콤퓨터화의 높은 목표를 내세우고".

_____. 2002.1.1. "위대한 수령 탄생 90돐을 맞는 올해를 강성대국건설의 새로운 비약의 해로 빛내이자".

_____. 2002.1.19. "콤퓨터화의 주인이 되어".

_____. 2002.1.23. "과학기술을 틀어쥐고 강성대국 건설에서 새로운 비약을 일으키자".

_____. 2002.1.26. "긍정적 모범 따라 배우기의 대상".

_____. 2002.2.23. "정보산업부문을 적극 지원".

_____. 2002.2.28. "과학자, 기술자들을 앞자리에".

_____. 2002.3.3. "생산 공정 전반을 컴퓨터화".

_____. 2002.3.11a. "생산 공정을 컴퓨터화한 보람".

_____. 2002.3.11b. "정보산업시대의 앞길을 밝혀 주시며".

_____. 2002.3.19. "새로운 대학들이 나왔다".

_____. 2002.3.22. "정보기술인재 양성 사업에 큰 힘을".

_____. 2002.5.12. "위대한 령도자 김정일동지께서 과학 연구사업에서 성과를 이룩한 단위들에 감사를 보내시였다".

_____. 2002.5.21. "과학발전은 사회주의의 전도를 좌우하는 중대사이다".

_____. 2002.5.25. "현대화, 과학화의 령마루에로".

_____. 2002.5.26. "구성군 닭공장 컴퓨터로 생산 결과 및 자료 보고".

_____. 2002.6.3. "대홍청년광산 컴퓨터로 소성로 운영 관리".

_____. 2002.6.9. "정보기술 발전을 위한 노력".

_____. 2002.6.10. "누구나 컴퓨터를".

_____. 2002.6.19. "안주절연물공장 컴퓨터에 의한 자동조종체계로 운영".

_____. 2002.7.1. "불타는 열정의 원천".

리창근. 2001. 「과학 기술 중시 로선을 틀어쥐고 나가는 것은 강성대국 건설의 중요한 담보」. ≪경제

연구≫, 1월 호.

문학예술종합출판사. 2002. 「첨단기술의 특징은 창조성과 전략성」. ≪청년문학≫, 6월 호; 연합뉴스.
2002.7.11.

≪민주조선≫. 2001.3.2. "농업 경영활동의 콤퓨터화를 실현".

_____. 2001.5.29. "새시대 선구자의 영예를 안고: 청진제강소 전자계산실에서".

_____. 2001.6.1. "함경북도 과학기술통보실 기업소 기술봉사 담당".

_____. 2001.6.22. "콤퓨터 미술 분야의 새로운 경지가 개척되기까지: 조선인민군 창작사에서".

_____. 2001.9.21. "위대한 장군님께서 현지 지도하신 닭공장을 돌아보고".

사회과학출판사. 1972. 『문학예술사전』. 사회과학출판사.

외국문출판사. 2000. 『위대한 향도의 75년』.

전정삼·손경수·주복선. 2004. 「토끼 체세포 핵이식 연구전략과 그 실행에 대한 연구」. ≪과학원통보≫,
제4호.

≪조선신보≫. 2001.2.18.

조선중앙방송. 2001.4.22. "정론: 과학의 세기".

_____. 2001.5.19. "21세기는 정보산업의 시대".

_____. 2002.2.7. "새 세기 봉화를 든 선구자".

조선중앙통신, 2000.12.20.

≪청년전위≫. 2001.4.11. "과학과 기술, 컴퓨터를 모르면 전진하는 시대에 낙오자가 된다"; ≪민주조
선≫. 2001.5.22.

4장

김정은 시대 북한의 ICT 발전전략과 함의

1. "신년사"로 본 김정은의 과학기술 발전정책

김정은 위원장은 2018년 집권 후 첫 중국 방문에서 참관 대상으로 중국 최고의 자연과학 연구기관으로 꼽히는 중국과학원을 선택했다. 조선중앙통신은 3월 28일 자 김 위원장의 방중 보도에서 "김정은 동지께서는 27일 중국과학원에서 중국공산당 제18차 대회(2012년) 이후 이룩한 혁신적인 성과들을 보여주는 전시장을 돌아보시었다"라고 밝혔다. 김 위원장은 핵물리·우주공간·농업·에너지 등 자연과학기술 분야에서 거둔 성과들에 대한 해설을 들으며 전시물을 돌아봤다. 그는 참관을 기념해 방명록에 "위대한 인방(이웃 나라)인 중국의 강대함을 알 수 있다. 중국공산당의 현명한 영도하에 더 훌륭한 과학의 성과를 달성하게 될 것이다"라는 내용을 친필로 적었다.

≪로동신문≫이 공개한 중국과학원 방문 사진에서는 김 위원장과 부인 리설주가 해양과학 탐사 관련 전시 코너에서 가상현실(이하 VR) 헤드셋으로 보이는 기기를 체험하는 듯한 모습도 보였다. '베이징의 실리콘밸리'로 불리는 중관촌에 있는 중국과학원은 기초과학·자연과학 연구를 하는 중국에서 가장 권위 있는 학술기관으로, 1949년 11월 설립됐다. 베이징 본원 외에 상하이 등 주요 도시에 분소가 있다. 김 위원장이 이틀이 채 되지 않는 베이징 체류 기간에 과

표 4-1 김정은의 "신년사"를 통해 본 과학기술정책(2012~2021)

연도	내용	비고
2012	2011년 12월 30일 최고사령관 취임	"신년사" 생략
2013	"기간공업부문의 중요생산기지들을 현대과학기술에 기초하여 훌륭히 개건함으로써……."	
2014	"과학기술 분야에서 많은 성과들이 이룩되었으며……."	
2015	"모든 부문, 모든 단위들에서 과학기술을 생명으로 틀어쥐고 우리 식의 현대화, 정보화를 적극 다그치며……."	
2016	"생산공정의 현대화, 정보화를 적극 실현하여 전반적경제발전과 인민 생활 향상을 위한 투쟁에서……."	
2017	"과학기술을 중시하고 앞세우는 데 5개년전략 수행의 지름길이 있습니다."	
2018	"인민경제 모든 부문과 단위들에서 과학기술 보급 사업을 강화하며 기술혁신 운동을 활발히 벌여 생산장성에 이바지하여야 하겠습니다."	
2019	"과학기술 부문에서 첨단산업의 발전을 추동하고……."	
2020	2019년 12월 28일 노동당 전원회의 연설문으로 대체	"신년사" 생략
2021	친필연하장 서한으로 "신년사" 대체, 김정은, 8차 당대회 연설에서 과학기술 강조	통신 인프라, 차세대 이동통신, 유선방송 발전 언급

학 연구기관을 '콕 집어' 방문한 것은, 과학기술 발전을 '자력자강'에 기반한 국가 발전 핵심 열쇠로 내세우는 최근 북한 정책 기조와 무관치 않아 보인다.

김 위원장은 2017년 10월 주재한 노동당 제7기 2차 전원회의에서 자력갱생을 통한 유엔 대북 제재 극복을 강조하며 그 핵심 지렛대로 과학기술을 지목했다. 이어 2018년 "신년사"에서도 "인민경제 모든 부문과 단위들에서 과학기술 보급 사업을 강화하며 기술혁신 운동을 활발히 벌여 생산장성에 이바지하여야 하겠습니다"라고 강조하고, 북한의 과학 연구기관인 국가과학원을 새해 첫 현지 시찰 대상으로 택했다. 이런 상황에서 김 위원장이 중국과학원을 시찰한 것은 중국의 최근 과학기술 발전상을 직접 보고, 북한의 과학 정책에 참고로 삼으려는 의도로도 해석된다. 김 위원장의 아버지 김정일 국방위원장도 생전 방중 당시 중관촌의 정보통신 서비스업체 등을 둘러봤었다. 김정은 위원장이 방중 시 중국 자연과학계 최고 학술 기관인 중관촌의 과학원을 돌아본 것은 과학기술 발전을 중시하는 북한의 정책 기조를 보여준다는 분석이다. 2021년 1월 정초에 개최된 제8차 당대회에서 김정은 위원장은 체신 분야에서 통신 하부구조(인프라), 차세대 이동통신, 유선방송 등의 발전을 강조했다.

2. 과학기술로 발전하는 조선

김정은 위원장은 2015년 10월 평양 쑥섬에 들어선 과학기술전당을 둘러보며 "천도개벽이 일어났다"라고 만족을 표했다. '조선중앙통신'은 10월 28일 김 제1위원장의 과학기술전당 현지 지도 소식을 보도했다. 김정은은 2014년 6월 쑥섬 개발 사업을 지시했으며, 2월에도 현장을 찾아 투자를 아끼지 말 것을 강조했다.[1] 김 위원장은 집권 초기부터 '지식경제'를 천명하면서 과학기술 체제 개편과 첨단산업 육성, 지식보급 확대, 과학기술자 사기 진작 등을 적극 추진했다. 2016년 1월 1일 김 위원장이 참석한 가운데 과학기술전당 준공식을 개최했다. 과학기술전당은 국내외 최신 과학기술 자료들을 축적하고 컴퓨터망으로 전국의 전자도서관과 과학기술보급실을 연결해, 과학기술 정보가 주민들에게 퍼져나가게 하려는 목적이 있었다(《로동신문》, 2016.1.24).

김정은 위원장은 집권 초기인 2012년 12월에 국가과학원 창립 60주년을 맞으면서 산하 연구개발 체제를 첨단기술과 핵심기술 위주로 재편했다. 제4차 과학기술발전 5개년계획(2013~2017)에서는 먹는 문제와 에너지문제 해결과 첨단기술 육성 분야를 특히 강조했다. 첨단기술 분야에서 선대부터 추진하던 산

---

[1] "이번에 들어선 과학기술전당은 연건축면적 10만 6600여㎡로 기초과학기술관, 응용과학기술관, 지진체험실, 기상과학실험실 등 부문별 실내 과학기술전시장과 야외과학기술전시장, 5백석 규모의 과학자숙소가 들어섰다"(《통일뉴스》, 2015.10.28).

업 전반의 CNC를 더욱 강화하고, 정보통신망 구축과 ICT 산업육성, 전자상거래 등을 추진했다. 과학기술전당 신축과 앞서 구축된 내부 인트라넷 활용을 통해 전국 범위의 과학기술 지식 보급과 사이버교육, 원격 화상 진료 등도 추진했다. 또한 과학기술자의 사기 진작을 위해 평양 인근 도시인 평성에 대규모 아파트 단지를 조성하고, 과학자휴양소와 전용 상점(미래상점)을 설립했다. 고급 ICT 인력들의 해외 진출과 수익사업을 추진하고, 이를 과학기술자 사기 진작과 통치 자금으로 활용했다(이춘근·김종선, 2015: 1~29).

북한 경제 뉴스를 보도하는 NK경제 사이트는 2019년 12월 북한의 외국문 출판사가 발행한 『과학기술로 발전하는 조선』이라는 자료를 입수해서 내용을 공개했다. 이 자료는 북한의 과학기술 발전전략과 사례 등이 담겨 있다. 이 책은 "오늘 북한에서는 과학기술 중시가 그 어느 때보다 사회적 기풍으로 확립돼 가고 있으며 과학기술로 나라의 경제를 선진수준에 올려 세우기 위한 사업이 적극 추진되고 있다"라며 "전반적인 과학연구개발체계가 보다 정연하게 세워지고 과학 연구기관들이 새로 일떠섰다"라고 설명했다. 특히 책은 "김정은 위원장이 최신 과학기술에 대한 해박한 식견을 지니고 있을 뿐 아니라 세계적 추세에도 밝다는 것이 여러 나라 언론과 전문가들의 일치된 견해"라며 "김 위원장은 첨단과학기술에 능통하다. 김 위원장은 많은 단위들을 현지 지도하면서 제기되는 과학기술적 문제들에 대해 명철한 해명을 주기도 하고 하나의 제품을 보고 세계적 수준으로 만들도록 지도하고 있다"라고 지적했다. 당국은 김 위원장이 최신 ICT 과학기술에 관심이 높다는 것을 선전하고 있다.

또한 책은 북한에서 과학기술이 얼마나 중요하게 인식되고 있는지를 자세하게 설명했다. 예를 들어 "김정은 시대에 북한이 내세우고 있는 과학기술 발전의 전략적 목표는 현대과학기술의 명맥을 틀어쥐고 첨단을 돌파해 종합적 과학기술력에서 세계적으로 앞선 나라들의 대열에 들어서는 것"이라고 밝혔다. 한편 새 세기(21세기)에 들어와서 현대과학기술을 원동력으로 하고 첨단산업을 기둥으로 하는 경제강국을 건설하려면 아직 해결해야 할 문제들이 많다며, 북한은 과학기술 부문에서의 첨단돌파를 중요한 사업으로 내세우고 여기에 힘을 집중하고 있다고 설명했다. 김 위원장은 책에서 "첨단돌파전에 대해 현대과학기술의 명맥을 틀어쥐고 과학기술의 모든 분야에서 세계를 앞서 나가기 위한 사상전, 두뇌전"이라고 말했다. 첨단돌파로 나라의 과학기술 전반을 빨리 발전시키고 지식경제 토대를 구축하려는 데 김 위원장의 의도가 있는 것으로 분석된다.

더불어 "정보기술, 나노기술, 생물공학을 비롯한 핵심기초 기술과 새 재료기술, 새로운 에너지기술, 우주기술과 같은 중심적이고 견인력이 강한 과학 분야에서 세계적 경쟁력을 가진 기술들을 개발해 주도권을 쥐고 그 성과를 확대하는 방법으로 과학기술의 모든 분야를 빨리 발전시키자는 것이 첨단돌파전"이라고 해석했다. 책은 북한에서는 과학기술이 사회주의 수호전의 전초선으로 되고 있다고 강조했다. 과학기술이 사회주의를 지키는 최전방 정책이라는 의미다. 북한은 과학기술을 기관차로 경제강국을 건설하고 있다고 강조했다. 이 책의 내용으로 볼 때 북한 당국은 과학기술을 통해 경제발전을 추구하고 있으며, 과학기술 발전을 사회주의 강국 건설, 사회주의 수호전의 핵심으로 인식하고 있다는 것을 알 수 있다. 북한은 과학기술 중에서도 ICT 등 첨단 과학기술을 중요하게 보고 있으며 김정은 위원장은 이와 관련해 직접 관심을 갖고 챙기고 있는 것으로 추정된다(≪NK경제≫, 검색일: 2020.12.20).

2020년 10월 10일 노동당 창건 75주년을 맞이해 발간한 『위대한 향도』는 과학기술을 김정은 위원장의 업적으로 제시했다. 2019년 발간한 『과학기술로 발전하는 조선』에서 제시한 성과를 재강조한 이 책자는 김정은 위원장 집권 이후 "과학기술이 경제발전을 주도할 수 있도록 과학기술 발전에 많은 역량을 투입하고 있고 전 사회적으로 과학기술과 인재를 중시하는 기풍을 세웠으며 전민 과학기술 인재화를 실현하기 위한 조건과 환경을 마련함으로써 과학기술이 빠르게 발전하고 있다"라고 주장했다(외국문출판사, 2020).

한편 북한은 2021년 1월 5~12일 열린 8차 당대회 사업총화 보고에서는 국가경제발전 5개년 전략 수행이 미달한 원인을 지목하며 "과학기술이 실지 나라의 경제사업을 견인하는 역할을 하지 못했다"라고 밝혔다. 특히 "총력을 집중해 경제 건설을 다그치는 데서 다른 모든 사업에 철저히 앞세워나가야 할 중심고리, 핵심고리가 바로 과학기술"이라며 "혁명과 건설의 생명선"이라고 내세웠다(≪로동신문≫, 2021.1.25). 과학기술 분야에 대한 북한의 의지는 2021년 예산 편성에서도 판단된다. 2021년 국가 예산 지출 규모를 전년 대비 1.1% 증가시킨 데 그친 상황에서도 과학기술 부문에 대한 투자는 1.6%로 비교적 많이 늘렸다. 반면 기간공업과 농업, 경공업 생산 증대를 위한 투자는 0.9% 확대했다. 2020년 투자 증가율인 9.5%에는 턱없이 모자라지만, 경제난 속에서 예산이 제자리걸음을 하는 와중에도 과학기술에 대한 투자 확대는 놓지 않으려 한 것으로 보인다(연합뉴스, 2021.1.25).

3. 국가정보화국 신설 운영

국가정보화국은 김정은 위원장의 지시로 설립된 신생 조직으로 북한의 ICT 발전이 주요 업무로 추정되지만 외부로 알려진 사실은 많지 않다. 조선중앙통신은 2019년 6월 3일 김재룡 내각 총리가 인민경제와 관련한 여러 사업장을 시찰하면서 국가정보화국을 방문했다고 밝혔다. 중앙통신이 방문과 관련된 내용을 자세히 소개하지 않았지만, 그동안 북한 매체 보도에 따르면 국가정보화국은 북한의 ICT 정책을 담당하며 대표 사업으로 매년 전국정보화성과전람회를 개최한다. 이 조직이 처음 공개된 것은 2017년 9월에 '전국정보화성과전람회 2017'을 주최했다고 당시 중앙통신이 보도하면서부터다.

2017년 11월 12일에는 국가정보화국 리명철 국장이 조선중앙방송 인터뷰에서 "국가정보화국에서는 올해에 들어와서 나라의 정보화의 하부구조(인프라)를 구축하기 위한 사업에 큰 힘을 넣어 적지 않게 성과를 거두었다"라고 말했다. 국가정보화국은 김 위원장의 지시에 따라 북한의 정보기술을 세계적인 수준으로 끌어올리기 위해 2016년에 설립되었다. 미국에 기반을 둔 친북 인터넷 매체 민족통신도 2018년 11월 6일 기사에서 "김정은 국무위원장의 지시에 따라 조선은 정보기술개발을 세계적인 수준으로 끌어올리기 위해 2016년에 국가정보화국을 창설했다"라고 전했다. 김 위원장은 집권 후 나라를 과학기술 강국으로 만들어야 한다며 관련 정책을 적극적으로 펼쳐왔는데, 그 일환으로 설립되었다.

조선중앙TV는 2018년 11월 9일 '전국정보화성과전람회 2018' 개막을 알리면서 "국가경제발전 5개년전략 목표 수행과 국가 정보화 발전전략을 수행하기 위한 정보화 성과물들과 첨단정보기술 제품들이 500여건이 출품됐다"고 보도했다. 국가경제발전 5개년전략은 김 위원장이 2016년 5월 6~7일에 열린 노동당 7차 대회 중앙위원회 사업총화(결산) 보고에서 발표했는데 부문별 주요 목표로 '인민경제의 현대화·정보화'를 제시했다.

4. 김정은 위원장의 IT 기기 애용

북한 《로동신문》 등 관영 매체들이 2019년 8월 3일 "최고영도자 김정은 동지께서 2일 새벽 새로 개발한 대구경조종방사포의 시험사격을 또다시 지도하시였다"라며 관련 사진 8장을 함께 실었다. 8장의 사진 중에서 주목할 만한 것은 김정은 국무위원장의 휴대전화 사진이다. 차량 내부로 보이는 감시소에서 방사포 발사 장면을 지켜보는 김 위원장의 책상 위에는 재떨이, 쌍안경, 담뱃갑과 라이터, 태블릿 PC와 함께 휴대전화가 놓여 있었다. 조선중앙TV가 7월 31일 방사포 발사 당시 김 위원장의 현지 지도 모습을 방영할 때 화면에 포착된 것과 동일한 스마트폰이었다.

결과적으로 북한이 최고지도자의 휴대전화를 연이어 외부에 노출한 것이다. 통상적으로 국가 정상의 휴대전화를 의도적으로 노출한 것은 매우 흔치 않은 보도 행태였다. 국가 정상의 휴대전화는 그 자체가 중요한 정보 사항이어서 의도적으로 노출하는 일이 드물다. 이전까지 김 위원장의 미사일 발사 현지 지도 사진에선 쌍안경, 담배, 재떨이 정도가 전부였다. 이번에는 ≪로동신문≫ 등 홈페이지에 사진까지 게재했다. 또 책상 위엔 휴대전화뿐 아니라 태블릿 PC까지 등장했고 벽면에는 스마트TV도 걸렸다. 외부에 분석 대상이 될 걸 알면서도 휴대전화, 태블릿 PC를 내보인 건 군사력(방사포 발사)과 동시에 과학 정보기술 수준을 외부에 의도적으로 과시하려는 포석으로 보인다(≪중앙일보≫, 2019.8.4).

김정은 위원장이 원산갈마 해안 관광지구 건설장과 양덕군의 온천지구를 각각 시찰했다고 조선중앙통신과 ≪로동신문≫ 등 북한 매체들이 2018년 8월 17일 보도했다. ≪로동신문≫ 보도 사진에는 온천지구를 시찰하는 김 위원장의 모습이 담겨져 있다. 특히 처음으로 그가 휴대전화를 사용하는 모습의 사진이 공개되었는데 매우 이례적인 모습이었다.

실제 북한의 ICT 육성은 2000년 김정일 시대 "신년사"에서 과학기술 중시가 처음 거론되며 시작됐으나, 2012년 김정은 정권 출범 이후 '과학기술강국' 건설 발전전략으로 구체화됐다. 2018년 10.4 선언 11주년 공동 기념행사를 위해 평양을 찾은 남측 방북단을 데려간 곳도 북한 디지털 과학기술 거점으로 불리는 과학기술전당이었다.

이동통신은 2012년 김정은 정권 출범 이후 북한 ICT 분야 중에서 가장 빠르게 성장하고 있다. 북한은 2015년 이전만 해도 중국으로부터 수입한 단말기를 주로 이용했다. 2017년 이후부터는 중국 부품을 수입해 모양을 북한식으로 변형한 자체 조립식의 단말기 생산체계도 갖춰지면서 최근엔 경쟁력 있는 스마트폰을 독자적으로 출시했다. 2013년 북한 자체 기술로 생산한 스마트폰 '아리랑'이 최초 나온 이후 '평양터치', '진달래', '푸른하늘' 등이 출시됐다. 신형 스마트폰 '아리랑171'은 안드로이드 시스템 기반에 5.5인치 터치스크린, 고화소

(1300만 화소) 카메라, 게임, 블루투스 기능 등을 탑재했다. 스마트폰 중에서는 와이파이 서비스가 되는 '대양8321' 스마트폰이 인기가 많다. 평양에서는 중국 폰보다 북한산 폰을 더 많이 쓴다. 휴대전화 외에 태블릿 PC, 스마트(지능형)TV도 국산화 비중이 늘고 있다. 북한 당국은 국산 폰이라고 선전하지만 대부분 중국에서 저렴한 부품을 수입해 조립해 생산하고 있어 기술 발전에 큰 의미는 없다.

북한 휴대전화 보급률에 대한 정확한 통계는 없다. 다만 유니세프는 2017년 북한 중앙통계국과 공동 조사한 결과, 북한 전체 가구 중 69%, 평양은 90.6%의 가구가 휴대전화를 보유 중이라고 밝혔다. 정부는 2018년 기준 500만 명 이상으로 추산했다. 북한 전체 인구 2500만 명 중 5분의 1가량이 휴대전화를 사용하는 셈이지만 외부로의 인터넷 접속은 불가능하다. 국가정보통신망을 사용하는 탓에 '국가망'인 인트라넷에 접속해 《로동신문》을 보거나 영화, 드라마 등을 주로 다운받아 본다.

2018년 9월 18일 서울 동대문디자인플라자(DDP)에 마련된 남북정상회담 메인프레스센터 대형 모니터로 평양 순안공항에 도착한 김정은 북한 국무위원장의 여동생인 김여정 노동당 중앙위원회 제1부부장의 모습이 중계되었다. 김 부부장은 왼손에 휴대전화를 들고 있었다. 북한은 ICT 부문을 잘 활용할 경우 경제성장과 체제 선전에 효과적인 만큼, ICT 사용을 외부에 과시하는 등 체제 이미지 제고를 위한 홍보 수단으로도 활용하고 있다. 하지만 인터넷을 통해 외부 사상이나 정보가 유입되면 체제에 강력한 위협이 되는 양면성도 있어 인터넷 통제·검열시스템 역시 강도 높게 발전하고 있다.

참고문헌

1. 국내 문헌

연합뉴스. 2021.1.25. "북한, 과학기술 발전에 다시 방점… 경제 중심고리이자 초석".

이춘근·김종선. 2015. 「북한 김정은 시대의 과학기술정책 변화와 시사점」. ≪STEPI Insight≫, 제173호.

≪중앙일보≫. 2019.8.4. "스마트폰 또 노출한 김정은… 정보기술 발전 과시 포석". https://news.joins.com/article/23543416.

≪통일뉴스≫. 2015.10.28. "北 김정은, 과학기술전당 현지지도… '천도개벽이 일어났다'".

≪NK경제≫. http://www.nkeconomy.com(검색일 2020.12.20).

2. 북한 문헌

≪로동신문≫. 2016.1.24. "전민학습의 대전당, 최신과학기술의 보급거점: 세상에 내놓고 자랑할 만한 과학기술전당을 돌아보고 (1),"

_____. 2021.1.25. "과학기술이 혁명과 건설의 생명선".

외국문출판사, 2020. 『위대한 향도의 75년』. 외국문출판사.

5장

북한의 ICT 전문 인력 양성 정책

1. ICT 전문 인력 양성 시스템

북한은 ICT 관련 전문 인력의 육성을 중시한다. 특히 컴퓨터 운용에 관련된 프로그램 언어 습득, AI 기술을 활용한 각종 전자기기 생산과 인공위성 제어, 무기체계 개발 등에 필요한 군사기술과 AI 같은 분야에서 우수한 인재들을 양성하는 데 주력하고 있다. 우수한 인재를 교육하는 조선콤퓨터쎈터, 평양프로그램쎈터들은 핵심 기지라고 할 수 있다.

당국은 1980년대부터 연구기관, 대학 컴퓨터학과, 양성소 등을 신설해 외형적으로 체계적인 양성체계를 구비했고 1983년에는 각 대학의 '전자공업부' 교육과정을 확대·개편했다. 1985년에는 평양, 함흥에 전자계산기 단과대학(4년제)을 설립했으며, 1991년 김책공업종합대학에 '컴퓨터 양성센터', 1996년 평양에 '프로그램 강습소'를 각각 신설했다. 1983년경 각급 대학의 전자공학 부문의 교육 과정을 확대·개편하는 한편, 조선과학원과 김책공업종합대학에 전자계산기연구소를 설치하고 1986년에는 김일성종합대학에 콤퓨터쎈터를 설치했다. 북한의 ICT 인력 양성의 특징은 자동화대학이라는 외부 명칭과는 달리 전산기술 인력 육성이 주를 이루고 있으며, 군(軍)·산(産)·학(學) 복합체로 운영되는 특징이 있다. 김일성종합대학의 IT 인력 육성 사례에서 보이듯이 코딩을 위한 수학 기초과정이 강조되고 이를 응용해 해커 양성 등 군(軍)과 산업의 컴퓨터화를 강조하고 있다.

이와 더불어 '민족프로그램 육성'이라는 명분 아래 북한 자체 개발을 위한 독자적인 프로그램을 적극적으로 추진했다. 조선과학원 조선콤퓨터쎈터 평양정보쎈터와 지금은 조선콤퓨터쎈터에 통합된 은별콤퓨터기술연구소 등이 잇달아 설립되어 소프트웨어 산업을 담당하기 시작했다.

1990년 9월 김정일은 '혁명과 건설'에서 '인텔리들의 역할'을 강조하며 1991~2000년간 각 기업소와 공장의 전산화와 전산망 구축을 위한 '과학기술 중장기 계획안'을 수립했다. 1998년 김일성종합대학, 김책공업종합대학, 평성리과대학 등에 프로그램학과를 신설하고 이후 김일성종합대학에 컴퓨터 단과대학도 설치했다. 2000년에는 만경대학생소년궁전, 평양학생소년궁전, 금성 제1·2고등중학교 등에 '콤퓨터수재양성기지'를 건설해 우수 IT 인력의 조기교육에 힘쓰고 있다(≪로동신문≫, 2002.4.3). 김정일 국방위원장은 "정보기술 인재 양성사업을 강화해야 합니다. 콤퓨터수재양성기지를 튼튼히 꾸리고 모든 학교에서 컴퓨터 교육을 널리 하도록 해야 합니다"(≪로동신문≫, 2001.4.26)라고 강조하고 정보통신 관련 인재 육성에 힘을 쏟았다. 2001년에는 김일성종합대학 등에 컴퓨터 강좌를 신설했다(조선중앙방송, 2001.1.15).

또한 김정일 위원장은 "과학자, 기술자들을 여러 가지 형식과 방법으로 재교육해 그들에게 전자공학과 자동화공학을 비롯해 현대 과학기술 분야에서 이룩한 성과를 체계적으로 알려주도록 해야 하겠습니다"(≪민주조선≫, 2001.3.2)라며 기존 기술 인력을 최신 컴퓨터 기술로 재교육하고 있다. 이에 따라 근로대중의 통신종합대학으로 일컬어지는 인민대학습당에서 2001년 1월부터 두 달 과정으로 컴퓨터 재교육 강의를 시작했다.

2. 정규 교육과정의 정보화와 ICT 교육

북한은 ICT 기술을 활용한 교육환경 개선과 과학기술 교육을 강화하는 내용의 교육정보화를 추진하고 있다. 특히 2019년 말부터는 '제14차 전국교원대회'(2019.9)에서 결정한 교육과정 개편, 첨단기술의 교육 도입 확대 등과 병행해 기존의 교육방식에 AI 기술 등 다양한 ICT 기술을 도입하고 있다. 초·중등 교육에서도 12년제 의무교육의 교육강령을 개선하면서 VR, 증강현실(이하 AR), 혼합현실(MR) 기술 등 여러 가지 교육법을 각 학교 실정에 맞추어 교육에 나서고 있다(북한ICT연구회, 2020: 9).

컴퓨터에 관한 정규 교육과정은 인민학교에서는 개론적인 설명에 그치고 본격적인 교육은 고등중학교에서 시작된다. 당국은 1998년 2학기부터 컴퓨터 교육의 시작과 함께 교육 내용을 새롭게 구성했으며, 9개의 제1고등중학교에는 프로그램반을 새롭게 설치해 9월 1일부터 컴퓨터교육을 실시했다. 특히 1984년 9월 영재교육을 목적으로 세워진 평양 제1고등중학교에서는 컴퓨터 교육을 일찍부터 가르쳐왔으며 20대에 준박사, 박사가 될 수 있는 창의력 있는 인재를 양성하는 것을 목표로 정했다. 1000여 명의 졸업생 중 80%가 과학기술 계통에 진학하고 대학교수들이 가르치기 힘들 정도의 실력을 보유하고 있다. 김일성종합대학 이공계 지망자는 수강 과목에서 자연과학 부문만 선택하도록 장려했다.

1) 고등중학교의 ICT 교육

1998년 이후 고등중학교 2학년은 주당 2시간씩, 일반대학은 학년별로 60시간씩 교육하고 있다. 1998년 2월 각 시·도별 제1고등학교(영재고등학교)의 컴퓨터 보급을 확대해 왔으며, 2000년 12월, 북한 교육성은 각 시·도에 2~3개의 '컴퓨터 시범학교'를 조성했다. 2001년 만경대학생소년궁전과 평양학생소년궁전의 부속학교인 금성제1·2고등중학교에 '콤퓨터수재양성기지'를 만들었다. 일명 '콤퓨터 수재반'은 '콤퓨터 미치광이'를 만들어내는 특별반이다. '콤퓨터 미치광이'는 "콤퓨터만 있으면 개발도구를 쓰면서 밤낮을 가리지 않고 열중해 세상을 놀래 우는 독창적인 프로그람을 만들어내는 인재"라고 한다. 금성제1고등중학교와 금성제2고등중학교(교장: 리동훈)에서 컴퓨터 수재 양성교육을 받는 학생 수는 600명이다(≪조선신보≫, 2001.5.7).

'콤퓨터 수재반'은 2001년 2월 전자공업성(相: 오수영, 副相: 류정남) 산하의 전자제품개발회사로부터 김정일 위원장의 지시로 1300대의 최신형 컴퓨터를 기증받았다(≪로동신문≫, 2002.3.10; ≪로동신문≫, 2002.4.6). 이와 함께 전자제품개발회사는 새로운 컴퓨터가 나오면 반년 내지 1년 주기로 컴퓨터를 업그레이드해 주었다. 김정일 위원장도 이 반에 대한 관심이 남달라 최신 교육설비와 통학버스 등 필요한 기자재를 보내주기도 했다(≪로동신문≫, 2002.4.3). 만경대학생소년궁전 컴퓨터소조실은 『프로그람설계』, 『콤퓨터조작체계』 등의 교재들을 모든 학생, 교원에게 나누어주었다(≪로동신문≫, 2002.2.27). 이 학교에서 프로그램 작성 기초를 가르치는 이철산(50) 교원은 "콤퓨터 수재반에 선발된 학생들 중에는 공부는 잘하지만 지방에서 나고 자라서 콤퓨터를 한 번도 다뤄보지 못한 학생들도 있다. 그들에게 건반(키보드) 다루기부터 배워줬는데 며칠 사이에 건반 능력이 초당 6~8글자 수준에 올랐고 한 달 후에는 간단한 프로그람 예를 들어 콤퓨터 화면에서 움직이는 시계와 같은 프로그람을 작성할 수 있었다"라고 언급했다(≪월간 민족 21≫, 2001: 43).

컴퓨터 배우기 열기는 지방인 황해남도 연안군 연안제1고등중학교에도 진행되었다. 이 학교는 군 인민위원회와 연계해 컴퓨터 학습에 필요한 설비와 교육 도서 그리고 필요한 학습실을 만들었다. 주로 수학분과 교원들이 학생들의 지식 정도와 심리적 상태에 맞게 컴퓨터 기술학습 강의안을 만드는 등 강의의 질을 높였다. 이뿐만 아니라 눈으로 직접 보고 느낄 수 있게 만든 선전물인 직관물을 만들어놓고 모든 학생들이 컴퓨터의 구조와 작동 원리, 프로그램 작성법을 이해하고 컴퓨터를 능숙하게 다룰 수 있도록 했다.

김정숙제1고등중학교에서는 컴퓨터교원들이 학생들의 심리적 특성과 현대적 추세에 맞춰 가르치기 위해 적극 노력했다. 참고서, 기술도서들을 탐독하며 참신한 교수법을 연구하고 활용해 전국적인 교원들의 컴퓨터교수경연대회에서 높은 평가를 받았다. 함흥제1고등중학교는 컴퓨터 실습실을 잘 만들어놓고 여러 가지 컴퓨터 기초 원리와 다루기를 한눈에 알 수 있는 직관물을 갖추어 컴퓨터 수업과 과외실습에 적극 이용했다. 신의주동중학교에서는 학생들의 컴퓨터 실력을 높여주기 위해 먼저 교원들의 실력을 높이는 사업을 실시했다(≪로동신문≫, 2002.1.15).

북한은 김정은 집권 이후 정보기술 인재 확보를 위한 전문고등학교를 대거 신설했다. 북한 선전매체 2020년 3월 15일 자 ≪조선의 오늘≫은 "평양시를 비롯한 전국 각지에 190여 개의 정보기술 부문 기술고급중학교(한국의 고등학교에 해당하는 교육기관)들이 새로 나오게 된다"라면서 "이미 우리나라(북한)의 주요 공업지구들과 농촌 지역, 수산 기지들에 기술고급중학교들이 창설되어 수많은 기술인재를 육성해내고 있다"라고 전했다. 기술고급중학교는 한국의 특성화고와 비슷한 개념으로 북한이 2020년부터 시·군에 설치하기 위해 노력한 결과물이 도출된 것이다(≪NK경제≫, 2020.3.15). 북한의 기술고급중학교 창설은 집권 초부터 '전민과학기술인재화'를 내세우며 인재 육성을 강조해 온 김정은 위원장의 지시 결과다.

이와 관련해 노동당 기관지 ≪로동신문≫은 2019년 9월 "보통교육 부문에서 각 도에 11개의 정보기술고급중학교를 새로 만들었다"라면서 "모든 시, 군들에 기술고급중학교를 한 개씩 선정해 운영하기 위한 준비를 진행하고 있다"라고 보도했다. 또한 "지식경제 시대, 정보산업 시대인 오늘날 사회생활의 모든 분야에서 정보기술의 역할이 날로 높아가고 있다"라면서 "전국의 모든 도, 시, 군(구역)들에 정보기술 인재 양성을 목적으로 하는 기술고급중학교들을 새로 만들었다"라고 전했다.

2) 대학교의 ICT 교육

(1) 김일성종합대학

북한의 각 대학에서는 해외에서 운영 중인 공학인증 제도를 도입하는 등 과학기술 인재 육성에 박차를 가했다. 김정은 위원장의 과학기술 인재 육성 정책은 대학에도 적용된다. ≪로동신문≫은 2020년 3월 10일 '독특한 수재교육과 공학교육'이라는 글을 통해 "(김책공업종합)대학의 특성에 맞게 공학교육(CDIO)을 받아들였다"라며 "공학교육은 학생들이 자체로 구상하고 설계한 다음 제작도 하고 운영까지 진행하는 교육학적 과정을 거치게 함으로써 창조적 능력을 높여주는 혁신적인 교육 방법"이라고 전했다. 북한 매체들에 따르면 현재 CDIO 교육을 적용한 대학은 김일성종합대학, 김형직사범대학, 김책공업종합대학, 김정숙사범대학 등이다(≪데일리NK≫, 2020.3.26). CDIO는 인식(conceiving)하고 디자인(design)한 후 실제 현장에서 실행(implement)하며 운영(operate)하는 교육과정을 뜻한다.[1]

북한이 CDIO 교육을 적용한 이유는 외부와 단절된 폐쇄된 상태를 유지하면서도 세계 교육의 흐름, 기술 개발 흐름을 놓치지 않겠다는 의도로 풀이된다. 그러나 외부와 교류·협력이 없는, 단순 기술만 일부 도입하는 상태라는 점에서 창의적 인재 육성도 한계에 부닥칠 가능성이 높다.

한편, 북한의 과학기술 인재 육성 방침은 체제 공고화 및 국가발전 전략과 연관된 것으로 보인다. 정치사상적 측면에서 교육의 중요성은 물론, 과학기술

---

[1] CDIO(Conceive Design Implement Operate)는 공학교육 과정의 개편과 혁신을 위해 미국 MIT, 스탠퍼드대학교 등 세계 공학 교육을 선도하는 140여 대학이 협의체를 만들어 공동으로 개발 운영 중에 있다. 협의체 가입 학교들은 교류와 협력을 통해 효과적인 공학인재 육성 커리큘럼과 환경을 조성하고 있다. CDIO는 실제 시스템 및 제품의 설계, 구현 및 운영과 관련된 엔지니어링 기본 사항을 강조하는 교육 프레임 워크다. 그러나 CDIO 홈페이지에 공개된 가입 학교 명단에는 김책공업종합대학 등 북한 대학은 없다. 협의체에 미가입한 상태에서 개념과 교육과정만 차용하는 것으로 보인다.

과 경제력 발전의 원동력으로서 과학기술 교육의 중요성이 강조되기 시작했다. 정보화시대라는 거시적 변화와 북한의 국가발전 전략에서 과학기술의 중요성, 이를 통한 북한 경제체제의 안정성 등이 연관된다. 김정은 집권 직후에는 권력 승계의 정당성 확보와 통치 이데올로기 공고화 차원에서 정치사상 교육에 강조점을 둘 수밖에 없었다. 김정은 체제가 공고화되고 내부적으로 통치체제가 연착륙하면서 과학기술교육 강화를 통해 전문성을 갖춘, 창의력 있는 인재 양성에 초점을 두는 방향으로 교육정책의 무게중심이 이동하고 있다. 체제 공고화가 진행되면서 북한 교육이 혁명 사상 중심에서 과학기술 쪽으로 조금씩 무게를 옮겨 간 것이다(조정아, 2019).

1946년 설립된 김일성종합대학의 전자계산학과는 수학과의 일부로 있던 전자계산 전공을 분리해 만든 학과로서, 이곳 졸업생들이 북한의 컴퓨터 분야 전문연구소인 조선컴퓨터쎈터, 조선과학원 프로그람종합연구실 등 여러 곳에서 핵심 인력으로 일하고 있다. 1998년에는 컴퓨터과학대학을 설립해 이 분야에서 더 많은 인재를 양성했다. 2001년에는 김일성종합대학에 컴퓨터학과와 관련 강좌를 신설했다(조선중앙방송, 2001.1.15). 컴퓨터과학부에서 소프트웨어와 하드웨어 기술자를 양성하고 있으며, 수학역학부의 계산수학과·조종(제어)수학과에서도 양성한다. 김일성종합대학에는 10개의 연구소가 있는데, 사회과학 분야의 연구소는 '주체사상연구소' 하나뿐이며 나머지는 모두 자연과학 분야의 연구소로, 이 중에는 '전자계산기연구소'와 '계산연구소'가 있다. 또한 김일성종합대학에 입학하는 모든 학생들에게 전공에 관계없이 고등수학과 코딩(coding)의 일종인 프로그램 작성법을 공통과목으로 가르치고 있다.

김일성종합대학에서 개발한 소프트웨어는 매우 다양하다. 하드디스크 보호 프로그램(Intelligent Locker), 광대역 반바이러스 프로그램(Worluf Anti-Virus) 등 해커들의 침입에 대비한 프로그램과 이공학에서 제기되는 선형·비선형 문제들에 대한 계산 실험 및 해석체계인 SIMANAS, 계산기 지원 교육체계인 COMPSAT, 군사경기 유희 프로그램, 감염 진단·처방 프로그램 등 의료 프로그램, 그리고 DEC네트(DECnet)망 위에서의 파일(File) 변화 프로그램 등 분야별로 매우 전문화되었다. 이러한 프로그램으로 판단할 때 북한에서도 정보통신망에 관해 많은 관심이 있을뿐더러 해커 침입에 대비하는 것으로 보아 해킹 기술도 상당한 수준에 이른 것으로 추정된다. 또한 김일성종합대학 정보쎈터에서는 3차원 컴퓨터 화상처리 소프트웨어 '황룡 2.0', 우리말을 독학할 수 있는 프로그램 '혼자서 배울 수 있는 조선말', 기일 자료 보호 프로그램 '비룡' 등이 있다. 특히 3차원 화상처리 프로그램 '황룡 2.0'을 이용해 영화 〈타이타닉〉과 유사한 주제인 〈살아있는 령혼들〉을 제작했다(평화문제연구소, 2001: 28).

(2) 김책공업종합대학[2]

김책공업종합대학은 1948년 9월 27일 김일성종합대학에 포함되어 있던 공학부와 철도공학부를 모체로 세운 대학이다. 처음에는 평양공업대학이라 했다가 김일성의 빨치산 동료이자 내각 부수상을 지낸 김책의 이름을 따서 학교 명칭을 바꾸었다. 1988년 종합대학으로 승격된 북한 최고의 공과대학으로서 평양시 중구역 교구동 영광거리에 자리하고 있다.

김책공업종합대학은 19개 학부 71개 학과, 11개 연구소, 90여 개의 연구실, 종합실습공장, 도서관, 인쇄공장 등 최고의 시설을 갖추고 있으며, 학생 수는 약 1만 3000명에 달한다. 2002년 3월에는 김책공업종합대학 내에 새로 정보과학기술대학과 기계과학기술대학이 신설되었다(≪로동신문≫, 2002.3.19). 김책공업종합대학에는 컴퓨터공학부에만 소프트웨어 등 4개의 학과가 있고 계산기연구소와 정보쎈터가 따로 있어 교육과 연구를 병행하고 있다. 특히 20~30대 컴퓨터 전문가들이 주축을 이루고 있는 정보쎈터는 다매체 프로그램 제작의 핵심 연구소로 부상해 이곳에서 개발된 기계번역, 문자인식(OCR), 음성인식, 화상인식, 네트워크와 멀티미디어 관련 프로그램 등은 여러 나라의 기

---

[2]   홈페이지. www.kut.edu.kp.

술 잡지와 인터넷 홈페이지에 소개되어 호평을 받기도 했다. 김책공업종합대학 정보쎈터는 3차원 컴퓨터 그래픽과 애니메이션에 관한 연구가 한창이며 주로 3D 스튜디오맥스(3D StudioMax), 포토샵 등의 소프트웨어를 사용하고 있다. 이 외에도 크립토팩스(Crypto FAX) 프로그램을 개발했는데, 이는 가상 팩스 화면을 통해 누구나 간단한 팩스나 데이터 전송을 암호화할 수 있게 한 프로그램이다.

영어로 된 과학기술 자료를 시간당 1000여 페이지 정도의 속도로 번역하는 영·조 번역 시스템과 러시아어·일본어를 조선어로 번역하는 시스템도 개발했다. 주요 연구 분야는 기계번역, 지도정보처리, GIS(해상 선박의 위치 결정 등에 응용), 3차원 도형 처리, 문자인식 등이 있고, CAD도 활발히 연구하고 있다.

10만 명의 인원이 참가하는 대집단 체조와 예술공연 '아리랑'에도 김책공업종합대학의 교원과 연구사들의 노력이 깃들어 있다. 이들은 전광 장치, 대형 환등 종합 원격조종장치, 특대형 환등기에 이용되는 컴퓨터 필름 제작, 수정 및 인쇄 작업 보장, 공중교예 무대에 쓰이는 각종 기재의 설계와 조종, 집단체조 배경대 프로그램 작성, 대형 특수 무대와 물 분수 등에 필요한 과학기술적 문제를 해결했다.

또한 김책공업종합대학에서는 『조선공업기술발전사』 전 8권을 집필해 발행하기도 했다(≪로동신문≫, 2002.6.28). 1997년에는 종합적인 IT 연구개발기관인 '정보쎈터'를 창설했으며, 현재까지 컴퓨터 네트워크와 AI, 다매체 처리 분야에서 많은 연구 성과를 거두었다. 교원들은 현실적 요구에 맞는 교육과정안과 강의안을 새롭게 작성하고 교과서와 참고서, 시험지도서를 집필해 연구 활동을 개선하고 있다. 인공지능강좌장 채혁기 박사는 『인공지능』, 『전문가체계』, 『전문가 체계의 원리와 응용』 등의 교과서와 참고서를 펴냈다(≪월간민족 21≫, 2001: 45).

한편 김정은 집권 이후 김책공업종합대학은 과학기술의 선봉으로 떠오르며 비약적인 발전을 거듭했다. 2019년 9월 19일, 일본조선인총연합회 기관지인

≪조선신보≫는 김책공업종합대학이 구글 안드로이드 운영체제(Operation System, 이하 OS) 기반의 미니 PC(mini PC)를 교육용으로 개발해 시범 운용 중이라고 보도했다. 미니 PC는 TV와 연결해 안드로이드 OS에서 구동하는 모든 애플리케이션을 TV 화면에서 이용할 수 있도록 하는 IT 기기로서, 국내에서도 스마트TV 셋톱박스 용도로 일부 사용되고 있다. 김책공업종합대학에서 개발한 미니 PC '미래'는 10cm 정도의 크기로 별도 전원 없이 TV와 연결해 동영상·음악 등 다양한 자료를 열람하고 문서도 작성할 수 있는 것이 특징이다.

2001년 김책공업종합대학은 미국 시라큐스대학교 정치학과의 한종우 교수의 지원으로 ICT 인력 파견 사업을 논의하기 시작했다. 김책공업종합대학과 미국 시라큐스대학교 간 ICT연구협력사업은 2001년 6월 시작됐으며, 양 대학 간 연구협력은 2002년 3월 전광천 김책공업종합대학 부학장 등 네 명과 '큰물 피해대책위원회' 대표 두 명이 시라큐스대학교을 방문하고, 3개월 뒤인 6월 시라큐스대학교 관계자들이 평양을 방문하면서 본격화됐다. 그 이후 2002년 12월 예정이었던 김책공업종합대학 대표단 60명의 방미 계획은 그해 10월 불거진 북핵 사태로 끝내 무산되었다. 당시 신혜승 김책공업종합대학 컴퓨터센터 소장이 시라큐스대학교를 방문해 3일간 머물며 연구협력 문제를 논의했고, 이듬해인 2003년 4~5월 약 한 달간 김책공업종합대학 연구진 네 명이 미국을 방문했다. 김책공업종합대학 방문단은 스튜어트 토슨(Stuart Thorson) 교수 등 약 30명의 시라큐스대학교 교수진과 함께 ① 전자도서관(디지털 라이브러리), ② 동시통역(머신 트랜스레이션), ③ 의사결정 지원(디시전 서포트) 분야에 대한 협력 사업을 논의했다. 이들은 또 당시 한 달간 미국에 머물며 뉴욕증권거래소와 뉴욕의 미국자연사박물관, 시라큐스 시청 등을 돌아봤으며, 2005년 6월 두 대학과 뉴욕에 본부가 있는 코리아소사이어티, 뉴욕 유엔 주재 북한대표부 등과 공동으로 「집적정보기술분야에 관한 쌍무적 연구협력」이라는 제목의 보고서를 냈다(김책공대·시라큐스대학교·코리아소사이어티, 2005).

북한 최고의 이공계 대학이자 과학기술 교육의 메카인 김책공업종합대학은

표 5-1 북한의 ICT 대학 교육기관

명칭	현황
김일성 종합대학	• 1994년 LAN 구축, 첨단 PC 1000여 대 보유 • 40명의 교원 중에서 박사 20명, 준박사 50명 보유 • 컴퓨터학과 수재 양성, 국제 경연대회 입상

김책공업
종합대학
	• 컴퓨터 학부 및 컴퓨터 연구소 보유*
	  – 1993년 386급 PC 100대, 486급 PC 130대를 구입해 소프트웨어 교육을 실시
	• 주요 연구 분야: 지도 정보 처리, 3차원 도형 처리, 문자인식, 오토캐드(Auto-CAD) 등
	  연구
	• 2011~2004년간 미국 시라큐스대학교와 네 차례 연구협력 및 대학 방문
	• 2018년 9월 개교 창립 70주년 국제세미나를 개최

평양콤퓨터 기술대학	• 컴퓨터 인력 양성 전문대학(1985년 평양전자계산기단과대학으로 시작해 1999년 평 양콤퓨터기술대학으로 승격) • 학생 수는 약 1500명(2020년 기준)
평성 리과대학	• 전국 각지의 우수학생들이 입학하는 이과전문대학(20~30대 박사 다수 배출) • 북·일 기계번역시스템 등 개발 • 한국의 KAIST와 비교되며 수재대학으로 굳지

* 김책공업종합대학교는 북한 내에서 소프트웨어 교육시설이 비교적 잘 갖춰져 있는 대학이다.

2018년 8월 창립 70주년을 맞아 웹사이트를 개설하고, 9월 18일에는 국제토론회도 개최했다(연합뉴스, 2018.8.11). 김책공업종합대학 소속 학생들이 국제 프로그래밍대회에서 나란히 1위와 2위를 차지했다. ≪로동신문≫은 2020년 6월 12일 김책공업종합대학 강철룡(당시 응용수학부 4학년)과 김성은(당시 정보과학기술학부 2학년) 학생이 '코드쉐프' 5월 1부 경연에서 1등과 2등을 했다고 보도했다. 코드셰프는 인도 소프트웨어 기업이 개최하는 국제 인터넷 프로그래밍대회로서 매달 전 세계 80여 개국 2만여 명의 대학생이 참여한다. 김책공업종합대학 학생들이 우승한 1부는 상대적으로 난도가 높은 부문이다. 북한 대학생이 이 같은 국제 프로그래밍대회에서 우수한 성적을 거둔 것은 이 대회가 처음은 아니다. 2019년 5월 김책공업종합대학 학생 팀이 포르투갈에서 열린 국제대학생프로그래밍대회(ICPC)에서 은메달을 받았다. 2013년 3월 평성리과대학 팀, 같은 해 6월에는 김책공업종합대학 팀이 코드셰프 경연에서 우승했고 8~10월에는 김일성종합대학 팀이 3개월 연속 1위를 차지했다. 2015년 1, 2월에도 김일성종합대학 팀이 코드셰프 경연에서 연거푸 우승하기도 했다(연합뉴스, 2002.3.19).

(3) 평양콤퓨터기술대학

물리학과 컴퓨터·정보통신 분야의 고급 기술 인력을 양성하는 고등교육기관을 목표하여 1960년 9월 1일에 평양고등물리학교으로 발족되었다. 1974년 10월 7일에 평양고등물리전문학교로, 1977년 12월 28일에 평양고등전자계산기전문학교로, 1985년 9월 1일에 평양전자계산기단과대학으로, 1999년 12월 8일에 평양콤퓨터기술대학으로 승격되었다. 컴퓨터공학부(프로그람학과, 컴퓨터공학과), 정보공학부(정보체계학과, 컴퓨터조종체계학과, 정보통신학과)의 2개 학부, 5개 학과로 구성되어 있으며, 정보센터, 실험실습실, 출판소, 도서관, 실습공장 등이 설치되어 있다. 졸업생들은 조선콤퓨터쎈터, 평양프로그람쎈터, 과학기술쎈터 등 북한의 주요 IT 기관에서 일한다.

이 대학은 1997년 말, 대학으로 승격된 지 10년도 안 돼 대학생을 대상으로 한 전국 규모의 컴퓨터 경연대회를 휩쓸며 새로운 명문 대학으로 부상했다. 컴퓨터 분야의 인재 양성을 위해 만들어졌으며 평양과 함흥에 분교가 있다. 외국어 부문에서도 두각을 나타내어 '전국대학생외국어실력경연'에서 세 차례나 단체 1등을 차지했다(이재승, 1998: 238). 평양콤퓨터기술대학은 산업체에 취직할 인재를 양성하는 한편, 컴퓨터 분야 교원 양성에서도 큰 역할을 담당한다. 북한에서 명성이 높은 연구소인 조선콤퓨터쎈터와 평양프로그램쎈터에는 이 학교 출신이 다수 근무하고 있다.

특히 이 대학은 직업기술대학, 공장대학, 기술고급중학교들을 망라한 학술 일원화 체계를 구축해 각 학교의 교육과 연구를 돕고 있다(≪로동신문≫, 2020.6.2). 새로 만들어진 '기술고급중학교'들을 학술 일원화 체계에 가입시키고, ICT 과목 교원들을 대상으로 교육을 제공한다(≪로동신문≫, 2020.4.24). 북한은 2017년 각 지역의 경제적, 지리적 특성에 맞는 기초기술 지식을 교육하는

'기술고급중학교'를 신설하기 시작했으며(≪메아리≫, 2017.3.1) 2020년 평양을 비롯한 전국 각지에 정보기술 부문 기술고급중학교 190개를 신설하거나 기존 학교에서 전환하기로 결정했다.

(4) 평성리과대학

1967년에 설립된 이공계 중심대학이다. 학교 이름과 같이 원래 해당 지역은 평안남도 평성시에 속했으나, 김정일의 과학자 우대 정책의 일환으로 평성시에서 평양시 은정구역으로 행정구역이 개편됐다. 북한에서 행정구역 개편은 단순히 주소만 바뀌는 게 아니다. 인근지역이 수도인 평양직할시에 편입되면 각종 의식주 공급의 질과 양이 달라지 는 등 실질적인 혜택이 뒤따른다. 위치는 그대로라 여전히 평성시에 접해 있고 가깝다. 설립 당시에는 지리적 위치로 인해서 평성리과대학으로 불렸지만, 일반적으로 '리과대학' 또는 '국가과학원 리과대학'이라는 명칭이 사용된다. 북한에서 김일성종합대학, 김책공업종합대학과 함께 3대 명문대학으로 손꼽히는 대학이며, '수재대학'이라고도 불린다. 한국 언론에서는 '북한의 KAIST'라고 소개된다. 교직원 등의 연구원은 4만 명, 학생은 1500명이다.

(5) 기타 대학의 ICT 교육

평양 이외에도 전국적으로 지역 수준에 맞는 ICT 인력을 양성하고 있다. 함경북도 청진 광산금속대학의 교원들도 정보산업 발전에 이바지할 기술 인재들을 키워내는 중이다. 특히 정보공학 강좌 교원들은 금속·채취공업 부문에서 정보산업을 완성하는 데 공헌할 수 있는 전문기술 인재를 육성하는 데 주력한다. 이를 위해 광산금속대학 학생은 강의 외에도 과외교육과 실습을 통해 응용 능력을 키워나가고 있으며, 교수들은 모든 대학생들이 자기 분야의 과학기술과 정보산업 기술지식을 연관시키도록 강의 계획을 짠다(≪민주조선≫, 2001.5.22b).

자강도 희천공업전문학교에서는 한 대의 컴퓨터로 여러 가지 기계설비를 조종하는 교육을 한다. 교원들은 디지털 조종 공작기계와 자동작도기를 만들거나 닭공장의 컴퓨터화에 필요한 장치를 개발하고 그것을 이용하기 위한 연구를 계속한다. 또한 학과목 특성에 맞게 정보기술 교육을 개선하고 있다. 여러 가지 조종장치와 컴퓨터 개발도구를 창안해서 제작하고 절삭력 측정기를 만들어 기계 가공실습장을 현대화했다. 피복 가공 강좌와 식료 가공 강좌 교원들은 옷 설계와 가공, 식료 생산공정을 자동적으로 조종할 수 있게 했으며, 자동차학 강좌 교원들은 컴퓨터에 의한 자동차의 운전숙련기를 제작해 이용했다.

황해북도 사리원지질대학 교원들은 학생들에게 지질학 분야에서 이룩하고 있는 최신 과학기술의 성과 등을 가르친다. 이 대학의 모든 학생들에게 컴퓨터 기술 기초와 프로그램 작성 방법을 가르치고 있으며, 전문 교육을 원활히 제공하는 교육사업과 과학 탐구도 활발히 진행하고 있다. 지질탐사학부와 시추기계연구실의 교원·연구사들은 지질 자료들을 정보화 교육에 널리 적용해 컴퓨터를 이용한 지질탐사에서 가치 있는 연구 성과를 이루어내고 있다(≪로동신문≫, 2001.9.14). 평양인쇄공업대학의 교원들은 생산공정의 컴퓨터화를 실현한 연구 성과들을 종합해 화상정보처리학과 색채학과목을 개설하고 학생들에게 현장에서 활용할 수 있는 인쇄 기술을 가르친다. 이 대학은 컴퓨터에 의한 전자출판 체계 프로그램과 80여 종의 서체를 개발해 평양종합인쇄공장과 고등교육도서출판사, 여러 신문사에 보급하는 성과를 내기도 했다(≪로동신문≫, 2001.10.13).

함흥화학공업대학[3] 교원들은 인민대학습당에서 문헌조사를 통해 높은 수준의 강의안을 만들고 다양한 교수 방법을 개발했다. 화학 실험에 컴퓨터 기술을 도입해 복잡한 화학반응 과정도 컴퓨터를 통해 습득하도록 했고 학생들에

---

3) 2002년 4월 새학기부터 '함흥화학공업대학'과 '청진광산금속대학', '조군실원산공업대학'에서 양성하던 건설, 경공업 부문의 기술자들을 '함흥건설대학', '함흥경공업대학'에서 키우기로 했다(≪로동신문≫, 2002.3.19).

게 학과 설계와 실험실습보고서, 졸업논문을 반드시 컴퓨터를 이용해 제출하도록 하는 규율을 만들었다. '콤퓨터학강좌'에서는 화학 공정분석에서 쓰이는 '종합전기화학분석장치의 다매체프로그람'을 개발해 정보기술교육에 이바지하기도 했다. 그 결과 전국프로그람경연에서 이 대학이 출품한 '화학공정 정보검색프로그람'이 순위권에 들었다(≪로동신문≫, 2002.1.11).

(6) 원격교육 강화

북한은 2020년 4월 최고인민회의에서 원격교육법을 제정했다(≪로동신문≫, 2020.4.13). 북한 당국은 노동자, 농민들이 대학에 직접 가지 않아도 대학 교육을 받을 수 있는 기회를 제공하기 위해 원격 교육을 강화해 왔다. 당국은 원격교육이 교육에 투입해야 할 시간과 비용은 절약하면서도 학습에서 학생의 능동성을 높일 수 있다고 장점을 부각했다(≪로동신문≫, 2020.1.15). 2006년 김정일 국방위원장이 전국적으로 원격교육 실시를 지시한 이후 2010년 김책공업종합대학에서 원격교육이 시작되었다. 2013년 11월에는 김정은 위원장이 '전민과학기술인재화'를 위해 원격교육의 활성화를 지시했다. 이에 따라 김책공업종합대학은 원격교육의 학과 수를 수십 개로 늘리고 김일성종합대학도도 원격교육을 실시했다. 2018년 7월 기준 50여 개 대학 200개 학과, 수강인원 10만 명을 넘어섰다(≪조선의 오늘≫, 2018.7.2). 북한의 원격교육은 VR, AR, AI 등 첨단기술을 활용한 방향으로 진화하고 있다(북한ICT연구회, 2020: 19).

3. 연구기관

1) 국가과학원

국가과학원(State Institute of Sciences)은 1952년 12월에 설립된 북한 과학 정

책의 중추 기관이다. 창립 당시 사회과학, 자연과학기술, 농학의학 등의 3개 부분위원회와 물리수학, 화학, 농학, 의학, 경제법학, 조선어와 조선문학, 물질문화사, 역사학 등의 8개 연구소로 출발했다. 1956년 농학연구소와 의학연구소가 분리되어 각각 농업과학원과 의학과학원이 되었고, 1964년에는 사회과학 부문이 사회과학원으로 분리되어 창립되었다. 1982년 정무원 산하 행정 부처로 승격되었고, 이후 1994년 국가과학원으로 명칭을 변경해 정무원에 속한 부속 연구기관을 통합·흡수하면서 기구를 확대했다. 1998년 내각 조직 개편 시 국가과학기술위원회와 통합하면서 다시 과학원이 되었고, 2005년 다시 국가과학원으로 변경되었다. 김일성 주석은 "과학원은 과학연구사업을 더욱 강화하여 선진과학기술을 적극 도입하는 데 중심적인 기관으로서 나라의 과학기술을 발전시켜 인민경제를 튼튼히 하는 데 기여하여야 한다"라고 국가과학원의 임무를 정의했다.

평양의 중심가에서 북측으로 32km쯤 떨어진 평성시[4]에 위치했다가 2005년에 국가과학원으로 승격되면서 해당 지역이 평양직할시 은정구역으로 편입되었다. 은정구역에는 국가과학원을 중심으로 과학기술과 산업단지가 포진해 있다(이재승, 1998: 45). 주요 업무는 과학과 기술 연구인데, 다양한 분야에서 연구하고 있다. 특히 핵실험에 관련해 원자력공학 연구도 수행된다. 대략 과학원 본원에만 3000명 정도의 연구원이 있다. 그 산하에 은정, 생물공학, 산림과학, 건설건재, 석탄과학, 수산과학, 경공업과학, 철도과학, 수리해양과학, 함흥분원 등 11개의 연구 분원 아래, 그 산하로 200여 개의 연구소가 존재한다.

특히 ICT 분야를 담당하는 정보기술연구소인 전자자동화 분원은 EEMRI (Electronical and Electronic Materials), ERI(Electronics), CMRI(Control Machine),

---

4) 평안남도 도청소재지인 평성시는 남한의 대덕연구단지와 비슷한 성격을 가진 연구단지다. 평성시에는 조선과학원뿐만 아니라 김정숙제1고등중학교, 평성고등경제전문학교, 평성사범대학, 평성의과대학, 평남석탄공업대학, 평성수의축산대학 등이 있다(이재승, 1998: 62).

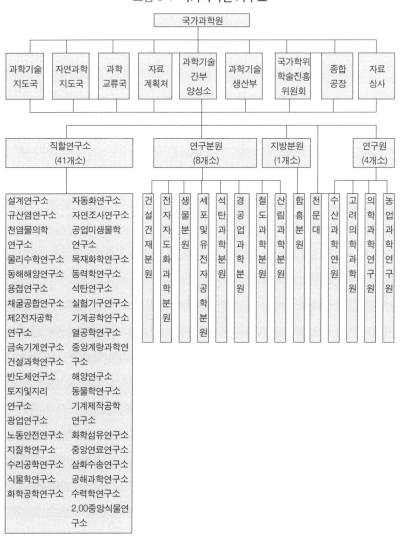

그림 5-1 국가과학원 기구표

국가과학원

- 과학기술지도국
- 자연과학지도국
- 과학교류국
- 자료계획처
- 과학기술간부양성소
- 과학기술생산부
- 국가학위학술진흥위원회
- 종합공장
- 자료상사

직할연구소 (41개소)

설계연구소	자동화연구소
규산염연구소	자연조사연구소
천연물의학연구소	공업미생물학연구소
물리수학연구소	목재화학연구소
동해해양연구소	동력학연구소
용접연구소	석탄연구소
채굴공합연구소	실험기구연구소
제2전자공학연구소	기계공학연구소
금속기계연구소	열공학연구소
건설과학연구소	중앙계량과학연구소
반도체연구소	해양연구소
토지및지리연구소	동물학연구소
광업연구소	기계제작공학연구소
노동안전연구소	화학섬유연구소
지질학연구소	중앙연료연구소
수리공학연구소	삼화수송연구소
식물학연구소	공해과학연구소
화학공학연구소	수력학연구소
	2.00중앙식물연구소

연구분원 (8개소)

- 건설건재분원
- 전자자동화과학분원
- 생물분원
- 세포및유전자공학분원
- 석탄과학분원
- 경공업과학분원
- 철도과학분원
- 산림과학분원
- 함흥분원

지방분원 (1개소)

- 천문대

연구원 (4개소)

- 수산과학연구원
- 고려의학과학연구원
- 의학과학연구원
- 농업과학연구원

CSRI(Computer Science), Automation 등 5개 연구소가 있다. 이 가운데 ERI는 반도체, 태양전지 및 LCD에 관한 연구를, CSRI는 하드웨어와 소프트웨어 설계·구현에 관한 연구와 실제 산업체에서의 활용에 관한 연구를 하고 있다.

CMRI는 주로 로봇과 첨단 제어 계측기술인 CNC에 관한 일을 한다. 전자자동화 분원은 대형 집적회로 설계 등과 같은 첨단기술을 CAD·CAE·CAM, 8개 국어전자사전 구축 등의 소프트웨어 기술, 연속 공정제어 등 자동화에 관한 국제협력을 희망하고 있다(박찬모, 2000.12.14).

1970년 창립된 프로그람종합연구실(Department of Computer Science)은 소프트웨어와 관련된 이론 및 실제적인 문제를 연구하며 국제적인 공동연구도 추구한다. 프로그람종합연구실의 목표는 국내용·수출용 프로그램 개발, 소프트웨어 분야의 인재 양성, 소프트웨어 기술과 제품의 보급, 그리고 북한 경제의 각 부문에 소프트웨어 기술을 도입하는 것이다. 특히 이들은 기계번역, 사무자동화 등 여러 가지 방면에서 연구개발을 하고 있다.

콤퓨터과학연구소(소장: 홍기태)는 최근 인민경제발전에 큰 의의를 지니는 고성능병렬콤퓨터를 개발할 목표를 세우고 연구를 추진했다(≪로동신문≫, 2002. 6.7). 전자재료연구소에서는 반도체 재료개발, 적외선투과도 등의 문제를 해결하는 데 힘을 쏟으며 새 재료개발공정을 완성하고 관련된 기술적인 문제를 해결한다(≪로동신문≫, 2002.1.21). 전기연구소 전력전자장치연구실(실장: 손호령)은 마람배합사료공장을 현대화하는 연구 사업을 벌이고 있다. 우리식 전자식전동기시동기를 만들어내어 현대적인 사료 가공 종합설비를 정상적으로 운영할 수 있게 했다(≪로동신문≫, 2002.3.11). 이렇게 개발된 제품들은 백송무역회사를 통해 수출한다. 또한 조선과학원에 소속되어 있는 평성리과대학은 매우 우수한 인재를 양성하고 있으며 성능이 좋은 소프트웨어도 많이 개발했다(이재승, 1998: 45).

2) 평양정보기술국

평양정보쎈터(PIC)는 2012년 평양정보기술국으로 명칭이 변경되었다. 당초 평양정보쎈터는 평양시 보통강구역 경흥동에 자리 잡고 있으며 조총련과 유엔

개발계획의 지원으로 설립되었다. 오사카경제법과대학의 오사카정보센터(OIC)를 모델로 조총련 상공인의 자금 지원과 유엔개발계획의 기술 지원을 받아 대폭 확충했다. 1986년 창립된 평양정보쎈터는 '평양프로그램개발회사'로 발족했다가 1988년 10월에 '평양전자계산기운영회사'로 개편되었고 다시 1991년 7월에 '평양정보쎈터'로 운영되었다. 창립 당시 10명으로 시작했으나 지금은 200명 이상의 전문 인력이 있다. 평양시 인민위원회 소속으로 2001년 당시 총사장은 최주식, 기사장은 김유종이었다.

평양정보기술국은 소프트웨어 종합 운용 기관으로서, 2015년 조선콤퓨터쎈터의 기능 분리 이후 가장 규모가 큰 소프트웨어 개발기관으로 부상했다. 연구 분야는 크게 데이터베이스, 탁상출판과 응용소프트웨어의 세 가지로 분류할 수 있다. 이곳에서 개발한 경영·기술 프로그램 60여 종은 주로 북한 내 기업소 등에서 활용한다. 데이터베이스 그룹은 40여 명의 유능한 과학자로 구성되어 있으며, 북한의 공장이나 기업 또는 다른 기관의 정보관리 시스템을 개발하고 있다. 출판 그룹은 PC를 위한 워드프로세서인 '창덕' 개발에서부터 매킨토시용 탁상출판시스템(DTP)까지 다양한 연구를 하고 있다. 응용소프트웨어 그룹은 CAD나 프로젝트 관리 도구개발 등 여러 가지 연구를 수행했다.

평양정보쎈터에는 평균 1인당 1.5대의 컴퓨터가 있을 정도로 컴퓨터가 많은데 모두 외국에서 직수입한 것이고, 그중 절반가량이 IBM 호환 기종이다. 워크스테이션도 많다. 주로 미국의 썬 마이크로시스템즈 제품(SPARC/2, SPARC/10 등)이고 소니 뉴스(SONY News) 등 일본 제품도 있으며 연구원들은 워크스테이션을 사용하고 있다. 응용프로그램은 절반 정도가 MS-도스(MS-DOS), 3분의 1 정도가 MS-윈도(MS-Windows), 나머지는 매킨토시용으로 개발되었고, 평양정보쎈터 내부는 랜(LAN: 구내정보통신망)으로 연결되어 있다(한국무역협회, 2001: 32~33). 이곳에서 개발한 제품의 일부는 평양정보쎈터 싱가포르 대리점을 통해 판매했다. 한편 평양정보쎈터는 일본 오사카정보센터와 공동으로 'O&P 프로그람 훈련소'를 설립해 일반 기업인을 대상으로 인력을 양성했다. 평양정보쎈터에서는 네트워크의 방화벽에 관한 연구도 다수 진행하고 있다.

2012년에는 '아리랑' 모델의 태블릿 컴퓨터를 출시했고 2013년에는 '아리랑' 시리즈의 휴대폰을 생산했다. 2020년에는 인트라넷 피켓교환기 '울림'을 개발했다.

3) 조선콤퓨터쎈터

조선콤퓨터쎈터(KCC: Korea Computer Center)는 경제 각 부문의 전자계산기화를 실현하고 프로그램 개발 기술을 발전시키며 컴퓨터 분야의 기술 교류 사업을 촉진시킨다는 목표 아래 조총련의 지원을 받아 1990년 10월에 평양의 만경대구역에서 설립되었다. 프로그램의 개발·보급 기지인 동시에 전자 계산 산업의 연구와 인력 양성의 기지로서의 역할을 수행하는 컴퓨터 종합 운용기관이다. 김정은 시대 들어 조선콤퓨터쎈터는 컴퓨터 분야에 최고기관으로 부상했다. 전문 인력 양성을 위해 산하에 전문강습소를 두어 6개월 내지 1년 주기로 과학 연구 부문과 여러 공장, 기업의 과학자와 기술자들을 대상으로 강습을 진행했다. 그 외 여타 과학, 기술자와의 공동연구나 기술자 파견 등을 통해 사회 전반에 대한 기술 보급을 맡고 있다.

여러 분야에서 소프트웨어와 하드웨어 제품들을 개발·생산하며, 총 1200여 명이 근무했다. 연구개발 인력은 800여 명이 근무하고 있으며, 이 중 100여 명은 박사학위 소유자다.

조선콤퓨터쎈터는 독일, 중국, 수리아(시리아) 등에 지사, 합작회사와 판매소들을 두고 마케팅활동을 활발히 벌여나가고 있으며, 조선의 유명한 소프트웨어 관련 부문 회사, 과학 연구기관들과의 기술 합작과 교류 사업을 추진했다. 최근에는 ISO9001품질관리체계를 도입했으며 북한에서 외부 기술 도입에 가장 적극적인 기관 중의 하나다. 조선콤퓨터쎈터에서는 체신성의 검열과 관리를 거쳐 인터넷사이트 접속이 가능했다.

그림 5-2 **조선콤퓨터쎈터 체계도**

```
                    조선콤퓨터쎈터
   ┌─────────────────────┼─────────────────────┐
전자계산기조정실                              중앙계산기실

자동설계실                                    사무처리실

전자계산기모의실                              화상처리실

지식공학실                                    전자계산기통신실

체계프로그람실                                장치기술실

                                              신흥회사
```

　연면적 2만 3000여 m2에 지상 4층, 지하 1층의 규모로 일본과 미국에서 수입한 NEC, IBM 등의 기기가 설치되었다. 전자계산기 조종실, 중앙계산기실, 자동화설계실, 사무처리실, 화상처리실, 지식공학실, 전자계산기 통신실, 체계프로그램실, 통보실, 장치기술실 등이 있다. 기관·기업들에서의 사무 처리와 생산공정의 자동조종, 보건, 예술(화상처리실) 부문을 비롯해, 모든 분야에서 전산화를 실현하기 위한 프로그램 개발에 주력했다. 또한 수재들을 선발해 학문 후속 세대를 양성하는 김책공업종합대학 조선콤퓨터쎈터 분교, 컴퓨터 기술 분야의 학위·학직 소유자들을 양성하는 박사원, 기술자 재교육을 담당하는 강습소, 대외 업무를 전문으로 하는 조선신흥회사, 행정부서, 보급지원부서 등이 있다(고수석·박경은, 2002: 135).

　주요 연구개발 부서는 체계프로그람개발쎈터와 다매체프로그람개발쎈터, 경영관리프로그람개발쎈터, 콤퓨터전문가체계개발쎈터, 조종체계개발쎈터,

응용프로그람개발쎈터 등이다. 조작 체계(OS 운영체제) 쎈터(오덕산정보쎈터)는 '붉은별'을 비롯한 조선어판 윈도 등을 개발했다. 컴퓨터망(컴퓨터망) 관련 부문(만경정보쎈터)은 전국적 인트라넷인 '광명망', 국가안전보위부 인트라넷인 '방패', 군내 인트라넷인 '금별', 국가보안성 인트라넷인 '붉은검' 등 각종 인트라넷을 개발·설치했다. 정보 보안 부문(어은정보쎈터)은 각종 기관 내 인트라넷의 보안 시스템과 보안 프로그램을 개발하는 부서다. 사무 경영 처리 부문(삼일포정보쎈터)은 우리, 복란, 하나, 고려펜 등을 개발한 부서다. AI 부문(청봉정보쎈터)은 공장 자동화 설비를 개발하는 부서다. 조종 신호체계 처리 부문(소백수정보쎈터)은 반도체 처리 체계를 개발했다. 생체 신호 처리 부문(밀영정보쎈터)은 DNA반도체, 정보기술과 의료기기를 접목한 건강기기를 개발했다. 다매체 부문(삼지연정보쎈터)의 게임과 멀티미디어 관련 제품 개발 환경은 주로 유닉스(Unix), 리눅스(Linux), 윈도 95/NT, 매킨토시(Macintosh) OS 7.5 이상이고 개발언어는 비주얼(Visual) C/C++, 비주얼 베이직(Visual Basic), 자바(JAVA), 파워빌더(Power Builder) 등이다(이춘근·김계수, 2001: 84~85; 이춘근, 2005). 조선콤퓨터쎈터는 다양한 컴퓨터 서체와 함께 영조번역 프로그램, 문자인식 프로그램, 조선글 입력프로그램 등을 개발했고, 자연언어 처리와 AI 언어를 다루는 기술 수준이 높다(≪로동신문≫, 2002.1.8). 조선콤퓨터쎈터는 조선로동당 군수공업부에서 담당하고 있으며 대외적 총책임자는 총국장이 맡았다(고수석·박경은, 2002: 137~138).

2015년 이 센터는 '붉은별' OS 개별 조직을 제외하고 해체되었으며, 소프트웨어 산업을 관리하는 행정 기능은 국가정보화국으로 이관되어 사업화 조직들은 교류소/기술소의 명칭으로 분리되어 활동을 지속하고 있다(연합뉴스, 2015.11.11).

4) 은별콤퓨터기술연구소

은별콤퓨터기술연구소(Silver Star Laboratories)는 조선콤퓨터쎈터에 통합된 연구소로 1995년에 설립되었다. 연구원의 평균 연령은 26세로 소프트웨어 연구개발을 매우 활발하게 했다. 조선콤퓨터쎈터의 연결 기관으로는 1996년 6월에 김정일의 지시로 건립된 전국프로그램강습소, 1997년 4월 나진·선봉 지역에 위치한 해운대학에 개원된 것으로 알려진 교육쎈터, 김정일이 직접 학원 명칭과 개교 날짜를 정해 주고 필요한 시설을 갖추어주었다고 하는 평양프로그램학원 등이 있다. 전국프로그램강습소는 평양시 대성구역 용북동에 소재한 1개 동의 2층 건물로 이루어져 있으며 응용프로그램 작성, 문서편집, 경영관리와 자료기지(데이터베이스) 관리, 출판 체계와 생산공정의 현대화 등이 중심 교육내용이었다. 그리고 평양프로그램 학원은 기초과정인 전문부(2년제)와 전문가과정인 대학반(3년제)을 두고 있으며 앞으로 컴퓨터공학과, 프로그램공학과, 정보공학과를 비롯한 여러 학과를 설치할 계획이었다.

연구소에서는 일본 기후(岐阜)에 지사(Silver Star Japan)를 두어 웹페이지를 통해 생산된 소프트웨어를 선전 판매하고 있으며, 2006년 북한의 1차 핵실험 이전에는 도쿄(東京)의 북한 자료 전문 서점에서도 제품 일부를 판매했다. 조선콤퓨터쎈터에 합병된 이후 일부 직원은 독립해 중국 선양(瀋陽)에서 626기술봉사소를 설립하여, 북한과 이메일을 원하는 외국인들에게 서비스를 해주는 실리은행(www.silibank.com)을 2001년 10월 개설했다. 개설된 실리은행(實利銀行) 웹사이트는, 아직은 외국과 북한 간의 간접적인 전자메일 교환 방식이지만 향후 북한의 인터넷 개방 가능성 때문에 관심이 높았으나 자유로운 인터넷 개방은 실현되지 않고 있다. 체제 불안을 이유로 인터넷 등 통신 분야 개방을 극히 자제해 온 북한이 이처럼 외국인과 자국인 간 전자메일을 중개하는 인터넷 사이트를 개설한 것은 처음 있는 일이었다.

2001년 10월 8일부터 시험서비스가 가동 중인 '실리은행 전자우편 중계체계'는 회원 가입자에 한해 전자우편주소(@silibank.com) 형태의 전자메일 주소를 가진 북한 현지인과 자유롭게 이메일을 주고받을 수 있도록 했다. 이를 위해 북측은 중국 선양과 평양에 각각 한 대씩의 서버를 설치·운용 중이며, 두 대의 서버를 통해 전자메일을 중계했다. 실리은행 측은 당분간 1시간에 한 번씩 중국과 북한 사이에 전자메일 교환 서비스를 제공하고, 향후 통신 시간 단축을 위해 24시간 상시 접속 서비스를 도입할 계획이었으나 실행되지는 않았다. 이에 앞서 실리은행은 2001년 10월 8일부터 회원을 모집 중이며, 초기 가입자 100명에게 가입한 후 6개월 동안 무료 전자메일 서비스(100건/5MB)를 제공한다고 홍보했다. 실리은행의 전자메일 중계 서비스를 이용하기 위해서는 회원 가입비(100달러)와 3개월분의 통신예약금을 납부해야 한다(≪전자신문≫, 2001.11.1).

실리은행 인터넷 웹사이트를 개설한 것은 인터넷 개방의 가능성을 보여주는 상징적 조치라는 점에서 당시 의미를 부여했으나 실질적인 개방의 움직임을 보이지 않는 수익사업의 일환이었다고 평가되었다. 향후 북한의 인터넷 연결 가능성을 부분적이나마 예상할 수 있는 단초가 될 것으로 기대됐으나, 인터넷 개방은 실무자들이 결정할 수 없고 북한의 최고지도자가 결단해야 할 중요한 사안으로 평가되었다.

4. ICT 관련 전시회 및 경연대회 개최

북한은 ICT 산업육성 전략의 일환으로 매년 ICT 관련 전시회와 경연대회를 개최했다. 1985년부터는 각 지방의 기관·기업소 과학기술축전, 시·군·구역 과학기술축전, 도·직할시 과학기술축전에서 우수하게 평가된 과학기술을 전시하는 행사인 '전국과학기술축전'이 매년 개최되었다. 1989, 1990, 1994, 1996년에는 청년 학생들을 대상으로 추진해 온 대중과학운동인 '전국청년과학기술전시회'가 열렸다. 1990년대 이후부터는 '전국프로그람 경연 및 전시회'를 개최해 프로그램 개발을 장려하고 컴퓨터 교육 기회를 확대하는 기회로 활용했다. 1995년 이후부터는 매년 '전국 발명 및 새기술 전람회'를 개최해 과학기술 성과와 과학기술 전시품을 전시한다. 1998년부터는 '전국음성인식 프로그람 경연 및 학술 발표회'가 개최되고 있으며 대학생을 위한 전시회 및 경연대회로는 2000년부터 개최된 '전국대학생프로그람경연'이 있다.

특히 소프트웨어 개발을 장려하기 위해 1년에 1~2회의 소프트웨어 대회와 전시회를 열어 우수한 소프트웨어에 대해서는 국가에서 표창하고 있다. 대회에는 약 800~1200명이 참가하고 400~800건의 소프트웨어가 전시된다(≪조선신보≫, 2001.10.1). 이러한 전시회와 경연대회에서 각광받고 있는 작품들은 대부분 국가 경제력을 다져나가는 데 이바지할 수 있는 작품들이다. 실용과학 분야에 중점을 두는 한편, 기초과학 분야까지 균형적으로 발전시키려는 경향을 보였다.

1) 전국 프로그람 경연 및 전시회

1990년 12월 17일부터 19일까지 평성에서 진행된 '제1차 전국 프로그람 경연대회'에서는 전국 각지 프로그람 개발 부문의 과학자·기술자·교원·학생들이 참가했다. 전자계산기용 인쇄회로기판 자동설계 프로그램, 교무행정 프로그램, 의료진단 프로그램 등 440여 건의 프로그램이 경쟁했고 이후 해마다 작품의 질이 향상되고 있다. 1996년 12월에 개최한 제7차 대회에서는 140여 프로그램이 출품되었고, 그 가운데 조선콤퓨터쎈터가 개발한 북한 컴퓨터망에서 접근이 가능한 특허 자료 검색 체계가 각지에 분산·배치된 로컬 컴퓨터망을 통일적으로 연결한 범컴퓨터망을 통해 처음으로 선보였다.

제8회 대회부터는 청소년의 관심을 제고하기 위한 전시회가 추가되었다. 프로그램 경연에서는 평양정보쎈터의 문서편집 프로그램인 '창덕 5.0', 김책공업종합대학의 문자인식 프로그램인 '신동', 은별콤퓨터기술연구소의 직렬문자인식 프로그램인 '인식펜'이 각각 1위를 차지했다. 전시회에서는 조선콤퓨터쎈터가 출품한 '종합통보 봉사체계'와 '예보진단기', 김책공업종합대학이 출품한 '광산탐사자료 종합 배속체계'와 '자기마당 조사자료' 외 2건이 1위를 차지했다.

제9회 대회는 1998년 10월에 개막되어 경연 부문 32건, 전시 부문 305건으로 모두 337건이 출품되었다. 경연 부문에서는 조선콤퓨터쎈터의 한글문서인식체계인 '목란', 기계번역프로그램 '만경봉', 조선과학원 연구소의 음성인식기 '칠보산'이 특등을 차지했고 김일성종합대학의 연속 음성체계인 '127의 3' 등이 1위를 차지했다. 전시 부문에서는 김일성종합대학의 '아연제련 공정기술 관리지원 프로그람', 김책공업종합대학의 '날개가공용 4자리표 숫자 조종 프로그람', 조선콤퓨터쎈터의 바둑 프로그람 '은바둑', 평양정보쎈터의 '통합형 설계 프로그람 2.0'이 특등을, 김일성종합대학의 컴퓨터망에서 사용하는 '주체사상학습자료 검색체계' 외 11건이 1위를 차지했다(최신림, 1999).

2000년 10월 26일에 개막된 제11회 대회는 11월 6일까지 진행되었는데 문자인식 프로그램인 '룡남산 3.2'와 조선어연속음성인식 프로그램 '평양 2.0', 조선장기 프로그램 '부루나 2.0'이 1등으로 평가되었다. 또한 전시 부문에서는 조선글처리프로그램(워드프로세서)인 '단군', 조선어 입력 체계인 '평양', 제철소 생산 최량화 체계 '밑뿌리' 등이 특등을 차지했다. 2001년 9월 21일부터 19일간 열렸던 제12회 대회에서는 프로그램 경연과 전시회뿐만 아니라 내각·위원회 및 중앙기관 '컴퓨터화' 전시회 등으로 나뉘어 진행되었고, 부대 행사로 정보과학기술 강의와 학술 토론회도 열렸다. 전시회에서는 조선콤퓨터쎈터의 리눅스 체계 등 8건이 특등을 차지했고, 평양정보쎈터의 한글입력 프로그램 '단군 4.9' 등 21건이 1위를 차지했다. '컴퓨터화' 전시회에서는 김일성사회주의 청년동맹 중앙위원회와 국토환경보호성이 특등을 차지했고 국가계획위원회 등 4개 기관이 1위를 차지했다.

2) 전국과학기술축전

1985년부터 시작된 과학기술 축제로 매년 열리고 있다. 각 지방의 기관·기업소 과학기술축전, 시·군·구역 과학기술축전, 도·직할시 과학기술축전에서 우수하게 평가된 과학기술을 전시하는 행사다. 중앙과학기술축전은 김일성 주석의 생일에 맞춰 평양에서 개최된다. 주로 과학연구성과발표회, 기술혁신성과발표회, 도해판전시회의 형식으로 진행되었다(≪로동신문≫, 2002.3.17). 2002년 4월 2일부터 5일까지는 김일성 수령 탄생 90돌 기념 제17회 중앙과학기술축전이 진행되었다. 전국 3200여 개 단위에서 지방과학기술축전에 제출한 과학연구와 기술혁신 성과 중 500여 건이 중앙과학기술축전에서 전시되었다(≪로동신문≫, 2002.5.11a). 북창화력발전련합기업소의 '자가소비전력의 감독계통구성에 의한 전력증산' 외 8건이 특등으로, 평양건설건재대학의 '보이라폐가스 먼지 및 아류산가스동시청정' 외 49건이 1등으로 평가되었다(≪로동신문≫, 2002.4.6).

3) 전국 음성인식 프로그램 경연 및 전국청년과학기술전시회

1998년 2월 25~27일에 '전국 음성인식 프로그램 경연 및 학술발표회'가 인민대학습당에서 개최되었는데, 과학·교육기관들과 전문 프로그램 개발기관에서 온 100여 명의 과학자, 기술자들이 참석했다. 이는 최근 음성인식에 관한 활발한 연구 동향을 상징했다. 음성인식 분과와 음성정보 일반 분과로 나뉘어 진행된 경연 부문에서는 김일성종합대학에서 개발한 음성인식 프로그램 '룡남산'과 조선과학원 수학연구소에서 개발한 단음절인식기 '칠보산' 그리고 김책공업종합대학에서 개발한 문헌낭독체계 '효성'이 1등을 했다.

전국청년과학기술전시회는 김정일 국방위원장의 지시로 1989년 1월부터 청년 학생들을 대상으로 추진해 온 대중 과학운동이다. 1990년과 1994년에 개최되었고 1996년 1월에 개막한 제4회 전국청년과학기술전시회에서는 당창건 기념탑 도안, 대동강 큰물조절의 과학화, 건축설계 프로그램 등 1500여 건의 기술안과 2500여 종류, 5300여 건의 창의적인 기술 혁신 고안품이 출품되었다.

4) 대학생프로그람경연대회 및 대학생 과학탐구상 쟁취운동

북한에서는 대학생들의 프로그램 실력을 높이기 위해 2000년 11월에 제1차 '전국대학생프로그람경연'을 개최했는데, 여기서는 과학기술 계산 프로그램, 데이터베이스 관련 프로그램, 프로그램 교육 수준을 한 단계 높이고 국가의 프로그램 과학기술을 더욱 발전시키는 데 필요한 문제들이 제시되었다. 대학생 과학탐구상 쟁취운동은 1990년대부터 시작되었으며, 대학생들을 혁명적 세계관으로 무장시키고 최신 과학기술을 습득한 20~30대 박사들을 키우기 위한 충성의 대중운동이다. 1990년 이후 5년 동안 각지의 청년 학생 가운데 약 2200명의 수상자가 배출되었다. 북한은 1994년 제네바 국제발명전시회에서 '지문인식 프로그램'으로 금메달을 수상했고 1998년 일본에서 열린 세계컴퓨터 바둑대회에서 소프트웨어 '은별'이 우승하기도 했다. 1999년 3월에는 세계 컴퓨터 박람회에 심혈관 계통 예보진단기·지문분류기·은별 등 18가지의 소프트웨어를 출품했고 일본 토요타자동차에서 북한의 '음성인식기술' 도입을 적극 추진했다.

5) 전국발명 및 새기술전람회

과학기술의 발전 정도와 수준을 알리기 위해 실시하는 전시회로 1995년 이후 매년 개최되었다. 과학기술 성과 자료와 전시품 외에도 당의 과학기술 중시 사상을 반영한 구호와 직관물들을 전시한다. 2002년 5월 제7차 전국 발명 및 새기술 전람회에서는 최근 발명품과 새 기술 가운데 1400여 종, 2200여 점이 전시되었다. 정보기술 전시장에는 전력 계통 운영을 과학적·합리적으로 진행할 수 있게 하고, 해일방지정보체계, 컴퓨터에 의한 철길검사체계와 X선회절과 형광분석체계 등 20여 건의 정보기술 연구 성과가 전시되었다. 첨단기술전시장에는 유전자 공학적 방법으로 병치료에 효과적인 유전자를 합성한 혈궁불

로정, 값싼 경질합금의 질을 높일 수 있게 한 연구 성과 등 의학·농업·레이저 부문 40여 건의 연구 성과가 전시되었다. 또한 경제생활에 도움을 줄 수 있는 아치언제 구조에 대한 연구 성과와 룡등탄광과 선무덕 지구의 석탄매장량 확보를 위한 성과 등이 발표되었다. 경공업 분야에서는 투명 치약, 보석 비로드와 같은 제품과 다수확품종의 벼와 강냉이 종자들, 가시없는 아까시나무와 우량한 물고기 종자 등이 전시되었다(≪로동신문≫, 2002.5.11b).

5. 소조활동을 통한 컴퓨터 교육

북한에서 소조는 '같은 목적이나 지향 밑에 조직되는 작은 집단이나 조직'으로, 단순 취미활동을 함께하는 남한의 동아리 조직과는 달리 연대성과 구속성이 강하다. 참여가 부진할 경우 소속기관에게 통보되며 사회주의활동에 부적합자로 평가되어 진학, 취업과 승진 등에서 불리하게 작용한다. 북한에서는 각급 학교, 과외 교양 장소인 학생소년궁전뿐만 아니라 각종 사회단체에서의 소조 운영이 활성화되어 있다(연합뉴스, 2000.10.5). 황해북도 사리원시 경암제1고등중학교에서는 정보산업시대의 요구에 맞게 학생들에게 컴퓨터 교육을 강화했다. 교원들은 컴퓨터 소조 운영을 통해 학년별로 학생들의 지식수준에 맞게 과외 시간 동안 컴퓨터를 가르치고 있다. 졸업반인 6학년은 거의 모두 컴퓨터에 관한 지식을 충분히 갖추고 있으며 높은 수준의 프로그램을 만들 수 있다고 선전했다(≪민주조선≫, 2001.5.29).

평안북도 의주군 제철고등중학교는 과외시간에 학생들에게 컴퓨터와 관련된 여러 가지 기술적 문제를 가르친다. 컴퓨터 소조 2~3학년 학생들에게는 기초 교육을, 4~6학년 학생들에게는 컴퓨터 원리와 응용 능력을 가르친다. 5~6학년 가운데 일부는 프로그램을 작성할 수 있는 수준에 달했다(≪민주조선≫, 2001. 8.3). 김정숙제1고등중학교 컴퓨터소조 학생들은 여러 차례 전국적인 제1고등중학교 학생들의 컴퓨터 프로그램 및 타자 경연에서 좋은 성적을 얻었다(≪로동신문≫, 2002.1.15). 함경남도 함흥시 회상제1고등중학교에서는 과학 강연을 했다. 이는 우수한 학생들을 널리 소개하는 시간으로 활용하고 있는데, 교원들은 학생들이 컴퓨터 교재 외에『지능 계발 참고서』,『쓰기 편리한 컴퓨터 언어』,『프로그램 경연 문제집』등 참고서를 이용하게 했다. 컴퓨터 소조원들은 학급 학생들이 컴퓨터 학습을 잘할 수 있도록 지원했다(≪로동신문≫, 2001.4.24).

평양콤퓨터기술대학은 '학생과학연구소조'를 활발하게 운영하고 있다. 소조에서 구상한 프로그램을 작성하고 과학 논문을 내면서 탐구심과 경쟁심을 더욱 높였다(≪로동신문≫, 2001.5.30). 남포수산대학도 컴퓨터소조 운영을 잘해 학생들의 컴퓨터 실력이 매우 높아졌다. 대학에서는 매월 한 번씩 학과별 학과 경연을 통해 성적이 우수한 학생들로 컴퓨터소조를 조직하고 교원을 배치하여 강의와 연습을 진행했다. 전공 학습에 컴퓨터 지식을 활용할 뿐만 아니라 전공 학과별 컴퓨터 강의도 진행하며 컴퓨터에 관한 기초지식과 함께 전공 분야에서 쓸 수 있는 전문지식을 습득하도록 했다(≪로동신문≫, 2002.6.19a).

6. ICT 자료 서비스

북한에는 10여 개의 지역망 센터와 100여 개의 부문망 센터를 가진, 전국적인 컴퓨터망이 설치되어 있다. 내각 위원회 및 성을 비롯한 생산지도 기관들과 많은 공장·기업소에 생산 경영활동 업무를 위한 컴퓨터 통신망을 형성해 인민경제의 신속한 발전을 추진했다. 전국을 연결하는 과학기술 컴퓨터망을 빠른 속도로 확대해 과학기술 정보 봉사뿐만 아니라 나라의 전반적인 정보화를 실현하는 데 주력했다.

조선콤퓨터쎈터와 중앙과학기술통보사, 김일성종합대학, 김책공업종합대학 등에 소속된 과학자·기술자들은 컴퓨터 통신망 관리 도구를 개발하기 위한 연구 사업을 벌여 '만경'이라는 관리 도구를 개발했다. 각 부분의 인민경제 수요에 맞게 각각의 생산 표준 프로그램과 경영관리 지원 프로그램을 개발했으며 내각의 성과 공장·기업소들을 관할하는 컴퓨터 부분망을 만드는 데 주력했다. 국가계획위원회, 전기석탄공업성, 화학공업성, 육해운성을 비롯한 20여 개 성과 중앙기관들에 해당 단위의 특성에 맞게 컴퓨터 통신망을 형성해 행정경영 업무처리의 정보화도 실현했다. 전국적인 범위에서 컴퓨터망이 급속히 늘어남에 따라 체신 부문에서도 현대화를 위한 사업을 본격적으로 추진했다(≪민주조선≫, 2001.7.6).

인민대학습당은 1982년 4월 김일성의 70회 생일을 기념해 평양에 건립된 일종의 중앙도서관이다. 인민대학습당은 출판물, 과학영화필름, 축소필름, 레코드, 녹음녹화카세트, 디스크, CD-ROM 등의 시청각 자료들을 비롯해 정치, 경제, 문화 등 모든 분야의 출판물과 자료들이 마련되어 있다. 1980년대 초 인민대학습당이 자료 서비스 기지로서 역할을 제대로 수행하기 위해 컴퓨터화가 구상된 이후, 김정일 위원장은 1996년 11월 당중앙위원회 간부들에게 인민대학습당에 있는 자료들을 컴퓨터에 입력시켜 놓고 컴퓨터 통신망을 통하여 대중에게 서비스하도록 지시했다. 그 결과 '콤퓨터목록검색봉사실', '전자열람실', '콤퓨터강의실' 등이 꾸려진 현대적인 '콤퓨터봉사기지'가 마련되었다. '콤퓨터목록검색봉사실'은 1층에 위치하며 수십 대의 컴퓨터들이 설치되어 있고, '전자열람실'에서는 CD자료와 인민대학습당 홈페이지 자료를 볼 수 있다(≪로동신문≫, 2002.2.21).

김정일 위원장의 지시로 컴퓨터 과학기술 도서와 설비들을 들여왔다. 컴퓨터 과학기술 도서로는 『콤퓨터 기본』, 『콤퓨터 통신과 통보』, 『콤퓨터 단어사전』 등이 포함되어 있다. 또 최신형 컴퓨터를 비롯해 자동복사기, 레이저 프린터 등 현대화를 위한 수많은 설비들을 들여와 열람자들이 ICT 기술을 습득하기 좋은 환경을 갖추었다. 김정일 국방위원장은 인터넷 홈페이지 작성 도구, 문서편집과 인터넷상에서 다매체 통신을 실현할 수 있는 프로그램, 소프트웨어와 관련된 자료를 비롯한 CD 원본과 각종 윈도 체계용 디스크를 보내기도 했다(≪민주조선≫, 2001.5.25). 인민대학습당을 찾아오는 주민들에게는 전문 검색봉사 사서들이 주민들의 질문을 받아서 그들이 요구하는 도서와 자료들을 찾아준다. 인민대학습당은 전자우편 봉사도 해주고 있는데, 통신망에 가입한 주민들은 전자우편을 통해 서로의 소식 등을 교환하고 있다(≪민주조선≫, 2001.7.3).

조선콤퓨터쎈터는 각 학교에 설치한 컴퓨터에 통신망을 구축하고 중앙과학 기술통보사 등과 연결해 학생들이 컴퓨터 교육에 필요한 자료들을 받아볼 수 있게 했다(≪민주조선≫, 2001.4.31). 중앙과학기술통보사는 전국적인 과학기술 정보기관으로 1965년 6월에 설립되었다. 약 320명의 연구원과 80명의 행정직 직원으로 구성된다. 조직계획부, 자료수집부, 과학기술도서실, 통보이론방법 부, 인쇄공장, 발행부, 국내자료통보편집부, 대외협력부, 국내봉사부 등 12개 부서가 있다. 중앙과학기술통보사는 인민경제의 주체화·현대화·과학화 노선 을 철저히 관철하기 위해 국내외 과학기술성과 자료를 수집하고 이 자료들을 가공·처리해 관련 부서로 통보하며 외국에서 수입하는 과학기술 과제에 필요 한 자료를 제공한다.

이를 위해 20여 개 국가에서 3500여 종류의 잡지를 수집·가공해 목록과 색 인 카드를 작성하고, 여러 종류의 '외국자료색인', '과학기술문헌초록', '외국과 학기술통보', '기술혁신' 등 정기간행물과 ≪신기술 통보≫ 등의 비정기 간행물 을 발행한다. 이와 함께 세계 각국의 과학기술 정보기관과 협력관계를 맺고 자 료를 교환하고 있다. 중앙과학기술통보사에서 발행하는 20여 종류의 '외국과 학기술통보'는 외국과의 교류가 단절된 북한에서 첨단 과학기술 정보를 접할 수 있는 중요한 통로가 된다. 중앙과학기술통보사의 경우 일정 기간이 지난 자 료는 모두 인민대학습당으로 이관한다고 한다. 따라서 평양 출장이 곤란한 지 방 소재 기관의 경우 거의 전적으로 '외국과학기술통보'에 의존하고 있다(이춘 근·김계수, 2001: 164~165).

중앙과학기술통보사는 3000만 건의 데이터베이스를 조성해 놓고 1997년 개발한 과학기술 자료 검색 체계인 '광명'[5)에 컴퓨터망을 형성해 전국의 이용자들에게 과학기술 자료 서비스를 지원 중이다(≪민주조선≫, 2001.5.22a). 또한 백두산 3대 장군의 영광, 혁명 역사와 혁명 업적, 백두산 일대의 혁명 전적과 사적, 구호문헌, 자연지리적 생태 자료를 비롯한 백두산 관련 자료와 동영상으로 '혁명의 성산 백두산'이라는 동영상 자료집도 만들었다.

2002년 7월 북한이 서성구역에 컴퓨터 전산망을 통한 기업 간 거래와 수출입 업무 대행을 목적으로 첨단기술 정보센터를 설치하고 운영에 들어갔다. 조선중앙통신은 이 봉사소가 컴퓨터 홈페이지 '첨단'을 개설하고 전국적인 전자상업, 정보 봉사, 수출입 대리 봉사를 진행하고 있으며 수요자의 요구에 따라 각종 최첨단 전자요소와 제품들에 대한 검색과 주문 봉사도 하고 있다고 보도했다. 또한 봉사소에서는 "공장·기업소들과 계약을 맺고 생산공정 현대화를 위한 자동화 체계를 실현시켜 주고 있다"라며 세계 여러 나라와 프로그램 주문과 공동개발도 진행한다고 한다(연합뉴스, 2002.8.15).

7. ICT 교육을 위한 홍보 과학영화 제작

2001년 10월 22일 조선중앙방송은 최근 컴퓨터로 지원하는 정보 자료 서비스와 그 운영 방법 등에 관한 내용을 담은 여러 편의 과학 영화를 제작해 일반 주민들과 청소년들에게 널리 보급하고 있다고 보도했다. 조선중앙방송은 조선과학영화촬영소에서 정보기술 상식을 높이는 데 도움을 주기 위해 〈콤퓨터망에 의한 정보 봉사〉, 〈콤퓨터에 의한 중소형 발전소 운영〉, 〈콤퓨터에 의한 약

---

5)   북한의 컴퓨터망인 '광명'은 ≪월간 민족 21≫ 2001년 8월 호에 중앙과학기술통보사 홈페이지 사진과 함께 소개되었다.

물설계〉 등을 제작했다고 밝혔다.

과학 영화 〈콤퓨터망에 의한 정보 봉사〉는 컴퓨터 자료 봉사란 무엇이며 봉사망(서비스망)과 그 이용은 어떻게 하는가, 컴퓨터 자료 봉사에 의한 자료 서비스에는 어떤 장점이 있는가 등 컴퓨터에 관한 일반 상식을 깊이 있게 다뤘다. 이 영화는 컴퓨터 봉사망의 원리와 응용 방법에 관해 설명하기 위해 북한이 개발한 전국적인 컴퓨터망인 '광명'에 대해서도 소개했다.

또한 함경남도 성천강 32호 발전소를 소개하는 〈콤퓨터에 의한 중소형 발전소 운영〉은 50여 개소에 설치한 수감부(물을 저장하는 곳)를 컴퓨터에 연결하고 그 지시에 따라 전기를 생산하는 발전소 운영에 관한 내용을 담았다. 영화 〈콤퓨터에 의한 약물 설계〉는 컴퓨터를 가지고 효능이 높은 새로운 의약품의 구조를 설계한 기술을 다룬 것으로 과거의 방법보다 설계 시간을 단축하고 비용을 훨씬 절약하는 과정을 소개하고 있다. 조선과학영화촬영소에서는 청소년과 학생들이 컴퓨터로 손쉽게 문서를 작성하는 방법을 보여주는 교육영화, 〈콤퓨터 다루기〉, 〈문서 만들기〉도 제작했다(연합뉴스, 2001.10.22).

8. '2월17일과학자·기술자돌격대' 파견을 통한 ICT 교육

'2월17일과학자·기술자돌격대'란, 1978년 2월 17일 김정일 국방위원장의 지시로 당면한 기술적 문제를 해결하기 위해 조직된 기술혁신 지도 집단의 하나이며(연합뉴스, 1996.5.15), '4월15일기술혁신돌격대'[6]와 함께 가장 대표적인 조직이다(연합뉴스, 2002.4.3). '2월17일과학자·기술자돌격대'는 약 3만 명의

---

6) '4월15일기술혁신돌격대'는 조선로동당 제5기 19차 전원회의(1979년 12월 10일)와 1980년 "신년사"에서 제시된 기술혁명 관철을 위해 1980년 1월 19일 '5월19일과학기술혁신돌격대'라는 이름으로 조직됐으며 그해 11월 김정일 국방위원장의 지시로 현재의 이름으로 바꾸었다.

대원들이 각 산업현장에서 신기술 연구와 기술혁신 방안에 관한 문제를 해결 중이며(연합뉴스, 2002.6.25), 이들은 공장·기업소에 김일성종합대학, 김책공업 종합대학, 조선과학원을 비롯한 여러 과학교육기관 연구원으로 파견되고 있 다. 또한 이들은 일선 공장·기업소의 노동자들을 대상으로 과학기술 교육과 생산공정 개선을 실시한다.

이들은 구성공작기계공장에서 공작기계 생산을 높은 단계로 끌어올릴 수 있도록 도와주고(≪로동신문≫, 2002.5.1), 철도성 전자계산소를 컴퓨터망 관리 봉사, 자료기지 봉사, 전자우편 봉사, 자료처리·감시 봉사 등의 기능을 하는 콤 퓨터망중심봉사기지로 만들고 모뎀조종용자동호출장치를 개발해 컴퓨터 광 역망 형성을 도왔다. 또한 수송정보관리공정체계와 철도 운영 실태를 장악하 는 프로그램, 기관차사령지원체계프로그램 등을 도입했다(≪로동신문≫, 2002. 6.6). 강동탄광, 평양염화비닐신발공장, 만경대렌트겐공장에도 이들이 파견되 어 인민경제의 활성화를 위한 작업에 기술적인 도움을 주었다(≪로동신문≫, 2002.6.19b).

9. 국가과학원 지구환경정보연구소

국가과학원 지구환경정보연구소는 ICT 기술을 활용해 2019년 노동당 전원 회의에서 주요 과제로 제시된 국가통합 자연재해 관리정보 시스템을 구축했다 (≪로동신문≫, 2020.1.6). 이 연구소는 전국적인 자연재해 정보 수집과 통보 체 계를 구축하기 위한 프로그램을 개발해 각 시·군에 제공한다. 지역별로는 도 단위의 통합 큰물(홍수) 관리 정보체계와 말단 단위의 큰물 관리 정보체계도 개발·도입해, 전반적인 지역과 개별적인 지역의 홍수 예측 및 위험도 정보를 신속하게 제공할 수 있도록 했다. 이 외에도 파괴적인 자연현상에 대한 관리정 보체계와 재해대책 프로그램도 개발하고 있다. 2020년 하반기에는 국가자연재해통합관리시스템 개발을 완료했다(조선중앙통신, 2020.4.1). 북한은 이를 "80일 전투 기간에 과학기술 부문에서 거둔 첫 승전"이라고 선전했다. 북한 당국은 이 시스템이 각종 자연재해를 빠르게 감시·예보해 사전 대처할 수 있도록 해줌으로써 재해관리의 과학화·정보화를 진전시켰다고 평가했다(≪메아리≫, 2020.12.13).

참고문헌

1. 국내 문헌

고수석·박경은. 2002. 『김정일과 IT 혁명』. 베스트북.

김책공대·시라큐스대학교·코리아소사이어티. 2005. 「미북 IT 연구협력 상황보고서」. http://www. nautilus.org/fora/security/0620KUTSU.pdf.

≪데일리NK≫. 2020.3.26. "북한 190여 개 IT 특성화高 창설… "김정은 시대 인재양성 일환".

민족21. 2001. ≪월간 민족 21≫, 8월 호.

박찬모. 2000.12.14. 「북한의 IT 현황과 남북교류 방안」. 한국과학기술정보 인프라워크숍 발표자료.

북한ICT연구회. 2020. 『북한 ICT 동향 조사 2020: 북한매체를 중심으로』. 한국과학기술정보연구원.

연합뉴스. 1996.5.15. "2월17일과학자·기술자돌격대란".

_____. 2000.10.5. "북한 각급학교, 단체 소조 운영 활성화".

_____. 2001.10.22. "북, 컴퓨터 상식에 관한 과학영화 보급".

_____. 2002.3.19. "김일성종합대학 팀 코드세프 경연에서 연거푸 우승".

_____. 2002.4.3. "4월15일기술혁신돌격대는 기술문제 해결 대표적인 조직".

_____. 2002.6.25. "2월17일과학자·기술자돌격대, 각 산업현장에서 기술 문제 해결".

_____. 2002.8.15. "서성구역에 컴퓨터 첨단기술 정보센터 설치 운영".

_____. 2015.11.11. "조선콤퓨터쎈터 해체 및 분리 운영".

_____. 2018.8.11. "김책공업종합대학은 2018년 8월 창립 70주년을 맞아 웹사이트 개설".

이재승. 1998. 『북한을 움직이는 테크노크라트』. 일빛.

이춘근. 2005. 『북한의 과학기술』. 한울엠플러스.

이춘근·김계수. 2001. 『북한의 국가 연구개발체제와 과학기술인력 양성체제』. 과학기술정책연구원.

≪전자신문≫. 2001.11.1. "실리은행의 전자메일 중계 서비스 유료화".

조정아. 2019. 「전국교원대회를 통해 본 북한의 교육정책과 전망」. KINU 현안분석 온라인 시리즈. https://www.kinu.or.kr/www/jsp/prg/api/dlV.jsp?menuIdx=351&category=53&thisPage=1&searchField=&searchText=&biblioId=1524474.

최신림. 1999. 「북한의 산업기술: 정보통신산업」. 산업연구원 정책자료 제83호.

평화문제연구소. 2001. ≪통일한국≫, 7월 호.

한국무역협회. 2001. 「북한의 IT 산업 현황과 남북협력 활성화 방안」.

≪NK경제≫. 2020.3.15. "북한, 올해 전국에 190여 개 정보기술부문 기술고급중학교 설립". http://www.nkeconomy.com/news/articleView.html?idxno=2808.

2. 북한 문헌

≪로동신문≫. 2001.4.24. "혁명의 미더운 역군으로 키우며".

_____. 2001.4.26. "김정숙제1고등중학교 컴퓨터소조 학생, 함흥시 회상제1고등중학교에서 과학 강연 실시".

_____. 2001.5.30. "능력 있는 정보기술 인재로".

_____. 2001.9.14. "최신 과학기술 성과를 받아들여".

_____. 2001.10.13. "인쇄공업 정보화 실현에 한몫할 기술 인재로".

_____. 2002.1.8. "첨단과학기술의 높은 령마루에로".

_____. 2002.1.11. "정보기술교육에 계속 큰 힘을".

_____. 2002.1.15. "콤퓨터 교육을 끈기있게 내밀어".

_____. 2002.1.21. "첨단재료의 개발을 목표로: 과학원 전자재료연구소에서".

_____. 2002.2.21. "인민적인 것, 대중적인 것을 우선시!, 콤퓨터화도 인민대중을 위하여".

_____. 2002.2.27. "콤퓨터 화면에 비낀 정보시대의 밝은 미래".

_____. 2002.3.10. "인민경제의 정보화와 전자공업".

_____. 2002.3.11. "위대한 령도자 김정일동지께서 새로운 과학기술적 연구 성과를 이룩한 과학원 전기연구소 과학자들에게 감사를 보내시였다".

_____. 2002.3.17. "위대한 수령님 탄생 90돐, 중앙과학기술축전이 진행되게 된다".

_____. 2002.3.19. "새로운 대학들이 나왔다".

_____. 2002.4.3. "위대한 령도자 김정일동지께서 컴퓨터수재 양성기지들에 최신 교육설비와 통학뻐스를 보내시였다".

_____. 2002.4.6. "중앙과학기술축전 진행".

_____. 2002.5.1. "정보산업의 주인으로: 구성공작기계공장의 로동계급".

_____. 2002.5.11a. "과학중시로선의 위대한 생활력".

_____. 2002.5.11b. "주체의 과학기술을 더 높은 령마루에로".

_____. 2002.6.6. "철도수송조직과 지휘를 컴퓨터화".

_____. 2002.6.7. "첨단기술 개발 도입에 더욱 박차를".

_____. 2002.6.19a. "콤퓨터화 구상을 현실로".

_____. 2002.6.19b. "혁명적 군인정신으로 과학기술적 문제들을 적극 풀며".

_____. 2002.6.28. "호평 받는 과학연구 성과들".

_____. 2020.1.6. "과학전선에서의 돌파구로 전 전선의 승리를".

_____. 2020.1.15. "널리 장려되고 있는 원격교육".

_____. 2020.4.13. "조선민주주의인민공화국 최고인민회의 제14기 제3차 회의 진행".

_____. 2020.4.24. "예견성있는 작전과 책임적인 일본새: 덕천시 일군들의 사업에서".

_____. 2020.6.2. "학술일원화체계를 활발히 운영하여".

≪메아리≫. 2017.3.1. "새학년도에 기술고급중학교들, 첫 수업의 종소리를 울리게 된다".

_____. 2020.12.13. "국가과학원 지구환경정보연구소에서 국가자연재해통합관리체계 개발".

≪민주조선≫. 2001.3.2. "김정일, 과학자 기술자 현대 과학기술 분야의 성과 전달 강조".

_____. 2001.4.31. "학생들을 기다리는 컴퓨터수재 양성기지를".

_____. 2001.5.22a. "사회경제적 진보와 정보기술".

_____. 2001.5.22b. "정보산업 발전에 이바지하도록".

_____. 2001.5.25. "위대한 령도자 김정일 동지께서 인민대학습당에 컴퓨터 과학기술 도서들과 설비를 보내시었다".

_____. 2001.5.29. "콤퓨터 수재 양성에 모를 박고".

_____. 2001.7.3. "정보산업 시대의 요구를 훌륭히 구현해 나가는 인민대학습당".

_____. 2001.7.6. "전국적 범위에서 콤퓨터망 계속 확대".

_____. 2001.8.3. "컴퓨터 소조를 활발히 운영".

≪조선신보≫. 2001.5.7. "우리의 목표는 세계 일등급".

_____. 2001.10.1. "기술정보 세미나".

≪조선의 오늘≫. 2018.7.2. "비약적으로 태어나는 공화국의 원격교육사업".

조선중앙방송. 2001.1.15. "김일성종합대학에 컴퓨터학과와 관련 강좌 신설".

_____. 2020.4.1. "재해방지를 위한 과학연구사업 추진".

6장

북한의 ICT 산업 발전 현황과 특성

1. 전기통신

북한의 정보통신 인프라와 관련 산업은 대민 서비스보다는 군수용 중심으로 구축되었다. 정책적으로 수요가 산업용보다는 군수산업 등 특정 목적에 한정되어 있고, 아직까지 정보통신이 국가경제를 위한 주요 인프라로 정착하지 못하고 있기 때문이다. 당연히 관련 산업 기반이 미약해 장비와 운용 시스템도 뒤떨어져 있고 디지털 방식도 아직 정착하지 못하고 있다. 특히 1990년대 가중된 경제난으로 통신에 대한 투자 여력이 충분하지 않았다.

유선통신망은 행정구역, 산업별 연관성, 국가안보, 지리적 여건 등을 고려한 설비 원칙에 따라 일반전화망, 산업망, 군사망으로 구별되어 있으며 그중 일반전화망은 평양을 중심으로 행정 편제에 따라 크게 여섯 단계로 구성된 중앙집중적 성형 구조(star structure)를 형성하고 있다. 상부 기관은 2단계 하부 기관까지는 직접 연결이 가능하지만 2단계를 넘어서거나 하부 기관끼리의 통화는 상부 기관을 경유해야 한다. 유선통신망 현대화를 위해 중국·유럽 등으로부터 1000회선 이상 규모의 신형 디지털교환기를 도입하여 평양을 중심으로 기존 구형 기계식교환기를 교체했으며, 주요 기관에서는 구내용 교환 설비를 갖추기 위해 500회선 이하의 전자식 교환기를 수입했다. 또한, 유럽에서 버튼식 중고전화기를, 러시아로부터 카드식 공중전화기를 도입해 평양에 설치했다(KDB 산업은행, 2020: 185).

2020년 북한의 정보통신 수준은 한국의 1990년대 중후반과 유사한 수준으로 평가할 수 있겠다. 2000년 3월에 반전자식 교환기를 통해 푸시 버튼(push button)식 공중전화가 평양에 선보인 것으로 보도되었다. 이는 한국에서 1979년에 도입된 것이므로 단순 수치만 비교하면 21년이 뒤진 셈이다. 인구당 회선 수는 100회선당 5회선 정도인데, 실제 가동되는 회선 수에 대한 자료는 없지만 우회 경로의 부재나 잦은 고장과 장애로 실제 가용되는 용량은 이 수치보다 낮으리라고 추정된다. 회선 수라는 용량은 물론이고 제공되는 서비스의 질도 턱없이 낮다.

북한 사회의 특수성과 폐쇄성에 비추어볼 때 다른 사회와의 단순 비교나 현황의 수치적 분석만으로는 북한 정보통신산업을 이해하고 미래를 논의하는 데는 한계가 있다. 북한은 통신 분야에 관한 한 과거부터 현재까지의 역사적 연속성을 유지하는 것이 아니라 새로운 패러다임으로 시작하는 부분이 많기 때문이다. 따라서 북한 정보통신의 현황은 그 자체를 알기 위함보다는 앞으로 체제가 전환될 때 어떠한 요구가 대두될 것이며, 이에 어떻게 대응해야 할 것인가 하는 미래지향적이고 동태적인 시각에서 사실을 파악하고 현상을 규정지을 필요가 있다.

1) 전파관리

전파관리는 체신성 전파감독국, 인민보안성, 노동당 등 3개 부처에서 관장한다. 전파감독국에서는 북한 내 무선기 등록과 허가 업무를 관장하며 각종 무선통신사의 자격심사와 자격부여 업무를 담당하고 전파 이용을 관리하고 발신 전파의 탐지 등과 같은 업무를 수행한다. 또한 모든 교신과 전파를 통제·감시하고 포착 가능한 국제 발신 전파의 탐지 등의 고유 업무를 수행한다. 전파 보안은 인민보안성 산하 인민보안국과 국가안전보위부에서 공동으로 수행하고 있지만 업무의 총괄 지휘는 노동당에서 관장하고 있다. 또한 불법 전파 발생의 방지, 전파 방해 업무와 인민보안성 자체 주파수 배분과 조절 등을 관장하고 있다.

와이파이(Wi-Fi)망의 경우 2018년 12월 최초로 평양 여명거리, 미래과학자거리, 영광거리 등 일부 지역에 한정된 옥외 무선데이터 서비스망인 '미래'를 구축했다. 스마트폰과 태블릿 PC로 제한된 내부 인트라넷에 접근을 할 수 있는 와이파이 서비스 '미래'는 심(SIM)카드[1])를 따로 꽂아야 사용이 가능하다. 2018년 11월 8일 아리랑정보기술교류사가 전국정보화성과전람회에서 스마트폰 '아리랑 171'을 선보였다고 보도했다. 직원이 스마트폰에서 〈미래〉 공중무선자료통신망'이라는 이름의 애플리케이션을 누르자, 화면에는 '10월19일'이라는 날짜와 '주요 홈페이지'라는 제목 아래 '조선중앙통신', '과학기술전당', '나의 길동무', '기상정보', '열풍' 등 목록이 나타났다. '미래' 접속 화면 하단에 나오는 문구를 미뤄봤을 때, 이 서비스는 평양정보기술국이 제공하는 것으로 추정된다(조선중앙TV, 2018.11.8; 38 North, 2018.12.6).

2) 전화번호책

북한의 전화번호책은 대외 비밀로 되어 있기 때문에 구하기가 매우 어렵다. 물론 2002년 7월 북한 전화번호책이 탈북자에 의해 일본으로 반출되어 유통되고 있다는 사실이 일본 언론에 보도된 사례를 통해 전화번호책이 외부로 노출되고 있음을 알 수 있다. 총 373쪽에 5만 개의 개인 및 단체 번호를 담은 전화

---

1)   가입자 식별 모듈을 내장한 카드다. 가입자 고유 인식 번호, 인증 부호, 가입자에 대한 전화 연결 및 네트워크 관련 데이터를 저장한다. 가입자는 이를 분리하고 다른 호환 전화기에 삽입해 자신의 전화번호로 자유롭게 이동전화를 사용할 수 있다.

그림 6-1 북한의 전화번호책

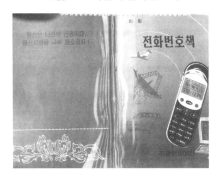

번호부는 1995년 발간된 것으로 북한의 고위공직자들에게만 배분되는 일종의 '정보자료집'이다. 정부 각 부처와 정보기관, 일부 군사기관의 리스트 등이 포함되어 있는 이 책은 북한의 중앙과 지방의 정부기관과 각종 기구에 대한 중요한 단서를 제공했다. 전화번호부를 통해 '반동분자 및 수상한 이웃' 등을 신고할 수 있는 핫라인(지역번호 + 82)이 북한 전역에서 24시간 가동되고 있음을 알수 있다. 18쪽에 달하는 '평양' 섹션의 대부분은 정부 부처와 각종 기관의 전화번호로 채워져 있는 반면, 음식점 목록은 1쪽에 불과해 극심한 권력난 속에서도 북한의 권력구도가 중앙집권화해 있음을 시사한다(≪동아일보≫, 2002.8.28).

2002년 발행된 '전화번호책'은 380쪽 분량으로 표지에서 비밀로 분류되어 있다. 뒤표지에는 "통신은 나라의 신경이다. 통신시설을 극력 애호하자"라고 표기되어 있다(주체91, 2002).

북한에서 발행되는 전화번호부가 겉표지에 '비밀 전화번호책'으로 적혀 있는데서 알 수 있듯이 북한의 전화 보급 사정은 국가기밀 가운데 하나로 취급된다. 북한에서 전화번호부가 비밀문서로 취급되고 있는 것은 체제 붕괴를 우려한 북한 당국이 주민들의 통신수단 접근 기회를 봉쇄하는 정보 쇄국정책에서 비롯된 것으로 판단된다. 또한 북한은 전화번호부가 담고 있는 정보의 유포와 유출을 막으려는 의도에서 전화번호부를 비밀로 취급하고 있는 것으로 판단된다.

표 6-1 북한의 전화 사용안내

기능＼내용	설명
줄임번호 봉사	자주 찾는 전화번호를 두 자리 숫자로 등록하고 찾는 봉사
전화 림시옮김 봉사	가입자가 다른 방에 가서 일할 때 그 방의 전화번호로 자기전화번호를 필요한 기간 림시 옮기는 봉사
직통전화 봉사	송수화기를 들고 5초 있으면 번호를 돌리지 않아도 저절로 지정된 번호로 찾아가는 봉사
3자 통화 봉사	가입자가 통화 중에 필요에 의해 제3자를 찾아 통화하고 다시 원래 통화 상태로 되돌아오는 봉사(5명까지 회의전화로도 사용 가능)
통화 중 착신 알림 봉사	전화를 사용하고 있을 때 누가 자기를 또 찾고 있다는 것을 알고 본래 전화를 유지한 상태에서도 제3자 통화를 할 수 있는 봉사
시간 알림 봉사	종시계처럼 필요한 시간을 기억시키면 그 시간에 전화기 종이 울려 알려주는 봉사
"이상과 같은 봉사는 해당 전화국에 신청문건을 내고 수속을 한 다음 사용방법을 알려드립니다."	

북한의 전화번호부는 폐쇄적인 북한 사회를 분석할 수 있는 유용한 정보 자료로서의 가치도 크며, 엄중한 보안을 필요로 하는 국가안전보위부, 노동장 부서, 김정일 당총비서의 집무실 조직 등 일부 기관을 제외한 기관이나 단체, 기업소별 조직 구성을 파악할 출처가 된다. 1995년 8월 발행된 '비밀 전화번호책'의 평양시 '신문 및 방송보도 부문'을 보면 북한의 유일 국영통신사인 조선중앙통신사는 사장 아래 다섯 명의 부사장이 있으며 '남조선보도국'이란 부서와 조사처 안에 '남조선자료부'를 두고 있다. 외국의 통신이나 산문, 방송 등을 통해 입수한 정보를 담아 '참고통신'을 발행하는 '참고통신편집국'이라는 부서가 눈길을 끈다. '참고통신'은 당과 정부 각 기관의 간부들에게만 배포하는 일종의 정보보고서다. 북한 '비밀 전화번호책'은 본문 361쪽에 1쪽당 평균 80~110개의 전화번호가 적혀 있어 대략 4만 5000~5만 개의 전화번호를 수록하고 있음을 알 수 있다.

북한의 전화번호책을 사회적이며 입체적으로 이해하기 위해서 전화번호책에 실린 김일성과 김정일의 지시 내용을 살펴보자. 김일성은 "전화는 직위가 높은 사람 낮은 사람 할 것 없이 건방지게 해서는 안 됩니다. 전화는 서로 상대방을 보지 못하고 말하는 것이기 때문에 겸손하게 인사를 하고 정중히 말을 주고받아야 하며 말을 다한 다음에는 친절하게 인사를 하고 수화기를 놓아야 합니다"라고 말했다. 김정일은 "체신 부문에서는 신속성과 정확성, 비밀을 철저히 보장하며 혁명적이고 인민적인 체신으로서의 기능과 역할을 원만히 수행해야 합니다. 전체 인민들이 체신 시설을 주인다운 립장에서 잘 보호하고 3관리하도록 하여야 합니다"라고 교시했다.

북한의 '비밀 전화번호책' 나타난 전화 보급 사정은 다음과 같다. 우선 전화 신설 및 전화번호 변경과 관련해, 집에 전화를 놓거나 전화번호를 바꾸려면 반드시 그럴 만한 이유가 있어야 한다고 명시한다. 이는 전화가입자가 '새로 놓는 집전화 신청서'와 '옮기는 집전화 신청서'에 반드시 기재해야 하는 항목이다. 북한의 가정용 전화의 경우 월별 요금은 대략 100원 정도이며, 이 금액은 일반 공장, 사무직 노동자의 월급이 2000원 선인 것을 감안하면, 일반인들이 가정용 전화를 사용하는 것이 용이하지 않다는 사실을 쉽게 알 수 있다. 요금체계는 이동전화의 보급이 확산되면서 변화하고 있다.

3) 전기통신 시설현황

(1) 시내전화

북한의 통신은 공공의 행정 수요를 충족하는 것이 기본적인 목적이기 때문에 일반 국민들의 통신 욕구를 충족하기에는 매우 열악한 환경이다. 일반 가정에서 사용할 수 있는 통신 시설이 거의 없다고 할 수 있다. 북한의 통신 부분에 관한 자료가 부족하기 때문에 시내전화 가입자 수와 회선의 정확한 수치는 현재로서는 파악이 어렵다. 1998년 국제전신연합(ITU: International Telecommunication Union)이 발표한 세계전신보고서(World Telecommunication Report)에 의하면 북한은 약 110만 회선으로 인구 100명당 5회선이 안 되는 수준이다.

표 6-2 북한 시내 전화요금　　　(단위: 원, 1원=$0.5)

구분	품명	규격	단위	값	
				연값	분깃값
전화 놓는 값	본선전화 직통전화 포함	50m 이내	1대당	42.00	
		50m 이상	1대당	42.00 + 자재비	
	덧전화	40m 까지	1대당	25.00	
		40m 이상	1대당	25.00 + 자재비	
사용료	본선전화	자동식	1대당	170	42.50
		공정식	1대당	150	37.50
	덧전화		1대당		본선 전화의 50%
전화 옮기는 값	다른 방에 옮기는 값	20m 이하	1대당	3.50	
		20m 이상	1대당	20.00	
	다른 청사에 옮기는 값		1대당	20.00 + 자재비	
	기관·부서 이름 바꾸는 값			해당전화 사용료	

　　1995년 한국정보통신기술협회(TTA: telecommunication technology association)에서 발행한 세계의 정보통신지표에 따르면 북한의 가입자 회선 수는 1993년 기준 130만 7200회선으로, 남한의 1/15 수준으로 나타났다. 100명당 회선 수는 북한이 4.82명, 남한이 37.75명으로 이는 남한의 1/8 수준에 해당된다. 대기자 수는 남한의 경우 1980년을 기점으로 전화 적체가 완전히 해결되었으나 북한의 경우에는 1993년 기준 1만 6640명을 기록하고 있다.

　　북한의 유선전화 회선은 2007년 이후 118만 회선에 머무르고 있으며 주민들의 통신 욕구를 충족하기보다는 당과 정부기관, 협동농장과 공장 등 공공의 행정 수요를 충족시킬 목적으로 구축되어 있다. 일반적으로 당 간부 등 지도층에만 개인 전화가 설치되어 있으며 일반 국민들은 협동농장, 공장 기업소 등에 설치된 공동전화나 공중전화를 이용하는 것으로 알려져 있어 전화 수요의 적체가 심한 것으로 판단된다.

　　또한 시내전화의 경우 평양에서도 일부를 제외하고는 대부분 수동교환 방

표 6-3 북한의 전화 통화 처리현황(1973~2017)

구분	1973	1977	1983	1987	1993	1998	2017
전화대수(1000대)	370	510	600	670	1000	1000	1180
단말기당 하루 기술적 처리 통화 수	12	14	16	18	16	14	25
통화 수(1000 통화/1일)	4440	7140	9600	1만 2060	1만 6000	1만 4000	
시내 통화(1000 통화/1일)	3550	5900	6500	9900	1만 4000	1만 2600	
시외 통화(1000 통화/1일)	890	1240	3100	2160	2000	1400	
국제통화(1000 통화/1일)	0.09	0.12	0.21	0.30	0.26	0.17	
통화/신청 비율(%)	60	62	61	58	56	50	

식이다. 자동화율이나 전자화율은 극히 저조한 것으로 추정된다. 북한에서는 아침 8시부터 저녁 8시까지 12시간 동안 가입자당 하루 14통화를 처리하는 것으로 알려진다. 보통 사무실에서 공동으로 전화를 사용하고 있기 때문에 통화 요구는 처리 가능 능력을 항상 초과해 통화 신청 중 50~60% 정도만 처리가 가능하다. 하지만 2010년대 이후 급속하게 무선전화가 확대·보급되면서 유선전화 보급 비율의 의미는 축소되었다(국가정보사령부, 2021). 북한의 무선통신인 스마트폰에 대해서는 별도로 설명한다.

(2) 시외전화

시외전화는 거의 행정목적을 위해 운용되기 때문에 인민들은 협동농장, 공장 등에 설치된 산업전화로 공용 통신을, 각 체신소에 설치된 전화로 개인 전화를 하고 있다. 북한은 시외전화망을 확보하기 위한 통신망 현대화 작업에 활발한 투자를 하고 있다. 1990년대 들어와서는 체신 분야에서 이루어야 할 중점 과제로 체신 수단의 현대화를 통해 "혁명과 건설을 영도하는 지휘통신을 최상의 수준에서 정확히 보장한다"라는 목표 아래 통신선로의 광케이블화, 통신망 중계소의 증설, 수동식 교환기의 자동화기기로의 교체 작업에 착수하는 등, 평양과 지방 도시 간 초단파 통신과 도-군 간의 다중화사업을 추진해 왔다.

표 6-4 1990년대 북한 통신망 현대화 추진 현황

시기	내용
1990년 8월	북한-유엔개발계획 간 광섬유통신 개발사업 합의 평양-함경북도, 강원도, 평안남도의 주요도시 간 광케이블 공사 추진
1992년 4월	평양 광케이블 공장 건설(유엔개발계획의 지원으로)
1995년 1월	평양-함흥 간 광케이블 공사(300km) 완료
~1997년 말	70여 개 시·군 단위에 전화 자동화 실현
1998년 2월	평양-신의주 간, 신의주-평안북도 내 16개 시·군 및 3개 노동자 구간 광섬유케이블 공사(400km)와 자동화공사 완료
2000년 3월	제2단계 빛섬유까벨공사 완료해 도(道) 단위 통신 현대화

1990년대 북한의 통신망 현대화 사업은 전국 시외전화망을 확보하기 위해 가장 활발한 투자가 이루어진 분야다. 1990년 8월, 북한과 유엔개발계획은 광섬유통신 개발 사업에 합의했고 평양과 함북, 강원, 평안남도의 주요 도시 간 통신선 광케이블 공사를 추진했다. 1992년 4월 유엔개발계획의 지원으로 평양광케이블공장을 건설하고 1995년 1월 평양-함흥 간 광케이블 공사(300km)를 완료했으며, 1998년 2월 평양-신의주-평안북도 내 16개 시·군 및 3개 노동자구 사이의 400km에 달하는 광섬유케이블 공사와 전화 자동화 공사를 완료했다.

북한은 1997년 말까지 평양과 70여 개의 시·군과 단위에 전화 자동화를 실현했다고 밝힌 바 있다(조선중앙방송, 1998.1.3). 이들의 주장대로라면 지금까지 100여 개 시·군의 통신망이 현대화된 것이다. 이 중 평양-신의주, 평양-함흥, 평양-남포 등 36개 시·도를 연결하는 400km 구간에 대해 광섬유케이블 공사와 전화 자동화를 완료했다고 발표했다. 하지만 시내·외 전화의 자동화율이 저조한 데다가 아직 디지털 전송 장치와 광다중화 전송 장치의 도입이 수반되지 않아, 통신회선 확장, 고속 데이터 전송, 화상전송 등의 광통신 효과를 당장에 기대하기는 어려울 것으로 판단된다. 다만 평양과 주요 군(郡) 소재지들을 연결하는 행정 통신망을 효율적으로 정비함으로써 중앙의 지시를 지방단위에까지 전달할 수 있는 체제를 구축했다는 점은 의미 있는 발전이라 하겠다. 정보통제 유지의 필요성 때문에 일반 주민들이 이용할 수 있는 통신망으로까지 확대되기는 상당히 어려울 것으로 보인다.

한편 2000년 3월 1일 북한은 민주조선을 통해 평안북도 체신관리국에서 제2단계 빛섬유통신까벨공사(광케이블 공사)를 완료해 도내의 모든 시·군들의 통신을 현대화했다고 보도한 바 있다. 이로써 평양과 평안북도 내 주요 시·군 소재지들을 연결하는 통신망이 구축되고 중앙의 지시를 지방행정 단위까지 전달할 수 있는 수단이 확보되었다. 시외전화 교환 방식은 아직까지 대부분 수동교환 방식을 사용하고 있으며 교환기는 기계식인 크로스바(cross-bar)와 스텝바이스텝(step-by-step) 등이 주종을 이룬다. 개성·남포직할시 등 각 행정구역은 약 700대의 교환기로 연결되어 있다. 평양에는 프랑스 알카텔사의 E-10A형 자동교환기 1대가 설치되어 있으나 전반적인 디지털화율은 4.6%로 매우 낮은 수준이다.

(3) 국제전화

북한은 1981년 아시아태평양통신사기구(OANA: Organization of Asia-Pacific News Agencies)에 가입하고 1984년 인터스푸트니크(Intersputnik: 공산권통신위성기구)에 가입했다. 1986년 프랑스와 기술제휴로 인도 양상의 인텔샛(INTELSAT, 국제전기통신위성기구)의 위성 지국을 평양에 설치해 FDM 22회선 SCPC 10회선을 연결·운용함으로써 러시아, 중국, 일본, 싱가포르, 홍콩, 프랑스 등과의 국제통신을 운영하고 있다. 나머지 국가와는 이 국가들을 통한 중계망이 연결되어 있어 실제 통화가 가능한 나라는 150여 개국이다. 1990년 11월, 북한-일본 간 직통 위성통신 회선 및 국제전용임대회선 상호제공 협약이 체결됨으로써 전화 3회선, 텔렉스 10회선, 전보 1회선을 개통·운영하고 있다. 그 외에 마이크로파 회선 능력 24회선, 테이블 네트워크 15회선을 운영한다. 1995년부터는 국제통신위성기구인 인텔샛의 위성통신 서비스 이용이 개시되

표 6-5 **북한 유선전화 가입자 수 추이** (단위: 1만 명당)

구분	2000	2010	2015	2018
100명당 가입자 수	50	100	118	118
평균 가입자 수	2.18	4.18	4.69	4.64

자료: ITU(2019).

었다. 2001년에는 인텔샛의 145번째 회원국으로 가입했다.

북한에서 국제전화 요금은 2001년 당시 1분에 6달러 수준으로 매우 높았다. 주민들의 국제전화 사용은 원칙적으로 제한되며 필요시 당의 허락을 받아 사용하나 체신국에서 도·감청을 하고 있다.

국제전화는 러시아, 중국 등 '사회주의 국가통신협조 기구'의 가맹국들과 비사회주의 국가들과는 우편·통신 분야에 관한 대외협정이 체결된 국가들 간에 이루어지고 있다. 사회주의 국가들과는 국가별 회선을 별도로 운영하고 있다. 1970년대 5회선, 1981년 33회선이었다. 1997년 미국의 컴퓨터 사업 연감이 전하는 회선 수는 120회선이며 이때 남한은 1만 2051회선이었다. 10여 개국과 국제통신을 운영하고 있으며 통화가 가능한 나라는 150여 개국이다. 국제관문국의 교환 시설로 프랑스 알카텔사의 디지털 방식의 E-10B 디지털 교환기를 사용하고 있으며 소용량 규모다. 이 교환 시설은 1989년 설치되었으며 평양보통강변 국제통신센터 내에 위치하고 있다. 국제수동교환기는 독일 지멘스사의 제품을 사용하는 것으로 알려졌다. 국제통신망의 경우 구사회주의권과는 비교적 잘 구축되어 있어 평양-베이징-모스크바를 연결하는 무선망과 신의주-베이징, 청진-블라디보스토크를 연결하는 유선망이 각각 구축되어 있다. 서방국가와는 평양-싱가포르-홍콩 간의 단파 무선과 중국의 베이징 지구국을 중계지로 하는 간접통신망이 있다.

미국과의 국제통신은 미국 AT&T사가 서비스를 제공하며 이는 1994년 제네바 기본합의서 타결에 의해 이루어졌다. 1995년 2월 미 국무부는 미국 기업들의 요구를 받아들여 연방통신위원회(FCC: Federal Communications Commission)

표 6-6 북한 국제통신망 현황(2000년 기준)

평양-베이징-모스크바 간	무선망
신의주-베이징, 청진-블라디보스토크 간	유선망
평양-싱가포르-홍콩 간	단파 무선
북경지구국 중계지	간접통신망
북한-미국(워싱턴, 뉴욕, LA)간 전화	AT&T가 서비스 제공 (1995년 4월 10일부터)

에 북한과의 통신 재개를 허용해 줄 것을 요청했고, FCC가 이 요청을 받아들여 1995년 3월 미국과 북한 간 통신서비스 제공 신청을 접수한다고 발표했다. AT&T사와 IDB사가 국제전화 서비스를 신청하고 신청접수 결과 AT&T사는 특별잠정인가(Special Temporary Authority)를 취득해 1995년 4월 10일부터 서비스를 제공하기 시작했다. 따라서 워싱턴, 뉴욕, L.A 등 3개 도시에서는 평양으로 전화할 수 있게 됐다.

텔렉스 시설은 1980년대부터 대외무역의 중요성을 인식해 일본, 구 서독으로부터 텔레타이프를 도입해 지방 관공서와 주요 기업소, 무역상사 등을 중심으로 설치했으며, 팩시밀리는 여러 개의 무역상사가 공동으로 이용하는 방식으로 보급되었다.

2009년 한 해 동안 미국과 북한 사이에 총 17만 여 건의 전화 통화가 있었다. 이는 전년도인 2008년에 비해 50% 늘었으며, 통화 시간은 무려 7배 이상 급증했다. 자유아시아방송(이하 RFA)은 미국 연방통신위원회(FCC)가 발표한 '2009년 국제통신자료(International Telecommunications Data)'를 인용해 양국 간 전화 통화 17만 건에 대한 통하 시간은 약 82만 분(82만 3/55분)으로 집계됐다고 보도했다. 미국에서 북한으로 시도한 전화가 약 78만 분, 북한에서 미국으로 건 전화가 약 4만 분이다. 2009년 미·북 간 통화 시간은 2008년(10만 5785분)과 비교할 때 7배 이상 늘었다.

2008년에도 대부분의 통화가 미국에서 발생했다. 양국 간 통화 건수와 시간

표 6-7 미국의 대북 국제전화 서비스 개요(2002년 기준)

구분		내용
이용 가능 지역	미국	먼저 뉴욕, 뉴저지주, 캘리포니아주만을 제공하고, 그 밖의 주는 1995년 5월 1일부터 제공
	북한	전화교환수를 경유하는 통화는 전 지역에 해당하고 자동전화는 평양에서만 가능
요금		1분당 4.96달러, 1분 추가당 4.25달러
제공할 수 없는 서비스		콜렉트 콜, 북한의 전화번호 안내

자료: 정보통신부(1996, 2002).

에 대한 자료는 지상 통신망으로 연결되는 일반전화와 휴대전화를 통한 사용 내역이 모두 포함됐고, 미국뿐 아니라 해외 전화 서비스를 통해 제공된 수신자 부담전화(collect calls)나 자국직통전화(country direct calls) 등 모든 통화 내역을 포함했다.

RFA가 2003년부터의 국제통신 자료를 검토한 결과 2004년 미북 양국 간 전화 통화에서 대부분의 발신지는 북한이었다. 보통은 미국에서 북한으로 거는 전화가 월등히 많은 데 반해 2004년의 경우 북한에서 미국으로 걸린 전화가 2배 이상이나 많았다. 개인정보 보호 차원에서 연방통신위원회는 수신자와 발신자의 정보를 공개하지 않지만 미국과 북한 간 전화 통화는 주로 북한 문제를 다루는 미국의 정치인이나 뉴욕에 있는 유엔 주재 북한대표부 직원, 미국에 기반을 두고 북한에 인도주의적 지원활동을 하는 일부 민간단체 관계자들이 북한 내 관계자와 통화할 때 발생했다(미국 연방통신위원회(FCC), 2012.12.6).

(4) 위성통신

북한의 위성통신 사업은 1980년대 이후 중국의 지원으로 1985년 평양에 기상정지 위성수신국을 완공하면서부터 본격화되었다. 1984년 9월 24일 인터스푸트니크에 가입했으나 공산권의 몰락으로 실효가 없어졌다. 그해 중국의 지원으로 평양에 기상 정지위성 수신소를 건설해 1985년에 완공했다.

국제통신의 불편을 극복하기 위해 1986년 프랑스의 기술을 도입하여 인텔샛(Intelsat) 위성통신지구국을 평양 사동구역에 건설함으로써 미국, 일본 등 태평양 지역 국가를 제외한 서방 여러 나라와의 위성 국제통신 및 위성TV 중계가 가능하게 되었다. 위성통신지구국의 시설과 규모는 10층, 5층, 3층의 복합 건물이며 기상위성수신설비와 자동 분석, 처리용 대형 컴퓨터장치의 설치 등이다. 국제 위성통신국에는 파라볼릭(포물경) 수신안테나와 TV, 전신, 전화, 사진, 텔렉스, 송·수신 설비들이 갖추어져 있다. 2001년 5월, 미국 워싱턴에서 체신성을 대신해 이형철 전 유엔 주재 북한대표부 대리대사가 운영협약에 서명함으로써 지분 0.05%로 인텔샛의 145번째 회원국이 되었다(연합뉴스, 2001. 5.29).

1987년에는 1989년에 있을 제13차 세계청년학생축전에 대비해 평양 보통강변에 14층 연건평 1만 2000m2의 국내통신과 위성통신 시스템을 총괄하고 국내외 통신을 효율적으로 운영할 수 있는 '국제통신센터'를 완공했다. 각종 행사를 현지에서 실황중계하기 위해 안골 체육촌을 비롯해 능라도 경기장, 동평양 대극장, 청년극장 등의 통신망을 이곳으로 연결했으며 전신, 전화, 사진전송, 팩스 등의 통신서비스를 취급했다. 1990년 11월에는 북·일 간 직통 위성회선과 국제 전용회선 서비스 제공하는 위성동신 협약을 맺고 전화 3회선, 텔렉스 10회선, 전보 1회선을 연결했다.

1999년 7월 2일부터 태국 시나와트 새틀라이트사의 타이콤 위성을 임차해 아시아, 유럽, 호주와 북아프리카 지역을 대상으로 위성방송을 시작했다. 이 위성방송은 하루 6시간씩 북한 소식과 드라마, 다큐멘터리 등을 조선어로 방송하는데, 해외는 물론 국내에서도 장비만 갖추면 외국 위성방송 채널을 통해 시청할 수 있다. 1999년 말 당시 북한은 총 9개국과 위성을 통한 직통전화 등 69회선을 운용하고 있으며, 그 밖의 국가와도 이 9개국을 통한 중계 방식으로 통화하는 시스템을 구축한 상태다.

한편 2000년 5월 베이징에서 제임스 줌월트(James Zumwalt)가 대표로 있는 미국 컨설팅회사 줌월트컨설턴트는 미국 스타텍사를 대신해 북한의 조선체신공사와 통신 협력에 관한 양해각서를 체결했다. 양해각서는 미국 스타텍사는 북한이 국제 통신시장에서 장거리통신을 저렴한 가격에 중개(relay Traffic)할 수 있는 영업 인프라를 구축해 주었다. 예를 들어 미국 베이징으로 전화하는 데 1분에 1달러라고 한다면 북한은 스타텍과 계약한 1억 원 상당의 인텔 위성과 통신 관문을 갖고 이를 저렴한 가격에 중개함으로써 이익을 낸다는 전략이다. 스타텍사는 향후 남·북한 이산가족들을 위한 상시 채널 확보를 위해 북한에 화상회의 시스템 도입을 제안하는 등 북한 통신시장 개방에 주력했다(≪문화일보≫, 2000.7.12).

북한 위성통신은 2000년 6월 13~15일 평양에서 진행된 남북정상회담 기간 동안에 데이콤㈜의 글로벌스타 위성이동전화 서비스와 연결된 바 있다. 남측 대표단은 평양 방문 기간 중 데이콤의 글로벌스타 위성이동전화 서비스(15대)가 이동 무선통신 수단으로 선택되어 남북정상회담 기간 중 청와대 행사 준비 지휘·통신 수단, 그리고 서울-평양 간 국가 지휘·통신 수단으로 이용됐다.

이 서비스는 도청·감청을 비롯한 보안의 안전성이나 통화품질 등 기술적 측면에서 우수했으며 별도의 케이블 가설이나 지구국 구축이 필요 없이 이미 운용 중인 위성과 글로벌스타 지구국을 이용해 빠른 시간 내에 서비스 제공이 가능한 신속성 등이 고려되어 선정되었다. 향후 북한과의 관계 개선이 이루어질 경우 대북사업 진출이나 관광 등을 위해 북한 지역을 방문하는 사람들의 주요 통신수단으로 사용될 가능성이 크다. [2]

---

2) 글로벌스타는 1414km 상공의 48개 저궤도 위성과 전 세계에 구축될 38개의 지구국을 이용해 시간과 장소의 제한 없이 전 세계 어디에서나 통신서비스를 이용할 수 있는 첨단 위성휴대통신 서비스다. 국내에서는 데이콤이 이 서비스를 상용화하기 위해 1997년 9월 경기도 여주에 위성원격제어 기능을 보유한 글로벌스타 지상 지구국을 구축했으며, 2002년 4월 일반인들을 대상으로 서비스를 오픈했다.

(5) 공중전화

일반 주민들이 전화를 걸려면 전화국이나 체신소(우리의 우체국에 해당)에 가서 통화를 신청해야 한다. 공중전화가 매우 제한적이기 때문에 소속 기관·기업소의 전화를 이용하는 길밖에 없다. 남한에서는 공중전화가 너무 많다는 생각이 들 정도로 거리 곳곳에 설치돼 있지만, 북한은 평양을 비롯한 대도시 일부에서만 찾아볼 수 있다. 주로 백화점, 호텔, 체신소에 2~3대씩 설치되어 있다. 공중전화 요금은 2013년 기준으로 3분에 10전(남한의 50원 정도)이다. 카드식은 없고, 동전 반환 버튼은 '돈 나오게 하는 누르개'라고 한다. 전화번호를 모를 때 우리의 114와 같은 '128'로 문의하면 된다. 그러나 탈북자들에 따르면 실제로 일반 북한 주민들의 경우 '128'이라는 번호가 있는지조차 잘 모른다고 한다(≪NK조선≫, 2013.3.3).

시내 공중전화의 경우 1990년대 말 나진·선봉에 80대가 설치되었다. 1996년 당시에는 2720대로 한국의 1/125 수준인 것으로 추정된다. 또한 1000명당 시설 수에서 한국이 7.45대인 데 반해 북한은 0.12대로 남한의 약 1/60 수준이다. 북한의 공중전화는 경제특구를 제외하고 기본적으로 평양에만 제한적으로 존재한다. 남북교류 협력 초기에 남·북한 간 전화 통화의 수요는 행정 수요를 충족하기 위한 통신과 기업의 업무상 전화, 이산가족들 간의 전화로 예상되지만 통일 이후 대량의 일반전화 공급은 회선 부족으로 단기간 안의 가설은 용이하지 않을 것으로 판단된다.

2000년 3월 26일 평양중앙텔레비전은 회전식이 아니라 버튼식 다이얼을 가진 최신의 공중전화가 가설된 장면을 방영했다. 이는 기술적으로 스위칭이 자

표 6-8 남·북한 공중전화 수 비교(2000년 기준)

항목	단위	남한(A)	북한(B)	비교(A/B)
시설 수	대	28만 5130	2720	105배
1000인당 시설 수	대	6.47	0.30	50배

자료: ITU(2002); 남측 자료는 정보통신부(1997); 정보통신부(2001).

동 내지는 반자동으로 이루어지는 것을 의미한다. 그러나 이러한 단편적인 모습만 가지고 북한의 공중전화 가용 현황의 전모를 유추해 보기는 어렵다. 중장기적으로 순수한 사업적 측면만 고려한다면, 북한에서 소요되는 공중전화를 남한의 사업자가 북한과 합작으로 제조해 공급하는 사업도 고려해 볼 만하다.

(6) 이동전화

2006년 이집트 오라스콤이 이동전화 사업을 시작하기 전까지 북한에서 이동전화는 나진·선봉 지역 등의 경제특구와 군부, 사회안전부 등에서 국방과 체제 유지용으로서 제한적으로 사용되었다. 이를테면 금강산관광지대에 일부 서비스가 시범적으로 가동했고, 나진·선봉 지역에서 태국의 록슬리 그룹과 북한 대외건설총회사의 합작회사인 동북아전신전화회사(NEAT&T)가 이동전화 500회선, 무선호출 1500회선 용량을 설치한 바 있다. 동북아전화통신회사의 통신망 구축 계획에 따르면 2000년까지 나진시 안주동과 신흥동 일대에 통신센터와 위성통신지구국을 건설해 수동식 교환기 4만 회선, 이동통신설비 1200회선, 무선호출통신 설비 1500회선을 구축할 예정이었다.

또한 1998년 8월 LHL(Lancelot Holdings Ltd.)이 북한 조선우정총공사와 30년간 국제자동전화(IDD)와 이동통신을 독점 제공하는 사업계약을 체결했다. 아울러 1999년에는 홍콩의 명주홍업집단유한공사(POH: Pearl Oriental Holdings Ltd.)가 LHL의 사업권 50%를 약 300만 달러에 매입함으로써 북한 내 IDD 및 이동통신 사업에 공동으로 진출하게 되었다. 하지만 북한 내부의 다양한 한계로 국제기업들의 대북 이동통신 사업 진출을 2006년 들어서야 단계적으로 시

표 6-9 **남·북한 이동전화 기지국 비교(2018년 말 기준)**

항목	남한(A)	북한(B)	비교(A/B)
이동전화 기지국	123만 개	1000여 개 추정	-

작되었다. 김정은 시대 본격적으로 추진된 이동통신 사업 추진 실태는 정책적 함의의 중요성과 다양한 쟁점 등을 감안해 7장에서 별도로 다룬다.

4) 통신망 연결 현황

(1) 통신망 연결 원칙

첫째는 평양을 중심으로 행정 편제에 따라 크게 여섯 단계로 구성된 일반 망을 구성하는 것이다. 상부 기관은 아래로 두 단계 아래 기관까지는 모두 직접 연결되어 있으며, 두 단계를 넘어서거나 하부 기관 간의 통화는 상부 기관을 경유해 처리된다. 이러한 모든 통화는 교환원을 통해 이루어지는데, 주변부 간 통신을 중계하는 업무로 인해 중앙 부분에 지나친 부하가 걸리는 단점이 있다. 북한 통신 인프라의 전반적인 열악성에 문제를 가중하는 것 중 하나가 평양을 중심으로 하는 성형(星型) 구조다. 시외 교환국 간의 연결이 직접 이루어져 망형을 이루는 것이 아니라 평양에 모여 분산되는 중앙집중적인 구조는 이미 부족한 전송 능력에 불필요한 하중을 가하는 폐단이었다. 이러한 구조는 정보를 중앙에서 통제하기 위한 정치적 목적에 의해 고안되었는데, 향후 통신 발전에 큰 장애를 이루는 요인이다.

둘째는 연관된 기관들을 행정구역에 따른 통신망과 별도로 상호 연결해 산업망을 구성하는 것이다. 이러한 산업망은 1973년에 김일성이 '새로운 산업전화'의 확장을 지시한 바에 따라 형성된 것으로 가장 큰 특징은 산업별로 일종의 폐쇄망이 존재한다는 것이다. 교환대 자체 개발 교시에 따라 개발된 북한 제12채널 교환대를 주로 이용해 약 400개 산업망이 구성된다. 북한의 통신망은 행정구역, 경제적 통합 필요성, 국가안보와 지형학 등을 반영하는 네 가지 조직 원칙에 따라 구성된다. 전기통신망은 국가의 지역 행정구역에 따라 모든 행정 단위를 계층적 방법으로 구성한다. 행정구역이란 평양특별시·남포직할시·개성직할시로부터 평안남북도·황해남북도·함경남북도·양강도·자강도·강원도

표 6-10 **북한의 전화 통신 현황**

구분	1993	1995	1996	2017
전화회선 수(100만 회선)	108.93	110.00	110.00	118.00
100명당 전화 보급률	4.7	4.61	4.90	4.64
대도시 거주 100명당 전화 보급률	8.50	8.45	8.18	-
국내 통화 수(100만 통화)	2386	-	-	-
국제통화 시간(발신/1000분)	3072	3100	3800	-
국제통화 시간(수신/1000분)	3172	-	-	-
일반 전화 가설 요금(달러)	47.4	47.4	47.4	-
상업용 전화 가설 요금(달러)	47.4	47.4	47.4	-
일반 전화 월 이용료(달러)	7.1	7.1	7.1	-
상업용 전화 월 이용료(달러)	11.4	11.4	11.4	-
통신 요금 수입	0.58	-	-	-
통신 부문 투자액	3.00	-	-	-

자료: ITU(1997); ITU(1998); ITU(2019b).

등 2021년 기준으로 9개도, 1개의 직할시, 4개의 특급시, 22개의 시, 145개의 군으로 구성되어 있다.

일부 전기통신망 구성은 국가의 생산 시설 배치와 연관된다. 경제구역들이 순수하게 경제적 차원에서 상호 연관성이 있는 경우에는 지리적으로나 행정적으로 다른 곳에 위치해 있더라도 하나의 통합 전화망으로 연결되기도 한다. 예를 들어 김책시와 단천 공업지역은 각각 함경북도와 함경남도에 위치하지만 이른바 금속산업통신망으로 연결되며, 똑같은 의미에서 평안북도와 자강도에 위치한 구송과 회천 공업지역은 기계공작건설 통신망으로 연결된다. 국가안보와 국방문제가 북한 경제의 모든 조직에서 중요한 기준이므로 이러한 요인은 특정 전기통신망의 조직과 지역 배치에 영향력을 행사한다. 예를 들어 비무장지대(DMZ)는 '특별통신지역'으로 구분되어 특별한 규칙에 따라 관리하며, 군용 케이블과 무선통신망의 국가안보와 군사적 중요성으로 인해 일반 민간기구가 아니라 인민군에 소속된다.

표 6-11 북한의 통신시설 현황(2018년 기준)

항목		단위	북한
전화시설	시설 수	K	1307.2
	운용 수	K	1089.3
	운용률	%	83
	100인당 회선	회선	4.82
	대기자 수	명	1만 6640
공중전화	시설 수	대	2720
	1000인당 시설	대	0.13
종사원 수		명	1만 5000
종사원 1인당 회선		회선	72.6
통신 수입		100만 달러	0.58
통신 투자		100만 달러	3.0
TV 수신기		1000대	2500

자료: TTA.(1995); ITU(2019a).

지역의 지세는 전기통신망의 지역 배치에 영향을 미친다. 1990년대 초까지, 전기통신 라인은 주로 고속도로나 지방도로에 매설되었기 때문에 전기통신망은 도로망과 거의 일치한다. 1990년대 중반에 발생한 저지대의 폭우와 홍수로 수백 km의 통신 라인이 파괴되자, 북한 정부는 최근 새로운 통신 라인의 구축 고도를 높이는 작업에 박차를 기했다. 즉 종전의 도로 주변 저지대에서 언덕 지대 등 높은 곳으로 통신 라인을 변경했다. 이러한 경로 변경은 자연재해나 전쟁 발생 시 통신 라인의 내구성과 신뢰도를 높이기 위한 것이다.

(2) 광통신망

북한은 1990년 이후 주요 도시와 평양 사이에 통신선로를 광케이블로 대체하는 사업을 지속적으로 추진해 왔다. 위성통신의 확대와 함께 광통신의 확대라는 세계적 통신 조류에 뒤지지 않기 위해 1988년 3월 노동당 중앙위원회 제6기 13차 본회의에서 통신시설의 현대화 방침을 세웠다. 북한의 광케이블 가

그림 6-2 1990년대 이후 광케이블 매설 추진

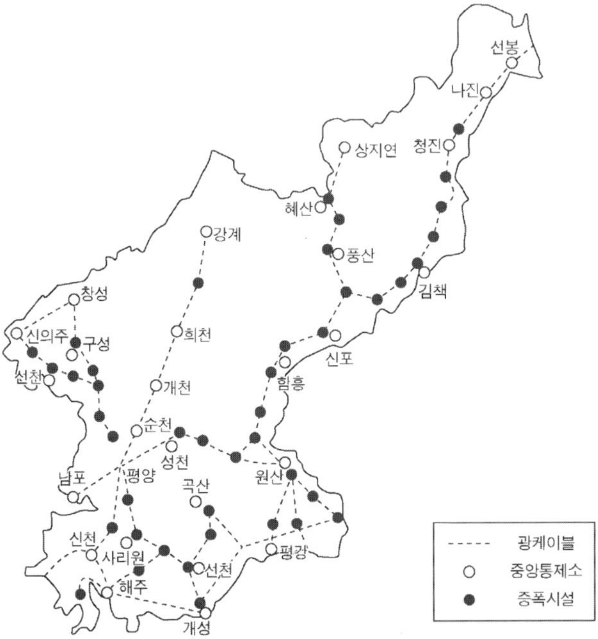

주: 북한 당국은 5615km가량의 광케이블 매설을 추진했다.

설공사는 전화의 자동화·숫자화·광케이블화·전자계산기화의 실현이라는 통신 현대화 개념에 따라 이루어진다.

북한은 1990년 8월, 유엔개발계획의 지원을 받아 국제전기통신연합(ITU: International Telecommunication Union) 주관으로 1995년 9월 평양에서 함흥까지 300km의 광통신망을 구축했으며 강원도, 평안남도의 주요 도시를 연결하는 통신선로 광케이블화를 추진해 1998년까지 50여 개 시·군에 광케이블을 깔았다. 최근에도 관광 케이블 공사가 계속되고 있는데, 2000년 3월 평안북도 체신관리국은 도내 모든 지역을 연결하는 광통신 케이블 설치 2단계 공사를 마치고 개통했다. 1998년 초 도청 소재지인 신의주시와 도내 16개 시·군을 연결하는 총연장 400km의 '빛섬유통신까멜공사'를 끝낸 평안북도 체신관리국은

표 6-12 남·북한 통신시설 현황 비교(1996~2020년 기준)

구분			남한(A)	북한(B)	비교(A/B)
일반 현황(2019)		총인구(천 명)	5178	2만 5361	2.0배
		총면적(km²)	9만 8480	12만 540	0.8배
주요 회선 현황	유선전화 (2017)	총 입회선 수 (1000회선)	2만 421	1180	18.6배
		100인당 회선 수	44.40	4.64	9.2배
	이동전화 (2020)	총가입회선 수	스마트폰 보급률 95%	600만 대	8배
기타 현황 (1996)		디지털화(%)	65.1	4.6	14.2배
		공중전화(1000회선)	339.2	2.7	125.6배
		FAX 대수 (1000회선)	400.0	3.0	224.1배
		국제 트래픽 (100만 분)	694.8	3.1	224.1배

자료: CIA(1999, 2000, 2018, 2020); ITU(1998, 1999).

이를 지속적으로 추진해 2단계 공사를 마무리했다. 북한의 과학기술총연맹도 광섬유와 디지털 방식의 전송 설비 생산기술 확보에 주력하고 있는 것으로 확인된다.

북한은 광통신망의 사용상의 제한과 자본의 부족에도 불구하고 과감한 투자를 통해 광통신망을 확장하고, 이 통신망이 ISDN과 같은 디지털 통신이 가능하도록 개선하는 데 과감하게 노력하고 있다.

(3) 특수지역 통신망 구축현황

북한은 나진·선봉 지역과 중국의 훈춘(琿春) 지역, 러시아의 포시에트 지역을 연결하는 두만강지역개발계획(Tumen River Area Development Project)을 원활하게 수행하기 위해 이 지역의 통신 기반 시설 확충에도 노력하고 있다. 전화회선은 나진·청진에 각각 2000회선, 선봉에 1000회선이 있으며, 국제전화는 평양에 있는 위성통신 지구를 통해 가능하다. 한편 북한 당국은 연건평 1만 m2

표 6-13 북한의 주요 도시별 지역번호, 가입전화, 장거리전화 및 텔렉스 시설

도시별	지역번호	가입전화 시설 수 (1993)	장거리회선 (1993)	텔렉스 시설 (1993)
평양	02	23만 6000	-	892
함흥	053	12만 2600	780	100
청진	073	12만 9800	650	100
신의주	061	11만 9200	650	100
강계	067	12만 3400	210	100
혜산	079	11만 8700	210	100
남포	039	7만 4800	150	100
해주	045	10만 2900	250	100
사리원	041	10만 5100	250	100
원산	057	10만 7400	180	100
개성	049	6만 7260	150	50
계		130만 7160	3150	1942

주: 장거리 회선은 평양 기점이 기준이다. 남한과 유사한 지역번호제를 도입해 시행 중이다.

규모의 나진국제통신센터 기초 건설 공사를 1995년 4월에 완료했고, 1995년 10월에 선봉 지구에 4800m2의 통신센터, 원정리에 1500m2의 통신 중계소가 완공되어 중국과의 국제 광통신망이 개통되었다고 발표했다. 또한 중국의 훈춘과 연결하기 위한 원정-나진 사이와 청진-나진 간의 광케이블 공사가 1995년에 완공되어 평양을 통해 팩스, 텔렉스, 국제전화 등의 서비스를 제공할 수 있는 시설이 마련되었다.

특히 나진·선봉 지역의 통신망 건설사업은 북한의 대외경제협력추진위원회의 주관으로 태국의 록슬리 그룹(Roxley Pacific Company)과 BOT(Build Operate Transfer) 방식으로 동북아전신전화회사(NEATT)를 설립해 1995년부터 27년간 독점권을 부여했으며, 이 회사는 중국 지린(吉林)의 훈춘과 나선 지구를 연결하는 95km의 광통신망을 건설했다. BOT는 사업주가 자금을 조달하여 프로젝트를 건설(Build)하고, 일정기간 운영(Operate)하면서 그 사업수익으로 운영자금 충당, 부채 상환 및 배당을 실시하고, 운영기간이 종료되면 정부 등

관련기관 앞 양도(Transfer)하는 방식이다. 록슬리 그룹은 처음에 미화 5억 달러 정도를 투자해 40만 회선을 구축할 계획을 가지고 있었으나, 나선 지구에 대한 외국자본의 투자가 충분하지 않아 전화 5000회선과 이동통신 500회선 및 80개의 공중전화를 가설하는 데 그치고 있으며, 장기간의 투자에 따르는 위험을 회피하기 위해 새로운 합작 파트너를 찾고 있다. 북한은 또한 1998년 10월에 35개의 주요 시·군을 연결하는 광통신망을 구축했으며 1998년 말까지 이 통신망에 15개의 시·군이 연결될 것이라고 발표했다.

가. 나진·선봉자유경제무역지대

평양과 각 도 사이에는 초단과 중계통신이 실시되고 있고 주요 기업체들은 중앙과 직통으로 연결되었다. 이 통신망들은 평양과 도·시·군 간에 종적으로 연결된 중앙집중 체계로 구성된다. 조선중앙통신전화국의 시외 교환대를 통해 시외로의 통신이 가능한데, 평양에서 시외통화가 가능한 지역은 200여 곳이 넘고, 시외회선을 통해 3자회의가 가능한 서비스도 제공한다.

나. 나진·선봉자유경제무역지대

전화회선은 나진과 청진에 각각 2000회선, 선봉에서는 1000회선이 있으나 통신시설은 극히 취약했다. 이 지역 내의 국제전화는 평양에 있는 위성통신지구국을 통해 가능하며, 러시아와는 평양-청진-나진-블라디보스토크 간에 마이크로파로 통신이 가능하나 시설은 열악하다. 나진-훈춘 간의 광섬유케이블선의 부설공사가 1995년에 완료되었다. 평양-청진-나진과 나진-선봉-원정-훈춘(중국) 사이에 광섬유케이블이 연결(1995년에 완료)되어 지역 긴 통신망이 구축되었다. 북한은 연건평 1만 m2 규모의 나진국제통신센터 기초 건설공사를 1995년 4월에 완료했고, 1995년 10월에는 선봉 지구의 4800m2의 통신센터, 원정리에 1500m2의 통신중계소가 완공되어 중국과의 국제 광통신망이 개통되었다. 이 지역의 통신망 구축을 위해 태국 록슬리 그룹과 북한 대외건설총회

표 6-14 평양시내 전화망의 특성

구분	내용
망 구성	• 교환국 수 7개 • 각 교환국별로 3개의 RCU 교환국 보유
교환기 종	• S-1240 전전자교환기[프·중 합작 공장 중국 벨상하이(Bell ShanghAI)사] • 크로스바 교환기 • 다단식 교환기 및 수동식 교환기
케이블 시설	• 대부분 지절연 케이블로 구성 • 시내 케이블의 심한 노후상태로 상태 매우 불량
국번호 구성	• 디지털(2자리국) • SxS과 X-bar(1자리국)
평양 지역번호	• 02
평양 수동 교환대	• 500석, 1일 시·도 16만 호

표 6-15 동북아전화통신회사(NEAT&T)의 사업규모

단계	투자액	회선 수
1단계	3500만 달러	1만 5000회선
2단계	1억 달러	10만 회선
3단계	5억 달러	40만 회선

사의 합작으로 동북아전화통신회사를 설립했는데, 예정 사업규모는 총 6억 3500만 달러이며, 총 51만 5000회선 증설을 목표로 했다.

당시 전화 5000회선을 신설, 중국 훈춘과의 광통신이 개통되었으며 1998년 까지 3600만 달러의 투자 계획이 예정되어 있었다. 한편 1997년에는 삼성그룹 이 나진·선봉자유경제무역지대의 통신망 구축·교환기 합작 생산 사업을 본격 추진했다. 북한은 나진·선봉 지역에서 통신망 구축 사업을 벌여온 태국 록슬 리 그룹의 사업권을 삼성그룹에 넘겨주겠다는 뜻을 밝힌 것으로 보도되었으나 실제 투자가 성사되지는 않았다.

나진·선봉자유경제무역지대의 개발 계획은 원래 1단계(1993~1995), 2단계

표 6-16 나진·선봉 지대 통신관련 단지 실태

공업단지명	면적(ha)	대상 수	개발 기간	대상 업종
백학공단	200	19	1993~2000	전자제품(5), 가전제품 조립(5), 반도체, 집적회로, 컬러TV브라운관, 액정표시, 소자, 통신기계, 스피커, 수치제어기, 인쇄기판, 샘물가공
후창공단	200	8	2001~2010	식품가공(3), 전구, 전기기구, 수치제어공작, 기계, 전동기(2)

자료: 한국무역협회(1997: 260).

(1996~2000), 3단계(2001~2010)로 계획되었으나 1995년부터 추진 전략을 현실에 맞게 수정했다. 수정된 개발 계획은 기간을 크게 당면 단계(1993~2000)와 전망 단계(2001~2010)로 나누고 있으며, 나진·선봉 지대를 국제화물중계기지, 수출가공기지, 국제적인 관광기지로 개발할 것을 목표로 했다. 이 지역 내의 통신산업 개발계획은 기본적으로 통신교환 능력을 제고하는 데 그 목적이 있었다. 따라서 이를 위한 통신센터, 위성 지구국 건설 등이 주요 내용이었다.

제1단계(1993~2000)에는 국제화물 중계기지로서의 역할을 수행하기 위해 철도와 도로 및 항만 등 인프라 시설을 정비하고, 공단 건설 등 투자 환경을 마련해 외국인 투자를 본격적으로 유치할 계획이었다. 이를 뒷받침하기 위해 나진시 안주동과 신흥동 일대에 통신센터와 위성통신지구국을 건설해 수동식 교환기 4만 회선, 이동통신 설비 1200회선, 무선호출통신 설비 1500회선을 갖추고 선봉군 선봉과 웅상, 홍희 지구에 통신분국, 원정리에 통신취급소를 건설하고, 나진·선봉 지대에 각각 기지소를 가진 500~1000 가입자망을 운영할 예정이었다.

제2단계(2001~2010)에서는 나진·선봉 지역을 중계무역, 관광, 금융 등 각종 기능을 비롯해 수출가공구 기능까지 종합적으로 수행하는 국제 교류의 서섭노시로 육성하기 위해 통신분국을 추가로 건설하며, 통신교환 능력을 5만 회선으로 확대해 전화 보급률을 인구 100명당 50대 수준으로 제고하고, 위성통신지구국과 광섬유케이블 설비를 확충해 종합적인 ISDN[3]망을 구축한다는 계획을 세워놓았다.

표 6-17 나진·선봉 지대의 통신 부문 투자대상

	나진통신센터 신설	위성통신지구국·통신분국 신설
대상 위치	나진시 남산동	선봉·응상·후창·나진 일대
건설 주관	체신부	체신부
연계 기관	대외경제위원회 경제개발총국	대외경제위원회 경제개발총국
대상능력	건설부지: 2만 5000m² 연 면적: 1만 1000m² 교환능력: 4만 회선	건물 면적: 4800m² 교환 능력: 14만 7800회선
통신설비	숫자식 교환기: 4만 회선 34Mb 초단파 설비: 1식(式) 6조 이동총신 설비: 1200회선 위성텔레비전 통신 설비: 1식 59조 기타 전원 설비: 1식	숫자식 교환기: 14만 7800회선 숫자식 초단파 설비 － 34MB/s 단국 1식(式) 1조 － 중계기 1식 28조 이동통신 설비: 7000회선 무선호출통신 설비: 1식 1조 위성통신 설비: 1식 1조 광통신 중첩기: 1식 170조 FM 방송 중계기: 1식 2조 기타 전원 및 케이블
투자 규모	센터 건설 총투자액: 338만 4000여 달러 통신설비 구입 투자액: 3752달러	지구국 및 분국 건설 총투자액: 366만 달러 통신설비 구입 투자액: 1억 4400만 달러
투자 방식	합작	합작

자료: 홍순직(1997: 128).

5) 북한 전기통신의 문제점

북한은 정보통신 인프라가 절대적으로 부족하다. 오늘날 가장 보편화되고 일반화된 유선전화조차도 미비한 상태다. 또한 정보통신 인프라를 구축할 만한 제반 여건이 갖춰져 있지 못할 뿐만 아니라 정보통신 인프라 구축에 필요한

---

3) 통합 서비스 디지털 네트워크(Integrated services digital network). 디지털 통신 기술을 이용해 음성, 문자, 화상 등 모든 정보의 교환과 전송을 종합적으로 제공하는 전기 통신 망이다.

집약적 기술과 인력도 부족하다. 그동안 북한은 정보통신을 군사 분야 혹은 통제와 선전 수단으로 이용했기 때문에 정보통신이 갖는 순기능적인 측면을 잘 활용하기 못하고 있다.

북한이 추진 중인 통신망 현대화 사업은 첨단 연계 설비들이 도입되지 않아 통신회선 확장, 고속 데이터 전송, 화상 전송 등의 광통신 효과를 당장 기대하기는 어려운 실정이다. 특히 북한의 통신망은 평양을 중심으로 하는 성형 구조로 되어 있어 네트워크상 문제점이 있다. 시외 교환국 간에 직접 연결되어 있는 것이 아니라 평양에 모였다가 분산되는 구조이므로 부족한 전송 능력에 불필요한 하중을 가하게 된다는 폐단이 있다. 이는 정보를 중앙에서 통제하기 위해 고안된 것으로 북한 통신산업 발전의 장애요인이 되었다.

2. 우편통신

북한의 국내우편은 체신소와 체신관리국에서 담당한다. 체신성 산하 7개 도에 우편국이 있고 시·군 단위에는 체신소, 리·동 단위에는 체신분소가 있다. 군 단위의 체신소와 체신분소에서는 전신전화 업무와 유선방송 중계업무도 취급한다. 그리고 우편업무에는 편지, 소포, 신문을 비롯한 각종 간행물 송달과 함께 송금 및 예금 업무가 포함된다.

우편물 송달은 1960년대 말까지는 직장에만 직접 배달하는 '작업반 배달형식'으로 이루어졌으나, 1970년대 초에 들어서면서 직접 수취인 배달제도가 도입되었다. 우편물 배달에는 평양 시내의 경우 3일, 기타 지역은 거리에 따라 다르지만 7~10일 정도 소요되는데, 이는 교통체계가 낙후되었을 뿐만 아니라 각 시·도의 보위부 문서검열과에서 모든 우편물을 검열한 뒤 송부하고 있기 때문이다.

국제우편은 1946년에 소련과 우편물 교환을 개시하면서 시작되었고 1959년에 '사회주의국가 체신협조기구'에 가입하면서 본격화되었다. 북한은 1974년에 만국우편연합에 가입하고, 세계 20여 개국과 체신협정을 맺고 있다. 국제우편 송달은 평양-베이징, 평양-모스크바를 주 2회 운항하는 항공편을 주로 이용하고 있으며 소요되는 기간은 대략 10일 정도다.

3. 방송

북한은 2012년 '방송시설법'을 제정해 관련 내용을 법제화했다. '방송시설법'은 방송 시설의 건립과 보호, 관리 운영에서 제도와 질서를 엄격히 운영하기 위해 제정되었다. 방송 시설의 건립과 보호, 방송 시설의 관리운영, 방송 시설 부문에 대한 지도통제 등 4장 39조로 구성되었다.

북한의 라디오와 텔레비전 방송국은 7개다. 이들은 2원 체제로 구성되어 있는데, 시설과 방송 실무는 정무원의 조선방송위원회에서 관장하고 있으나 방송 편성은 노동당의 선전선동부와 통일전선부에서 관장한다. 북한 방송은 주민사상 무장과 남한 적화혁명 무기로서의 기능을 수행하고 있다. 또한 북한 방송은 신속성을 중요시하지 않으며 북한 내부에서 발생한 사건·사고 등 부정적인 내용들은 일절 보도하지 않는다. 북한의 최고인민회의 상임위원회는 1970년 10월 14일 방송절을 제정하는 정령을 발표하면서 방송의 기능에 대해 "방송은 로동당의 강력한 선전 수단의 하나로서 전체 인민들은 당의 유일사상으로 철저히 무장시키며 그들을 사회주의 혁명과 사회주의 건설을 위한 투쟁에로 불러일으킴에 있어서 중요한 역할을 한다"라고 강조했다.

또한 중앙방송은 방송절 45주년인 1990년 10월 14일 기념 프로그램을 통해 "북한 방송은 당과 수령의 두리에 굳게 뭉친 혁명대오의 일심단결과 주체위업을 끝까지 완성하려는 인민의 신념 및 의지를 선전하는 것을 첫째가는 임무로 삼아 여기에 힘을 집중했다"라고 주장하는 등 '노동당의 사상적 무기'로서의 성격을 명백히 했다(남북문제연구소, 2000: 1~3). 2002년 8월 남북이 방송 교류를 추진하기로 합의해 2002년 9월 KBS 교향악단의 공연을 남북이 공동으로 중계했으나 이후 정치적 환경의 악화로 사업은 중단되었다.

1) 라디오방송

라디오방송으로는 중앙방송, 평양방송, 구국의 소리, 평양FM 등이 있다. 중앙방송은 대내용으로 중파 3채널, 단파 4채널로 1일 22시간 방송한다. 평양방송은 대외 및 대남용으로 중파 5채널, 단파 3채널로 1일 23시간 30분 방송한다. 구국의 소리는 전문적인 대남 흑색방송으로 중파 1채널, 단파 6채널로 1일 16시간 방송하며, 평양FM은 2개의 주파수로 1일 8시간 방송한다. 북한의 국내 라디오방송은 유선방송에 의존하고 있다. 중단파 AM 방송과 초단파 FM 방송은 한국을 능가할 정도로 막강한 출력을 보유하고 있다. 라디오 기기 보유는 9.2명당 1대로 알려져 있다.

2) 유선방송

북한의 방송통신 부문에서 큰 비중을 두는 사업은 유선방송의 운용이다. 1960년대부터 평양을 비롯한 전 도시에 실시되어 왔는데 1970년대 이후 방송 출력 강화와 아울러 공동 작업장과 대중 집합 장소들에 방송 시설을 확장하는 데 주력했다. 그 결과 1977년에는 평양 유선방송국은 600kw의 출력을, 각 시·도 유선방송국은 100kw의 출력을 송출했으며 '전리마'와 '평화'라는 수신 기종이 전체 가구의 약 65%에 보급됨으로써 총 175만 대의 수신기를 보유하게 되었다고 발표했다. 처음에는 회선 단위의 통계를 발표했으나 나중에는 총출력으로만 발표하고 있다.

1984년 6월 28일 체신절에는 "온 나라의 유선방송화가 실현되었으며 지금도 더욱 발전시키고 있다"라고 밝힌 바 있다. 유선방송 시스템은 흔히 다이얼 없는 라디오라 부르는데, 가장 경제적인 방법으로 대외정보를 차단하고 자기 정보를 가감 없이 전송할 수 있는 유효한 수단이다. 북한의 여러 집회에서 흔히 목격되는 수십 개의 마이크는 유선방송과 직접 연결을 목적으로 설치되었다.

유선방송국 시설은 평양과 지방 11개소에 설치되어 있다. 유선방송 의존도가 높은 것은 라디오 수신기가 부족하기 때문이기도 하지만 집단 청취를 통한 선전선동 효과를 극대화하기 위해서이기도 하다.

3) 텔레비전 방송

북한의 공중파 텔레비전 방송 방식은 PAL이지만 개성에는 NTSC 방식을 사용하고 있다. 1국가 2 방식은 아마도 북한이 유일할 것이다. 개성은 남한과의 근접 지역으로서, 이곳에만 NTSC 방식을 사용하는 것은 대남선전방송 전파를 위한 것으로 보인다. 북한 텔레비전의 전국망 구성에 필요한 마이크 웨이브 중계소는 고지대가 많은 북한 특성상 숫자가 많으나, 전송 장치는 구소련의 낡은 마이크로웨이브 장비를 사용했다. 지속적인 부속품 조달의 어려움과 시설 개보수의 지연으로 방송망 구성이나 유지 보수에 어려움을 겪고 있다.

텔레비전 방송으로는 중앙텔레비전방송이 있다. 1963년 중앙텔레비전방송으로 개명되었는데, 컬러TV 방송은 1974년 4월 15일 김일성의 62회 생일부터

표 6-18 **세계 각국의 TV 방식**

구분	NTSC	PAL	SECAM
사용국	한·미·일·미주 (33개국)	북한·서유럽·중국 (70개국)	프랑스·소련·동유럽 (41개국)
주사선	525개	625개	625개
화소	14.4만 개	27만 개	27만 개
채널폭	6MHz	8MHz	8MHz
특징	경제적	화질 선명	위상 안정

시작되었다. 중앙텔레비전방송은 "주체위업 실현에 이바지하는 또 하나의 위력한 사상적 무기"로서 "당과 수령에 대한 뜨거운 충성심으로 당사상 전선의 최전선인 텔레비전 방송 초소를 굳건히 지켜왔다"라고 스스로를 평가·선전하고 있다. 그러나 북한의 텔레비전 보급은 약 200만 대에 그쳐 11.5명당 1대꼴로 매우 낮은 수준이다.

4. 북한의 전자공업 현황

1) 전자공업 제품 생산 현황과 주요 공장 현황

(1) 통신기계와 통신케이블

통신기계 분야는 북한의 전자공업 가운데 상대적으로 일찍부터 발달했다. 이 분야는 군사적 목적과 결합되어 1950년대부터 초보적이기는 하지만 독자적인 산업의 형태를 갖추기 시작했다. 그러나 1970년대 이후 선진기술의 도입이 거의 이루어지지 못해 현재는 크게 낙후되어 있다. 1980년대 접어들어 대외 무력의 중요성이 강조되면서부터 국내·국제 통신시설 확장과 현대화를 추진하기 시작했다. 특히 1989년 평양 세계청년학생축전 준비, 1991년 나진·선봉경제특구 설치 등을 계기로 대내외 통신시설 확장과 현대화를 적극 추진했다.

북한은 통신 기간산업이 낙후되어 있다는 점을 인식하고 신속한 통신산업 개발 계획을 세워놓았다. 시외회선의 경우 디지털 방식의 통신망을 구축하는 한편 국제통신은 현존의 위성통신과 마이크로파 회선의 증설을 계획했다. 이와 함께 중앙에서부터 도·시·군·리에 이르는 전자 자동화 계획을 1단계(전체 100만 회선), 2단계(300만 회선)로 나누어 추진하고 있다. 전화 자동교환기의 경우 전자식 교환기, 크로스바 교환기와 스텝바이스텝 교환기 등이 있으며, 시외

표 6-19 지역별 교환 시설 수

구분	교환 시설 수 (단위: 회선)	구분	교환 시설 수 (단위: 회선)
평양	23만 800	해주	10만 600
함흥	1만 2000	사리원	10만 2800
신의주	11만 6600	개성	6만 5800
강계	12만 700	원산	10만 5000
남포	7만 3200		
합계		92만 7500	

전화 회선은 하다까(はだか) 회선과 마이크로 회선을 사용하는데, 장래의 ISDN을 고려해 디지털 통신방식으로의 전환을 검토했다.

텔렉스 시설은 1980년대부터 일본과 서독 등지에서 텔레타이프를 도입해 주로 지방의 관공서와 주요 기업소, 무역상사 등 무역 관련 기관 등에 설치하여 이용해 왔다. 전신기기 생산은 모스전신기를 자체 생산하고 기타 인쇄전신기와 사진전송기 설비는 수입에 의존했다. 북한 통신 당국은 1974년에 텔레타이프 생산설비(연산 300대)와 사진전송기(연산 10대) 수입을 위해 일본과 교섭한 바 있으나 실현되지 못했다. 주요 통신기계 공장으로는 '남포통신기계공장', '평양통신기계공장', '안주통신기계공장' 등이 있고, 이 외에 여러 중소 규모의 통신기계 공장이 있다.

이 밖에 룡강통신기계공장, 박천통신기계공장, 선천영예군인통신기계공장, 원산통신기계공장, 함흥통신기계공장, 강원도통신기계수리공장, 평양무선기구수리공장 등이 있다. 북한의 대표적인 통신케이블 공장은 '3월 26일공장(평양전선공장)'이다. 이 공장은 1958년에 체코슬로바키아의 원조로 건설되었으며, 송전용 케이블, 통신용 케이블, 조작 케이블 등 케이블과 절연선, 고무 보호선 등을 생산한다. 케이블 직장, 수지고압 케이블 직장, 절연 직장, 연신 직장, 압연 직장, 공부 직장, 기계화 직장, 운수 직장 등이 있으며, 전기동, 알루미늄, 파고무, 비날론, 용접봉 등을 자체적으로 생산한다. 이 공장의 수지고압 케

표 6-20 북한 통신기계 공장 현황

공장명	생산 품목
남포통신기계공장 (3월14일공장)	북한 최대의 통신기계 공장, 라디오, 텔레비전, 전축, 전화기, 무선기, 레이더, 유선방송 설비 생산
선천영예군인 통신기계공장	교환기, 호출신호장치, 전화기, 교환대 생산
안주통신기계공장	전자식 자동교환기, 중파송신기, SBS 송신기, TV 중단기 등 각종 방송설비 및 유무선 통신기계, 부속품 생산
평양통신기계공장	반송전화기, 전화기, 특정기, 자동교환기 등 유선 통신기계 생산
5월7일영예군인 통신기계공장	함경북도 길주군 소재, 교환기, 전화기 생산
개성통신기계 부속품공장	표시등, 스위치, 교환대 전구, 퓨즈, 피뢰기 등 통신기계 부속품 생산

이블 직장은 1990년 2월에 조업했는데, 한 해에 수천 km의 수지고압 케이블 생산 능력을 갖추고 있다고 한다. 역시 1990년에 발포형 고주파 원거리 통신 케이블 생산공정에 고속수지압출기를 도입해 선피복 능력을 향상시켰다. 1993년 8월에는 하나의 선으로 수백 통화를 가능하게 하는 세심 동축 원거리 통신 케이블을 개발했다고 한다.

한편 북한은 유엔개발계획의 지원으로 1992년 4월에 평양광섬유케이블 공장을 완공했다. 이로써 통신망의 광섬유케이블화를 연차적으로 추진할 수 있는 토대가 마련되어 1995년 1월 27일에 300km에 이르는 평양-함흥 간 광섬유케이블 설치 공사가 완공되었고, 이후 계속해 함흥-청진-나진-훈춘 간 530km 구간의 광섬유케이블 설치 공사를 추진한 바 있다. 북한에는 전자부품과 자동화 기구를 생산하는 공장, 기업소가 60여 개 있으며, 이들 자동화 공업기지들에서 인민경제 여러 부문에 필요한 자동화 기구들과 요소들을 생산했다(≪로동신문≫, 2002.3.10). 주요 공장으로는 '10월5일자동화종합공장', '비류강전자공장', '모란봉자동화기구공장', '청년전기연합기업소', '대동강축전기공장', '희천영예군인저항기공장' 등을 들 수 있다.

2) 컴퓨터

개인용 컴퓨터 이전의 문자통신은 텔렉스가 주종이었다. 1960년 동독의 인쇄전신기를 도입해 쓰다가 1974년부터는 일본에서 수입해 사용하는 남한과 비슷한 실정이었다. 1960년대부터 컴퓨터 개발연구를 시작했는데, 중국의 문화혁명을 피해 북한으로 온 조선족 과학자들을 활용해 1969년 '전자계산기제작집단'을 조직하고 '전진-5500'이라는 제1세대 디지털 컴퓨터를 최초로 제작했다. 4096개의 숫자를 저장할 수 있는 수준이었지만, 남한의 세종1호가 1973년에 제작된 것을 고려할 때 북측의 컴퓨터 제작은 외형적으로는 남측보다 빨랐다.

1974년 폴란드제 오드라를 도입·사용하다가 이를 모방해 1979년 김일성종합대학에서 제2세대 컴퓨터 '룡남산 1호'를 제작했다. 그러나 북한이 컴퓨터를 생산하기 시작한 것은 1982년이었다. 당시 북한은 일본 등지에서 XT급 주요 부품을 도입해 8bit 개인용 컴퓨터 '봉화 4-1'을 조립·생산했으나 그 대수는 미미했다. 그 이후 북한은 16bit 이상의 컴퓨터를 생산하기 위해 1987년 4월에 유엔개발계획의 원조를 받아 평양에 소재한 조선과학원 산하 전자공학연구소에 집적회로 시험공장을 완공했다. 1988년에는 자체적으로 16bit 컴퓨터를 제작·생산했으며 과학전시관에 전시하기도 했다. 1989년부터 '평양집적회로공장', '해주반도체공장', '단천영예군인반도체공장' 등 컴퓨터 생산공장을 건설하기 시작해 1990년대부터 32bit 컴퓨터를 조립·생산하며 32bit의 공업화 달성에 적극 노력하고 있다. 1992년까지 조립라인 2개, 근로자 수 100명 규모에서 2년간 1000대를 생산했다.

1992년에는 XT급 2만 대 생산계획을 UN에 제출했는데, 이 중 40%는 국내용, 60%는 수출용이었고 예정가는 600달러였다. 이와 같은 사실은 북한이 오래전부터 컴퓨터 생산에 주력했으나 그 성과가 별로 없었다는 것을 반증하는 것이다. 알려진 자료로는 1995년 워크스테이션 30여 대와 탁상형 마이컴 3000여 대 정도이며 매킨토시와 NEC 9801 등이 소량 있으나 전체적으로 볼 때 수요

표 6-21 '평양컴퓨터조립공장' 현황

위치	평양 대동강변
생산품	386급 대량생산, 486급 조립·생산
연 생산능력	3만 대

보다는 공급이 부족한 것으로 예상된다.

1998년에 중형 서버용 13대, 486컴퓨터 2500대, 노트북 225대와 구내전산망을 수입했고 1999년에는 미국산 델(Dell) 컴퓨터 586급 3800대, 노트북 400여 대, 중형서버 200대 등 총 200만 달러 상당을 수입했다. 북한의 컴퓨터는 1999년 말 기준으로 대략 5~10만 대 미만으로 보급된 것으로 보이며, 대략 300명당 1대꼴이다. 286급이 65% 정도다. 32bit 컴퓨터의 경우 외국에서 부품을 수입해 일부 조립·생산하는 정도다. 2000년 2월 평양전자제품개발회사는 1300여 대의 컴퓨터를 생산해 만경대학생소년궁전 등 교육기관에 전달했다 (평양방송, 2001.5.12).

북한은 바세나르협정의 규제를 받아 국제사회로부터 최신형 컴퓨터의 도입이 매우 어렵다. 바세나르협정은 1995년 12월 세계 28개국 대표들이 네덜란드 바세나르에 모여 새로운 재래식무기와 군사기술에 대한 통제장치를 마련한 것이다. 이 협정은 대량파괴무기(WMD) 외에 통상적인 재래무기와 이와 관련한 이중용도품목과 기술에 대한 통제체제였던 대공산권수출통제위원회(COCOM: Coordinating Committee for Multilateral Export Controls)[4] 체제를 이어받은 것이다.

바세나르협정의 주요 내용은 다음과 같다. 첫째, 상용 무기와 이중용도품목과 기술의 불법 축적 방지를 목적으로 한다. 이를 위해 회원국은 국내 입법을

---

[4]　COCOM은 냉전시대 서구 국가들이 공산권에 대해 군사력을 강화할 수 있는 전략물자와 기술의 수출을 금지하기 위해 구축한 것이다. 동유럽권 국가의 자유화와 구소련의 붕괴로 COCOM 체제 유지가 불필요해지면서 따라 1994년 3월 해체되었다.

통해 바세나르협정의 취지에 반하지 않도록 법적 보장을 해야 한다는 것이다. 둘째, 대량파괴무기의 비확산 체제를 강화하고 보완하는 역할을 수행한다. 바세나르협정은 분쟁 가능성이 있는 위험지역의 무기와 민감한 품목 및 기술의 이전 문제에 집중하고 있다. 바세나르협정의 수출 통제 리스트는 상용 군수품 리스트(Munition List)와 이중용도품목 및 기술 리스트(List of dual-use goods and technologies) 등이다. 상용 군수품 리스트란 유엔 군수 등록제도의 대상이 되는 탱크, 장갑전차 차량, 대구경 대포, 전투기, 공격용 헬리콥터, 전함, 미사일 민감 품목 등 일곱 가지를 의미한다. 이중용도품목과 기술 리스트는 제품의 기능에 따라 신소재, 소재가공, 전자, 컴퓨터, 통신 장비, 레이저와 센서, 항법장치, 해양 기술, 추진장치 등 아홉 가지로 구성된다(김연철, 2000: 75~79). 바세나르협정에 가입한 국가는 처음 26개국이었으나 현재 42개국이며, 남한은 1999년 4월에 가입했다. 원래 군사 목적의 제한 규정이었으나 이란, 이라크, 리비아 북한 등 테러지원국 지정 국가는 산업 부문에도 적용되었다.

하지만 2000년대 초반 북한과 IT 교류를 추진하기 위해 방북한 남한 업체들에 따르면 북한은 남한으로부터 486급 이상의 컴퓨터를 지원받지 못하고 있지만 실질적으로 바세나르협정에 가입하지 않는 중국, 홍콩으로부터는 펜티엄급 컴퓨터를 수입했다고 한다(고수석·박경은, 2002: 173). 또한 바세나르협정의 적용을 받지 않는 싱가포르에서 컴팩 등 미국산 컴퓨터까지 수입한다.

평양정보쎈터에서는 콤파크 프레사리오(compaq presario), IBM 압티바(ibm aptiva), ACER 셀러론(acer celeron), ACER 아스파이어(acer aspire), 후지츠 셀러론(fujitsu celeron), 필립스(philps) 등 펜티엄 III급 컴퓨터를 팔고 있고 방마다 한두 대씩 설치된 컴퓨터들은 스위칭 허브를 통해 랜으로 연결되어 있다. 가격은 성능에 따라 1200~2200달러로 개인은 구입하기 어렵고 교육기관, 연구기관, 기업이 구입한다고 한다(박찬모, 2002: 6). 또한 북한은 평양에 위치한 전자공업성 산하 전자제품개발회사에 펜티엄급 컴퓨터 등 최신 기종을 조립·생산하는 공장을 건설했다. 이곳에서 생산하는 컴퓨터는 펜티엄 III급과 셀러론(Celeron)급 최신 기종이며, TV 카메라, PCL(음성) 카드, 랜카드 등이 설치되어 있다(≪조선신보≫, 2001.5.17). 또 김일성종합대학 정보쎈터에서는 '오라클 8i'를 운영할 수 있는 윈도NT 기반 알파서버 등이 발견되었다(≪전자신문≫, 2001.9.12).

3) 반도체

소재 부품인 반도체 분야는 자본이 워낙 많이 들기 때문에 후진국에서 개발하기는 매우 어렵다. 반도체 자체 개발에 한계를 느낀 북한은 1970년대 중반 이후 서방 선진국의 기술 도입을 시도했다. 1980년 1월부터 유엔개발계획을 통해 인도의 ETTDC로부터 바이폴라 디지털 IC 파일럿 플랜트(Bipolar Digital IC Pilot Plant) 시설 도입을 위한 교섭을 시작하여 1987년 IC(Integrated Circuit) 시험공장을 인도받아 TTL(Transistor Transistor Logic) IC 등 간단한 디지털 IC를 소규모 생산했다.

북한은 반도체 산업육성을 위해서 1980년대 초 전자공학연구소를 설립하고 1990년부터 이 연구소의 IC 시험공장에서 SSI(Small Scale Integration)의 시험제작에 주력했으나 큰 진전이 없었다. 또한 공장에서 당초에 계획했던 실리콘 단결정 성장설비와 MASK 제삭(IC 설계)은 여전히 완성되지 않은 것으로 보인

표 6-22 **유엔산업개발기구에 투자 요청한 정보산업 품목** (1992.5 기준)

*DPK/020/V/92-05	반도체 부품 생산, 1500만 달러 자금, 기계(machinery)와 기기(equipment)
*DPK/021/V/92-05	전자계산기 생산, 240만 달러 자금, 관리전문가, 기술자, 기계, 기기, 외국시장 통로
*DPK/028/V/92-05	디지털 제어장치 생산, 600만 달러 관리전문가, 기술자, 기계, 기기
*DPK/032/V/92-05	원거리 통신 제품, 합작투자 혹은 차후 결정, 기술자·기계·기기·외국 시장 통로

자료: 박찬모(2002.8.24: 6).

표 6-23 북한의 주요 전자기기 공장 현황*

구분	공장명	주요 생산제품
종합 전자기기	10월5일자동화공장	대표적인 자동화공장으로서 정류기, 계기, 냉장고, 집적회로, 자동온도조절기 등
	● 남포통신기계공장	라디오, TV 2만 대, 유선방송기, 확성기, 무전기, 전화기, 교환대, 어군탐지기, 콘덴서, 변압기 등
유선 통신기기	● 평양통신기계수리공장	반송전화기, 전화기, 측정기, 인쇄회로기판
	박천통신기계공장	전화기
	● 선천영예군인통신기계공장	교환기, 호출신호장치, 전화기, 교환대부속품, 절연저항 측정기, 전화기, 고성기
	5월7일통신기계공장	교환기, 전화기, 고성기
	강계제1통신기계공장	교환기, 전화기
	평양통신기계공장	전화기, 자동교환기, 전화선, 교환대
무선 통신기기	안주통신기계공장	중파송신기, SSB 송신기, TV 중단기, 유무선통신기
	평양영예군인통신기계수리공장	통신기기 수리, 절연저항 측정기, 고성기
	평양무선기구수리공장	선박용 무전기, TV, 무선전화기
	성간통신기계수리공장	군용 무전기, 전화기
민수용 전자기기	대동강TV수상기공장	흑백TV 10만 대 생산능력, 칼라TV 조립생산공장
	청진TV수상기공장	TV
	3월14일공장 (남포통신기계공장 내 TV 공장)	TV
	동림 세탁기공장	전기세탁기
	함흥 세탁기공장	전기세탁기, 동선
	북중 냉동기공장	냉동기
	평양알루미늄제품공장	세탁기, 전기밥솥 (조총련 지원, 일본설비 합작 코끼리표 밥솥)
	청진 전기공장	전기다리미
산업용 전자기기 및 전자부품	평양전선공장	전력·통신케이블선, 고무절연선, 피복선, 에나멜선
	● 평양에나멜선공장	에나멜선(직경 0.02~8mm)
	● 희천종합전자기기공장	전자관
	● 평양전구공장	전구, 형광등
	● 신의주건전지공장	건전지
	개성축전지공장	축전지
	평양영화기계공장	영사기

		용성축전지공장	축전기
산업용 전자기기 및 전자부품		평양도자기공장	고압애자
	●	비류강전기공장	전자지구, 자동화부품
	●	압록강전기공장	자동화부품
	●	천리길전기공장	전자기구, 자동화부품
		청진철도신호기공장	신호기
정보통신 기기		평양집적회로공장 (2극소자직장)	1992년 4월 극소자직장 조업식 전자일용품, 집적소자
		평성반도체공장	정보기기, 소프트웨어개발
		조선콤퓨터쎈터	정보기기, 소프트웨어개발
		평양프로그램쎈터	평양 대동강변, 건평 1.2만 m²의 6층 건물
		평양프로그램쎈터	평양 대동강변, 건평 1.2만 m²의 6층 건물
		평양컴퓨터조립공장	회로판 생산설비, 16bit급 이상의 PC 등 각종 컴퓨터와 소형 계산기, 기타 전자요소 생산 기대
		조선과학원 집적회로시험공장	1987년 4월 조선과학원 산하의 전자공학연구소 내 설치 유엔개발계획의 원조로 건설, 집적회로의 연구개발, 전문 인력 양성

주: ● 표시는 자동화기기 소요부품을 생산하는 공장이며, 이외에도 대안전기공장, 성천강전기공장, 주을전기 공장, 남포전구공장, 희천정밀기계공장 등에서도 자동화기기 부품이 생산되고 있다.
자료: KDB 산업은행(2005, 2015, 2020).

다. 1989년 평양에 집적회로(IC) 공장을 세우고, 16MB 초대규모집적회로를 개발하고, 인쇄회로기판(PCB)과 기초 반도체를 생산하고 있다. 북한은 이와 같은 낙후된 반도체산업의 육성을 위해 제2차 과학기술발전 3개년계획 기간(1991~1994)에 평양과 자강도 희천에 대규모 집적회로(LSI: Large Scale Integration) 공장을 건설해 1MB IC 메모리 1000만 개의 생산 목표를 설정했다. 또한 1991년부터는 프랑스로부터 747만 달러 상당의 다이오드·트랜지스터 생산설비와 약 4600만 달러 상당의 길러델레비진 및 녹음기용 아날로그 IC 생산설비를 위해 시설 차관 도입을 추진하는 등 설비 도입 확장에 주력했다.

디지털 IC 중 가장 간단한 기본 품목의 생산을 시작했으나 여전히 북한은 고급 연구인력 부족, IC 제조 관련 기초 기술 경험 부족, IC 생산설비 미비 등으로 생산이 저조한 실정이고, 이를 극복하기 위해서 북한은 1992년 유엔산업개발기구5)를 통해 서방의 투자 지원을 요청했는데, 서방의 투자 지원은 뜻대로 이루어지지 않았다. 북한은 1987년에 유엔개발계획과 합작으로 평성반도체공장을 건설해 각종 IC 시제품을 생산하기 시작했고 1989년에 '평양집적회로공장', '해주반도체공장', '단천영예군인반도체공장' 등을 설립해 인쇄회로기판(PCB)과 기초반도체를 생산했다.

4) 나노기술

나노기술 개발 성과는 여전히 미흡하다. 하지만 북한 언론에서 나노기술의 중요성에 대해 언급하고 있다는 점은 주목할 만하다. 북한은 전 세계적으로 나노기술에 대한 연구가 심화되면서 전자요소들의 초소형화와 대용량화에 일대 변혁이 일어날 수 있을 것으로 판단했다. 북한은 세계 공학계의 '나노회로' 개발에 대해 '콤퓨터를 개미가 짊어질 수 있을 만큼 작게 만들 수 있는' 성공이라고 평가했다. '나노회로'라는 새로운 전자회로의 성공으로 컴퓨터 속도가 30배 이상 빨라질 것으로 예상하며 '분자전자공학'이라는 새로운 공학 부분이 탄생할 것이라고 설명했다(≪로동신문≫, 2002.3.10).

5) 컴퓨터 화상처리기술

북한에서는 컴퓨터 그래픽을 '콤퓨터 미술'이라고 부른다. 컴퓨터 미술을

---

5)   유엔산업개발기구(UNIDO: United Nations Industrial Development Organization)는 1967년 1월에 발족한 기구이며 본부를 빈에 두고 개발도상국의 산업 개발을 위한 조사, 계획 작성, 기술원조 등을 주된 목적으로 하고 있다. 20세기 말까지는 개발도상국 공업 생산 규모가 세계 전체의 25%까지 이르도록 한다는 목표를 세워놓고 있다. 우리나라는 1980년 가입한 후 활발한 활동을 전개, 유엔산업개발기구와 긴밀한 협조 관계를 유지했다. 1992년 말 당시 적어도 20여 개 환경업체가 유엔산업개발기구의 주선으로 미국 기업과 합작 및 기술 제휴를 맺고 있다.

"일반적으로 콤퓨터에 설치된 프로그람과 입출력장치를 리용하여 미술가의 창작적 욕구를 실현하는 미술의 한 종류"라고 정의한다. 컴퓨터 미술은 컴퓨터 선전화, 컴퓨터 회화, 컴퓨터 도안, 컴퓨터 보석화, 컴퓨터 수예, 컴퓨터 기념비 형성안, 컴퓨터 아동 영화 등 여러 가지 종류로 구분한다(≪로동신문≫, 2002. 2.24).

이러한 컴퓨터 미술은 '콤퓨터 화상처리기술'을 이용할 수 있다고 보는데, 이것이 바로 우리의 컴퓨터 그래픽이다. 또한 컴퓨터 미술을 2차원 화상처리 기술과 3차원 화상처리기술로 나누어 구분하고 있는데, 이는 각각 2D와 3D의 북한식 용어다. 2001년 8월 애니메이션 합작 사업관계로 북한에 다녀온 하나로통신 김종세 신사업 TFT 팀장은 "북쪽의 경우 3D에 대한 전문적 기술을 갖추고 있지는 못하지만 기초 기술력이 튼튼하기 때문에 새로운 기술의 흡수가 매우 빠르다"라고 전했다(≪월간 민족 21≫, 2002: 139). 제작에 참여한 엔지니어들이 북한 최고의 엘리트 집단인 김일성종합대학 출신(≪한국경제≫, 2001.1. 30)이지만 이들에게 3D는 아직 익숙하지 않는 분야였다.

2002년 인민대학습장에서 열린 평양미술축전에서 '2.16경축 컴퓨터 미술경연장'이 따로 설치된 점은 북한에서 컴퓨터 그래픽에 대한 관심이 높음을 단적으로 보여주는 예라 하겠다. 만수대창작사에서는 '콤퓨터 다매체기술'을 이용해 영사막에 기념비의 형성안들을 실제 공간에서처럼 보여주는 '3차원기념비 형성안'을 만들었다. 또한 조선4.26아동영화촬영소에서는 3차원 화상처리기술을 이용해 〈소년장수〉, 〈령리한 너구리〉를 비롯한 여러 편의 아동영화를 창작·완성했다고 한다(≪로동신문≫, 2002.2.24).

6) 클라우드 컴퓨팅

북한 당국이 2018년 노동당 세포위원장들에게 배포한 강연 자료에 인터넷 기반 가상 IT 기술 제공 서비스인 클라우드 컴퓨팅이 설명되어 있어 관심을 끌었다. 이는 2019년 "신년사"를 포함해 그동안 과학기술 발전을 강조해 온 김정은 위원장의 뜻이 반영된 것으로 보인다. 강연 자료에 따르면 "클라우드 연산은 개인이나 기업체들이 기업 경영에 쓰는 프로그람들을 개발하고 실행하는 데 필요한 자료의 계산과 기억능력을 인터네트(인터넷) 등의 콤퓨터망으로부터 제공받을 수 있게 하는 콤퓨터망 봉사형식(서비스 제공 방법)이다"라고 설명한다.

북한은 2014년부터 클라우드 컴퓨팅을 '구름계산봉사'라고 부르며 관심을 둬왔다. 이는 부족한 자원과 열악한 내부 정보통신 환경을 클라우드 컴퓨팅의 장점을 이용해 극복하려 하기 위한 것으로 분석된다. 또한 "(클라우드 컴퓨팅은) 사용자들의 요구에 따라 초대형 콤퓨터 능력에 이르기까지의 자료처리 및 보관능력을 구매 혹은 임대 봉사형식으로 제공한다"라며 "클라우드 연산을 받아들이면 개별적 기업들이 경영정보체계 구축에 필요한 장치 및 프로그람 구입에 드는 비용과 경영 원가를 낮출 수 있다"라고 설명한다.

실제, 클라우드 컴퓨팅을 이용하면 각종 ICT 자원을 개별적으로 사거나 소유하는 대신 필요한 만큼 빌려서 사용해 자원 구축 비용을 절감할 수 있다. 북한 선전 매체 메아리는 2017년 국가과학원 정보과학기술연구소가 '은정'이라는 이름의 홈페이지를 통해 '구름계산봉사' 시작을 준비하고 있다고 밝혔다. ≪로동신문≫은 2018년 12월 구름계산체계와 같은 정보·통신 기술들을 개발·도입했다고 보도한 바 있어, 당시 북한의 클라우드 컴퓨팅이 상용화를 앞두고 있을 가능성도 있다. 이러한 행보는 김 위원장의 과학기술 중시 기조와 성과를 홍보함과 동시에, 상용화를 앞둔 클라우드를 주민들에게 선전하려는 의도로 평가된다.

한편, 북한 당국이 강력한 보안을 앞세운 배타적인 형태의 사설 클라우드 환경을 구축하면 내부정보를 보다 쉽게 통제할 수 있을 것으로 보인다. 정보의 자유로운 유통과 활용을 목적으로 개발된 ICT가 폐쇄적인 국가의 체제를 강화하는 데 이용될 수 있다는 의미다. 특히, 클라우드 컴퓨팅 중 온라인 저장소를 주민들에게 제공하고 USB와 같은 물리적 저장 장치 사용을 통제한다면 주민들이 사용하는 모든 데이터를 속속들이 들여다볼 수도 있게 된다(≪데일리NK≫, 2019.1.3).

참고문헌

1. 국내 문헌

고수석·박경은. 2002. 『김정일과 IT 혁명』. 베스트북.

국가정보사령부. 2021. 「2021 북한 전략정보 자료집」.

김연철. 2000. 「북한 정보화의 국제적 변수」, 『인터넷과 북한』. 경남대 극동문제연구소.

남북문제연구소. 2000. 『남·북한 방송개방 환경은 어떠한가』. 남북문제연구소.

≪데일리NK≫. 2019.1.3. "북한 '클라우드 컴퓨팅' 선전… 조만간 서비스 상용화?".

≪동아일보≫. 2002.8.28. "북한 전화번호부는 일종의 정보자료집".

≪문화일보≫. 2000.7.12. "남북한 이산가족 상봉에 화상회의 시스템 도입".

민족21. 2002. ≪월간 민족 21≫, 1월 호.

박찬모. 2002.8.24. 「남북 정보통신(IT) 산업 협력의 현황과 과제」. 제17회 미래전략포럼 발표 자료.

연합뉴스. 2001.5.29. "북한 인텔샛의 145번째 회원국".

≪전자신문≫. 2001.9.12. "김일성종합대학 정보쎈터 윈도NT 기반 알파서버 사용".

정보통신부. 1996. 「전기통신에 관한 연차보고서」.

_____. 1997. 「정보통신부 정보화 백서」.

_____. 2001. 「정보통신부 정보화 백서」.

_____. 2002. 「전기통신에 관한 연차보고서」.

≪한국경제≫. 2001.1.30. "남북한 애니메이션 합작에 김일성종합대학 출신 엔지니어 참여".

한국무역협회. 1997. 「남북경협 실무 길잡이」. 한국무역협회.

홍순직. 1997. 「북한의 사회간접자본 현황(통신)」. ≪통일경제≫, 9월 호.

KDB 산업은행. 2005. 『신 북한의 산업』.

_____. 2015. 『북한의 산업: 2015』. KDB미래전략연구소.

_____. 2020. 『북한의 산업 2020 III』. KDB미래전략연구소.

≪NK조선≫. 2013.3.3. "고위 간부 집에만 설치, 대부분 수동식"(nkchosun@chosun.com).

2. 외국 문헌

38 North. 2018.12.6.

CIA. 1999. The World Factbook.

_____. 2000. The World Factbook.

_____. 2018. The World Factbook.

_____. 2020. The World Factbook.

ITU, World Telecommunication Indicator Database.

_____. 1997. World Telecommunication Development Report.

_____. 1998. World Telecommunication Development Report.

_____. 1999. 「Internet for Development」.

_____. 2002. 「Internet for Development」.

_____. 2018. World Telecommunication Development Report.

_____. 2019. Consultant, DPRK Telecommunications Sector Appraisal

_____. 2019. World Telecommunication Development Report.

_____. 1995. ≪세계의 정보통신지≫.

Radio Free Asia(RFA). 2012.12.6. *International Telecommunications Data 2009*. Federal Communications
   Commission(FCC).

3. 북한 문헌

≪로동신문≫. 2002.2.24. "정보산업시대가 낳은 새 화폭들".

_____. 2002.2.24. "콤퓨터 미술상식".

_____. 2002.3.10. "인민경제의 정보화와 전자공업".

≪조선신보≫. 2001.5.17. "전자공업성 산하 전자제품개발회사 최신 기종 컴퓨터 생산".

조선중앙TV. 2018.11.8.

조선중앙방송. 1998.1.3. "북한 1997년 말까지 전화 자동화를 실현".

주체91. 2002. 『전화번호책』.

평양방송. 2001.5.12. "평양전자제품개발회사, 1300대 컴퓨터 교육기관에 전달".

7장
북한의 이동통신 사업 실태와 평가

1. 이동통신 사업 연혁

　1995년 태국 록슬리(Loxley) 그룹과 북한 조선체신회사가 출자하여 설립한 합영회사인 동북아전화통신회사는 나진·선봉경제특구를 대상으로 한 이동통신 사업을 개시했다. 무선호출 1500회선과 휴대전화 500회선을 설치 개통한 것이 북한 최초의 휴대전화 사업이었다. 2002년 8월 동북아전기통신회사는 평양 지역에서 안테나 기지국을 설치하고 반경 4km를 대상으로 전파를 발신하는 등 이동전화 시험을 운용했으며 11월에 유럽의 GSM 방식으로 서비스를 제공했다. 2003년에 2만여 명, 2004년에는 3만여 명까지 가입자 수가 증가했다. 하지만 2004년 4월 평안북도 룡천역 열차 폭발 사고로 6월 휴대전화 사용이 전면 중단되었다. 당시 폭발이 휴대전화를 이용한 기폭장치로 시작되었다는 정치적·기술적 판단에 따른 것이었다.

　북한은 휴대폰에 대한 보안 검색을 강화하는 기술을 개발하는 동시에 3년 만에 사업을 재개했다. 이집트 오라스콤과 북한 조선체신회사는 '체오 테크놀로지(CHEO Technology)'라는 합작회사를 설립하고 이동전화 서비스인 고려링크를 개통했다. 2008년 1월 오라스콤이 향후 25년간 북한 내 이동통신 운영권을 보유하며 초기 4년은 독점권을 보장하는 협정서를 체결했다. 오라스콤은 휴대전화 보급률이 낮은 아프리카, 중동 등을 대상으로 사업을 선점해 고수익을 창출하는 전략을 가진 이동통신 회사다. 오라스콤은 2008년 12월 15일부터 평양을 비롯한 북한 내륙에서 3세대 W-CDMA 이동통신 서비스를 제공하기 시작했으며, 2011년 기준으로 453개 기지국을 건설하고 평양, 나진, 혜산, 신의주 등 14개 주요 도시, 86개 중소 군과 도시 및 22개 주요 도로 등을 커버했다. 오라스콤은 단기간 내에 가능한 한 넓은 지역에 서비스 영역을 구축하기 위해 70M급 대형 중계탑을 설치했다(김민관, 2015.10.20).

북한 고려링크 가입자는 350만 명으로 추산되었다. 첫해 9만 1000명에 불과했던 가입자 수는 2012년 1월 100만 명, 2013년 5월 200만 명을 각각 돌파하는 등 급격히 증가했다. 북한은 오라스콤의 초기 4년 사업 독점권이 만료되는 2012년을 앞두고 2011년 평안도를 제외한 함경도와 양강도 북부 지역에서 3세대 이동통신 서비스를 제공하는 제2의 이동통신사인 '강성네트망'을 설립했다. 강성네트는 전용 단말기를 제작하고 자체 인트라넷인 광명망을 활용하나 고려링크의 기지국을 공동으로 사용했다. 북한 주민들은 고려링크와 서비스가 비슷하나 기지국 투자를 하지 않았던 강성네트의 통신비가 저렴하기 때문에 선호도가 높다.

북한에서 휴대폰 사용자는 당국이 정확한 통계를 발표하지 않아 정확한 수치는 추정에 한계가 있다. 2018년 12월 기준으로 한국에서는 600만 명으로 추정했다. 하지만 2021년 2월 6일 새로 발표된 『미국중앙정보국 월드 팩트북(CIA World Factbook)』에 따르면 북한 이동통신 가입자 수는 2019년 기준으로 382만 1857명으로 추정된다. 인구 100명당 14.98명이 휴대폰을 이용 중인 셈이다. 1년 새 600만 명 수준에서 380만 명 정도로 줄어든 것으로 나타났으나, 실제로 사용자가 감소했다기보다 한국과 미국의 추정 방식의 차이가 있는 것으로 평가된다(CIA, World Fact book; ≪헤럴드경제≫, 2021.2.6). 또는 유엔 대북 제재가 본격화되면서 경제적 어려움으로 가입자 수가 감소한 것으로도 추정된다.

북한이 오라스콤의 초기 독점사업 기간이 만료되자마자 강성네트를 설립하

그림 7-1 **북한의 휴대전화 연혁(1998~2020)**

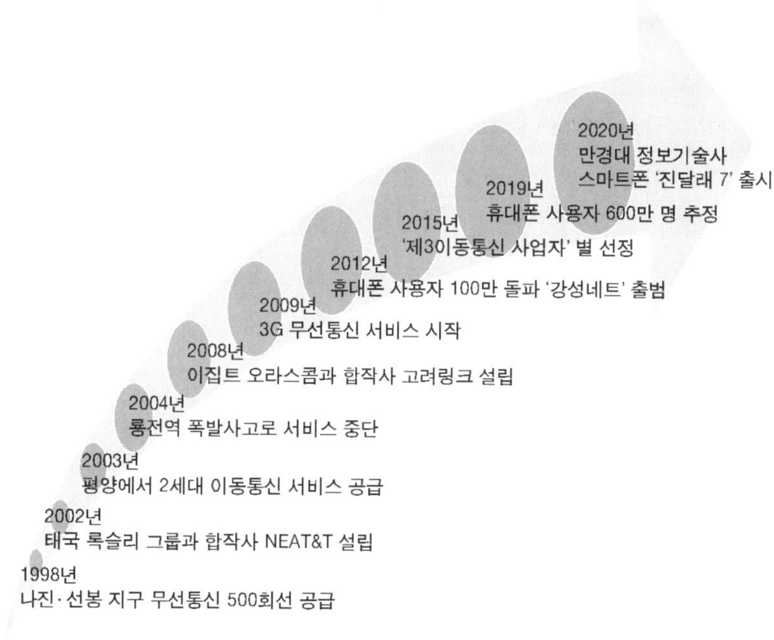

2020년
만경대 정보기술사
스마트폰 '진달래 7' 출시

2019년
휴대폰 사용자 600만 명 추정

2015년
'제3이동통신 사업자' 별 선정

2012년
휴대폰 사용자 100만 돌파 '강성네트' 출범

2009년
3G 무선통신 서비스 시작

2008년
이집트 오라스콤과 합작사 고려링크 설립

2004년
룡천역 폭발사고로 서비스 중단

2003년
평양에서 2세대 이동통신 서비스 공급

2002년
태국 록슬리 그룹과 합작사 NEAT&T 설립

1998년
나진·선봉 지구 무선통신 500회선 공급

자료: "신년공동사설", ≪로동신문≫, ≪민주조선≫, 우리민족끼리, ≪메아리≫ 등을 바탕으로 작성했다.

고 새로운 서비스를 제공한 배경은 다음과 같다. 첫째, 가입자 수가 급증하고 있는 고려링크의 독점을 차단하고 오라스콤의 수익에 따른 외화 유출을 방지하기 위해서다. 둘째, 북한 내 외국과의 통신을 차단하는 등 보안을 강화하기 위해 주민들이 사용하는 내국인 전용 이동통신 사업체를 설립한 것이다. 북한 당국은 2013년 고려링크를 통해 외국인 방문자들이 국외 인터넷을 접속할 수 있도록 허가했다. 심카드와 USB 기기를 허용한 것이었는데, 일부 북한 주민들이 사용하다 버려진 관광객들의 심카드와 잠금 해제된 스마트폰으로 국제 인터넷망에 접속하는 사례가 발생했다. 당국에서는 접속 차례가 증가하자 외국인 방문객들이 출국할 때 심카드의 사용을 정지하는 새로운 조항을 신설했다. 주민들의 인터넷 사용을 통제하는 한편, 북·중 접경지역에서 고려링크의 유심

(USIM)[1] 카드 사용 또한 단속했다(Williams, 2019).

한편 2015년 북한은 강성네트망에 이어 제3의 이동통신사인 '별'을 설립했다. '별'은 태국 록슬리의 자회사인 스타조인트와 조선체신회사가 합작한 회사로, 내국인 전용의 3세대 W-CDMA 이동통신 서비스와 외국인을 상대로 한 인터넷 연결 서비스를 제공하고 있다. 실제로 내국인이 외부 세계와 연결된 서비스를 이용하는 것은 불가능하다. 다만 인트라넷을 통해 ≪로동신문≫과 각종 서적 등을 열람할 수 있다.

2. 이동통신 사업 추진의 함의

2012년 김정은 위원장의 이동통신 사업 강화에 따라 기존 시군 단위에서 리 단위까지 다중 동축케이블 매설 등 인프라 구축을 확대했다. 통신망 구축이 확대되면서 당국의 망에 대한 관리도 강화되었다. 2013년 과학기술위원회와 동급으로 정보기술보급위원회를 신설하고 산하기관으로 지역의 컴퓨터 보급과 바이러스 차단 등을 담당하는 정보통신보급소를 군 단위에 설치했다.

김정은 위원장이 이동통신 사업의 확대를 강조한 경제적 측면은 세 가지다. 첫째, 단말기 판매를 통해 수익을 확보할 수 있다. 초기 단말기는 중국산을 수입했다. 3G 통신서비스 초기에는 중국 화웨이와 ZTE 단말기 완제품을 수입해

---

1) 범용 사용자 식별 모듈(Universal Subscriber Identity Module card). 이동통신 단말기에 삽입되는 스마트카드다. 가입자 정보를 탑재한 심카드와 범용 IC 카드(UICC)가 결합된 형태로서 사용자 인증, 과금, 로밍 등 가입자 정보를 담고 있다. 유심카드는 3세대 이동통신(3G)부터 사용되었으며 휴대가 간편해 단말기 종류나 통신사업자에 구애받지 않고 국제 로밍을 포함한 음성 이동전화와 전자상거래 서비스를 활용할 수 있다. 또한 스마트카드의 강력한 보안 기능으로 휴대전화를 분실하거나 교체했을 경우 개인정보의 보호가 가능할 뿐만 아니라, 보안 등이 요구되는 지불 및 인증 기능을 제공함으로써 콘텐츠 유료 서비스의 구매 등 그 활용 범위가 매우 넓다.

주민에게 공급했다. 화웨이의 모델은 폴더형 T1과 슬라이드형 T3이며, ZTE의 모델은 바(bar)형 F160와 T95, 터치 스크린형 T107와 E850 등이다(이석기 외, 2017). 2011년에는 중국에서 주문자생산방식으로 '류성' 브랜드의 바형, 슬라이드형, 터치형 휴대폰을 도입했다. '류성' 휴대폰 조립기술 축적을 통해 2013년 8월부터는 아리랑정보기술교류사의 '아리랑'과 체콤기술합영회사의 '평양' 시리즈 첫 모델이 출시되었다.

2013년 8월 김정은은 휴대전화를 생산하는 '5월11일공장'을 현지 지도했다. 김정은은 "아리랑 손전화기가 보기도 좋고 가벼 우며 통화와 학습에 필요한 여러 가지 봉사기능이 설치돼 있어 사용하기에 편리하다"라면서 "사용자들의 편의를 최대한 도모하면서도 보안성이 철저히 담보된 응용프로그램을 우리 식으로 개발한 데 대해 높이 평가했다"라고 조선중앙통신이 전했다.[2]

북한은 이동전화 단말기의 자체 생산을 위해 '체오 테크놀로지' 산하에 새로운 공장을 건설했다. 중국산 부품을 수입하고 조립해 단말기를 생산하고 있으며, 장기적으로는 자체적인 이동전화 단말기 개발과 생산을 시도하고 있다. 북한에서 사용되는 휴대폰의 62%는 중국산, 32%는 이집트산, 한국산은 3%, 북한산은 3% 수준이다.

이후 '진달래' 모델을 생산하는 만경대정보기술사, '푸른하늘'을 생산하는 푸른하늘전자합영회사, '길동무' 모델을 생산하는 광야무역회사, '철령' 모델을 생산하는 보통강새기술개발소 등도 중국에서 부품을 수입해 조립·생산한다(KDB산업은행, 2020). 대부분의 제품들은 중국의 제조기업인 유니스코프(UNISCOPE), 지오니(GIONEE) 등에서 부품과 완제품을 수입해 라벨을 새로 붙여 고가로 인민

---

[2] 김정은 제1위원장은 손접촉 방식(터치형)으로 사용하는 아리랑 손전화기의 화면 접촉 성능을 점검한 뒤 "이 부분이 예민해야 사용자들이 이용하는 데 편리하다"라며 "손전화기에 장착된 사진기의 화소 수가 높아 인민들이 사용하기에는 그만일 것"이라고 말했다. 이어 "손전화기는 기능도 높아야 하지만 보기에도 좋고 쓰기에도 편리해야 한다"라며 "사용자들이 좋아하는 형태와 색깔을 선정해 생산해야 한다"라고 당부했다(연합뉴스, 2013.8.11).

들에게 판매한다. 일부 고급 모델은 2018년 삼성의 갤럭시 A7 수준으로 평가된다. 2020년 8월 기준으로 600만 대의 휴대폰이 가입되었다는 보도가 나왔으나 실제 수치는 파악하기가 용이하지 않다(≪중앙일보≫, 2020.8.11).

북한은 '아리랑', '진달래', '평양' 등 다양한 브랜드의 스마트폰을 생산하고 있다. 2016년 생산된 '아리랑 151'은 CPU 1.3GHz, ROM 32GB, RAM 2GB, 안드로이드 4.4.2가 적용되었고 무게 148g, 화면 5인치, 해상도 1280×720, 카메라 1300만 화소 성능을 제공한다. '아리랑 152'는 CPU 1.3GHz, ROM 16GB, RAM 1GB, 안드로이드 4.4.2가 적용되었으며, 무게 125g, 화면 4인치, 해상도 800×480을 제공한다. 2020년 2월 북한의 스마트폰 개발 기관인 만경대정보기술사는 자체 기술로 '진달래 7'을 개발했다고 밝혔다(≪조선의 오늘≫, 2020.2.4). '진달래'는 만경대정보기술사가 개발해 보급 중인 스마트폰 시리즈로서 2017년 3월 '진달래 3'이라는 이름으로 처음 공개됐다. 당시 아이폰과 유사한 외형이 이목을 끌었다. 북한이 공개한 '진달래 7'의 외형은 앞면 버튼을 없애는 최신 추세를 따랐다. 사진에 나타난 연락처나 문자메시지 전송 창은 아이폰과 유사하다. 북한은 카메라의 해상도나 저장용량 등 구체적인 성능은 공개하지 않았다.

북한에서 생산한 스마트폰은 북한이 공식적으로 인증한 애플리케이션만 사용할 수 있도록 하는 등 높은 보안 수준을 유지하고 있다. 대한무역진흥공사(KOTRA)의 통계자료에 따르면 2017년 중국으로부터 스마트폰 약 100만 대를 수입한 것으로 추정된다. 북한에서 유통되는 스마트폰은 중국에서 수입한 제품이 다수다. 이 중 일부는 중국 부품에 북한 자체 생산한 부품을 혼합 조립한 것이다. 대부분 안드로이드 운용 소프트웨어를 기반으로 한 제품이지만, 당국의 통제를 받도록 스마트폰 내에 자체 검열시스템이 장착되어 있다.

둘째, 북한 당국은 휴대전화 가입자들의 각종 사용요금으로 수익을 거둘 수 있다. 사용료는 물론 각종 애플리케이션의 봉사요금이 재정에 큰 기여를 하고 있다. 2015년 말 기준으로 단말기의 가격은 일반 폰의 경우 1000~3000위안,

표 7-1 북한의 스마트폰 사양 비교

구분	아리랑171	푸른하늘H1	평양2425	진달래6	갤럭시A7
출시일	2018.3	2018.6	2019.4	2020.2	2018.9
제조사	아리랑정보 기술교류사	푸른하늘 전자합영회사	아리랑정보 기술교류사	만경대 정보기술사	삼성전자
운영 체제	Android 7.1 누가	Android 7.1 누가	Android 8.1 오레오	Android 8.1 오레오	Android 8.0 오레오
프로 세서	미디어텍 MT6797 10core 2.3GHz	미디어텍 MT6757 8core 2.3GHz	미디어텍 MT6771 10core 2.0GHz	미디어텍 MT6771 10core 2.0GHz	삼성 Exynos7885 8core 2.2GHz
메모리	4GB	3GB	8GB	6GB	6GB
저장 장치	32GB	32GB	32GB	64GB	128GB
전지	3350mAh	4060mAh	3050mAh	3550mAh	3300mAh
디스 플레이	5.5" LCD 1920 × 1080	5.5" LCD 2160 × 1080	6.2" LCD 2246 × 1080	6.2" LCD 2246 × 1080	6.0" AMOLED 2220 × 1080
후면 카메라	1300만 화소	1600만 화소	1600만 화소	100만 화소	2400만 화소
전면 카메라	800만 화소	800만 화소	1600만 화소	800만 화소	2400만 화소
기타	듀얼심, 지문 인식	듀얼심, 안면·지문 인식	터치디자인 무선충전, 안면·지문 인식	안면·지문· 음성인식 관련 AI기능 탑재	안면·지문 인식, AI(Bixby)

자료: 데일리NK(2019.6.13); KDB 산업은행(2020: 194).

스마트폰은 2000~1만 위안 수준이었다. 사용요금은 후불제 전화가 대부분이
나 점차 선불카드 구매 후 사용하는 충전식이 증가하고 있다. 분기납으로 3개
월 기본료는 북한 돈 2000원 대이며 1분당 요금은 지역별로 상이하나
150~220원 대 수준이다. 평양에서 스마트폰을 개통하는 경우 단말기와 유심
칩을 합쳐 800위안(150달러)이며, 200분의 무료 통화와 20개의 메시지가 제공
된다. 기본 무료 통화가 소진된 이후에는 유료로 충전해야 한다.

북한의 애플리케이션 스토어(자료봉사)에서 유료 프로그램들은 전자결제 서
비스인 '울림'을 통해 저장과 실행이 가능하다(≪NK 경제≫, 2019.3.12). 소프트

웨어의 기술 향상으로 게임, 교육, 오락, 정보 등 다양한 스마트폰 서비스가 가능해졌다. 북한 역시 스마트폰으로 게임을 많이 함에 따라 게임중독 등의 문제가 지적되고 있다.

심각한 게임 중독 현상을 일으키고 있다. 적지 않은 사람들이 온종일 게임을 할 생각만 하고 있으며 조금이라도 게임을 하지 않으면 참기 어려워하고 있다. 심지어 기분이 하락해 아무 일도 못하고 있다. 여러 번 그만두려고 결심했다가도 얼마 못 가서 다시 게임의 세계에 빠져 들고 있다. 게임 중독은 청소년들의 학습과 생활에 사악한 부정적 영향을 미치고 있다. 학부형들은 자식들에게 게임 중독의 해독성을 잘 설명해 주고 게임을 절제 있게 하도록 이끌어주어야 한다(≪로동신문≫, 2018.10.12).

2015년 조선중앙통신에서 소개한 온라인 쇼핑몰(전자상가)인 '옥류(인민봉사총국)', '만물상(연풍상업기술사)' 등에서는 신발, 가방, 화장품, 식료품 등을 판매한다. 마지막으로 휴대전화에서 사용하는 각종 소프트웨어를 개발해 외국에 수출하여 외화를 벌고 있다. 컴퓨터 백신 등의 바이러스 차단 관련 높은 보안 기술을 보유한 인력들이 소프트웨어를 자체 개발하여 중국, 인도 등에 판매하는 등 외화벌이에 주력하고 있다(≪데일리NK≫, 2008.4.16).

3. 오라스콤과의 수익 반출 갈등

1) 합작 사업 개요

2008년 합작회사로 설립된 고려링크는 이집트 오라스콤이 75%의 지분을 소유하고 나머지 25%를 북한 측이 소유하고 있었으나, 오라스콤의 철수로

2017년 영업을 중단했다. 고려링크의 가입자 350만 명은 2015년 설립된 북한의 또 다른 이동통신사인 '별'로 이전됐으나 휴대폰 사용자들은 대부분 통신사가 바뀐 사실을 모르고 있다.

RFA는 2017년 12월 "오라스콤이 북한에서의 이동통신 사업을 통해 약 7년간 거둬들인 현금 수익금만 6억 5300만 달러(약 7100억 원)에 이르지만 북한에서 반출하지 못하고 있다"라고 보도 했다. 북한에서 통신사업을 하는 이집트 오라스콤의 나기브 사위리스(Naguib Sawiris) 회장은 2020년 10월 홍진욱 주이집트 한국 대사와 만난 자리에서 "6억 달러 수익을 거뒀는데도 북한 당국의 반대로 수년이 지난 지금까지 이를 가져오지도 못하고 있다"라며 불만을 토로했다. 그는 "오라스콤이 그간 북한 당국의 규제와 국제사회의 대북 제재로 사업에 어려움을 겪어왔다"라며, "북한 당국의 비협조와 환율 문제 등으로 북한에서 벌어들인 수억 달러의 수익금을 외부로 송금하지 못하였다"라고 주장했다. 사위리스 회장은 김정일 국방위원장을 2011년 등 최소 세 차례 만나는 등 수차례 방북한 대표적인 대북 사업가다.[3]

미국은 2020년 상반기 2억 8550만 달러(3300억 원) 규모의 이집트 원조를 중단했고, 여기에 대해 이집트가 북한과의 단교를 결정하도록 하는 압박 조치란

---

3) 홍진욱 이집트 한국 대사는 2020년 10월 5일 대사관 실무자 두 명과 함께 카이로의 오라스콤 사옥을 방문해 사위리스 회장과 면담했다. 홍 대사는 이집트 정세와 경제 상황을 평가하고 한국 기업의 활동 지원 방안 등에 대해 협의한 것으로 알려졌다. 이때 오라스콤의 대북사업에 관한 내용도 언급됐다. 사위리스 회장은 "오라스콤의 대북 이동통신 사업 투자로 6억 달러 안팎 수익금이 생겼지만 북한 당국의 반대 등으로 해외 반출을 사실상 포기한 상황"이라고 말했다. 북한은 오라스콤 측에 "국제사회의 대북 제재 때문에 해외 송금이 불가능하다. 6억 달러를 주고 싶어도 못 주겠다"라고 한 것으로 전해졌다. 하지만 북한은 이 돈을 수년 전 여러 경로를 통해 송금할 수 있었다. 외화 확보 차원에서 고의적으로 지급을 지연했을 가능성이 큰 것이다. 사위리스 회장은 오라스콤이 약 2억 1500만 달러를 투자한 평양 류경호텔 관련 내용도 언급한 것으로 알려졌다. 오라스콤은 류경호텔의 조속한 완공을 희망하지만 건설 자재 조달 문제로 북한 당국과 갈등을 빚으며 사업에 차질이 생긴 것으로 파악됐다(≪조선일보≫, 2020.11.17).

분석이 나왔다. 이에 이집트 외무부는 1970년대 중동전쟁 당시 북한이 아랍권을 지원한 뒤부터 북한과 전통적으로 가까운 관계를 유지해 왔으나 2020년 북한을 규탄하는 성명을 발표했다. 북한의 핵·미사일 도발 이후 이집트 주재 북한 대사가 유엔 제재 대상에 올라 평양으로 귀환한 데 이어 규탄 성명까지 발표되자 양국 간의 관계는 급속히 냉각되었다.

북한은 "오라스콤이 2015년 3분기 이후 연결재무제표에서 북한 내 이동통신 사업자인 고려링크를 분리하고, 새로운 투자는 하지 않고 있다"라고 오라스콤을 비난했다. 오라스콤은 계열 금융회사인 오라뱅크의 평양 지점도 2011년부터 운영해 왔으나 국제사회의 대북 제재로 인해 2016년 말 폐쇄했다. 실제로 유엔 안보리가 북한의 외환을 담당하는 조선무역은행 등에 본격적인 금융 제재를 가한 때는 UN이 결의안 2371호를 채택한 2017년이었다. 북한 당국의 의지가 있었다면 그 전에 송금이 가능한 상황이었다.

북한 당국의 비협조와 더불어 유엔 안보리의 대북 금융 제재가 본격화되면서 오라스콤이 합법적 경로를 통해 수익금과 투자금을 회수할 기회는 사실상 사라졌다. 오라스콤의 마날 압달 하미드(Manal Abdel Hamid) 대변인은 2017년 신규 대북 투자를 하지 않고 있지만 북한 주민들에게 필수적인 서비스를 제공하는 등 사업을 접지는 않았다고 밝혔다. 오라스콤처럼 대규모 투자를 한 뒤 수익은 물론 투자금조차 회수하지 못하거나 북한에게 차관 등 돈을 빌려준 뒤 받지 못한 사례는 비일비재하다.

중국의 대기업 '시양그룹'은 2012년 북한 광산업에 3700만 달러를 투자했다가 북한 당국의 일방적인 계약 취소로 투자금을 회수하지 못하자 인터넷 등에 공개적으로 문제를 제기하고 대북 투자의 위험성을 경고했었다. 중국 상무부도 2017년 펴낸 「대외투자합작 안내서: 북한편」에서 중국 기업들이 맹목적인 대북 투자로 손해를 보는 사례들이 있다며, 투자할 때 법령과 규정뿐 아니라 현지 설비 여부, 사회기반시설, 운임, 전력 사정 등을 꼼꼼하게 살펴야 한다고 권고한 바 있다.

한국광물자원공사도 2003년 북한 명지총회사와 합작으로 광산 개발을 위해 665만 달러를 투자했지만, 회수한 투자금은 25만 달러에 불과했다. 통일부에 따르면 한국 정부가 2000년 이후 북한에 제공한 차관은 10억 달러(1조 1198억 원)가 넘지만, 북한 당국이 상환한 것은 2008년에 현물로 갚은 250만 달러 상당의 아연괴뿐이다.

스위스 수출신용기관(SERV) 보고서에 따르면 북한은 2017년 말 기준으로 스위스에 2억 900만 달러의 빚이 있다. 스웨덴에는 2016년 말 기준으로 3억 1800만 달러, 영국과 체코·핀란드·루마니아·호주에도 각각 수천만 달러의 빚이 있지만 갚지 않고 있다. 북한이 김정은 정권 출범 이후 경제특구를 30개 가까이 늘렸지만 투자 유치를 거의 하지 못하는 것도 장기간 축적된 신용불량과 관련이 있다.

오라스콤 사례뿐 아니라 금강산 한국 측 시설에 대한 북한의 일방적인 철거, 2020년 6월의 개성 남북공동연락사무소 폭파 등은 모두 신용불량과 직결된다. 북한의 최대 문제는 유엔 대북 제재뿐만 아니라 국가 신용의 부재다. 대북 제재가 해제되더라도 북한은 국제 신용이 없고 빚을 갚은 적도 없기 때문에 어느 국가나 회사도 쉽게 차관 제공이나 대규모 투자를 하기는 용이하지 않다. 실제로 세계 최대 신용보험 업체의 하나인 아트라디우스는 채무불이행 등 계약 의무이행 능력 등을 평가하는 국가별 위험 지도에서 북한을 매년 다른 10여 개 나라와 함께 투자와 사업 환경이 세계에서 가장 위험한 나라로 꼽는다. 사유재산을 인정하지 않는 사회주의 체제의 고질적 문제는 대외 신용불량과 직결된다. 북한이 외자를 유치하려면 국내 사유재산을 순차적으로 인정하고, 국제기구들과 협력해 국가 투명성을 확보해야 하며 외채를 상환하는 데도 수력해야 한다(미국의 소리, 2020.11.18).

2) 수익 반출과 북한의 이중환율제

북한이 오라스콤의 이동통신 수익 반출을 허용하는 데 이견이 있는 핵심중의 하나는 환율이다. 북한 원화와 외화 간에 환율 적용을 둘러싸고 양측의 이견이 심했다. 오라스콤은 자신들이 거둔 수익을 외부로 반출하기 위해서는 달러로의 환전이 필요했다. 달러로 환전하는 과정에서 어떤 환율을 적용하는가를 둘러싸고 양측의 주장이 상당히 달랐다.

북한은 외화의 간접 유통을 촉진하기 위해 '공정환율'과 '시장환율'이라는 두 종류의 환율을 사용하고 있다. 공정환율에 따르면 북한에서 1달러는 100원 전후로 외국인들이 이용하는 호텔이나 환전소 등에 공식적으로 기재되어 있는 환율이다. 하지만 시장환율은 다르다. 시장환율은 북한의 비공식거래가 이루어지는 시장으로 알려진 '장마당' 등에서 사용되는 환율로 최근에는 1달러에 8000원 정도의 환율로 알려져 있다. 경제발전 초기 단계의 개발도상국은 국가재정 등의 이유로 북한과 같이 이중환율제도를 보유하는 경우가 많았다. 2000년대 이전에 북한은 미얀마 등 개도국에서도 활용했던 '외화 태환권'(외화로 바꾼 돈표)을 발행해 외화 사용을 통제했었다. 2002년 '외화로 바꾼 돈표'의 발행을 폐지하고 난 이후에는 이중환율체계를 유지하고 있다.

북한 내 외국인의 현금 충전 카드 사용 시에는 '공정환율'이 적용되었다. 2010년 평양 중심으로 사용이 시작된 현금 충전 방식의 '나래카드'는 북한을 방문한 외국인도 이용 가능하며, 실제로 외국인은 북한 체류 기간 중 '나래카드'를 이용했다. 호텔 등에 카드 구입 창구가 존재하고 카드 구입 후 달러와 유로, 위안화 등으로 충전이 가능했다. 호텔, 레스토랑과 레저시설 등 외화를 취급하는 곳이라면 어디서든지 '나래카드'로 상품, 서비스를 구입하는 것이 가능하다. 카드 구입 금액은 북한 원 기준 294원, 공정환율 기준 일본의 약 360엔이다.[4] 외국인 관광객이 호텔에서 택시를 타고 200원의 요금이 나온 경우, 실제 택시 측이 받는 것은 공정환율에 따른 현금 2달러로 이를 '나래카드'로 지불

해도 같은 2달러 상당의 원화를 지불했다. 이때 '나래카드'로 지불하는 200원의 '원'은 '외환 원'으로 불린다.

오라스콤 투자 자료 등에 따르면, 오라스콤의 북한 내 수익은 공정환율 기준 약 5억 4000만 달러이지만, 시장환율 기준으로는 불과 800만 달러로 축소된다. 오라스콤이 북한에서 받지 못한 수익은 7100억 북한원으로 공정환율을 적용하면 6억 5300만 달러이나, 시장환율을 적용하면 1/80로 규모가 축소된다. 오라스콤은 공정환율의 적용을 주장하고 북한은 시장환율의 적용을 고수한다. 양측의 격차는 80배에 달하는 만큼 이견을 조정하는 것은 용이하지 않다.

북한 내 수익의 국외 반출은 북한 당국의 허가가 필요하며, 허가 자체를 얻기가 쉽지 않은 상황이다. 북한 체신성 산하 조선체신회사 이동통신국 최운 국장은 "북한 내 '오라스콤'의 수익 외화가 쌓이고 있지만 그동안 오라스콤 측에서 송금 문제를 제기한 적은 한 번도 없다"라고 주장했다. 2008년 사업을 재개할 때 양측이 합의서에서 공정환율(1달러=약 100원)과 시장환율(1달러=약 8000원) 중에서 어느 환율을 적용할 것인지를 명기했어야 한다. 하지만 북한은 공정환율을 적용한다고 합의했어도 다양한 이유를 들어 수익의 외부 반출을 허용하지 않았을 것이다.

북한의 외환 전문 은행인 조선금강은행 전승훈 전 총재는 북한에서는 어떠한 환율정책이 효과적인지 검토 중인 상황으로, 앞으로는 다른 국가와 마찬가지로 단일화를 도모해 나갈 것이라 밝혔지만 북한 경제의 어려움을 감안할 때 외국 기업들이 수익을 거두어 외국으로 반출하는 것을 허용하지는 않을 것이다. 북한 내에서 외환 사용 시 외국인이라고 환율 적용에 불이익을 받거나 하는 상황은 아닌 것으로 판단되지만, 외국 기업의 북한 진출 시에는 외화 자금 반출 가능 여부, 수익 외화 환산 시 적용 환율 기준 등을 명확하게 확인하고 접

---

4) 북한 원화 대 달러의 공정환율은 1:100이다. 일본 엔화 대 달러의 대략 공식 환율은 1:110이었다.

근하는 것이 필요하다(KOTRA 일본무역관, 2015.12.24).

결국 2017년 11월 오라스콤은 '고려링크'를 계열사에서 협력사로 전환하고 사업을 중단했다. 결론적으로 오라스콤의 사업 중단 조치는 북한 내 수익의 달러 반출이 불가능해 수익을 제대로 확보할 수 없었기 때문이다.

4. 휴대폰 이용 규제

2004년 룡천역 폭발사고 이후 북한은 이동통신 보안 감시에 총력을 기울이고 있으며, 이에 북한에서의 이동통신 사용에는 다양한 규제가 따른다. 당연히 정치적인 문제나 정권에 대한 불만을 스마트폰으로 통화하는 사람은 없다. 100% 확률로 도청·감청이 되기 때문이다. 그 대부분은 단순 내용 전달이며 비즈니스를 위해 다른 지역의 물가를 파악하는 등 경제적 측면에도 집중되고 있다.

북한의 이동통신 서비스는 3세대(3G) 수준이다. 하지만 당국이 주민들의 외부 세계 연결을 차단하기 위해 스마트폰의 인터넷 접속 기능을 제한하고 있으며, 기기에 와이파이도 탑재하지 않았다. 그 대신 자체 인트라넷 '광명망'을 통해 자료 검색과 다운로드 등을 가능케 했다. 아리랑171 등 일부 스마트폰 모델에는 와이파이가 탑재됐지만 별도 접속 앱을 만들어 당국이 접속자를 관리·추적하고 있다.

북한 주민은 스마트폰으로 온라인쇼핑, 게임 등 서비스를 즐긴다. 일본경제연구센터에 따르면 북 스마트폰으로 만물상(연풍상업정보기술사), 은파산(조선은파산정보기술교류소), 옥류(인민봉사총국) 등 온라인 쇼핑몰 이용이 가능하다. 만물상은 하루 접속 건수가 7만 건에 이른다. 옥류에 접속하면 옥류관 냉면을 택배로 주문할 수 있다. '태권도 강자대결', '배드민턴 강자대결' 등 게임 앱도 인기를 끌고 있다. IT 분석툴 스탯카운터에 따르면 2018년 북한의 모바일 OS는 안드로이드(82.46%), iOS(17.54%) 비율로 나타났다.

표 7-2 남·북한 휴대전화 용어 비교

남한	북한	남한	북한
휴대전화	손전화	메뉴	차림표
문자	통보문	게임	유희
카메라	사진기	동영상	비데오
음성 녹음	록음기	멀티미디어	다매체
메모리	기억기	유심칩	기억카드, 카드

　북한의 일반적인 스마트폰은 인터넷이 되지 않고 와이파이가 잡히면 광명망에만 접속된다. 이는 대한민국에서 가입된 휴대전화 혹은 제3국에서 가입된 휴대전화가 북한 와이파이에 연결되어도 동일하다. 반대로 북한에서 가입한 스마트폰이 대한민국 와이파이에 연결되면 인터넷에 연결될 수 있으므로 유사한 실정이다. 예전에는 기본 탑재 언어가 조선어밖에 없었으므로 일단은 조선어로 설정해서 사용했으나, 요즘은 아예 커널 자체를 수정해 조선어 패치를 설치해 사용한다. 게다가 김일성, 김정일, 김정은 이름을 치면 자동으로 볼드체화되는 기능까지 탑재해 놓았다.

　RFA는 2012년 2월 9일 일본 아시아프레스로부터 받은 북한의 이동통신 등록신청서를 분석한 결과, 휴대전화 가입자의 준수사항 10가지 가운데 "국가비밀에 속하는 내용의 전화를 할 수 없으며 불순한 용도에 이용할 수 없다"는 항목이 포함돼 있다고 보도했다. 준수사항 가운데는 '가입은 본인 이름으로 한 번만 할 수 있으며, 승인 없이 2개 이상의 번호를 가질 수 없다'는 내용도 포함돼 있다고 RFA는 덧붙였다. RFA는 "북한 당국이 주민에게 휴대전화를 보급하면서 발생할 수 있는 통신의 자유와 정보 유출을 많이 경계하고 있음을 엿볼 수 있는 항목"이라고 풀이했다. 개통을 원하는 주민은 신청서에 이름, 성별, 출생일, 직장지위, 신분증 번호, 집 주소 등을 적어야 하는 것으로 나타났다(≪조선일보≫, 2012.2.9).

그림 7-2 이동전화 신청서

당국이 밝힌 이동통신 가입자들이 준수해야 할 내용은 다음과 같다.

1. 손전화기는 중요행사장과 회의장, 금지된 지역 또는 건물 안에서 사용할 수 없
   습니다.
2. 이동통신 가입자는 손전화기로 국가비밀에 속하는 내용의 전화를 할 수 없으
   며 손전화기를 불순한 용도에 리용할 수 없습니다.
3. 손전화기 가입은 본인이름으로 한번만 할 수 있으며 승인없이 2개 이상의 번
   호를 가질 수 없습니다.
4. 손전화기는 체신성에서 구입한 손전화기만을 리용할 수 있으며 손전화기에는
   승인된 다매체자료(그림, 노래, 영화, 오락 등)만 기억시켜 리용할 수 있습니다.
5. 손전화기는 등록된 가입자만이 리용할 수 있으며 다른 사람에게 넘겨주려는
   경우 이동 통신시행세칙에 준하여 명의변경신청등록수속을 하여야 합니다.
6. 가입자 호상 간 손전화기만 서로 바꾸어 쓰거나 새형의 손전화기로 교체하는
   경우 반드시 교체된 손전화기 IMEI번호를 등록하여야 합니다.

7. 이동통신가입자가 손전화 또는 기억카드(씸카드)를 분실했을 때에는 시민증, 공민증(신분증)과 실지 분실당한 손전화기함통을 가지고 제때에 해당 취급원에게 신고하여야 합니다.

8. 손전화기 고장수리는 가입한 이동통신판매소에 의뢰하여 지적된 장소에서 수리봉사 받으며 기억카드(씸카드) 판매는 이동통신판매봉사소에 파괴된 기억카드(씸카드)를 반환한 조건에서 씸카드 교체를 할 수 있습니다.

9. 이동통신가입자는 자기 가입 날자 전에 제정된 료금을 물어야하며 석달 이상 료금을 물지 않으면 자동적으로 철폐됩니다.

10. 우의 사항들을 어기었거나 해당한 이동통신규정 시행 세칙을 어기었을 때에는 제재조항에 따라 손전화 봉사를 림시 또는 완전 차단하게 됩니다.

불법으로 구입한 손전화기와 기억카드는 분실되어도 신고할 수 없으며 가입자들 상호 간에 제기되는 모든 위법 현상과 비행들은 본인들이 전적으로 책임지도록 한다. 1인 1개 휴대전화만을 허용하며 휴대전화 명의자는 처음에 받은 휴대전화 번호를 변경하지 못하게 한다. 한번 휴대전화을 사면 처음에 부여받은 번호를 바꿀 수 없다(최호용, 2009).

참고문헌

1. 국내 분헌

김민관. 2015.10.20. "북한 IT 산업 기술수준 분석 및 남북 협력방안". 「북한이슈」. KDB 산업은행.

≪데일리NK≫. 2008.4.16. "북 IT 인력 인도 기업에도 취업". https://dailynk.com/.

_____. 2019.6.13. "북한의 스마트폰 사양".

미국의 소리. 2020.11.18. "오라스콤, 북한 수익금 반출 사실상 포기, 북한 외자 유치 악영향". https://news.joins.com/article/23845770https://www.voakorea.com/korea/korea-economy/orascom-telecom-nk).

연합뉴스. 2013.8.11. "김정은 스마트폰 개발 직접 지도".

이석기·곽인옥·김석진·김연호·양문수·이영훈. 2017. 『북한의 서비스산업』. 산업연구원.

≪조선일보≫. 2012.2.9. "北 휴대폰 가입 신청서에 '국가비밀 통화 금지' 조항".

_____. 2020.11.17. "北 이동통신 투자한 오라스콤 회장 '수익금 6억 달러 북한이 떼먹었다'". https://www.chosun.com/politics/diplomacy-defense/2020/11/17/UOPPO55GRBE5XPIE6R4CREJIOQ/?utm_source=daum&utm_medium=original&utm_campaign=news.

≪중앙일보≫. 2020.8.11. "북한 휴대폰 가입 600만, 고급모델은 2년 전 갤럭시 A7 수준". https://news.joins.com/article/23845770.

최호용. 2009. 「북한 휴대전화 사업 동향 및 관련 법제 검토」. ≪전파방송통신저널≫, 2월 호.

≪헤럴드경제≫. 2021.2.6. "김정은 '아이폰빠'인데… 미 CIA가 밝힌 "북한 휴대폰 사용자가…". http://news.heraldcorp.com/view.php?ud=20210206000098.

KDB 산업은행. 2020. 『2020 북한의 산업 III』. KDB미래전략연구소.

KOTRA 일본무역관. 2015.12.24. "해외기업 북한 진출의 걸림돌, 이중환율제". https://news.kotra.or.kr/user/globalBbs/kotranews/786/globalBbsDataView.

≪NK 경제≫. 2019.3.12. "북한판 앱스토어 자료봉사 2.0의 모습은". https://nkeconomy.com/news/articleView.html?idxno=1199.

2. 외국 문헌

CIA. every year. *World Fact book*. www.cia.org.

Williams, Martyn. 2019. "Digital Trenches: North Korea's information counter-offensive". HRKN. 북한인권위원회.

3. 북한 문헌

≪로동신문≫. 2018.10.12. "스마트폰 게임 중독 현상 심각".

≪조선의 오늘≫. 2020.2.4. "진달래 손전화기와 함께 유명해진 만경대정보기술사".

8장
북한의 소프트웨어 산업 현황

1. 소프트웨어 산업 추진 연혁

필자는 2000년대 초반 평양에서 열렸던 남·북한 당국 간 회담에 정부 대표단으로 참석했다. 북한의 거듭되는 억지 주장에 정회를 선언하고 서울의 훈령을 기다리는 동안, 회담장인 고려호텔 2층 서점을 찾았다. 서점에서는 김일성 저작집 등 우상화 선전물 책 이외에 각종 소프트웨어를 1개당 20달러에 판매하고 있었다. 평양정보쎈터와 조선콤퓨터센터 등에서 제작한 소프트웨어는 외국어 교육, 체질 감별 등 건강, 낚시와 바둑 등 취미생활까지 매우 다양했다. 특히 북한말을 영어, 일어, 중국어 등으로 자동 변환하는 번역 프로그램과 발음의 98% 이상을 문자로 전환하는 음성인식 프로그램 등이 인상적이었다. 북한의 소프트웨어 수준이 상당히 높다고 칭찬하자 안내원은 "김정일 국방위원장의 '단번도약' 전략으로 단숨에 IT 발전을 이뤄내 가까운 시일 내 북한이 선진국 수준으로 도약할 것"이라고 자랑했다. 그러면서 "김일성종합대학이 서울대학교와 비교해서 우수한 학과가 있는데 대표적인 게 수학과"라고 농담을 했다. 종이와 연필만 있으면 어디서나 문제를 풀 수 있기 때문이란다.

북한은 '온 나라의 CNC'와 같은 컴퓨터 수치제어 기술로 4차 산업혁명에서 성과를 거둘 것을 강조해 왔다. 평양 서점에서 소프트웨어와 컴퓨터 프로그램에 관한 책을 유심히 살펴보면서 북한 지도부의 '디지털 정보화 리더십'이 국제 사회의 최신 흐름을 비교적 정확하게 파악하고 있다고 판단했다.

상당한 자본과 고도의 기술이 필요한 IT 하드웨어와 비교해 소프트웨어는 산업의 진입 장벽이 높지 않다. 보안 등 일부 분야에서 북한 인력은 선진국 기술 수준을 보유하고 있어 제품을 해외에 수출까지 한다. 북한은 IT 분야 중에서도 복잡한 인프라 구축 등 과도한 비용이 들지 않고 인간의 두뇌와 창조력만 있으면 훌륭한 제품을 생산해 낼 수 있는 소프트웨어 분야를 집중적으로 공략하는 전략을 적극 추진하고 있다. 북한에서 소프트웨어 산업은 프로그램 작성, 정보검색 등 정보 봉사(서비스) 부분으로 정의한다. 프로그램 기술, 정보처라기술, 정보서비스 기술 등이 포함된다. 무엇보다 소프트웨어는 기본적으로 수학적 연산을 활용해 만드는 만큼 고등수학과 코딩 지식이 필요하다.

북한에서 수학적 연산은 사회주의 과학교육의 기본으로 강조되고 있어 기초가 튼튼하다. 수학과 코딩 지식에 배경이 있으면 소프트웨어 개발의 기본 원리는 비교적 습득이 용이하다. 다만 북한 개발 인력들이 자본주의 시장에 대한 상업적 환경을 이해하지 못해 상품성이 미흡하고 마케팅이 부족하여 소비자 지향적 제품은 부족하지만, 나름대로 창조적인 제품을 개발하려는 노력은 계속되고 있다. 특히 음성, 지문 인식, 보안, 암호화, 애니메이션 부문에서는 세계적인 수준에 근접했다.

북한은 소프트웨어 기술을 위한 국제협력을 위해서도 다양한 노력을 한다. 1993, 1994, 1998년 세 차례나 국제연합대학 부설 국제소프트웨어기술연구소 (UNU-IIST) 소장을 평양에 초청해 소프트웨어 기술에 대한 단기 강좌를 개최했으며 마카오에 있는 국제소프트웨어기술연구소에 유능한 과학자를 연수 보내기도 했다. 1993년 10월 국제소프트웨어기술연구소와 북한 국가과학기술위원회의 양해각서에는 공동으로 소프트웨어 기술연구소를 설치하고 그 안에 도서실, 워크스테이션, 컴퓨터 보조 소프트웨어공학(CASE) 도구, 여러 가지 PC와 기타 주변기기 등을 비치해 북한의 타 연구소나 대학들의 연구원이 수시로 와서 활용할 수 있게 한다는 내용이 담겨 있다.

2001년 교육성은 산하에 프로그램교육지도국을 설치했다. 2003년과 2004년에는 '컴퓨터소프트웨어보호법'과 '컴퓨터소프트웨어산업법'이 각각 제정되어 정책 추진에 따른 법체계를 구축했다. 김정은 집권 이후 경제 건설에서 정보화·현대화 방침에 따라 소프트웨어 부문에 대한 정책을 적극 추진했다. 유엔 안보리 대북 제재 강화에 따라 내부 공장과 기업의 생산성을 개선하고 기술 발전을 위해서다. 2013년에는 평양과학기술대학 전기컴퓨터공학부에서 제1회 석사 졸업생이 배출되었다.

2016년 내각의 소프트웨어 발전 컨트롤타워로서 국가정보화국을 설치했고 2017년에는 전국정보화성과전람회를 개최해 성과를 공유하고 있다. 2015년에는 조선콤퓨터센터를 해체해 세부 기술 단위의 상품 개발에 주력하는 교류사와 서비스별 조직인 교류소로 분리하여 관련 기술을 상용화하는 데 유연하게 대응하도록 조치했다.

북한이 개발한 소프트웨어를 살펴보면 거의 모든 제품이 IBM PC 호환기, 일본 NEC의 PC 9800 계열 혹은 매킨토시용으로 개발되었고 국내 수요뿐 아니라 해외 수출에도 역점을 두었다. 게임을 통해 어린이의 두뇌를 개발하는 에듀테인먼트(edutainment) 프로그램도 다양하게 개발한다. 이렇듯 자체 개발한 소프트웨어의 해외 수출을 위해 조선과학원과 조선컴퓨터 산하에 무역회사를 두어 해외시장 개척에도 힘쓰고 있다.

북한의 IT 제품에는 김일성, 김정일, 김정은 등 최고지도자들에 대한 우상화 작업이 반영되어 있다. 일례로 단축키 'Ctrl+I'는 김일성 주석을, 'Ctrl+J'는 김정일 국방위원장을, 'Ctrl+K'는 김정일 국방위원장의 생모 김정숙을 나타내며, 이 단축키를 누르면 이들의 이름이 크고 진하게 나온다. 또한 각종 산업용 프로그램의 초기화면에도 "당이 결심하면 우리는 한다", "생산도 학습도 주체의 요구대로" 등 체제 선전과 생산 증대를 독려하는 글귀가 나타난다.

2. 소프트웨어 제품

1) 조선과학원 제품

조선과학원 프로그람종합연구실에서는 사무자동화와 관련된 프로그램, 부기 계산, 은행관리, 수출입 관리체계, 조선어-영어 번역 지원체계, 조선어 문자 인식 프로그램을 개발한다. 게임을 통해 지능을 개발하는 에듀테인먼트(edutainment) 프로그램도 이곳에서 개발하고 있다.

표 8-1 조선과학원 개발 소프트웨어 제품

명칭	간단한 설명
비둘기	• 기본 회화 1000여 문장에 기초한 북·영, 영·북, 일·영, 영·일 네 가지 여행자용 소프트웨어 전자 회화집 • 대화식 화면을 이용한 기본 회화 문장 생성 기능 내장
글동무	• 컴퓨터 게임을 통해 즐기면서 배우는 조선어와 일본어 단어 학습용 소프트웨어(북·일, 일·북) • 단어 대역 퍼즐 게임과 단어 암송 게임 내장 • 2만 4000여 개 단어를 포함한 사전과 조선어 예문 구비
매	• 조선문자 자동인식 프로그램 • 인식률 97% 이상, 인식속도 1초당 10문자 • 문자 이미지 데이터 관리, 문자 학습, 서류 편집 기능 내장
무지개	• 컴퓨터 보조 일·영 번역 시스템 • 10~12개 단어의 일본어 문장의 영어 번역 시 약 1분 소요
스터디 테트리스	• 게임을 통해 즐기며 영어 단어, 물리 공식 등을 배우는 학습용 컴퓨터 게임 • 메뉴의 사용자 인터페이스로 대상 사전과 속도 선택 가능
비지네스	• 영문 비즈니스 편지 작성에 도움을 주는 전문가 시스템 • 계약서·제안서 작성에 필요한 표준 영어 문장을 기억시킨 지식베이스와 프로덕션 룰(Production rule) 포함
선라이즈	• 컴퓨터 일·북(일·한) 번역 보조시스템 • 일·북 동시편집 에디터 사용해 Pre-Editing과 Post-Editing 수행 • 자동인식 시스템을 이용한 쉬운 입력 가능
127의 3	• 음소단위 기초로 한 연속 음성체계 • 제9차 전국 프로그람 경연 및 전시회에서 1등 수상
남산	• 조선어문자 교정 지원 프로그램
금	• 사금 및 금강석 표시탐사체계

망나니공 (청개구리 1)	• 지능개발용 프로그램 시리즈의 첫 번째 게임 소프트웨어 • 브라운 운동 중인 공을 잡아 가두는 10종 20판 구성의 게임
색맞추기 (청개구리 2)	• 논리적 사고의 시각적 표현력 배양을 목적으로, 채색된 네모들의 자리를 바꿔 색을 　맞추는 지능 게임 • 24개의 표준 형식 내장
요술상자 (청개구리 3)	• 화면 중앙에 나타나는 채색된 박스를 가로, 세로, 대각선 방향으로 3개 이상 나열하 　는 게임 • 나열된 박스는 화면에서 삭제되는 형식
용 (청개구리 4)	• 화면상에서 자유로이 이동하는 용을 울타리 안으로 잡아넣는 게임 • 다양한 종류와 경우의 수 보유 • 24개의 표준 네모와 네모 블로크 편집기능을 이용해 제작
요리-300	• 한국 민속 음식 300여 종을 수록한 전자요리집 • 10개의 데이터 디스켓(Data Diskettes)에 그림 수록
봉화	• 건축 설계지원 프로그램 • 건축물의 형성·설계·기초 설계 등 각종 설계를 컴퓨터로 수행 • 조선과학원 건설건재분원 개발
칠보산	• 조선과학원 수학연구소에서 개발한 조선어 음성인식 소프트웨어 • 제9차 전국 프로그램 경연 및 전시회에서 특등 수상
FVS 2000	• 지문 인식 시스템 • 1991년 이집트 경찰청 입찰 참가
백승	• 축구 지원 체계

2) 평양정보기술국 제품

2012년 평양정보쎈터에서 명칭이 변경된 평양정보기술국은 우리말 정보처리와 워드프로세서 개발에 매우 앞서 있는 기관이다. 북한에서 가장 많이 쓰이는 워드프로세서인 '창덕', 윈도와 매킨토시에서 한글을 사용할 수 있는 환경을 제공하는 프로그램인 '단군', 1995년에 완공된 '당창건기념탑' 건설에 사용되었다고 하는 건축 프로그램 '백두산' 등을 개발한 바 있다. 특이한 것은 창덕이나 단군에서 우리글을 입력할 때, 남한에서처럼 우리글 자모를 사용해서 입력하는 일반 방식 외에도 발음에 따라 영자로 입력하는 발음 방식 또한 사용할 수 있다는 점이다.

예를 들어 발음식 방식에서 'jen ja gyei san gi'라고 영자로 타자하면 '전자

표 8-2 평양정보기술국 개발 프로그램 제품

명칭	간단한 설명
창덕	• 문서편집 및 전자출판 프로그램 • 조선어·영어·일본어·한자·러시아어 등 다국어 편집 가능
단군	• 조선어·일본어·중국어 입력이 가능한 워드프로세서 • 200여종의 조선 글씨체 보유 • 제11차 전국프로그램 경연 및 전시회에서 특등 수상
용마	• 윈도(Window)용 표 계산 프로그램
전자출판체계	• 조선어·영어·일본어·한자 병용의 전자출판 체계
인식	• 조선어 자동인식 프로그램(인식률 95%)
고향	• 자료관리체계(DBMS)
들	• 2차원 컴퓨터 보조설계 지원 시스템
산악	• 3차원 컴퓨터 보조 건축설계 지원 시스템
담징	• 20만 단어를 자료화한 북·일 기계번역 프로그램 • 300Kb의 조선어를 3분 이내에 일본어로 번역 가능 • 개당 20달러
체질과 식사	• 건강관리 시스템
타자학교	• 어린이들이 조선어 및 영문타자를 재미있고 쉽게 배울 수 있는 프로그램
삼천리	• 조선지도첩 프로그램
평양	• 평양 관광 다매체 프로그램
조선의 력사와 민속	• 다매체 프로그램

계산기'로 입력된다. 이러한 입력방식은 영문 타자에 익숙한 사용자에게는 매우 편리하다. 1999년에는 '내나라'라고 부르는 입력장치가 개발되었는데, 특이한 점은 중국어의 경우 한글 표기로 입력해도 중국어로 변환된다는 점이다. 이 입력기는 일어판 윈도상에서 실행된다.

3) 조선콤퓨터쎈터 제품

조선콤퓨터쎈터에서는 IBM PC 혹은 호환기 등의 PC용 응용소프트웨어를 개발해 산하 신흥 회사를 통하여 수출하고 있다. 여기에는 지문 식별 체계

표 8-3 조선콤퓨터쎈터 개발 제품

명칭	간단한 설명
고려침구	• 전통 고려의술 전문가 시스템(Expert System) • 침술 치료와 교육용 소프트웨어
금빛말	• 체질 감별 프로그램 • 지문에 의한 체질 분류와 진단 체계로 구성 • 고려의학에서 널리 사용 중
종합 의료봉사 시스템	• 심장혈관 계통 질병 진단용 • 고려의학에 따라 질병의 처방·치료
지능출납체계	• 상점 판매용 POS(Point of Sales)시스템
모호-37	• 광석의 선광처리를 위한 퍼지(Fuzzy) 컴퓨터 제어시스템
토성-6	• 항공교통 지휘 시스템 • 레이더 신호처리, 레이더 자료처리, 자료기록, 재생시스템으로 구성 • 평양 비행장에서 사용 중
지문자물쇠	• 지문의 고유한 특성으로써 개인을 확인하고 자동문 기능을 하는 시스템
목란	• 조선어 문서인식 시스템 • 제9차 전국 프로그람 경연 및 전시회에서 특등 수상
만경봉	• 기계 번역 프로그람 • 제9차 전국 프로그람 경연 및 전시회에서 특등 수상
삼일포	• 음악 소프트웨어 • 1998년 5월 음악 정보를 편집할 수 있는 프로그램을 만들라는 김정일의 지시에 따라 문학예술종합출판사·음악도서출판사 편집원이 협력해 제작 • 악보 검색, 가사 열람, 정보 인쇄, 음악 감상 기능 및 노래 4150여 곡 수록
은방울	• 컴퓨터용 악보 편집프로그램 • 가사·악보 전자책『삼일포』제작에도 운용
삼흥	• 사전 소프트웨어 • 평양외국어대학 영어학부 교수와 학생과 협력해서 개발한 조·영, 영·조 대사전 • 조·영 사전 13만 단어, 영·조 사전 25만 단어 수록 • 단어, 관용구, 속담 검색 가능
고려	• 손글입력기(고려펜), 조선말·영조·조영대사전(삼흥), 조선어 입력 체계(내나라), 장기 프로그램(류경장기), 바둑프로그램(류경바둑)의 종합체계

(MicroAFIS 96S), 체질 분류와 진단 체계(금빛말), 지문 출입 관리 시스템 등 지문 식별 시스템 활용 프로그램과 전자 의술 체계, 전자계산기 지원 종합 의료봉사 시스템 등 의료 관련 프로그램이 있고, 지능 출납 체계 등 사무자동화 관련 프로그램과 날염문양 설계지원 프로그램 등 설계지원 프로그램이 있다. 제

반 조정과 제조 관련 프로그램으로는 토성-6, 모호-37 등이 있다.

그 밖에도 평양서체 프로그램 '서광', 생산공정 자동화 프로그램, 건축구조물 설계 및 계산 프로그램 등을 개발했고, 1998년 이후에는 사무 처리와 표 계산에서 한글을 간단히 입력할 수 있는 프로그램들과 인식 속도 및 정확성이 높은 음성인식 프로그램, 문자인식 프로그램, 번역기, 고속 화상 생성 프로그램, 서체 개발 등에 주력한다.

4) 은별콤퓨터기술연구소 제품

다른 연구소보다 늦게 시작했지만 제품 판매에는 적극적이다. 현재는 조선콤퓨터쎈터의 일부로 편입되었다. 은바둑은 1998년 8월 일본에서 열린 제4회 포스트(FOST, 과학기술융합 진흥재단)배 세계 컴퓨터바둑대회에서 우승해 북한의 소프트웨어 기술 수준이 높다는 것을 보여주었고 국내에도 수입되어 애용되고 있다. 은바둑은 AI가 이용된 경우인데 아마 3급 정도 수준의 사람 대 사람, 사람 대 컴퓨터, 3자 간의 네트워크를 통한 대국이 가능하며 음성(voice) 채팅도 지원한다. 하지만 바둑판 크기가 단조롭고 엉뚱한 곳에 두는 경우가 많아

표 8-4 **은별콤퓨터기술연구소 개발 제품**

명칭	간단한 설명
은바둑	• AI 알고리즘을 적용해 개발된 컴퓨터 바둑 프로그램 • AI와 인간의 대국뿐 아니라 인터넷을 이용한 인간과 인간의 대국 가능
태권도	• 태권도의 기본자세 및 기본동작 훈련, 체력 단련, 특수기술과 호신술 응용의 예를 다수 수록한 소프트웨어
조선우표	• 1946년부터 1996년까지 발행된 3700여 종의 조선 우표 수록 • 연도별·주제별 검색 가능
은장기	• 컴퓨터 장기프로그램 • 일본장기, 군인장기, 서양체스 등 여러 종류 내장
인식펜	• 직렬문자인식 프로그램 • 제8회 전국프로그램 경연 및 전시회 1등 수상

문제점으로 지적되었다. 앞서 열거한 제품들을 포함해 북한에서는 많은 소프트웨어 제품이 개발되었는데, AI, 퍼지이론, 영상처리, 문자인식, 기계번역 등 최신 정보기술을 활용한 제품도 많다.

5) 평양인쇄대학 개발 제품

평양인쇄대학의 개발 제품은 다음 〈표 8-5〉와 같다.

표 8-5 평양인쇄공업대학 개발 제품

명칭	간단한 설명
서광	• 도서, 신문, 잡지 등 출판물 편집을 위한 문서처리 소프트웨어 • 조선어·일본어·영어 입력 가능 • 단어 처리, 가로쓰기, 세로쓰기, 수식, 악보, 화학식 등 문장 편집과 관련된 기술적 문제 해결
노을	• 문서처리 소프트웨어 • 도표와 화상을 전문적으로 편집
담보	• 문장 교정 지원 소프트웨어

6) 김일성종합대학 제품

김일성종합대학의 개발 제품은 아래 〈표 8-6〉과 같다.

표 8-6 김일성종합대학 개발 제품

명칭	간단한 설명
봉남산	• 문자인식 프로그램 • 제11차 전국 프로그람 경연 및 전시회 1등 수상
별	• 경제대사전 소프트웨어
사계	• 양어 정보 소프트웨어
127-3	• 조선어 음소 단위에 기초한 연속 음성인식 프로그램 • 제9차 전국 프로그람 경연 및 전시회 1등 수상

7) 김책공업종합대학 개발 제품

김책공업종합대학의 개발 제품은 아래 〈표 8-7〉과 같다.

표 8-7 김책공업종합대학 개발 제품

명칭	간단한 설명
신동	• 문자인식 프로그램 • 제8회 전국 프로그람 경연 및 전시회 1등 수상
부르나	• 장기 프로그램 • 제11차 전국 프로그람 경연 및 전시회 1등 수상
예지	• 370여 전술을 수록한 농구 전술 지도체계 프로그램 • 방어, 공격, 드리블 등의 자료를 입력하면 최선의 작전 도출 • 2000년 2월 보천보체육경기대회에서 이 소프트웨어를 운용한 팀이 준우승 차지

8) 기타 제품

이 외에 북한에서 개발된 소프트웨어 제품은 아래 〈표 8-8〉과 같다.

표 8-8 기타 제품

명칭	제작 기관	간단한 설명
최량캠	한덕수평양 경공업대학	• CAM 설계 컴퓨터 지원 소프트웨어 • 나선캠, 굴곡캠 등도 정확히 작동하도록 설계
평양 2.0	평성 리과대학	• 조선어 연속 음성인식 프로그램 • 제11차 전국 프로그람 경연 및 전시회 1등 수상
밑뿌리	인민 경제대학	• 김책제철연합기업소 생산 최적화 시스템 • 연합기업소 각 직장 내 생산과 지휘의 최량화·과학화를 목적한 소프트웨어 • 제11차 전국 프로그람 경연 및 전시회 특등 수상
광명	중앙과학 기술통보사	• 과학기술 자료 검색 시스템 • 3000만 건에 달하는 과학기술자료 및 800여 종의 최신 과학기술 잡지 내용 수록
만방	조선중앙 방송위원회	• 라디오방송 시스템 • 라디오방송 프로그램의 편집·진행 등 방송업무의 신속한 수행 보조

3. 북한 소프트웨어 산업 평가

1) 사회주의 국가의 구조적 문제점

북한은 2000년대 이후 소프트웨어 산업의 중요성을 간파하고 적극적인 정책 추진을 통해 비약적으로 발전했다. 2012년 김정은 체제 출범 이후 전문 인력 양성과 각종 첨단 제품 개발에 주력했다. 하지만 여전히 근본적인 한계가 해결되지 않고 있다. 이는 사회주의 국가에서 소프트웨어 산업이 발전되기 어려운 구조적 문제점과 연관된다. 새로운 프로그램을 개발할 경우 물질적 혜택이 개인에게 귀속되는 자본주의 체제와 달리 사회주의 체제에서는 물질적 보상이 개인에게 돌아가지 않는다.

예를 들어 구소련의 경우 유명한 '테트리스'라는 게임을 만든 프로그래머는 금전적으로 아무런 보상도 받지 못했다. '테트리스'라는 게임 프로그램을 만든 계기도 연구소에서 시간을 소비하기 위해 만든 것이라는 그의 발언처럼 전혀 물질적 동기에서 이루어진 것이 아니다. 만약 서방세계에서라면 그는 지적재산권에 대한 대가로 갑부가 되었을 것이다. 또한 AK 소총을 발명한 소련의 병사는 여전히 초로의 노인으로 가난하게 살았고, 반대로 M-16 소총을 만든 미국인은 백만장자로 세계여행을 다니면서 여생을 편안하게 즐겼다. 이렇듯 인센티브가 부족한 사회주의 경제에서 개인의 창의력을 발휘하는 데는 한계가 있다. 소프트웨어 산업은 개인의 창의력과 인센티브를 기본으로 한다. 과연 두 가지 요소가 결여된 북한이 향후 어떤 전략으로 소프트웨어 산업을 발전시킬지 주목된다.

2019년 4월 4일 포르투갈에서 국제 대학생 프로그래밍 경시대회인 ACM-ICPC가 열렸다. 서울대학교 팀이 7위를 하고 카이스트 팀이 21위를 했다. 북한의 김책공업종합대학 팀은 8위를 해서 카이스트 팀을 제쳤으며 상당한 수준으로 평가된다. 북한이 소프트웨어를 한 단계 발전시키기 위해서는 개발자의 창의적인 개발 노력에 대해 인센티브를 제공하는 등 당국 차원에서 연구를 장려해야 한다. 유익하면서도 인간의 흥미를 유발하는 우수한 소프트웨어는 우주에 대한 무한한 상상력과 인간성에 대한 다양한 이해 속에서 개발된다. 인문학적 창작이 기술과 접목될 때 양질의 소프트웨어가 나온다는 점을 당국이 개발자에게 어느 정도 허용할지가 관건이다.

2) 윈도의 조선글화

북한의 펜티엄 PC에서 주로 사용하고 있는 OS는 영문 윈도 2000이다. 북한은 이 영문 버전에서 조선글을 입출력할 수 있도록 자체 개발한 다국어 입력프로그램인 단군4.8E를 사용했다. 1990년대 초반 남한에서 윈도 3.1 영문 버전에 한글 입출력프로그램을 얹어 쓰던 상황과 매우 유사했다. 윈도 95~98까지는 국가 ID 없이도 외국 애플리케이션들과의 호환이 가능했으나 마이크로소프트(사)가 2000년도에 기술적으로 전혀 다른 '윈도 2000 프로페셔널'을 발표하면서부터는 당장 입출력 장애가 발생하기 시작했다. 북한이 윈도를 '조선글화(Localization)'하려면 필수적으로 저작권자인 마이크로소프트가 해당 국가의 아이디(로컬 ID)를 부여해 주어야 한다.

미국 정부는 윈도 OS가 이른바 '바세나르협정'에서 규정하고 있는 '전략물자'의 범주에 포함되어 있다는 점을 들어 마이크로소프트의 대북한 기술지원에 부정적 입장이다. 마이크로소프트도 OS가 로컬화되려면 일정 규모의 IT 내수시장이 형성되어야 하는데, 북한의 컴퓨터 보급 대수인 펜티엄급 이상이 3만대 수준으로는 채산성이 맞지 않는다는 이유로 북한 측의 요구를 거절했다. 물론 근본적인 문제는 미·북 간에 정치적인 문제가 해결되지 않고 있기 때문이다. 마이크로소프트는 자체 수출 제한 규정에 "미국 정부가 수출을 금지하거나 거래를 규제하는 모든 국가들을 비롯해 제품 또는 그 일부분을 핵무기나 생화학무기의 설계·개발·제조에 활용할 것임을 알거나 알 만한 이유가 있다고 판단되는 개인 또는 단체에 수출이나 재수출하지 않을 것"임을 명시하고 있다. 요컨대, 국가 ID 배정 같은 기술적 지원도 수출 제한 규정에 포함된다는 판단이다.

북측 OS 분야 관계자들은 2001년 당시 마이크로소프트가 글자 표현이 복잡한 티베트에 대해서도 로컬 ID를 배정해 주면서 왜 자신들에게는 거부하는지 모르겠다며 불만을 토로하고 남측이 나서서 이 문제를 미국 측과 해결해 주기를 비공식적으로 요청했었다. 김유종 평양정보쎈터 기사장은 2001년 3월 미국 시애틀에서 마이크로소프트 관계자와 만나 관련 자료 제출과 함께 마이크로소프트는 윈도 OS에서 '조선민주주의인민공화국'을 인정해야 한다고 주장했다. 그러나 이 문제는 남측으로서는 다소 복잡한 측면이 있었다. 조선글 윈도가 등장하게 되면 상이한 문법체계와 서로 다른 코드페이지를 사용하고 있는 '한글'과 '조선글'의 고착화를 가속화한다는 점에서 전적으로 바람직한 해결 방안이라고 볼 수는 없었다. 사실 남측으로서는 북측이 급변하는 정보화 물결을 따라가기 위해서는 한글 윈도를 수용하는 편이 이익이고 해결 방안이라고 판단했다. 그러나 자존심 강한 북측으로서는 오랫동안 주체적으로 개발·사용해 오던 좋은 프로그램을 포기할 수 없다며 남측의 요구를 일축했다. 북측은 남측의 한글을 사용할 경우 남측 컴퓨터 OS에 종속되는 등 문제점이 많다고 인식했다. 따라서 통일 전까지는 별도 코드 사용이 불가피할 전망이다(≪전자신문≫, 2001.9.5).

한편 북한 조선콤퓨터쎈터는 데스크톱 OS를 개발했다. 오픈소스 기반의 조선글 리눅스 배포판인 '붉은별'이라는 이름을 가진 OS가 2010년 상용·판매되기 시작했다. 2012년 '붉은별 2.0'이 등장했고, 2013년에는 '붉은별3.0'까지 나왔다. 2.0버전에서는 마이크로소프트의 '윈도'와 똑같은 모양이었는데, 3.0부터는 애플 OS와 꼭 닮은 모습으로 등장했다. 북한의 자체 개발 OS인 '붉은별'에는 오라클 버추얼 박스가 탑재되어 있다. '붉은별'이 기반으로 삼는 리눅스는 기존에 개발된 MS-윈도 기반 소프트웨어를 사용할 수 없다. 리눅스용 소프트웨어도 상대적으로 적다. 수많은 소프트웨어를 리눅스용으로 다시 전환할 경우 비용이 많이 들어 '붉은별'을 보급할 때 응용프로그램 문제는 걸림돌이었다. 따라서 '붉은별 4.0'에 가상머신(virtual machine)으로 가상 윈도 운영환경을 구현해 주는 버추얼박스를 탑재함으로써 붉은별 OS에 가상 윈도 운영환경을 만들어 윈도용 프로그램을 이용하려 한 것이다(≪NK경제≫, 2020.6.15; 북한ICT연구회, 2020: 56).

3) 소프트웨어 수출의 한계

북한의 소프트웨어 수출은 중국 옌볜(延邊), 단둥(丹東), 다롄(大連), 선양(瀋陽) 등지에 파견된 외화벌이 기술 인력을 활용해 이루어졌다. 중국의 다국적기업이나 중국 기업이 전 세계 국가를 상대로 수주한 외주 프로그램을 평양의 연구소 등에 모듈별로 하청을 주어 제작하는 방식이다. 따라서 수주 단가가 높지 않으며, 본격적인 제품 생산에 기여하는 과정에서 습득하는 기술을 자체 기술과 연계하는 등 업그레이드에도 한계가 있었다. 저렴한 인건비를 바탕으로 단순 코딩을 활용하는 프로그램 개발 능력은 창의적이고 복합적인 종합 소프트웨어를 개발하는 데는 한참 못 미친다. 특히 시장경제의 특성을 최대한 강조하는 마케팅과 소비자 취향에 대한 체계적인 경험이나 지식이 부족한 것은 국제적인 수준으로 소프트웨어를 발전시키는 데 가장 큰 장애물이 아닐 수 없다. 급변하는 국제시장의 동향과 해외의 창의적인 소프트웨어 개발 노하우를 습득하지 않고서는 기술 발전은 정체상태를 벗어나기 어렵다.

참고문헌

1. 국내 문헌

김민관. 2015.10.20. "북한 IT 산업 기술수준 분석 및 남북 협력방안". 「북한이슈」. KDB 산업은행.

≪전자신문≫. 2001.9.5. "남북한 통일 전까지는 별도 코드 사용 불가피".

북한ICT연구회. 2020. 『북한 ICT 동향 조사 2020: 북한매체를 중심으로』. 한국과학기술정보연구원.

≪NK경제≫. 2020.6.15. "북한 붉은별 4.0에 오라클 버추얼박스를 탑재하고 있다".

9장
북한 군사 분야 정보화·자동화 실태

1. 21세기 전쟁은 컴퓨터 전쟁

북한의 ICT 개발은 단번도약에 의한 경제발전 수단으로서 활용하는 정책으로도 추진되었지만, 한편으로 전자전(電子戰, Electronic Warfare)에 대비하기 위한 군사적 목적도 중요한 이유였다. 전자전이란 강한 고주파를 적군에게 발사해 무기체계와 레이더, 전투기 기기 등을 일시에 정지시키거나, 혹은 인터넷 등 통신망을 통한 크래킹(cracking) 방법으로 적군의 지휘 체계를 교란하는 현대전의 새로운 양상이라고 할 수 있다. 따라서 적의 전자파 사용을 억제시켜 적의 장비·인원·시설의 성능을 감소시키는 한편, 적의 전자파 공격으로부터 아군의 장비·인원·시설을 보호하는 공격과 방어활동 전반을 가리킨다. 특히 전쟁 시뿐만 아니라 평시에도 적의 잠재적인 전자파 공격을 파악하고 아군을 보호하는 것이 전자전활동이다. 1991년 걸프전 때 미국이 전자 장비를 동원해 이라크군의 방공망과 지휘 체계를 마비시키면서 위력을 떨친 바 있다.

이와 관련해 김정일 국방위원장은 1996년 서해의 최전방 부대를 시찰한 자리에서 "앞으로 모든 전쟁은 컴퓨터 전쟁이다. 모든 인민군 지휘관들은 컴퓨터를 배워야 한다"라고 지시하면서 자신도 매일 한 시간 이상 컴퓨터를 사용한다고 강조했다. 인민군 군사출판사가 2005년 발간한 『전자전 참고자료』에 따르면 김정일은 "내가 여러 번 이야기했지만 현대전은 전자전이다. 전자전을 어떻게 하는가에 따라 현대전의 승패가 좌우된다고 말할 수 있다"라고 말했다. 우리 군(軍)은 2006년 보고서에서 "북한 해커부대가 미 태평양사령부의 지휘통제소를 마비시키고 미 본토 전산망에도 피해를 줄 수 있다"라고 밝혔다. 특히 600여 명에 이르는 북한 전문 해커들의 능력은 미국 CIA(중앙정보국)의 컴퓨터 인력 수준일 것으로 추정된다. 북한 해커들은 2008년 8월 우리 야전군사령부 대령급 간부의 컴퓨터 해킹을 시도했었다(≪조선일보≫, 2011.3.7).

또한 북한 당국은 1999년 9월 25일 평양방송을 통해서도 "만(灣) 전쟁(걸프전) 당시 미제는 4~6시간 전에 이라크 전선 전역에 걸쳐 종심 1300km까지 영향을 미치는 강력한 전자 장애를 조성해서 이라크군의 지휘 체계를 마비시켰다"라고 밝히며 전자전의 중요성을 강조했다.

2011년 3월 4일, 수도권 서북부 일대에 GPS(지구위치정보시스템) 수신 장애 현상이 발생했다. 북한이 GPS 방해 전파를 발사하는 전자전(Electronic Warfare)을 감행한 것이다. 이러한 북한의 전자 공격은 처음이 아니었다. 이미 2010년 8월, 11월, 12월 세 차례에 걸친 공격 전례가 있었다. 북한이 소프트웨어를 수단으로 하는 사이버전뿐만 아니라 하드웨어를 통한 전자전 수행 능력도 갖추고 있다는 우려가 사실로 드러난 것이다.

북한은 그동안 이 같은 전파 교란 외에도 정부 전산망에 대한 디도스(DDoS) 공격을 수차례 감행했다. 북한은 1980년대 초 소련의 컴퓨터 전문가 40여 명을 초빙해 사이버전을 학습했다. 그 이후 1986년 평양에 미림지휘자동화대학을 설립하고 연간 100명씩 약 1200명의 사이버전 전문가들을 양성했다. 이 중 매년 10여 명의 우수 졸업생을 선발해 인민무력부 정찰국에 배치, 인터넷 검색·해킹과 악성코드 제작 등의 사이버테러 임무를 수행하게 했다. 1990년 10월 평양에 컴퓨터 소프트웨어 개발 조직인 조선콤퓨터쎈터를 설치하고 소프트웨어 개발 인력 550명, 기초기술 분야 100명, 개발 지원 분야 150명 등 총 800여 명의 컴퓨터 전문 인력을 배치했다.

민주화된 서구와 한국, 일본과는 달리 북한은 은폐된 사회 특성을 이용해 체계적이고 조직적인 사이버전 인력 동원과 사이버 무기를 개발하고 있다는 점에서 특히 경계해야 할 대상이다. 또한 북한은 사이버 윤리성을 무시한 채 전 세계에 무차별적인 사이버 공격을 가하고 있으나 그 추적이 쉽지 않으며, 이를 규제하기 위한 국제법의 미비로 제재 또한 어려운 실정이다. 디도스 공격으로 이미 국내 시스템의 사전 탐색을 끝낸 북한이 사이버 무기로 조만간 국내 정부 기관과 산업 시설을 공격할 가능성은 항상 열려 있다. 특히 경제적 위기가 가중되면서 금품을 노리는 공격도 예상된다.

북한군의 대표적인 전자전 공격 수단으로는 러시아로부터 도입해 성능을 개량한 'GPS 재머(Jammer)' 전파 방해 장비, 또 2011년 당시 개발 중이던 '전자기 펄스(이하 EMP) 폭탄' 등이 있다. 이중 개량형 GPS 재머는 북한군이 가장 많이 활용하고 있는 무기다. 2010년 12월 20일 연평부대의 해상 사격훈련 당시 우리 군의 무인정찰기(UAV) 활동을 방해해 결국 우리 군이 다른 정보 자산을 활용하도록 만들었다. EMP 폭탄은 컴퓨터와 전자, 통신 기술에 크게 의존하는 첨단 C4ISR(Command, Control, Communications, Computers, Intelligence, Surveillance and Reconnaissance) 체계와 정밀유도무기 및 산업 능력의 핵심인 전력(電力) 기능을 일순간에 무력화할 수 있다. 따라서 EMP 폭탄은 적의 항공기와 미사일 공격에 대한 방어는 물론, 적의 정치·경제·군사적 핵심 시설을 마비·교란하는 공세적 목적으로 주로 사용된다(유동렬, 2011).

미 의회자문단체인 '국가-국토안보에 대한 EMP 태스크포스(Task Force on National and Homeland Security)'에 따르면 북한은 현재 EMP 폭탄 개발을 완료한 상태다(미국의 소리, 2021.6.15). 만약 북한이 EMP 폭탄의 실전 배치를 완료한다면, 주로 육군의 포병이나 해군 함포를 통해 발사되는 포탄, 항공기 탑재용 공대지 폭탄, 정밀유도무기 등 다양한 형태로 운용할 가능성이 높을 것이다. 여기서 한 걸음 더 나아가 북한이 핵폭탄에 의한 '고고도 전자기파(HEMP: High altitude Electro-Magnetic Pulse)' 공격 능력까지 구비한다면 우리 군의 전자

장비가 탑재된 무기체계는 무력화될 수도 있다(윤규식, 2011).

2. 군사 지휘 자동화 체계

북한군의 지휘 자동화 체계는 1986년부터 구축하기 시작했다. 운용 제대는 전연군단 ↔ 연대급, 후방군단 ↔ 사·여단급이며, 운용 장비는 16~32bit급 324 기재에 의해 지휘 체계를 운영하고 있다. 프로그램은 324-18·19·20체계를 사용한다.

1992년 9월경 총참모부 ↔ 사·여단까지 자료통신망을 운용했다. 그러나 1994년경 장비 성능 저하와 빈번한 고장이 있었고 1995년 이후 경제난으로 인해 사무 부속 자재를 자체 조달하는 실정이었다. 1997년 11월경, 전산 운용요원을 40% 감축해 지휘 자동화 체계가 둔화되었으나 전산요원 양성은 지속적으로 이루어졌다.

군사 관련 주요 운용 프로그램은 다음과 같다. 사업 지시와 보고시에는 문서를 작성해 인쇄 기능을 사용하며, 적군 정보 자료 데이터베이스 관리체계에는 한국군 전투서열 데이터베이스가 구축되어 있다. 방위각·거리·기상 등 사격 제원을 계산하는 포사격 프로그램을 사용하며 '전쟁 게임(War Game)'의 전단

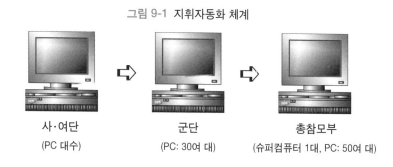

그림 9-1 지휘자동화 체계

사·여단
(PC 대수)

군단
(PC: 30여 대)

총참모부
(슈퍼컴퓨터 1대, PC: 50여 대)

표 9-1 군 컴퓨터 전문 요원 양성 현황

계라 할 수 있는 100가지 전투 방안 프로그램으로 각 제대별 '메트티시(METT-TC)'[1]
요소를 고려해 상황별로 공격·방어 모델을 작성해 데이터베이스화했다. 그 밖
에도 지형정보·대공감시·병기보장계획 소프트웨어를 사용했다.

---

[1] 게임 개발에 군대식 절차를 적용하는 방법이다. 메트티시 에 의한 게임소프트웨어 개발
분석은 M(mission: 임무), E(enemy: 적), T(terrain & weather: 지형과 기상), T(troops:
가용부대), T(time: 시간), C(civilian: 민간요소), 이 6개 요소를 기본으로 한다. 메트티
시 요소는 임무, 적, 지형과 기상, 가용 부대와 지원 능력, 가용 시간, 민간 고려 요소로서,
작전수행을 위한 평가와 가시화에 중요한 요소들이다. 처음의 다섯 가지 요소들은 새로
운 것이 아니다. 그러나 전 영역 통합작전의 속성상 지휘관들은 작전에 관한 비군사적
요소의 영향을 평가하도록 요구된다. 이런 복잡한 이유로 인해 기존의 메트티(METT-T)
에 민간 고려 요소가 추가되어 메트티시로 되었다. 모든 지휘관들은 작전을 가시화하기
위해 메트티시 요소를 사용한다.

3. 군 컴퓨터 전문 인력 양성 현황

군 컴퓨터 전문 요원은 평양시 사동구역에 위치한 '지휘자동화대학'(일명 미림대학 → 현 김일군사대학)에서 담당하고 있다. 지휘자동화대학의 학생 수는 700명, 교직원 수는 500~600여 명이며 인민군 총참모부 소속이다.[2] 초창기에는 학교 운영을 위해 소련과 협력사업 계약을 맺고 40여 명의 컴퓨터 전문가를 대학교수로 초빙하고 김일성종합대학, 김책공업종합대학, 평양기계대학, 평성리과대학 등의 최우등생들과 평양시와 각 도 제1고등중학교에서 성적이 우수한 학생들이 입학했다.

동유럽권 붕괴 이후 소련 전문가들이 본국으로 돌아가고 이들에게 배웠던 학생들과 대학교수 가운데 우수한 동유럽권 유학생 출신들을 교수로 채용했다. 1991년 최초로 졸업생들을 배출했고 이들은 각 군부대 자동화부 참모에서 전자전 지휘 체계를 수립하게 되었으며 초창기 졸업생들로 사단급 이상의 컴퓨터 지휘 체계의 골격이 갖췄기 때문에 이 학교 졸업생들은 대대급까지 배치되어 있다. 학생 양성도 민간에서 선발하던 초기와 달리 1999년 말부터 각 군부대 사병들 가운데서 시험을 통해 뽑고 있으며 인원도 대폭 늘렸다. 졸업생들은 소위로 임관해 여단급 이상의 부대에 전산 장교로 배치되거나 대학 부설 연구원이나 교원으로 발탁된다. 2000년 4월 2일 김정일 위원장은 '지휘자동화대학'을 시찰해 "학생들에게 현대적인 군사 지식을 충분히 가르쳐 현대전에서 자기 임무를 원만히 수행할 수 있는 유능한 지휘관 및 전문가로 키워야 한다"라고 강조했다.

북한은 대단히 체계적으로 정규 조직에서 전자전 요원을 양성하고 있다. 1990년대 초부터 8년간 관계 요원에게 해킹 기법을 교육했으며, 1992년경에

---

2) 총참모국 소속 지휘자동화국에는 컴퓨터 비루스 전문 요원(해커)을 100여 명 운용하고 있다.

는 지휘자동화대학에서 유사시를 대비해 지휘통신망 교란용 네 가지 프로그램을 개발했다. 더불어 북한은 특별 해커 팀을 통해 서방과 한국을 대상으로 군사·경제 정보를 해킹하는 각종 첨단 정보활동을 강화하며 유사시 컴퓨터 전산망을 마비시킬 계획도 수립했다. 2000년 들어서는 미국의 개인은 물론 각종기관을 해킹하려고 시도하기 시작했다. 이렇듯 북한도 전자전에 대비한 해커전문 요원 육성 및 지휘 교란 프로그램을 개발 중이다. 이에 따라 북한 해커들에 대한 국제사회의 감시도 강화하고 있다.

북한은 총참모부 정찰국 산하에 '121소 해커부대' 300명과 적공국 산하 '204소 사이버심리전부대' 100여 명을 유지하고 있다. 121소는 1998년부터 해킹과 사이버전 전담부대인 '기술정찰조'로 확대·개편했으며, 2001년부터 중국을 비롯한 해외에서 사이버전 임무를 수행해 온 것으로 알려졌다. 적공국 204소는 한국군 또는 사회지도층, 대학생과 일반인들을 대상으로 허위 정보를 유포하고 사회적 혼란 등을 조성하는 임무를 수행한다. 2009년 7월 7일에 발생한 디도스 공격을 주도했던 북한의 110호 연구소는 평양에 위치해 있으며, 해킹 등사이버공격과 악성코드 제작 등에 주력한다.

4. 북한의 해킹 실태와 문제점

북한 정보화의 또 다른 목표는 해킹이다. 유엔 안보리 산하 대북제재위원회 전문가 패널의 미발표 중간 보고서에 따르면 북한은 2015년 이후 수십 차례 사이버 금융 공격을 시도했다. 유엔 안보리 산하 '대북제재위원회 전문가 패널'이 작성한 142페이지 분량의 중간보고서는 "북한은 2015년 12월부터 2019년 5월까지 적어도 17개국 금융기관이나 암호화폐 거래소에 35차례에 걸친 사이버 공격을 실행한 혐의가 있다"라고 지적했다. "4년간 최대 20억 달러(한화 약 2조 4320억 원) 이상의 도난"이 있었다고도 덧붙였다. 또한 보고서에 따르면, 북한 대남 담당기관인 정찰총국은 2017년 1월부터 2018년 9월까지 한국과 일본 등 동아시아의 암호화폐 거래소를 5회 해킹해 모두 5억 7100만 달러(약 6943억 원)를 훔쳤다. 2018년 1월에는 일본 최대 암호화폐 거래소 '코인체크(Coincheck)'에서 580억 엔(약 6649억 원) 상당의 통화를 부정 유출했다.

북한의 해킹 능력은 세계적 수준으로 평가된다. 영국의 유명 보안 회사 크라우드스트라이크는 2020년 12월 국제 보안 콘퍼런스에서 북한을 러시아·중국·이란과 함께 사이버전 능력이 뛰어난 '빅4'로 지목했다. 부승찬 국방부 대변인 2021년 2월 18일 브리핑에서 "북한은 6800여 명의 사이버전 인력을 운영하고 있다"라고 말했다. 북한은 부정 수단으로 외화 획득을 노리는 국가 차원의 범죄를 지속하고 있다. 영국 싱크탱크 왕립합동군사연구소(RUSI: Royal United Services Institute)는 2019년 하반기 보고서에서 "북한 해킹으로 알려진 각국 암호화폐 탈취 사건 피해액은 최대 5억 4500만~7억 3500만 달러(약 6190억~8350억 원) 상당으로 추정된다"라며 "북한이 국제사회 제재를 우회하기 위해 암호화폐를 활용하고 있다"라고 주장했다. 또한 사이버보안업체 '레코디드 퓨처(Recorded Future)'는 2019년 하반기 보고서에서 "북한이 싱가포르 소재 해킹 전문가의 도움을 받아 미국의 경제제재를 회피하기 위해 암호화폐를 사용하고 있다"라고 주장했다.

미국 재무부는 2018년 9월 북한 정찰총국 소속으로 알려진 해킹그룹 라자루스(Lazarus)와 하부 해킹 그룹인 블루노로프(Bluenoroff), 안다리엘(Andariel) 등 3곳을 제재했다. 미국 정부는 2018년 9월 북한의 사이버공격활동에 대한 첫 제재로 라자루스 그룹 해커 박진혁을 기소했다. 2014년 소니픽처스 해킹, 2016년 방글라데시 중앙은행 해킹으로 8100만 달러 탈취, 2017년 워너크라이 랜섬웨어 공격을 한 혐의다. 박진혁은 과거 '은별(銀星)'이라는 바둑게임을 개발한 북한의 1세대 해커다. 공소장에 따르면 북한 해커들이 ATM 해킹과 암호화폐 앱 개발, 가상화폐공개(ICO: Initial Coin Offering) 같은 새로운 범죄 수법을 사용했다고 밝혔다. 해커들은 은행 전산망에 ATM을 제어하는 악성 소프트웨어를 심어 원하는 만큼 돈을 빼내는 'ATM 현금인출' 기법을 썼다. 파키스탄의 방크이슬라미 은행 한 곳에서만 610만 달러(약 67억 원)를 빼냈다. 이들을 대신해 ATM에서 현금을 인출하고 돈세탁을 한 혐의로 체포된 37세 캐나다계 미국인이 유죄를 인정해 범죄의 퍼즐이 맞춰졌다.

북한 해커들은 비트코인이 5만 달러를 넘어서는 등 디지털 화폐에 대한 대중의 관심이 커지는 흐름을 따라가며 범죄 자금을 조달했다고 《월스트리트저널》은 전했다. 2017년 비트코인 붐이 일면서 암호화폐로 자금이 몰리자 암호화폐 거래소를 해킹했고, 이후 가짜 암호화폐 앱을 만들고, 가상통화를 빙자한 사기로 진화했다. 이들이 디지털 지갑이나 암호화폐 거래 앱이라고 표방한 건 전산망에 침투해 정보를 빼돌리는 장비인 백도어였다고 수사 팀은 밝혔다. 2018년부터 2020년까지 만든 앱만 코인고 · 앤츠투웨일(Ants2Whale) 등 최소 9개였다. 해커들은 그중 '크립토뉴로 트레이더' 앱을 사용해 2020년 8월 뉴욕 금융기관에 침투해 디지털 지갑에서 1180만 달러 규모의 암호화폐를 훔쳤다. 슬로베니아 기업에서 7500만 달러, 인도네시아 기업에서 2490만 달러 등 총 1억 1200만 달러어치의 암호화폐를 해킹했다.

이들은 또 싱가포르에서 해운회사가 보유한 선박의 지분을 보유하는 신종 암호화폐 '마린 체인'을 발행한다고 속여 투자금을 받아 가로챘다. 과감해진 해커들은 2020년 1월과 2월 국방부와 국무부 직원들에게 악성코드를 심은 이메일을 보내 정보를 훔쳐가는 '스피어 피싱'을 시도했다. 미국 유명 방산업체와 에너지 기업도 목표로 삼았다. 해커들은 북한에 주로 거주하고 중국 · 러시아를 오가며 범죄를 저지른 것으로 검찰은 파악하고 있다. 미국은 북한의 악의적 사이버활동을 '히든 코브라'라고 부른다. 중국과 러시아가 묵인 또는 방조하는 가운데 히든 코브라가 기승을 부리고 있다는 게 미국 정부의 판단이다(《중앙일보》, 2021.02.19).

미 재무부는 북한 정권이 2007년 초 라자루스 그룹을 만들었고, 박진혁은 북한 정찰총국 제3국 110연구소 소속이라고 밝혔다.

미 연방 검찰은 2020년 12월 북한 해커 세 명을 전 세계 은행과 기업에서 13억 달러(약 1조 4000억 원) 규모의 현금과 암호화폐를 훔치려 한 혐의로 기소하고, 이 사실을 두 달 지나 공개했다. 니컬러스 에버스타트(Nicholas Eberstadt) 미국기업연구소(AEI: American Enterprise Institute) 분석가는 "13억 달러는 2019년 북한의 민수용 수입상품 총액의 거의 절반"이라고 평가했다. 법무부는 2021년 2월 17일 기자회견에서 미국과 유엔 제재로 돈줄이 마른 북한이 금융 해킹을 통해 핵무기 개발 등 정권 유지에 필요한 비용을 조달하고 있다고 전했다. 존 데머스 법무부 국가안보 담당 차관보는 "총이 아닌 키보드를 사용해 현금 다발 대신 가상화폐 지갑을 훔치는 북한 공작원들은 세계의 은행 강도다"라고 말했다.

공소장에 따르면 해커들은 미국을 비롯해 멕시코·폴란드·파키스탄·베트남·몰타 등 전 세계 은행과 기업, 암호화폐거래소를 노렸다. 2014년부터 약 5년간 강탈을 시도한 금액 13억 달러 중 실제로 빼낸 액수는 적시하지 않았지만, 최소 1억 9000만 달러(약 2107억 원)에 이를 것이라고 ≪워싱턴포스트≫는 전했다.

필자는 과거부터 북한이 블록체인과 암호화폐 및 해킹 담당 영재급 인재들을 어디서 어떻게 양성하는지를 추적해 왔다. 평양의 '금성'은 우리나라의 중등교육 과정에 해당한다. 6년 과정으로 한 학년당 학생이 200~300명이다. 예술반과 컴퓨터반이 있으며 각각 인원은 100~150명이다. 또한 북한은 각 도시와 군 단위로 영재학교를 따로 운영한다. '도1중학교', '군1중학교'가 영재학교에 해당한다. "북한에는 비밀 대학이 많다. 군부가 운영하는 대학이다. 북한은 이처럼 나라의 IT 전력(戰力)을 키우기 위해 무척 노력한다." 2004년 2월 북한을 탈출한 김철수 전 북한컴퓨터 기술대학교수의 증언이다. 김 교수에 따르면 금성 컴퓨터반 출신 중에 수재급을 뽑아 미림자동화대학이나 김책공업종합대학에 진학시키고, 이들이 졸업하면 인민무력부 정찰국 예하 해커부대 장교로 임명한다. 금성 출신이 아니라도 해커 부대에 들어가는 길이 있다. 해마다 김일성군사학교 졸업생 중 100여 명의 수재를 선발해 컴퓨터 관련 교과 과정을 집중적으로 교육한 뒤 이들을 모두 해커 부대 장교로 임명한다.

북한에서는 1999년부터 김정일의 지시에 따라 '과학수재'에 대해 군 복무 의무를 면제한다. 2002년부터 시작된 이 특별제도는 각 시군에 있는 '제1고등중학교' 출신 중 이공계에 진학한 젊은이들을 'IT 전사'로 인정해 연구에 전념토록 한다. 한마디로 과학 영재를 집중적으로 육성하는 초엘리트 교육 시스템이다. 해커 부대는 인민무력부 산하에 있다. '121소' 부대와 중앙당 조사부 장교들이 주력 인력이다. '121소'에는 500명, 중앙당 조사부에는 100여 명이 소속되어 있다. 해커 부대는 총참모국 예하 지휘자동화국과 정찰국에서 전담한다. 일반 부대는 '중대', '소대'로 편제되지만, 해커 부대는 팀 단위다. 해커 부대는 방화벽, 바이러스, 해킹프로그램 같은 것을 개발하고 윈도, 유닉스, 리눅스 등 모든 컴퓨터 운영체계를 분석한다. 로그인 과정을 교묘하게 통과하는 방법을 연구하거나 마이크로소프트의 허점을 찾아낸다. 허점을 꿰뚫고 있는 만큼 백신과 공격 코드를 만들어 상대 컴퓨터망을 교란한다.

국가정보원에 따르면 2020년 북한이 신종 코로나바이러스 감염증(코로나19) 백신과 치료제의 원천기술을 탈취하기 위해 글로벌 제약사인 화이자를 해킹하기 위한 사이버 공격 시도를 했다고 한다. 북한의 사이버 공격 시도는 매일 평균 158만 건이었다. 이는 전년 대비 32% 증가한 것으로, 국정원은 정보위 회의에서 유관 기관과 대응해 대부분 선제 차단했다고 보고했다. 또한 북한이 국내 주요 인사 100명에게 해킹 메일을 유포한 것도 있다고 한다(≪동아일보≫, 2021.2.16).

미국 사이버보안업체 리코디드 퓨처(Recorded Future)의 선임연구위원 겸 하버드 케네디 행정대학원 비상임 교수인 프리실라 모리우치(Priscilla Moriuchi)는 "2021년 북한이 신종 코로나바이러스 감염증 백신·치료제 원천기술을 해킹으로 탈취하려 했다는 시도는 거의 예상했다"라고 말했다. 그녀는 "북한은 전통적인 사이버 첩보활동을 펼치면서 한미 정부, 비밀정보기관과 군을 우선적 목표로 삼고 있을 것"이라며 "몇 년 전 해커들은 한국의 사이버사령부를 공격해 비밀문건을 훔쳤고, 미국에서 개발된 F-15 전투기 날개 청사진을 확보하는 데 성공했다"라고 말했다.

또한 그녀는 "북한 해커들은 다른 나라와 달리 김정은 정권을 위한 자금을 조달한다. 온라인 카지노와 비디오 게임상 IT 사기를 치고, 금융서비스업체와 은행을 공격하다가 2015년 이후에는 은행의 특정 서버에 접근하려고 시도했었다. 주말이나 공휴일을 이용해 서버에 접근해 자금을 다른 은행으로 이체하려 했고, 성공한 사례도 일부 있다"라고 주장했다.

북한 해커들은 또 가상화폐를 훔치거나 거래소를 조작하고 악성소프트웨어를 심어 불법적으로 가상화폐를 채굴하기도 한다고 그녀는 덧붙였다. 북한은 인터넷과 암거래에서 취약점을 찾아내 이용하는 데 능숙하다는 설명이다. 모리우치 선임연구위원은 북한이 자금을 확보하는 데 인터넷을 얼마나 강력하게 사용하는지 우리가 목도하고 있다면서 불량국가들이 지향할 수 있는 모델을 창시한 셈이라고 지적했다(연합뉴스, 2021.2.24).

5. 북한의 암호화폐와 블록체인 기술

북한이 정보통신 발전에 주력하면서 시간이 지날수록 북한의 IT 분야 범위가 빠른 속도로 확대되었다. 김일성종합대학, 김책공업종합대학, 평양정보기술국과 조선과학원의 기초연구 인력을 토대로 주요 기관에서 신기술 연구가 급속하게 진행됐다. 북한 ICT 연구는 군사적·경제적 이득과 국제사회의 대북 제재 회피가 목적이었다. 군사와 경제적 이득은 첨단무기 개발과 해킹이 목표이고, 국제사회의 대북 제재 회피는 첨단 블록체인 기술을 활용한 암호화폐의 개발과 유통을 겨냥했다. CNC 기술을 공장에 접목해 현대화하는 산업화의 목적도 있다.

북한의 ICT 발전전략은 시간이 갈수록 군사 및 경제 첨단 분야로 확장되고 있다. 미국 연방수사국(FBI)은 2019년 11월 28일, 북한을 방문해 암호화폐와 블록체인 기술을 전수하고 돌아온 미국 시민을 대북 제재 위반 혐의로 LA 공항에서 체포했다. 미 법무부는 11월 29일 싱가포르에 거주하는 미국인 버질 그리피스(Virgil Griffith)를 기소했다고 발표했다. 2019년 4월 평양을 방문했을 때, 암호화폐를 이용해 미국의 경제제재를 회피하는 고급 기술을 북한에 전수한 혐의였다. 그리피스는 미 재무부 허가 없이 북한에 상품과 서비스, 기술 수출을 금지한 '긴급국제경제조치법(IEEPA: International Emergency Economic Powers Act)'을 위반한 혐의를 적용받았다. IEEPA는 미국 시민이 재무부 해외 자산관리국(OFAC: Office of Foreign Assets Control)의 허가 없이 북한에 상품이나 서비스, 또는 기술을 수출하는 것을 금지한다.

검찰 기소에 따르면 암호화폐 이더리움 전문가인 그리피스는 2019년 4월 평양에서 열린 '평양 블록체인 및 암호화폐 회의'에 참석했다. 행사는 외국인들이 전면에서 결성한 조선우호협회(KFA: Korean Friendship Association)가 주최했다. 그리피스는 '블록체인과 평화(Block chain and Peace)'라는 제목으로 프레젠테이션(PT)을 했으며, 북한 관료들로 구성된 청중 100여 명이 강연을 들었다. 회의 주최 측은 그에게 "암호화폐와 블록체인 기술이 잠재적으로 돈세탁과 미국 제재를 회피하는 수단으로 유용하다는 점을 특별히 강조해 달라"고 부탁했다. 돈세탁과 제재 회피, 두 가지 주제가 북한에서 파급력이 가장 크다는 이유였다. 그리피스는 강의를 통해 돈세탁이 가능하고 제재를 회피할 수 있는 블록체인의 구체적인 기술에 관해 설명했고 이 기술로 글로벌 금융시스템에서 북한이 독립할 수 있다는 설명을 했다고 연방 검찰은 공소장에서 밝혔다.

그리피스는 평양 토론회 참석 직후 남·북한 간에 '암호화폐 1'의 테스트 송금을 추진한 것으로 드러났다. FBI는 4월 회의 이후 지속해서 그리피스를 감시·추적했고, 그의 동의로 11월 22일 스마트폰 포렌식 조사를 한 뒤 그를 체포했다. 제프리 버먼(Geoffrey Berman) 뉴욕 연방검사는 성명을 통해 "그리피스는 북한에 가치 있는 고급 기술 정보를 제공했으며, 북한이 이 기술을 돈세탁과 미국의 제재를 피하는 데 사용할 수 있다는 점을 알고도 범행을 저질렀다"라고 밝혔다. FBI 부국장 윌리엄 스위니 주니어(William Sweeney Jr)는 "대북 제재가 가해진 데는 이유가 있다"라며 다음과 같이 말했다. "그 나라와 그 지도자는 우리의 국가 안보와 동맹국에 문자 그대로 위협을 가하고 있다. 그리피스는 연방정부의 허가 없이 북한을 방문했으며, 자신이 무엇을 하고 있는지 충분히 알고 있으면서도 법에 저촉된 행위를 했다. 우리는 누구도 북한이 제재 회피를 돕는 것을 허용할 수 없다. 더군다나 미국 시민이 우리의 적을 돕기로 선택했다는 것은 더욱 말도 안 된다."

연방 검찰은 그리피스가 북한과 한국 간 암호화폐 교환을 가능하게 하는 방안도 계획했다고 밝혔다. 평양 국제회의가 끝난 뒤 그리피스는 남북 간 암호화폐의 이동을 쉽게 만드는 작업을 시작했다고 로이터통신은 전했다. 2019년 8월 그리피스는 휴대전화 문자메시지로 한국에서 북한으로 암호화폐를 이동시키는 문제를 논의하다가 적발됐다고 NBC는 보도했다. '사람 2'라고 표기된 문자메시지 수신자가 "제재 위반 아니냐" 묻자 그리피스가 "그렇다"고 답한 문자도 확인됐다고 로이터통신은 전했다. 당시 그리피스의 범죄는 최고 징역 20년형을 받을 수 있는 중범죄로 분류되었다.

2019년 7월 서울 블록체인 행사에서도 강연한 바 있는 그리피스는 미국 국적을 포기하고 다른 나라 국적을 취득하는 방법을 연구한 흔적이 있다고 미 언론은 전했다. 수사 당국은 공범 한 명을 추가로 구속할 예정이다. 그리피스는 당초 미 국무부에 방북 허가를 신청했으나 거절당하자 유엔 주재 북한대표부를 통해 비자를 발급받았다. 100유로(약 13만 원)를 지불하고 받은 비사로 숭국을 거쳐 입북했다. 북한에 다녀온 흔적을 남기지 않기 위해 여권이 아닌 별도의 종이에 비자를 받았다.

'로만포엣(Romanpoet)'이라는 별칭으로 불리는 그리피스는 일찍이 컴퓨팅에 소질을 보였다. 미국 앨라배마대학교에서 컴퓨터와 인지 과학을 공부했고,

캘리포니아공과대학교(CalTech)에서 컴퓨팅과 신경망 체계를 주제로 박사학위를 받았다. 대학생 때 캠퍼스에 설치된 자동판매기와 동전 세탁기 결제 시스템이 얼마나 허술한지 알리기 위해 공짜로 사용하는 방법을 온라인에 알렸다가 결제 회사로부터 소송을 당하기도 했다. 그리피스는 블록체인과 암호화폐 개발 오픈소스 플랫폼인 이더리움 소속이다. 그는 해킹과 암호화폐 세계에서 유명인사로 알려졌다. 2008년 ≪뉴욕타임스≫는 그를 "말썽꾼", "파괴적 기술자"라고 소개했다. 해킹 관련 국제회의 단골 연사였다. 2007년에는 오픈 백과사전 위키피디아에서 정보를 갱신한 사용자의 IP주소 기록을 조회할 수 있는 '위키 스캐너'를 개발했다.

2016년 5차, 2017년 6차 핵실험 이후 유엔 안보리의 대북 제재를 둘러싸고 미국과 북한 간 창과 방패의 싸움이 물밑에서 치열하게 전개되었다. 북한의 돌파구는 블록체인이나 암호화폐 등 가상화폐 첨단기술로 확대되고 있다. 북한은 국제사회의 제재를 회피하고 '미국 중심의 세계 금융 체제'를 타개하기 위해 암호화폐 개발에 주력하고 있다. 자체 기술 개발의 한계를 인식한 북한은 세계적인 전문가를 발굴해 평양에 초청하는 맨투맨 방식으로 첨단기술을 획득하려고 시도한다. 고급 족집게 과외 방식을 통한 기술 습득이 평양에서 최초로 열린 블록체인과 암호화폐 국제행사였다. 전문가 설명회 등으로 구성된 콘퍼런스는 2019년 4월 22~23일 진행됐다. 남은 기간에는 판문점, 김일성광장, 평양외국어대학, 대동강 맥주 공장 등을 방문했다.

한편 북한과 국제사회와 IT 협력을 중개하는 친북한 인사로 구성된 조선우호협회는 "2019년 행사를 통해 북한이 전 세계 나라와 친선과 교류, 기술 협력 관계를 발전시키기를 기대한다"라며 "각국 참가자 의견과 전문가, 기업들의 큰 관심을 바탕으로 향후 더 큰 규모로 두 번째 회의를 개최할 계획"이라고 전했다. 협회는 2018년 11월 20일 홈페이지를 통해 행사 소식을 밝혔으며 2019년 2월 10일까지 참가 신청을 받았다. 협회는 당시 "전 세계 블록체인과 암호화폐 전문가들이 평양에 모여 관련 지식과 비전을 공유하고, 네트워크를 구축하며 사업 기회를 논의할 것"이라고 통보했다. 한국, 일본, 이스라엘 여권 소지자와 언론인을 제외하고 누구나 참가할 수 있었으며 참가비는 항공, 숙박, 식사 등 여행비를 일체 포함해 총 425만 원 상당이었다.

북한은 4월 행사를 통해 암호화폐와 블록체인에 대한 국가적인 관심을 보여 줬다. 평양 4곳, 원산 1곳에 비트코인 결제가 가능한 매장도 참가자들에게 공개했다. 제1차 회의에는 북한 측 관계자와 외국 전문가 등 모두 100여 명이 참석했다. 몰타의 암호화폐 컨설팅업체 '토큰키' 등이 참여한 외국 전문가단이 블록체인 관련 설명회를 진행했고, 북측에서는 정보기술, 금융, 무역, 보험 등 여러 분야의 전문가들이 참가했다. 당시 조선우호협회는 행사 후 "북한 관계자와 외국 전문가들 모두 행사 내용과 결과에 만족감을 나타냈다"라고 자평하며 "저명한 업체들로부터 행사 참가와 후원, 협력에 대한 문의를 많이 받았다"라고 밝혔다. 1차 회의에서 북한 암호화폐(가상화폐) 회의의 책임자 알레한드로 카오 데베노스(Alejandro Cao de Benos)는 북한 디지털 화폐가 비트코인(BTC)과 비슷하겠지만, 토큰을 만드는 데는 아직 초기 단계라며 현재로서는 북한 화폐를 디지털화할 계획이 없다고 말했다.

북한은 2019년에 이어 2020년 2월 블록체인과 암호화폐를 주제로 제2차 국제회의를 개최하고자 시도했다. '평양 블록체인·암호화폐 콘퍼런스 2020' 공식 홈페이지에 따르면 이 행사는 2020년 2월 22~29일 평양 과학기술전당에서 열린다고 공지했다. 이 행사는 북한 정부 기구인 대외문화연락위원회가 주최하고 해외 친북 단체인 '조선우호협회(KFA)'가 조직을 맡는다고 홈페이지는 밝혔다. 주최 측은 문답 형식의 안내문을 통해 참가자의 여권에 입국 기록이 남지 않도록 별도의 종이 비자를 발급할 것이라며 "미국 어린도 환영한다"라고 공지했다. 참가자들은 "공화국(북한)의 존엄에 반하는" 선전물, 디지털 파일, 출력물을 빼고 노트북과 스마트폰, 태블릿 PC 등을 북한으로 가져갈 수 있다. 또 심카드를 구매한다면 스마트기기로 24시간 인터넷 접속이 가능하다고 홈페이지는 설명했다. 주최 측은 참가자들이 회의에 이어 마식령스키장에서 거울 스포츠와 휴식을 즐길 수 있다고 덧붙였다. 하지만 코로나19의 확산으로 2020년 행사는 개최되지 못했다.

북한은 전문 인력을 활용해 가상화폐 개발을 시도하고 있다. 국제회의에 참여한 방북자들은 북한도 시범적으로 가상화폐 거래를 시도하고 있다고 증언한다. 2018년 7월 산업은행은 보고서 「북한의 가상통화 이용 현황」에서 "북한의 정보기술(IT) 기업인 '조선엑스포'는 가격정보 수집·차트화를 통해 대표적 가상화폐인 비트코인 거래를 중개하는 솔루션을 개발·판매하고 있다"라고 주장했다. 북한이 관광객 모집용으로 운영하는 웹사이트 고려투어는 올해 만우절 공지에서 자신들이 '고려코인'을 개발하고 가상화폐공개를 실시한다고 발표했다.

북한이 가상화폐 개발에 주목하는 핵심 이유는 익명성과 자금 추적의 곤란함과 용이한 환금성 등으로 미국의 제재를 피할 수 있기 때문이다. 특히 북한은 익명성 보장 기능이 강력하고 전문 채굴기가 아닌 일반 중앙처리장치로도 성과를 올릴 수 있는 가상통화 '모네타(MONETA)' 채굴에 적극적이다. 비트코인 사용처를 수집·공개하는 '코인맵(Coin-Map)'에 따르면 비트코인 수납 식당이 평양에 4곳, 원산에 1곳 존재한다. 다만 북한은 전력 부족, 고성능 컴퓨터 보급 미비, 인터넷 인프라 열악 등으로 가상통화 관련 활동이 단기에 확대되기 매우 어려운 상황이다. 코인맵 보고서는 "인터넷 접속을 일부 계층이 독점하는 북한 상황을 고려할 때 '탈중앙화'적 가치가 중요한 가상통화의 발전을 단기간 급속하게 이루기 위해선 과제가 많다"라고 주장했다. 다만 당국 차원에서 집중적으로 육성할 경우, 새로운 개발 모델이 나올 가능성을 완전히 배제할 순 없다.

블록체인은 북한 당국이 경제제재에서 벗어나 자유롭게 거래할 기법을 제공할 수 있다. 현재 북한은 국제금융 결제망인 스위프트(SWIFT: Society for Worldwide Interbank Financial Telecommunication)를 이용할 수 없어 해외 송금이 막힌 상태다. 블록체인은 이런 제재와 상관없이 당사자 간의 자율 거래와 규제를 가능하게 한다. 당사자 합의를 통해 재화나 상품, 용역 등이 인도적으로 흐를 수 있는 길을 튼다. 북한이 블록체인에 관심을 가진 최종 목적은 해외

무역 거래에 암호화폐를 사용하기 위해서다. 암호화폐는 네트워크상에서 익명성이 보장된다. 경제적으로 안정된 국가에서는 암호화폐를 신뢰하지 않는다. 이유는 암호화폐의 가치 변동성이 크기 때문이다. 하지만 북한처럼 신뢰가 낮은 국가기관의 경우, 대상 국가의 화폐보다는 암호화폐에 더 신뢰를 가진다. 북한은 대외적으로 신뢰를 받지 못하기 때문에 신뢰 보증을 위해 암호화폐를 사용한다. 북한 역시 블록체인으로 정부의 낮은 신뢰성을 극복하려고 노력한다.

미국 IT 잡지 ≪바이스(VICE)≫는 "북한이 국제적인 경제제재와 미국 중심의 글로벌 금융 시스템에 대처하기 위해 암호화폐를 개발 중"이라고 2019년 9월 보도했다. 이와 관련해 평양 블록체인 콘퍼런스 총괄 책임자 알레한드로 카오 데 베노스(Alejandro Cao de Benos) 북한 대외문화 연락위원회 특사는 "아직 정해진 이름은 없지만, BTC 혹은 그 외 암호화폐와 유사할 형태를 띨 것"이라며 "아직 개발 초기 단계다. 현재 암호화폐에 가치를 부여할 만한 것들을 연구하고 있는 단계이며, 당장 북한 법정화폐를 토큰화할 계획은 없다"라고 밝혔다. 또한 그는 "일부 외국 기업들이 북한 정부와 교육·의료·금융 등의 분야에서 블록체인 시스템을 개발하기 위한 협약까지 체결했다"라고 부연했다.

중국 블록체인 전문가들은 2019년 12월 6일 자 ≪글로벌 타임스(Global Times)≫ 인터뷰에서 "북한이 암호화폐 개발을 고려 중이라는 소식이 전해지는 상황에서 중국이 블록체인 연구에 뛰어들면서 양국이 이 분야에서 협력한 기회가 생겼다"라고 분석했다. 중국 선전의 한 블록체인 기업 관계자는 "북한이 블록체인 시장을 개방한다면 북한의 블록체인 산업에 투자할 의향이 있다"라며 "이는 아주 좋은 기회"라고 말했다. 이 관계자는 "중국은 블록체인 기술 개발에 강점이 있고, 북한은 자원과 인력을 제공할 수 있다"리며, "북한 기업늘과의 협력은 이 분야에서 지름길이 될 수 있다"라고 강조했다. 그는 "북한 역시 취약한 인터넷 인프라를 극복하는 데 도움을 받을 수 있다"라며, "우리는 북한이 허락만 한다면 북한 정부의 통치 시스템에 블록체인 기술을 적용할 수 있다"라고 덧붙였다.

뤼차오(呂超) 랴오닝성 사회과학원 연구원도 "중국과 북한은 블록체인과 암호화폐 연구에 협력하면 상호 이익을 얻을 수 있다"라며 "만약 중국 블록체인 기업들이 북한과의 협력을 고려한다면 신중하게 계획을 세워야 한다"라고 조언했다. 요컨대, 블록체인 기술을 통해 북한과 중국이 협력해 미국에 대응하는 모델 개발을 시도하는 것이다.

최근 미국 CIA의 전직 요원은 향후 미국의 국가안보에 가장 큰 위협이 될 것으로 '블록체인 기술'을 꼽았다. 암호화폐 전문 매체 ≪코인텔레그래프≫에 따르면, CIA의 전 요원 앤드루 부스타만테(Andrew Bustamante)는 소셜미디어 래딧(Reddit)를 통해 "블록체인 기술은 러시아, 기후변화, 이란, 북한보다 강력하다"라며 "블록체인 해킹 방법과 조작 방안을 개발한 첫 번째 사람이 승리할 것"이라고 강조했다. 북한은 이러한 흐름을 인지하고 인력 양성과 기술 습득에 주력 중이다. 북한의 블록체인 기술 발전은 미래 어느 시점에 국제사회의 대북 제재를 무력화할 수 있는 마법이 될 수도 있다. 북한이 핵무기와 블록체인으로 무장한 '21세기 동북아시아의 독불장군'으로 등장할 날도 머지않았다.

참고문헌

1. 국내 문헌

≪동아일보≫. 2021.2.16. "국정원 '북한, 화이자 해킹 시도… 코로나19 백신 기술탈취 목적'".
미국의 소리. 2021.6.15. "미 의회 자문단체 '북한, EMP 무기 개발 완료'".
연합뉴스. 2021.2.24. "북한 정치·군사엘리트 무제한 인터넷… 인스타·아마존 쇼핑".
유동렬. 2011. 「북한의 사이버테러에 대한 우리의 대응방안 능력」. 북한의 사이버테러 관련 긴급 세미나 발표자료.
윤규식. 2011. 「북한의 사이버전 능력과 위협 전망」. ≪군사논단≫, 제68호.
≪조선일보≫. 2011.3.7. "북한 전자전 능력은".
≪중앙일보≫. 2021.02.19. "미국 북한 해커, 총 대신 키보드로 가상지갑 턴 세계의 강도".

10장

북한의 인터넷 구축과 이용 현황

1. 북한의 인터넷 정책

인터넷은 쌍방향성이라는, 즉 영향을 줄 수 있지만 받을 수도 있는 특징이 있다. 또한 인터넷이 과거 매체와 다른 특징 중의 하나가 공개성이다. 공개적으로 정보를 획득하고 상대방도 나에게 정보를 전달할 수 있다. 인터넷의 쌍방향성과 공개성은 북한의 전통적인 통신의 개념에 배치된다. 북한은 인터넷의 쌍방향성을 차단하기 위해 인터넷 서버를 연결하지 않고 있다. 인터넷이 자본주의의 물결을 전달해 사회주의를 붕괴시킬 수 있다고 보기 때문이다. 당국이 정책적으로 국내의 인터넷 확산을 통제해, 개인이 자유롭게 외부 세계와 인터넷을 통해 연결하지 못하게 하는 것이다.

전 세계 인터넷 주소를 총괄하는 기관은 미국의 ICANN(Internet Corporation for Assigned Names and Numbers)[1]으로, 2020년 기준 ICANN 회원국은 200개국을 넘어섰다. 북한의 인터넷 국가 두메인은 'kp'인데 이는 북한이 스스로 능

---

[1]   이 기구는 사이버 공간에서 새로운 질서를 만들기 위해 모든 네티즌들이 참여하는 직접 민주주의 형태의 전자정부를 지향해 도메인 이름, IP 주소, 인터넷 프로토콜 외에도 인터넷에서의 분쟁, 전자상거래 등으로도 정책영역을 확장해 가고 있다.

록한 것이 아니라 아시아 국가들이 공동으로 참여하고 있는 비영리기구인 아시아태평양인터넷정보센터(APNIC)에서 등록한 것이다. 국가 도메인 'kp'를 이용한 개별 주소도 전무하고 북한 측 위임기관도 없다.[2] 닷컴(.com)으로 끝나는 경우에는 국가별 위임기관을 통하지 않고 바로 ICANN에 등록할 수 있는데, 이때는 인터넷 주소에 국가 도메인이 명기되지 않기 때문에 'kp'라는 도메인을 사용하는 주소가 없다고 해서 북한 내에 아예 인터넷 사이트가 존재하지 않는다고 단정할 수는 없다. 실제로 북한 내에서 제작·운용되는 인터넷 사이트는 다수 존재한다.

북한의 인터넷 발전은 소프트웨어 기술 발전에 비해 여러 가지 면에서 낙후되었다. 경제적 곤란으로 인해 새로운 장비나 시설의 도입이 어려워 아직도 노후한 장비를 사용해야 하는 문제도 있지만, 그보다는 인터넷의 활성화가 체제의 불안 요인으로 인식되기 때문이다. 북한이 인터넷에 적극적인 관심을 기울이게 된 계기는 미국의 군사적인 의도를 파악하기 위해서였다고 볼 수 있다. 1999년 3월 미국 안보 연구기관의 관계자는 북한이 미 국방성 인터넷 사이트에 가장 많이 접속한 국가라고 발표했다. 미 국방부가 수년간 미군 인터넷을 조회한 국가들을 역추적한 결과 북한이 가장 많은 것으로 나타났다. 북한은 핵사찰과 돌발사태 발생 등 유사시에 대규모 형태의 증원군으로 파견되는 미군 전력에 대한 정보는 물론 '정보전'의 하나로 미군 인터넷과 첨단 '지휘-통제-통신-컴퓨터-정보(C4 I: Command, Control, Communication, Computer, Information)' 체제를 교란하기 위한 자료를 축적하는 데 주력 중이다. 북한군 총참모부 예하 정찰국 소속 부대는 주기적으로 미국 한국 등 주요국의 군사 및 경제 정보 등을 다루는 다수의 외국 정보 사이트를 방문하고 있다.

북한의 초기 인터넷 사용은 군사적인 측면에서 시작했으나 시간이 지나면서 체제와 주체사상을 선전하는 한편, 상품을 판매하고 외국 관광객을 끌어들

---

2) 현재 위임기관이 없는 곳은 서부 사하라와 북한뿐이다.

이는 등의 경제적 이익을 달성하는 수단으로 인터넷을 활용했다. 북한 과학자들도 인터넷이 과학기술 발전과 경제성장에 매우 크게 공헌한다는 점을 정확하게 인식하고 있다. 1996년 2월에 발간된 ≪과학의 세계≫에 실린 「과학연구와 국제정보통신: 인터네트」와 「정보고속도로」라는 글에 북한의 이와 같은 생각이 잘 나타나 있다. ≪과학의 세계≫ 3월 호에서는 「인터넷에서 리용할 수 있는 주요 기능은 무엇인가」라는 글을 통해 인터넷의 기능에 대해 자세히 설명했다. 과학잡지뿐만 아니라 정치적 성격의 기관지에서도 인터넷에 대한 설명을 찾아볼 수 있다.

≪민주조선≫ 2000년 1월 21일 자에서는 "인터넷이란 한마디로 세계의 통신망을 하나로 연결한 망으로 많은 봉사(서비스)를 받을 수 있다", "인터넷을 사용하려면 컴퓨터가 인터넷에 연결되어 있어야 한다"라고 설명했다. 일반 주민 대상의 북한 언론매체에서 인터넷 관련기사를 취급한 것은 북한 당국이 대단위 전향적인 자세를 보여주는 사례다.

2. 북한의 인터넷망 연결 현황

북한은 주로 중국 단둥과 신의주 사이에 연결된 광케이블을 통해 중국 측의 서버를 이용하여 인터넷에 접촉했다. 이 광케이블은 중국 최대 통신 회사인 '차이나 텔레콤(中國電信)'이 관리한다. 또한 신의주-평양 간에도 연결되어 있어 조선국제통신쎈터를 통해 평양에서도 인터넷을 이용할 수 있다. 물론 이 과정에는 방화벽이 설치되어 있기에 일반 인민들이 이용하는 것은 한세가 있다.

인터넷망이 외부적으로는 폐쇄되어 있지만 내부에서는 통신망이 구축되어 전자우편을 활용하고 주요 기관의 홈페이지에도 접속이 가능한 인트라넷 시스템이 구축되어 있다. 몇몇 대학에는 자체적으로 랜선이 설치되어 있기도 하다. 그러나 접속 서비스 제공자(ISP)가 없어 인터넷 접속은 불가능하다. 중앙과학기술통보사가 주관하는 컴퓨터망 정보서비스는 과학기술자료 검색, 전자우편, 파일 전송, 전자 소식과 7개 국어 과학기술용어사전 열람 서비스를 제공한다. 이 컴퓨터망에는 김일성종합대학, 인민대학습당, 발명총국 등 여러 기관이 연결되어 있다.

UN 기구나 외국 대사관 등에서 이메일을 사용하기 위해 인터넷에 접속할 경우는 국제전화를 사용한다. 접속 횟수가 더디고 대체로 9.6k 미만으로 알려졌다. 북한에서 국제전화 사용료는 1분에 6달러인데 접속 상태가 불량해 연결이 끊기거나 제대로 연결이 잘 안되어, 통상 국제전화로 통화하는 데 60달러 내외가 드는 게 보통이라는 방북자들의 전언이다. 내각의 외무성, 무역성, 대남기관인 조선로동당 통일전선부 소속 범태평양조선민족경제개발촉진협회, 조국평화통일위원회, 국방위원회 산하 국가안전보위부, 인민무력부 정찰국, 연구기관인 조선과학원, 조선콤퓨터쎈터 등에 소속된 특수업무 종사자나 전문가들만이 외부와의 인터넷을 이용할 수 있다.

2000년 12월 북한의 조선콤퓨터쎈터를 다녀온 연변과학기술시찰단의 전언에 의하면 평양에서 각 도까지 데이터통신 전용회선의 설치를 완료했다. 속도나 망 구성 등에 대한 내용은 상세하게 알려지지 않았다. 다른 분야와 마찬가지로 정보화에서도 북한군은 내각이나 기관의 수준보다 훨씬 앞선다. 모든 사단-여단 단위까지 인트라넷망으로 연결되어 있다. 노동당과 국가보위부, 사회안전부 등도 제한된 조건하에서 외부 인터넷을 연결했다.

북한은 각급 기관의 전산망 구축과 PC 보급 확대를 위해 신형 컴퓨터와 통신 관련 장비의 도입을 추진해 왔다. 1998년에는 중형 서버 13대, 486급 이상 PC 2500대와 노트북 225대, 랜 연결용 기기를 수입했다. 1999년 들어서는 8월까지 586급 PC 3800여 대와 노트북 400여 대를 도입한 데 이어 중국을 통해 미국 컴팩사의 전산망 관리용 중형컴퓨터 200대(총 200여 만 달러)를 도입했다. 1999년 6월에는 마카오를 통해 컴퓨터 통신을 무선으로 할 수 있는 미국제 컴퓨터 통신 장비 1세트를 도입하는 등 전산망 부대장비 확충에도 주력했다. 이

표 10-1 인터넷망에 연결된 국가기관 및 기업소

기관	국가안전보위부, 인민보안성, 인민무력부, 사회문화부, 노동당 중앙위원회 청사, 체신성, 무역성
연구소	조선콤퓨터쎈터, 중앙위성통신국, 김일성종합대학, 김책공업종합대학, 조선과학원, 과학기술통보사, 농업과학원, 발명국, 평양정보기술국, 6,26기술봉사소, 인민대학습당
공장·기업소	조선8,28무역회사, 조선종합설비수출입회사, 서경무역회사, 련봉합작회사(용훈분회사), 조선대흥연유 및 륜전합영회사, 조선평원무역회사, 조선만경석암무역회사

와 같은 북한의 컴퓨터 대량 도입 추진은 북한의 전체 컴퓨터 보급 대수가 7만 5000대[3])에 그치고 있는 데다 보급 기종도 286급 이하가 65%를 차지하는 실정에서 불가피한 선택이었다. 특히 북한이 586급 컴퓨터를 본격적으로 도입해 노동당과 인민무력성 등에 집중 배치하기 시작한 것은 통신체계를 개선함으로써 인터넷 활용 시대에 대비하기 위한 것이었다. 2000년대 들어 북한은 중국산 컴퓨터의 부품을 대거 수입해 조립 PC를 대거 보급하기 시작했다.

북한 일반 주민들의 인터넷 접속은 극히 제한적으로 이루어지는 반면, 주민들은 내부망인 인트라넷을 통해 광범위하게 정보 네트워크를 활용한다. 인터넷 접속이 가능한 계층은 IT 기관 관계자, 당국의 허가를 받은 연구기관 종사자 등 극히 제한적이다. 1억 개가 넘는 IP 주소를 사용하고 있는 한국에 비해 1024개의 IP 주소밖에 사용하지 않고 있으며, 인터넷 사용이 허가된 기관은 약 900여 개에 불과하다(KDB 산업은행, 2020: 190).

과학기술통보사가 1997년 2월 서비스를 개시한 인트라넷인 '광명망'은 당초 과학기술기관의 데이터베이스 검색과 이메일, 기술자료 다운로드 등을 목적으로 운영되었다. 광명망은 1984년 개통된 국가보위부의 인트라넷 체계인 방패

---

3) 1999년 말 기준으로 컴퓨터 보급 비율에서 북한은 인구 293명당 1대, 남한은 인구 6,3명당 1대로 현격한 차이가 있다. 2017년 기준으로 스마트폰은 북한이 600만 대, 한국은 2019년 기준 스마트폰 보급률 95%로 세계 1위다. 이스라엘 88%, 네덜란드 87%, 스웨덴 86% 등의 순서다(≪컨슈머포스트≫, 2020.7.9).

망의 기술을 활용해 대학·기관·기업소 500여 곳의 전산망을 연결하는 방식으로 구성되었으며, 조선콤퓨터쎈터의 내나라정보쎈터가 운영하고 있다. 광명망은 포털사이트 '광명'을 통해 데이터베이스화된 과학기술 자료를 기업과 개인이 열람해 이용할 수 있도록 하며, 조선중앙통신이나 ≪로동신문≫ 등 신문·방송 기관과도 연결되어 있다. 또한, 포털사이트 내에서는 이메일도 가능하며 아이디 발급을 원하는 개인에 한해서 국가에 신청·승인 후 사용할 수 있다. 북한은 온라인상에서 인민들의 동향을 감시하기 위해 권력기관들은 내부 특수 목적용 인트라넷을 운영한다. 예를 들어 국가보위부의 방패망, 인민보안성의 붉은검망, 인민무력부의 금별망은 보안을 목적으로 광명망과 분리된 별도의 인트라넷망을 형성한다.

2015년부터 고려링크에서 3G 데이터통신 서비스를 개시하면서 광명망의 이용 규모는 크게 성장했다. 개인 이용자들을 위한 모바일 페이지가 개설되고 애플리케이션을 이용한 실시간 문자 서비스도 이용할 수 있게 되었다. 이 외에도 장기, 바둑, 테트리스 등 온라인 게임도 광명망을 통해 서비스된다. 최근에는 광명망에 개설된 전용 홈페이지나 스마트폰을 통해 상품을 온라인으로 주문하고 결제하는 전자상거래와 모바일 결제 등도 이루어지고 있다.

북한의 인트라넷 접속은 각 기관이 구축한 사이트를 체신성 산하 전화국을 경유해 전용망으로 연결하는 중앙집중식 구조를 채택하고 있다. 2015년 김정은이 원격교육으로 인민의 지식수준을 향상시키라고 지시함에 따라, 원격교육 활성화를 위한 인트라넷 통신망 개선과 통신 품질 향상이 지속적으로 이루어졌다. 평양의 인트라넷 접속 속도는 기간통신망 기준 70~80Mbps, 지방은 10Mbps 정도로 한국의 2000년대 초반 수준이다. 외국인 출입이 빈번한 나선 경제무역지대는 예외적으로 승인된 기관에 한해 더 빠른 속도의 접속도 가능하다(김봉식, 2017).

2018년 9월 2일 자 ≪로동신문≫은 과학기술전당을 중심으로 국가적인 과학기술 보급망이 확대되고 있다고 보도했다. 특히 "2018년 8월까지 북한 내

그림 10-1 콤퓨터통신가입신청서

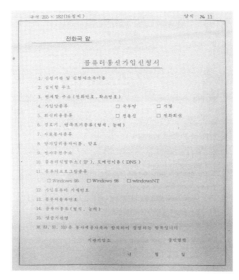

2200여 개 기업과 기관들이 과학기술전당의 '과학기술보급실망체계'에 새로 가입해 있다. 북한의 거의 모든 주요 공장, 기업소, 협동농장들이 이 망체계에 가입해서 인터넷을 사용하고 있다"라고 보도했다. 또한 "2016년 1월 망체계의 준공식부터 현재까지 전민학습의 대전당, 최신 과학기술 보급 거점인 과학기술전당을 찾은 참관자 수와 열람자 수는 연 수백만 명이며 홈페이지 이용자 수는 연 수천만 명에 달한다"라고 보도했다(≪로동신문≫, 2019.1.13).

한편 북한의 정치·군사 지도층 엘리트들이 인터넷에 무제한 접근할 권한을 가지고 있으며 페이스북이나 인스타그램, 트위터 등을 하고, 아마존이나 알리바바에서 쇼핑도 한다는 관측도 나왔다. 모리우치 선임연구위원은 독일 ≪슈피겔(Der Spiegel)≫과의 인터뷰에서 "국제사회는 북한을 은둔의 왕국이라고 생각하고, 인구 대부분이 고립돼 있어 국가 지도부도 그러리라 생각해 왔다"라면서, "하지만, 2017년 북한의 인터넷 통신량을 분석하다 보니 정치·군사 지도층 엘리트들은 인터넷에 무제한 접근할 수 있는 권한을 갖고 있었다"라고 말했다.

그는 "정치·군사 엘리트들은 기본적인 암호화도 하지 않고 서방의 소셜미디어(SNS)를 많이 사용하고, 비디오 게임을 하는가 하면 영화도 봤다"라면서 "페이스북과 인스타그램, 트위터, 링크트인을 썼고, 영어와 일본어 웹사이트에서 뉴스를 읽었으며, 알리바바와 아마존에서 쇼핑했다"라고 설명했다. 그는 "알리바바나 아마존에서 배송이 어떻게 오는지는 모르겠지만, 외부와의 접촉을 차단하는 지도층의 모습은 아니었다"라고 덧붙였다.

모리우치 선임연구위원은 최근에는 북한이 데이터 보안 기술이 발전해서 이들의 온라인활동을 추적하기가 어려워졌다면서, 자체 사설 네트워크를 만들어 필터링 시스템도 적용한 것으로 보인다고 부연했다. 이처럼 물리적으로는 그 어떤 때보다 인터넷 접근이 확대됐고, 케이블망도 러시아 회사와 중국 회사 등 2개다. 주파수 대역 선택의 폭이 넓어졌으며 북한의 인터넷 사용량은 2021년을 기준으로 지난 3년간 300% 이상 늘어났다는 게 그의 설명이다.

모리우치 선임연구위원은 최근 북한이 신종 코로나바이러스 감염증 백신·치료제 원천기술을 해킹으로 탈취하려 했다는 소식과 관련해서는 "북한이 그런 시도를 하리라는 것은 거의 예상했다"라고 말했다. 그는 "북한은 전통적인 사이버 첩보활동을 펼치면서 한미 정부와 비밀정보기관과 군을 우선적 목표로 삼고 있을 것"이라며 "몇 년 전 해커들은 한국의 사이버사령부를 공격해 비밀문건을 훔쳤고, 미국에서 개발된 F-15 전투기 날개 청사진을 확보하는 데 성공했다"라고 말했다.

그는 "북한 해커들은 다른 나라와 달리 김정은 정권을 위한 자금을 조달한다"라면서 "온라인 카지노와 비디오 게임상 IT 사기를 치고, 금융 서비스 업체와 은행을 공격하다가 2015년 이후에는 은행의 특정 서버에 접근하려고 시도했었다. 주말이나 공휴일을 이용해 서버에 접근해 자금을 다른 은행으로 이체하려 했고, 성공한 사례도 일부 있다"라고 말했다.

북한 해커들은 또 가상화폐를 훔치거나 거래소를 조작하고 악성소프트웨어를 심어 불법적으로 가상화폐를 채굴하기도 한다고 그는 덧붙였다. 북한은 인터넷과 암거래에서 취약점을 찾아내 이용하는 데 능숙하다는 평가를 받고 있다. 북한은 자금을 확보하는 일이라면 합법과 불법, 장소와 국가, 업무적이든 비업무적이든 분야를 가리지 않고 최상의 해커를 투입해서 목적을 달성하는 데 총력을 기울인다. 전 세계 암호화폐 시장이 커질수록 북한 해커들의 탈취 행위는 지속적으로 증가할 것이다.

3. 북한의 인터넷 사이트 개설 연혁

북한은 이미 1993년 시험적으로 호주와 인터넷을 연결한 경험이 있다. 북한이 인터넷에 본격적으로 노출되기 시작한 것은 1995년에 들어서면서부터다. 1995년 처음으로 유엔개발계획 평양사무소에서 외부 세계와 인터넷을 연결하기 시작했다. 특히 1996년 북한의 대홍수로 식량난이 심해지면서 북한의 홍수 피해자를 지원하자는 캠페인이 ≪뉴욕타임스≫ 기자 버나드 크리셔(Bernard Crisher)에 의해 전개되면서 북한 관련 인터넷 사이트가 다수 개설되었다. 그러나 북한의 주체사상과 정치체제를 지원하는 친북한 인터넷 사이트(Pro-North Korean Internet Site)가 본격적으로 등장한 것은 아니고, 단순히 북한을 소개하는 인터넷 사이트(North Korea-centered site)만 개설되어 있었다.

북한 정보를 제공하는 최초의 사이트인 킴소프트(Kimsoft.com)가 1995년에 서비스를 시작했다. 비디오카메라 기자인 일본인 사카이 다쓰오는 최초로 북한 중심 인터넷 사이트를 만들려 했다. 그는 도쿄에서 평양으로 인터넷 서버를 연결하려고 시도했으나 실패한 후 1996년 12월 매우 잘 정리된 놀랄 민한 사이트를 개설했다(Petrov, 1999). 이 사이트는 북한의 직접적인 지원을 받는 사이트로 인식되었으나 "조선민주주의인민공화국이 당신을 환영합니다[The Democratic People's Republic of Korea(DPRK) Welcomes You!]"라는 타이틀이 붙은 홈페이지 첫 화면에 "일본인 기업가의 시각으로 제작된 것이다"라는 설명으로 북한의 지원을 부인했다. 이 사이트는 영어와 일어 버전으로 북한 여행 정보, 대중음악 관련 사항들을 제공한다. 사이트 개설 초기 4개월 만에 6만 7000명이 방문했고 이후 접속자 수가 100만 명에 이르는 등 인기가 대단했다.

북한은 1996년에 공식적인 인터넷 사이트 개설에 나서 1997년 1월에 세계 통신기구에 최초로 공개·가입했다. 1997년 들어 북한 체제를 지지 및 찬양하고 북한 체제와 인민에 관한 정보를 외부에 제공하는 친북한 인터넷 사이트(Pro-North Korean Internet Site)가 처음 나타났다(Cho, 2000: 3~5). 조선중앙통신의 도쿄지사인 조선뉴스서비스(Korean News Services)에 의해 친북한 인터넷 사이트 조선중앙통신(www.kcna.co.jp)이 일본 도쿄 서버로 개설되었다. 당시 2~3개의 유사한 사이트가 근소한 시차를 두고 개설되었으나 이 사이트는 북한 당국이 개설한 최초의 웹사이트이며 북한의 공식 뉴스 보도기관인 '조선중앙통신'으로부터 일일 뉴스를 제공받는다. 이 사이트는 "조선통신사는 조선로동당과 공화국 정부 그리고 해당기관의 중요 조치 립장과 견해를 천명함"이라고 밝히고 있다.

1997년 일본에서 개설한 '조선신보(www.korea-np.co.jp/korea)'는 조총련이 발행하는 일간지 ≪조선신보≫의 공식 사이트다. 김일성과 김정일의 저작물을 게재하고 북한의 입장을 대변한다. 도쿄 신주쿠구에 본사를 두고 있는 조선신보사의 사이트에는 조선어, 일본어, 영어 서비스가 제공된다. 영어 서비스로는 조총련이 발행하는 격주간지 ≪인민조선≫의 인터넷 사이트 'People's Korea(www.korea-np.co.jp/pk)'를 운영한다. 1997년 8월 23일에는 남아프리카공화국의 서버를 이용해 북한 주체사상 연구소 호주협의회(The Australian Association for the Study of the Juche Idea) 명의로 'Chajusung(www. geocities. com'이라는 사이트가 개설되었다. 이 사이트는 접속 차단에 대응하기 위해 2개의 미러사이트(Mirror Site, 대리 홈페이지)를 만들어놓았다. 대부분의 친북한 인터넷 사이트는 의도적으로, 혹은 호기심에서 북한 정권과 묵시적으로 연계된 상태로 체제 선전에 주력했다. 일부 사이트들은 관광객 유치와 투자 유치용으로 활용되었다. 미국이나 일본에 대한 비방 기사는 여전하지만 남한에 대한 비방 기사는 남북 관계의 부침에 따라 증가와 감소를 반복했다.

북한은 1999년 10월 10일 북조선 노동당 창건일에 조선중앙 TV의 위성중계 방송 개시와 더불어 공식 인터넷 사이트인 '조선인포뱅크(www.dprkorea.com)'를 개설했다. 운영 주체는 범태평양조선민족경제개발촉진협회로, 북한의 아시아태평양위원회나 민족경제연합회 등 외화벌이 관련 대외 기관의 하부 조직이다. 북한 관련 정보를 해외로 내보내는 동시에 대남 협력사업을 겨냥한 '경협 및 투자 유치'용으로 만든 사이트다. 2000년 전면 개편 작업을 거쳐 검색 기능을 도입하고 유료회원제 방식을 도입했다. 검색엔진의 경우 국내 기업 나모 인터랙티브가 제작한 '나모 두레박 3.0'을 사용했으며, 유료 회원에게는 연간 1200달러의 고액 정보이용료를 부과했다. 일반적으로 구하기 힘든 경제 산업 관련 정보나 북한 원전(原典)과 법령 등을 비롯해 사회·문화·예술·관광 등 다양한 북한 정보를 총망라해 제공했다.

2001년 9월 중국 선양시 서버로 개설된 '실리은행(www.silibank.com)'은 선양과 평양 사이의 전자우편 서비스와 함께 외국에 있는 실리은행 회원과 평양에 있는 실리은행 회원 간의 이메일 서비스를 제공했다. 홈페이지는 한글·영어·일본어·중국어로 소개되어 있다. 주요 메뉴는 '전자우편', '회원 정보', '알림', '회사 소개'로 구분되어 있는데, 회원이 되려면 북한의 주거래인을 밝혀야 하고 3달분의 예상 통신비를 지불해야 했다.

4. 해외 북한 인터넷 사이트 운영 현황

북한 정부에서 운영하는 인터넷 사이트에 대해 살펴보면 다음과 같다. ≪평양 TIMES≫(http://www.times.dprkorea.com)는 범태평양조선민족경제개발촉진협회에서 운영하며 영문으로 되어 있다. 북한 정치·경제 관련 소식 등 북한 주요 뉴스와 동향을 보도하고 김일성·김정일·김정은 위원장의 선전이 주된 내용이다.

조선신보(http://www.korea-np.co.jp)는 일본 조총련 기관지인 《조선신보》사의 홈페이지다. 홈페이지 등록 주소는 도쿄 신주쿠이고 한글·영문·일문 세가지 폰트로 구성되었다. 북한 정치·경제 관련 소식과 김일성·김정일 부자와 김정은 위원장에 대한 찬양이 주된 내용이고, 남한 및 조총련 소식과 남한 내 반체제활동 소식, 그리고 조총련 관련 활동 상황을 보여준다. 등록 주소가 일본 도쿄로 되어 있는 한국 민족민주전선(http://www.alles.or.jp)은 대남 비방 선전이 주를 이루며, 영문으로 운영된다. 고려투어스(KoryoTours, http://www.koryogroup.com)는 고려여행사에서 운영하는 북한 여행 안내 사이트다. 영문으로 되어 있고 북한의 역사, 지리, 환경 등을 소개하며 비자 수속과 여행에 관련된 정보를 제공한다. 등록 주소는 중국이며, 중국에 위치한 범태평양조선민

표 10-2 해외 북한 당국 연계 인터넷 사이트

사이트명	인터넷 주소	운영국가	사이트 내용
평양 TIMES	http://www.times.dprkorea.com	일본	2000년 7월 8일 개설, 북한 주요 뉴스, 동향 선전, 영어
조선신보	http://www.korea-np.co.jp		1997년 2월 14일 개설, 조총련 기관지 조선신보 홈페이지, 한국어·영어·일본어
조선중앙통신	http://www.kcna.co.jp		1997년 1월 10일 개설, 조선중앙통신 및 《로동신문》 기사 제공, 한국어·영어
한국민족민주전선	http://www.alles.or.jp		대남 비방 선전
고려여행	http://www.koryogroup.com	중국	북한 관광 안내 및 선전
조선인포뱅크	http://www.dprkorea.com		1999년 10월 13일 개설, 교역 관련 투자 환경 소개 및 정보 제공, 한국어·영어·일본어·중국어
실리은행	http://www.silibank.com		2001년 9월 12일 개설, 회원과 북한에 있는 거래 대상자와의 전자우편 봉사 업체, 한국어·영어·일본어·중국어

표 10-3 해외 친북한 관련 인터넷 사이트 현황

사이트명	인터넷 주소	등록국가	내용	비고
주체사상 연구	www.cnet-ta.ne.jp/juche/	일본	북한 주체사상 연구소	일·영·불·서반어
민족시보	www.korea-htr.com		재일 친북단체 한통련 기관지	한글, 일어
한통련	www.korea-htr.com /chuo		재일 친북단체 한통련 홈페이지	한글, 일어
조국통일 범민족연합	www.big.or.jp/~bommin		범민련의 홈페이지	한글, 일어
Long live korean Reunification & Independence	www.share.geocities.com/Athens/Atrium/1091/KOREA.HTML	호주	일제강점기부터 한국전쟁, 한반도 통일에 대한 친북 성향의 글	영어
DPRK	www.kominf.pp.fi/Oextra.html	핀란드	코민포름 인터내셔널의 홈페이지에 실린 친북성향의 글	영어
Committee to Defend south Korea Socialists	www.intranationalsocialist.org/pubs/issk	미국	한국 정부의 사회주의 탄압을 비판하는 사이트로, 친북단체로 보기에는 다소 무리가 있는 단체	영어
The WPK's Struggle Against Revisionism	www.oneparty.co.uk/korea.html	영국	영국 좌익단체, 홈페이지에 실린 친북성향의 글	영어
조선친선협회	www.korea-dpr.com	스페인	스페인 친북단체의 홈페이지	영어
CBC	http://cbc.ca/onair	캐나다	북한 소개	영어
비영리 한인단체	http://www.han.org	일본	남·북한 관련 정보	한글, 영·일어
Data Bank Room of Korea	www.geocities.co.kp/Wall Street/1942/index.htm		북한 권력층 서열 등 정리	일어
단군	www.tangun.co.jp/Movie		북한 영화 정보 제공	한글, 영·일어
북한에 대한 일본의 영향력과 실상	home.att.ne.jp/gold/buy/japanese/nkorea.htm		일·북 관계 다각적으로 설명	영·일어
조선민주주의 인민공화국 데이터	www.aka.ne.jp/~deguchi/hobhy/DPRK		북한 관련 전반 대략 소개	일어
NORTH KOREA TODAY	www.infovlad.net/underground/asia/nkorea		북한 전반에 걸친 자료와 링크집	일어
일본 방위청 내 북한 미사일 관련 정보	www.jda.go.jp/j/news/1998/10/30a.htm		방위청이 제공하는 간략한 북 미사일 정보(로동 1호 등)	일어

일본 방위청 내 북한 미사일 관련 정보	www.jda.go.jp/j/news/1998/10/30a.htm		방위청이 제공하는 간략한 북 미사일 정보(로동 1호 등)	일어
조선/한국의 노래	www.geocities.com/Tokyo/Market/2978/music		북한 군가들을 Midi 파일로 제공	한글, 영·일어
-	earthrise.eartham.ucsd.edu		우주왕복선 촬영 북한 사진	영어
TerraServer	www.terraserver.com	일본	평양 위성사진	영어
Wunderground	www.wunderground.com		북한 날씨	
-	www.people.fas.harvard.edu/~hoffmann/nkart/html		북한 미술	영어
-	www.pyongyang-metro.com		평양 지하철	
-	www.pernet.net/~jamsl/us_steam/korea.htm		북한 증기기관차	

족경제개발촉진협회에서 운영하는 조선인포뱅크(http://www.dprkorea.com)는 현재 한글·영문·일문·중문으로 구성되어 있다. 체제 선전보다는 대북 교역 관련 투자 환경을 소개하며 정보를 제공한다. 북한 경제·사회·문화·예술·체육·관광과 같은 내용을 종합적으로 수록해 놓았다.

한 기관의 웹사이트에는 그곳에서 연결할 수 있는 기관들이 표시되어 있어 원하는 기관을 클릭하면 그 기관의 IP주소로 연결시켜 준다. 북한에서도 이러한 웹사이트 사용이 매우 활발한 듯 보인다. 2002년 평양정보쎈터의 홈페이지는 3개월이 안 되어 방문자 수가 1만 1900명을 넘어섰다(박찬모, 2002. 8.24: 10).

5. 원격교육 확대와 인터넷 활용

1) 원격교육 확대 정책

북한이 원격교육의 확대를 강조한 것은 '전민과학기술인재화'를 통해 과학기술강국을 실현하기 위해서다. 모든 주민들이 대학 졸업자 수준의 과학기술지식을 보유하게 하여 경제 발전에 기여할 수 있게끔 의도한 것이다(북한ICT연구회, 2020: 19). 북한 당국은 노동자, 농민이 대학에 직접 다니지 않아도 대학교육을 받을 수 있도록 하기 위해 각종 장점을 부각했다(≪로동신문≫, 2020.1.15). 2006년 김정일의 지시로 전국적인 원격교육을 준비해 2010년 김책공업종합대학에서 원격교육이 시작되었다. 2013년에는 김정은 위원장이 원격교육 활성화를 지시했다. 이때부터 김책공업종합대학을 비롯해 김일성종합대학 등 여타 대학들도 본격적으로 원격교육을 준비했다. 2018년 7월 기준 전국에서 50여 개 대학 200개 학과, 등록 인원 10만 명에 이르렀다(≪로동신문≫, 2020.2.9; ≪조선의 오늘≫, 2018.7.2).

북한은 2020년 4월 최고인민회의 제14기 제3차 회의에서 원격교육법을 제정했다. 원격교육제도를 법제화함으로써 전민과학기술인재화와 인재 강국화 실현을 위한 법적 토대를 마련했다. 대학과 연구기관들은 원격교육의 지속적인 개선과 선진기술 개발에 주력하고 있다. 온라인에서 진행되는 교육의 한계를 극복하기 위해 김책제철연합기업소를 비롯한 전국 30개 기업에 실습장소를 마련했다.

2) 원격교육의 진화 발전

원격교육은 단순 인터넷 강의 수준을 넘어 VR, AR과 AI 등 첨단기술을 적용해 발전했다. 특히 코로나19 국면에서 각 대학들의 교내 원격교육은 더욱 확대되었다. 김책공업종합대학은 각종 지원프로그램을 개발해 각 대학에 배포하고 있다(≪로동신문≫, 2020.5.20). 이외에 다양한 원격교육이 각 대학에서 진행되었다. 평양기계대학은 원격강의 제작에 가상 교실 시스템을, 평양의학대학은 원격 의학교육의 확대와 개선을, 강계교원대학은 언제 어디서나 강의를 수강해 지리적 제약을 극복하는 '비직결식' 학습지원시스템을, 김일성종합대학은 교원과 학생들 간의 소통을 원활하게 하는 쌍방향 교육을 촉진하는 통합 통신 프로그램을 각각 개발했다(≪로동신문≫, 2020.5.30; ≪로동신문≫, 2020.3.17; ≪로동신문≫, 2020.5.10). 요컨대, 북한 교육기관들은 인터넷의 다양한 활용을 통해 과학기술 발전을 도모하고 있다.

6. 기술·기업 연계 비즈니스 플랫폼 구축

플랫폼이란 컴퓨터 시스템의 기반이 되는 소프트웨어가 구동 가능한 하드웨어 구조 또는 소프트웨어 프레임워크의 일종이다. 구조(architecture), OS, 프로그래밍 언어, 그리고 관련 런타임 라이브러리 또는 그래픽 사용자 인터페이스(GUI: Graphic User Interface) 등을 포함한다. 업무에서 여러 사용자 또는 조직 간에 관계를 형성하고 비즈니스적인 거래를 형성할 수 있는 정보 시스템 환경, 자신의 시스템을 개방하여 개인·기업 모두가 참여해 원하는 일을 자유롭게 할 수 있도록 환경을 구축하는, 플랫폼 참여자 모두에게 새로운 가치와 혜택을 제공해줄 수 있는 시스템을 의미한다.

오늘날 플랫폼은 미디어와 정보통신 분야에서 가장 많이 쓰이는 단어가 되었다. '플랫폼 비즈니스(platform business)'는 정보기술(ICT)의 발달로 다양한 모바일 및 인터넷 플랫폼이 등장하고 있는 가운데, 이를 기반으로 각종 제품과 서비스를 중개하고 수수료로 수익을 내는 사업을 지칭한다. 소비자와 기업 등이 재화나 서비스를 사고팔거나 상호작용하는 일종의 '장터' 개념이다.[4)]

북한도 ICT 산업 발전에서 점차 '플랫폼 비즈니스'의 중요성을 파악하기 시작했다. 국가과학기술위원회 산하 모란봉기술협력교류사는 기술무역 봉사 체계(서비스 시스템)인 '자강력'을 개발해 2019년 10월부터 운영하고 있다. 이는 국가 컴퓨터 통신망을 이용해 기술 및 제품 개발자들과 수요자들이 연구개발 성과를 신용거래에 기초하여 거래할 수 있는 시스템이다(≪로동신문≫, 2019. 12.10). 일종의 기업과 기술이 연계되는 플랫폼을 개발했다.

'자강력'은 기술제품전시장, 성과자료전시장, 입찰전시장, 학습실, 제품운송 봉사, 기술제품심의장 등으로 구성되어 있다. 또한 국가의 인적·물적 자원을 최대한 동원하고 이용하여 과학 연구기관과 기업들이 기술 발전과 경영활동을 더 신속·편리하게 전략적으로 할 수 있도록 도와주는 '전자고속도로'를 제공한다. 당국은 이를 통해 새로운 기술과 제품 개발-생산-유통 속도를 높이고 시간, 노동력, 자금 등은 크게 절약해서 효율성이 높아지기를 기대한다. 또한 '자강력'이 기술무역의 비중을 높이고 사전에 검증할 수 있어, 대북 제재가 완화되거나 해제되어 무역이 활성화될 때 우수 기술 제품의 수출을 확대할 비즈니스 기반이 될 것이라고 기대하고 있다(≪로동신문≫, 2020.4.28).

또한 '자강력'은 단순한 상품 주문이나 판매 서비스 수준이 아니라 연구기관과 기업들 사이의 연구개발 협업을 지원하는 기능도 있다. 이처럼 연구기관들과 기업들이 협력하도록 인터넷 기반을 조성하는 것은 2000년대부터 강조해 온 과학기술(연구개발)과 생산의 일체화 정책으로서 비즈니스 거래를 형성할 수 있다. 북한에서는 연구개발과 판매 마케팅 등의 비즈니스 거래를 위한 플랫폼 서비스를 구축하는 논의가 2010년 이후 시작되었으나 법적·제도적 한계로 성사되지 못했다. 기술과 생산, 유통을 연결하는 플랫폼인 '자강력'의 등장은

---

4) "애플, 아마존, 페이스북, 구글 등 잘나가는 기업들의 공통점은 무엇일까? 모두 플랫폼형 비즈니스 모델을 구축한 기업이다. 기차역이 승객과 기차를 연결해 주듯이, 플랫폼형 기업들은 사람들과 그들이 원하는 것을 연결하는 매개체 노릇을 한다"(이봉현, 2015.5.8).

북한에도 온라인상에서 새로운 거래와 가치를 창출할 수 있는 시기가 도래했다는 것을 시사한다.

참고문헌

1. 국내 문헌

김봉식. 2017. 「북한 유무선 통신서비스 현황 및 시사점」. ≪정보통신방송정책≫, 제29권 10호.

박찬모. 2002.8.24. 「남북 정보통신(IT)산업 협력의 현황과 과제」, 제17회 미래전략포럼 발표문.

북한ICT연구회. 2020. 『북한 ICT 동향 조사 2020: 북한매체를 중심으로』. 한국과학기술정보연구원.

연합뉴스. 2021.2.24. "북한 정치·군사엘리트 무제한 인터넷… 인스타·아마존 쇼핑".

이봉현. 2015.5.8. "플랫폼이 되는 자가 승리한다". ≪한겨레≫.

≪컨슈머포스트≫. 2020.7.9. "Top 10 Korea".

KDB 산업은행. 2020. 『2020 북한의 산업 I』. KDB미래전략연구소.

2. 외국 문헌

Cho, Jung-Yul. 2000. "North Korea and the Internet". submitted to the Communication Technology and Policy Division, of the Association for Education in Journalism and Mass Communication, Convention, Phoenix. AZ.

Petrov, Leonid A. 1999. "The North Korea in the Cyberspace". http://fortunecity.com.

3. 북한 문헌

≪로동신문≫. 2019.1.13. "과학기술 전당 이용자 연 수백만 명".

_____. 2019.12.10. "기술봉사체계 '자강력' 개발, 국가망을 통한 운영 시작: 국가과학기술위원회에서".

_____. 2020.1.15. "널리 장려되고 있는 원격교육".

_____. 2020.2.9. "절세위인들의 웅대한 구상 속에 태어나고 강화 발전된 우리식의 원격교육".

_____. 2020.3.17. "원격강의의 질을 높이는 데서 중시한 문제: 평양기계대학 원격교육학부에서".

_____. 2020.4.28. "생산과 기술을 추동할 새로운 전자고속도로: 기술무역봉사체계 '자강력'의 경제적 효과성을 놓고".

_____. 2020.5.10. "평양의학대학에서 원격교육 사업을 부단히 혁신".

_____. 2020.5.20. "원격교육의 과학화, 실용화를 다그쳐".

_____. 2020.5.30. "새로운 원격교육 지원프로그람을 개발하기까지".

≪조선의 오늘≫. 2018.7.2. "비약적으로 발전하는 공화국의 원격교육사업".

11장

텍스트마이닝 분석으로 보는 북한의 ICT 발전전략

1. 텍스트마이닝 분석

이 장에서는 북한 ≪로동신문≫ 등 매체에서 보도하고 통일부에서 집계해 매월 발표하는 ≪북한동향≫의 ICT 관련 기사와 북한 과학기술 학술 잡지인 ≪과학원통보≫에 실린 ICT 관련 논문의 전반적인 경향을 통해 북한 당국이 강조하는 핵심 의제를 파악했다. 1996년 김정일이 IT를 처음으로 강조한 이후 김정은 집권 시기까지 전체 기간을 대상으로 ICT 동향 언론 기사와 논문의 제목과 내용을 대상으로 텍스트마이닝(text mining) 기법을 활용해 북한의 ICT 정책·연구 동향을 분석했다. ≪과학원통보≫에 게재된 ICT 관련 논문은 제목에서 말하는 바를 본문 내용에 그대로 담고 있어, 본문의 내용이 제목과 상이하다거나 다른 의미가 숨어 있다거나 하지는 않았다. 또한 텍스트를 구조화된 데이터로 변환한 빅데이터를 머신 러닝 기법을 활용해 분석·검증할 경우, 적은 분량의 데이터를 가지고도 유의미한 결과를 도출할 수 있다는 장점이 있다(이가영, 2020: 34). 다만 언론보도 내용은 일반적인 정책과 동향을 중심으로 작성이 되기 때문에 텍스트마이닝 분석은 문제가 없다. 하지만 ≪과학원통보≫에 게재된 논문은 전문적인 과학기술 용어로 구성되어 있어, 텍스트마이닝 분석에 한계가 있다. 따라서 ≪과학원통보≫에 게재된 논문의 경우 제목이나 내용

표 11-1 연도별 북한 ≪로동신문≫ ICT 관련 보도 횟수

시기	연도	ICT 관련 기사 수
김정일 시기 (1998~2011)	1998	6
	1999	3
	2000	8
	2001	16
	2002	11
	2003	9
	2004	15
	2005	5
	2006	10
	2007	5
	2008	9
	2009	4
	2010	14
	2011	14
	누계	101
김정은 시기 (2012~2019)	2012	19
	2013	25
	2014	13
	2015	20
	2016	41
	2017	11
	2018	5
	2019	7
	2020	11
	누계	244

을 대상으로 한 데이터마이닝은 유의미한 결과를 찾을 수 없었다.

이를 위해 북한 언론 보도 중에서 ICT 관련 기사 분석을 통해 핵심 키워드와 토픽에 나타나는 특징을 김정일과 김정은 시기별로 구분하고 북한 정권의 행태와 의도를 파악해 ICT 정책과 발전전략을 분석했다. 분석 대상은 먼저 통일

표 11-2 연도별 ≪과학원통보≫ 연도별 ICT 관련 논문 편수

시기	연도	ICT 관련 논문 편수
김정일 시기 (1996~2011)	1996	2
	1997	2
	1998	2
	1999	2
	2000	6
	2001	3
	2002	7
	2003	3
	2004	2
	2005	6
	2006	10
	2007	21
	2008	12
	2009	19
	2010	22
	2011	28
	누계	147
김정은 시기 (2012~2019)	2012	28
	2013	29
	2014	18
	2015	24
	2016	20
	2017	16
	2018	25
	2019	33
	누계	193

부에서 매월 발간하는 ≪북한동향≫의 ICT 관련 ≪로동신문≫, 조선중앙통신 등 기사다. 이 장에서는 1996년부터 2019년까지의 언론 보도기사와 2000년부 터 2019년 기간 동안 매년 6호씩 발행되는 ≪과학원통보≫에 실린 ICT 논문들 의 제목을 분석했다. 김정일 집권 시기 ICT 보도 횟수는 129건, 김정은 집권

그림 11-1 Mecab-ko 형태소 분석기를 이용한 북한 연속간행물 분석 프로세스

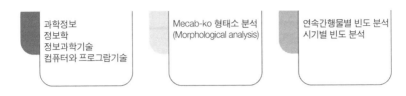

과학정보
정보학
정보과학기술
컴퓨터와 프로그람기술

Mecab-ko 형태소 분석
(Morphological analysis)

연속간행물별 빈도 분석
시기별 빈도 분석

이후에는 152건이었다. ≪과학원통보≫에 게재된 논문 편수는 김정일 집권 시기에는 139건, 김정은 집권 이후에는 193건이었다.

또한 북한 ICT 관련 기사와 연구논문에서 사용된 어휘를 데이터 기반으로 분석할 수 있을지, 그것이 북한 ICT 발전전략 연구에 유의미한 방식을 제공할 수 있는지 검토했다. 제목과 본문에서 '용어' 대신 '어휘' 혹은 '단어'를 사용한 이유는 이 연구의 분석 범위를 'ICT 전문 용어'가 아닌 '북한 ICT 분야에서 쓰는 말'로 설정했기 때문이다. 북한의 ICT 분야에서 쓰는 모든 말이 ICT 전문 용어일 수는 없으며, 기술적 분석을 토대로 ICT 용어의 정의와 기준을 제시하기 위해서는 지속적인 연구가 필요하다.

이 연구에서 핵심 분석 대상은 북한의 언론보도 기사다. 보조적으로 선택한 데이터는 북한에서 발행하는 연속간행물 중 ≪과학원통보≫에서 ICT 연구논문이다. 이 텍스트 데이터로부터 의미 있는 패턴을 찾아내기 위해 텍스트마이닝 기법을 이용했고, 분석을 수행하는 도구로는 프로그래밍 언어인 파이선(python)을 사용했다. 전체적인 연구 과정은 〈그림 11-1〉과 같다. 2021년 기준으로 통일부가 종합한 언론보도와 북한자료센터에서 공개된 ≪과학원통보≫에 게재된 ICT 관련 논문들의 주된 연구 주제가 무엇인지 파악하기 위해 수집된 문서 집합을 각 품사로 구분하는 형태소 분석(morphological analysis)을 실시했다.[1]

---

1) 형태소란 언어에서 '최소 의미의 단위'를 말하며, 어휘적 의미와 문법적 의미를 모두 포

형태소 분석을 통해 추출한 단어의 품사는 명사, 형용사이며, 추출된 단어의 어휘 출현 빈도를 산출했다.[2] 또한 일반적인 형태소 분석에서는 마침표(.), 쉼표(,), 물음표(?), 한 글자 어휘는 불용어로 인식해 제거와 후처리 과정에서 선별적으로 불용어를 제거했다.

이를 기반으로 빈도 분석, 상관관계 분석, 클러스터 분석, 토픽 모델링의 단계 텍스트마이닝을 실시했다.[3] 클러스터 분석을 통해 유사한 성질을 띠는 데이터가 어떤 군집으로 묶이는지를 확인하고, 토픽 모델링을 실시하여 텍스트 데이터 속에 잠재된 토픽을 도출해 어떤 주제로 분류되는지 레이블링 작업을 함으로써 데이터를 분석했다. 이를 통해 김정일과 김정은 시기 북한의 ICT 정책과 발전전략을 객관적이고 체계적으로 파악했다.

2. 빈도 분석과 토픽 모델링

텍스트를 데이터로 변환하기 위해서는 텍스트를 위계구조를 갖는 데이터로 간주해야 한다. 언어의 다양성 때문에 학자들은 텍스트 데이터의 가장 큰 특징으로 고차원성(high-dimensionality)을 꼽는다.[4] 일반적인 사회과학 데이터에

함하는 개념이다. 예를 들어, '아버지가방에들어가신다'라는 문장의 형태소 분석을 한다고 가정한다면, '아버지'가 일반명사(NNG)인지, 형용사(VA)인지 품사에 대한 태깅(part-of-speech tagging)이 필요하고, 문법적으로 '아버지가 방에 들어가신다' 혹은 '아버지 가방에 들어가신다'처럼 띄어쓰기 보정이 필요한데, 이러한 과정을 모두 수행하는 것을 형태소 분석이라고 한다.

2) 코엔엘파이(http://konlpy-ko.readthedocs.io/ko/v0.4.3/morph).
3) 텍스트마이닝은 데이터마이닝 유형 중 하나로서 비정형 및 반정형의 텍스트 기반 데이터에 대해 언어학, 통계학 등을 기반으로 한 자연어 처리 기술 및 문서 처리기술을 적용해 사용자가 관심을 가지는 유용한 정보를 추출·가공하는 것을 목적으로 한다.
4) 북한 연속간행물 100편의 ICT 관련 북한 논문들을 분석의 대상으로 삼았다고 가정하면, 분석을 위해 수집된 문서들의 집합을 말뭉치(corpus)라고 한다. 이 하나의 말뭉치에는

서는 개체를 구성하는 변수들을 분석함으로써 개체의 성격을 파악하고, 개체에 대한 통계분석을 제시함으로써 표본을 이해한다.[5] 마찬가지로 텍스트 데이터 분석에서는 단어들을 분석함으로써 각 문서의 특징을 추정하고, 이렇게 추정된 문서들의 특징에 대한 통계분석을 통해 말뭉치를 파악한다(백영민, 2017: 18~19).

3. 언론보도와 ≪과학원통보≫ 분석

이 텍스트마이닝은 1998년부터 2019년까지 북한의 ICT 관련 ≪로동신문≫ 기사를 바탕으로 1996년부터 2019년까지 24년 동안 발행된 ≪과학원통보≫ 전체 144권을 대상으로 했다. ≪과학원통보≫는 격월간으로 연간 6회 발행되었다. 텍스트 데이터의 기술통계분석을 위해서 수집된 텍스트 데이터는 분석의 정확도를 높이기 위해 전처리 단계를 거쳤다. 전처리 단계란 불필요한 단어와 특수문자 등을 제거하는 것이다. 특히, 숫자와 영어를 제거해야 한다. 한글 단어가 주제어가 되므로 숫자와 영어는 불필요하기 때문이다. 데이터 전처리

100편의 문서(document)들이 존재한다. 이 중 하나의 학술논문은 여러 개의 단락(paragraph)으로 이루어져 있고, 단락은 여러 개의 문장(sentence)들이 연결되어 이루어진다. 하나의 문장은 여러 개의 단어(word)들로 구성되어 있다. 단어는 매우 복잡해 영어의 경우 옥스퍼드 영어사전에 실린 단어만 약 17만 개가 넘는다고 한다. 영어 단어를 변수로 설정한 데이터에는 가능한 변수가 최대 17만 개라는 말이다(Gentzkow et al., 2017; Roberts et al., 2016: 988~1003).

5)   단어 역시 여러 개의 형태소(morpheme)로 구성된 경우가 적지 않다. 형태소 역시 여러 개의 음소(phoneme)가 결합되었을 수 있지만 형태소까지만 분석한다고 했을 때, 텍스트의 분석 단위를 가장 큰 단위부터 가장 작은 단위까지 순서대로 나열하면 '말뭉치 > 문서 > 단락 > 문장 > 단어 > 형태소'다. 대부분의 텍스트 데이터는 '말뭉치 > 문서 > 단어'의 3단계를 고려하는 것이 대부분이며, 이런 방식으로 텍스트 데이터를 파악하는 것은 '표본 > 개체 > 변수'로 구조화한 일반적인 사회과학 데이터와 동일한 구조를 갖는다.

그림 11-2 대상 기간 《로동신문》 기사 ICT 관련 워드 클라우드

표 11-3 대상 기간 《로동신문》 기사 ICT 관련 키워드 빈도 분석

과학기술	전국	현지	중앙	국가
연구소	김정은	부문	기념	공장
인민	진행	연구	건설	개발
창립	사업	협조	전시회	발표회

작업은 오픈소스 파이선 프로그램[6]으로 실시했다.

　김정일, 김정은 통치의 전체 기간 ICT 관련 《로동신문》 보도 건수는 총 381건으로 김정일 시기는 129건, 김정은 시기는 152건이다. 《과학원통보》에 실린 ICT 논문 건수는 총 340건이 집계되었다. 김정일 시기에는 147건이고 김정은 시기에는 193건으로 집계되었다. 전체 기간 동안 북한 언론매체에 공개된 북한 ICT 동향(이 책의 부록 1 참조)을 수집해 워드 클라우드와 키워드 빈도를 분석했다. 워드 클라우드는 〈그림 11-2〉와 같다. 키워드 분석 결과는

---

6)　프로그래머 귀도 반로섬(Guido van Rossum)이 1991년에 발표한 고급 프로그래밍 언어로서, 초기에는 미국 상위권 대학을 중심으로 초보자들에게 프로그래밍을 교육하는 것이 목적이었다(윤인성, 2019).

〈표 11-3〉과 같다.

먼저 전체 기간 ≪로동신문≫ 보도에서 ICT 관련 가장 빈도가 높은 키워드는 '과학기술', '전국', '현지', '중앙', '국가', '연구소', '김정은', '인민' 등의 순서였다.

발현 빈도순으로 상위 30개 단어를 정렬해 이를 기반으로 누적빈도를 계산했다. 가장 발현 빈도가 높은 상위 30개 단어들은 총단어 수의 약 52%를 차지하는 흥미로운 결과가 나타났다. 전체 대상 기간 ≪과학원통보≫ 게재 논문 제목 대상 빈도 분석의 결과는 〈표 11-4〉과 같다. 전체 기간 ≪과학원통보≫ 워드 클라우드는 〈그림 11-3〉과 같다.

그림 11-3 대상 기간 ≪과학원통보≫ 워드 클라우드

표 11-4 대상 기간 ≪과학원통보≫빈도 분석 상위 30개 단어

순위	단어	출현빈도	누적빈도
1	방법	360	371
2	가지	228	544
3	연구	208	612
4	체계	160	759
5	기용	118	773
6	기초	84	859
7	정보	80	970
8	자료	48	1,071

9	개선	48	1,005
10	봉사	46	1,123
11	컴퓨터(콤퓨터)	46	1,137
12	암호	46	1,151
13	실현	44	1,165
14	모형	40	1,279
15	구성	38	1,293
16	화상	38	1,307
17	처리	36	1,312
18	통신	35	1,318
19	성능	35	1,322
20	기지	32	1,329
21	검색	31	1,406
22	알고리즘	31	1,433
23	설계	30	1,438
24	조종	29	1,510
25	분석	28	1,517
26	계산	26	1,524
27	신호	26	1,611
28	문헌	23	1,621
29	평가	13	1,624
30	해석	13	1,631

1) 김정일 시기

1996년부터 2019년까지 나온 ≪로동신문≫을 대상으로 텍스트마이닝을 실시했다. 그 이후 최고지도자의 차별성과 유사성을 파악하기 위해 김정일 시기와 김정은 시기로 구분해 분석했다. 이를 위해 ≪로동신문≫ 기사를 김정일 시기인 1996년부터 2011년, 김정은 시기인 2012년부터 2019년까지 두 시기로 구분했다. 이 중 김정일 시기인 1996년부터 2011년까지의 특징을 세부적으로 파악하기 위해 ICT 관련 ≪과학원통보≫ 논문을 파이선 프로그래밍을 사용해 키

그림 11-4 김정일 시기 ≪과학원통보≫ ICT 논문 워드 클라우드

표 11-5 김정일 시기 ≪과학원통보≫ ICT 논문 대상 빈도 분석

방법	연구	체계	자료	기용
정보	암호	기초	개선	컴퓨터
성능	구성	실현	기지	화상
봉사	분석	해석	검색	처리
모형	조종	부호	통신	문헌
알고리즘	구축	가능	프로그램	은닉

워드 분석을 해보았다. ≪과학원통보≫에 실린 논문 139편 모두를 대상으로 Mecab-ko 형태소 분석기로 ICT 키워드 빈도 분석을 실시했다. ≪과학원통보≫ 게재 논문에서 ICT 워드 클라우드는 〈그림 11-4〉다.

〈표 11-5〉는 김정일 통치 기간 중 ≪과학원통보≫ ICT 논문 대상 빈도 분석을 나타낸다. 논문 제목 말미에 항상 관용적으로 사용되는 단어를 제외하기 위해 빈도 기준 상위 20개 단어는 제외했다. 그렇다고 상용어가 모두 사라진 것은 아니다. 우선 방법, 연구, 체계, 정보, 실현, 봉사, 컴퓨터, 자료, 암호 등의 주제어 빈도가 높다. 따라서 당시 과학기술의 토대를 다지는 동시에 연구와 기술을 기반으로 한 ICT 체계화를 지향하는 ICT 정책 방향을 염두에 두고 있었음을 추측할 수 있다.

2) 김정은 시기

≪과학원통보≫에 실린 논문 중 김정은 시기 ICT 키워드로 분류된 193편 논문 제목 전체를 대상으로 키워드 분석을 실시했다. ICT 관련 논문의 전체 제목은 부록으로 첨부했다. 김정일 시기 ICT 관련 논문에서는 '방법', '연구', '체계', '자료', '기용' 등의 단어가 강조되었으나 김정은 시기에는 '방법', '체계', '연구', '기용', '기초' 순서로 강조되었다. '자료'가 제외되고 '기초'라는 단어가 등장한 것이 차이점이다. 생산선 향상, 지식 강국, 기술 강국 등의 단어가 등장함으로써 김정은 시기에 접어들어 ICT 정책이 성장과 실리를 강조하는 방향으로 선화하고 있음을 알 수 있다. ICT 워드 클라우드는 〈그림 11-5〉다. 〈표 11-6〉는 김정은 시기 ≪과학원통보≫ ICT 논문 대상 빈도 분석을 나타낸다.

김정은 위원장은 과학기술에 기초한 기술집약형 경제강국 건설을 위해 과학기술 발전이 필요하다고 강조했다. 북한이 2012년 발표한 "신년사"에서 과학기술 발전과 새 세기 산업혁명을 "최첨단 돌파전으로 우리 식의 지식경제강국을 일떠세우기 위한 성스러운 투쟁이며 우리 당이 내세운 사회주의건설의 웅대한 전략적 노선"으로 규정했다. 또한 2012년 4월 6일에 발표한 김정은 담화에서 다음과 같이 과학기술 발전과 새 세기 산업혁명을 강조했다.

새 세기 산업혁명의 불길높이 우리나라를 지식경제강국으로 일떠세워야 합니다. 오늘 세계는 경제의 지식화에로 전환되고 있으며 우리 앞에는 나라의 경제를 지식의 힘으로 장성하는 경제로 일신시켜야 할 시대적 과업이 나서고 있습니다. …… 최첨단 CNC 공작기계 생산에서 비약적 발전을 이룩한 련하의 개척정신, 창조기풍으로 최첨단 돌파전을 힘있게 벌려 나라의 전반적 기술 장비 수준을 세계적 수준으로 끌어올리며 지식경제 시대의 요구에 맞는 경제구조를 완비하여야 합니다. 과학기술을 확고히 앞세우고 과학기술과 생산을 밀착시키며 경제건설에서 제기되는 모든 문제들을 과학기술적으로 풀어나가는 기풍을 세워 나라의 경

그림 11-5 김정은 시기 ≪과학원통보≫ ICT 논문 워드 클라우드

표 11-6 김정은 시기 ≪과학원통보≫ ICT 논문 대상 빈도 분석

방법	체계	연구	기용	기초
정보	자료	봉사	실현	통신
성능	구성	실현	기지	화상
모형	컴퓨터	개선	평가	화상
고속	설계	처리	실시간	구성
알고리즘	신호	검출	자동	추정

제 발전을 과학기술적으로 확고히 담보하여야 합니다.

김정은은 이 담화를 통해 인민 생활 향상을 위한 농업과 성공업 발전, 전력 증산을 핵심으로 한 전력·석탄·금속·철도운수 등 인민경제 선행 부문과 기초 공업 부문 발전, 국토 관리 사업 강화, 경제사업에서 내각책임제 확립 등을 새 세기 산업혁명과 함께 경제강국 건설 과제로 제시했다. 이와 함께 그는 교육의 현대화, 숭능 일반교육 수순 제고, 대학교육 강화를 통해 세계적 수준의 과학 기술 인재들을 더 많이 육성해야 한다고 강조했다(김정은, 2012.4.6). 김정은은 같은 해 4월 15일 연설에서도 과학기술에 기초한 기술집약형 경제강국 건설을 위해 과학기술 발전이 필요하다고 강조했다.

김정은 위원장은 2012년 4월 15일 자신의 첫 공개 연설에서 "일심단결",

"불패의 군력"에 "새 세기 산업혁명"을 더하면 사회주의 강성대국이 된다고 강조했는데, 이때 새 세기 산업혁명은 '경제구조를 최신 과학기술에 기초한 기술집약형 경제로 전변시키는 것'을 의미한다(≪로동신문≫, 2012.4.15; ≪로동신문≫, 2013.2.21). '핵과 경제의 병진노선'을 채택한 2013년 3월 조선로동당 중앙위원회 전원회의에서 자신들이 건설하려는 경제강국이 '과학기술을 원동력으로 하는 지식경제강국'임을 명시했다(≪로동신문≫, 2013.4.2).

4. 수자경제: 디지털경제

ICT 관련 논문은 북한 경제의 각 부문이 '수자경제', 즉 '디지털경제'로 전환해야 한다고 강조한다. 수자경제를 정의하고 해외 사례를 수집하는 것은 물론이고, 범국가적으로 추진 중인 과학기술 중시의 본질이 수자화(디지털화)라는 논리도 제시했다. 2019년 11월 23일에 김일성종합대학 홈페이지에 "과학기술 중시를 국풍으로 확립해 나가는 것은 우리 혁명발전의 중요한 요구"라는 글이 게재됐다. 이 글은 북한이 추진하고 있는 과학기술 중시 정책에 대한 내용을 담고 있다. 이 글은 "과학과 기술을 중시하는 것을 나라의 제일가는 중대사, 국사로 내세우고 과학기술에 의거해 사회주의 강국 건설의 높은 영마루를 하루빨리 점령하려는 것은 당과 인민의 확고부동한 의지이다"라고 강조했다. 과학기술 중시 정책이 북한의 제일가는 중대사이며 국사라는 것이다.

이 글은 수자(디지털) 중시와 관련된 내용도 설명했다. 글은 "과학기술 중시 기풍은 본질에 있어서 수자 중시이며 수자 중시에 과학기술 중시 기풍 확립의 중요한 방도가 있다"라고 밝혔다. 과학기술 중시의 본질이 수자 즉 디지털 중시이며, 디지털 중시를 추진하는 것이 과학기술 중시 기풍을 확립하는 중요한 방도라는 것이다. 북한이 생각하는 수자경제의 기본 의미는 모든 경제활동과 컴퓨터, IT를 결합하는 정보화로 볼 수 있다. 여기에 추가로 첨단기술을 유기

적으로 결합한 새로운 경제 유형이다.[7]

북한의 정확한 의도는 수자경제에 대한 정의에서도 파악할 수 있다. 2019년 11월 27일, 28일, 29일에 걸쳐 ≪로동신문≫은 수자경제에 관한 김일성종합대학 경제학부 경제정보연구실 김성철 실장과 리일진 연구사의 인터뷰를 게재했다. ≪로동신문≫은 "여러 나라에서 수자경제를 건설하기 위해 적극 노력하고 있다. 세계적으로 수자경제가 물질적부의 창조에서 새로운 번영의 시대를 열어 놓을 것으로 예상되고 있다"라고 지적했다. 수자경제가 무엇이냐는 질문에 김성철 실장은 "수자경제는 통속적으로 말해 모든 경제활동 전반을 컴퓨터망과 하나로 결합시킨 것이다"라며 "현재 많은 사람들 속에서 컴퓨터의 출현으로 정보처리 문제가 해결된 것을 1차 정보혁명으로, 정보전송 문제가 해결된 것을 2차 정보혁명으로, 오늘날의 수자화된 경제, 수자경제의 출현을 3차 정보혁명으로 보고 있다"라고 소개했다. 김 실장은 "지난 시기에는 수자경제에 대한 견해가 나라마다 조금씩 달랐다"라며 "그것은 수자경제가 여러 분야의 첨단기술이 유기적으로 결합돼 출현한 새로운 경제 유형이기 때문이다"라고 지적했다.

또한 리일진 연구사는 "수자기술이라고 하면 정보를 0과 1로 표시해 기록하거나 전송하는 것과 같은 고급한 기술을 말한다"라며 "이런 것으로 해 수자경제는 영어로 뉴메리컬 이코노미(numerical economy)가 아니라 디지털 이코노미(digital economy)라고 한다"라고 설명했다. 북한이 지칭하는 수자경제의 의미는 디지털경제인 것이다. 리 연구사는 "수자경제는 수자기술과 함께 정보처리 및 ICT와 결합돼 있으며 경제 정보의 수자화와 그 활용이 수자경제의 발전

---

7) 북한이 추진 중인 과학기술 중시를 확립하기 위해서는 디지털화가 추진돼야 하며 디지털을 중시하는 것이 곧 과학기술 중시라는 것이다. 과학기술의 범위는 굉장히 넓다. 이공계, 산업 분야에 과학기술이 아닌 것이 없다고 해도 과언이 아니다. 반면 아날로그를 디지털로 바꾸는 디지털화는 좀 더 구체적이다. 기존에 종이 문서로 처리하던 과정을 전산화하고 기계적 장치를 컴퓨터와 연결하는 방식인 것이다. 사무, 생산 등의 공정을 아날로그에서 디지털로 전환하는 것은 기존과 대비해 생산성을 단번에 높일 수 있는 방안이기도 하다.

을 가져오게 된다. 따라서 수자경제이자 곧 정보화된 경제, 망(네트워크) 경제라고 할 수 있을 것"이라고 지적했다.

북한의 수자화는 정보화를 넘어 고도화된 기술을 적용하겠다는 뜻도 담고 있다. 김성철 실장은 "수자경제 발전은 수자기술과 망(네트워크)기술, 정보기술 등의 결합에 기초한 AI 기술의 빠른 발전에 의해 이루어진다고 할 수 있다"라고 강조했다. 수자경제 발전에 AI 발전이 중요한 부분이라는 것이다.

북한은 수자경제의 의미를 정의하고 중요성을 설명하는 것뿐만 아니라 해외 사례도 살펴보고 있다(≪로동신문≫, 2019.6.24). 이 기사는 독일에서 수자경제를 주제로 박람회가 열렸으며 중국이 수자경제 발전에 박차를 가하고 있다고 보도했다. 제18차 당대회 이후 중국공산당 중앙위원회가 정보화 발전을 고도로 중시하면서 수자(디지털) 중국을 건설하기 위한 전략적 결정을 내렸다는 것이다. 러시아 역시 수자경제 발전을 위한 사업에 힘을 넣고 있다고 주장했다. 러시아가 자국의 수자경제 발전을 이룩하는 것과 함께 그것을 전체 유라시아 경제동맹으로 확대하는 방안을 구상하고 있다고 지적했다(조선중앙통신, 2019.7.13).

2019년 7월 13일 조선중앙통신은 러시아가 수자경제를 발전시키기 위한 조치들을 취하고 있다고 소개했다. 블라디미르 푸틴(Владимир Путин) 러시아 대통령이 수자경제의 법규범적인 조정 문제를 취급하는 기구를 창설하는 것에 관한 제안들을 8월 31일까지 제출할 것을 정부와 대통령 행정부, 연방회의에 위임했다는 것이다. 또 조선중앙통신은 2018년 5월 푸틴 대통령 정령에 의해 작성된 러시아의 국가계획인 '러시아연방의 수자경제'가 6개의 연방 계획들로 구성되어 있으며 그 수행 기간은 2024년까지라고 소개했다.

북한은 빅데이터 대책 마련과 통신 현대화에서도 수자화 과업을 중시하고 있다. 우선 ≪콤퓨터와 프로그람기술≫ 2018년 4호에 실린 「대자료관리기술」을 시작으로 2018년 5호에 「대자료에 대한 자료 1」, 2018년 6호에 「대자료에 대한 자료 2」, 2019년 3호에 「정보화시대의 변혁을 가져오는 대자료기술」, ≪정보과학≫의 2019년 2호에 「대자료관리체계 MongoDB의 일반적 특징」 등을 게재해 빅데이터 대책을 마련하는 것이 북한의 수자경제 과제라고 지적했다. 북한에서는 빅데이터라는 말 대신 '대자료'라는 명칭을 사용하며 "현 시기 경제 사업을 수자화하는 데 나서는 중요한 문제는 대자료 시대의 요구에 맞게 경제 사업에서 대자료를 활용하기 위한 대책을 세우는 것"이라고 강조한다.

최근 수년간 정보기술이 끊임없이 발전하고 사회경제 생활에 인터넷을 비롯한 컴퓨터망이 널리 보급됨에 따라 자료가 대량으로 발생하여 해마다 자료 전송량이 기하급수적으로 늘어나 세계는 대자료 시대를 맞이하게 됐다고 설명했다. 이에 수자화된 경제를 건설하고 발전시키기 위해서는 시대 발전 요구에 맞게 대자료 기술을 적극 발전시키고 경제 분야에 널리 활용해야 한다는 것이다.

또 통신 부문의 현대화도 수자경제의 과제로 보인다. 앞의 글에서는 "경제 사업을 수자화하는 것에 중요한 문제는 ICT를 발전시켜 통신의 현대화를 첨단 수준에서 실현하는 것"이라며 "오늘의 수자화는 정보통신 발전과 뗄 수 없이 연관돼 있다"라고 주장했다. 이 글은 국가 정보통신을 현대화하는 것에 중심 과업은 전신, 전화의 자동화, 수자화, 빛섬유케이블(광케이블)화, 컴퓨터화의 성과를 공고히 발전시키면서 완전한 IP화, 고정통신과 이동통신의 통합화, 통신만의 광대역화를 전면적으로 실현하는 것이라고 지적했다.

또한 "음성통신으로부터 자료통신으로 이행하는 시대적 추세에 맞게 광케이블망 구축을 강화해 기관, 기업들과 가정에까지 광케이블을 늘려 대용량, 고속 광대역망을 구축해야 한다"라며 "이동통신망을 현대적으로 완비하고 그 능력을 늘리며 다음 세대 이동통신을 받아들이기 위한 대책을 세워야 한다"라고 설명했다. 또 글은 통신망 보안을 결정적으로 강화하는 것도 중요하다고 밝혔다. 정보통신 부문에서 양자암호 기술을 비롯한 첨단 암호 기술을 개발·이용해 통신 인프라의 보안 수준을 높임으로써 통신 안전성과 신뢰성을 확고히 담보해야 한다는 것이다.

전국정보화성과전람회 2019는 북한에1서 개최되는 최대 규모 IT 행사다.

북한에서 1년간 이룩된 정보화 성과를 보여주는 역할을 한다. 이 행사에서는 AI, 사물인터넷(IoT), 로봇, 생체인식 등 다양한 기술을 선보였다. 그런데 바로 이 행사의 주제가 "수자경제를 지향하기 위한 정보화 열풍을 일으키자는 것"이었다. 이미 북한 IT 부문에서는 수자경제로 전환이 화두가 되고 있다는 것을 보여준다.

북한 당국은 IT 부문에서 추진되고 있는 수자경제 정책을 국가 차원으로 확대하려는 것으로 보인다. 북한 당국은 과학기술, IT 분야 언론이 아니라 ≪로동신문≫을 통해 수자경제를 계속 강조하고 있다. ≪로동신문≫은 당의 입장을 설명하고 북한 전 주민을 대상으로 하는 언론이다. 수자경제가 당의 입장이며 전 주민이 알아야 하는 것이라는 뜻이다. 이를 뒷받침하는 보도도 있었다. 2019년 8월 22일 자 ≪로동신문≫은 김정은 위원장이 "전 사회적으로 숫자를 중시하는 기풍을 세워야 한다"라고 지시했다고 밝혔다. 수자경제가 특정 영역이 아니라 전 사회적 문제라고 김 위원장이 지침을 내린 것이다.

북한은 수자경제가 해외에서 국가 전략으로 추진되고 있다는 점을 연일 강조하고 있다. 2019년 11월 29일 자 ≪로동신문≫은 "수자경제를 발전시키기 위한 세계 각국의 노력은 더욱 강화되고 있다"라며 "수자경제발전과 혁신능력을 결정적으로 높이는 데 미래의 사회경제발전을 주도하는 추동력이 있다고 말할 수 있다"라고 강조했다. 이 같은 흐름을 볼 때 북한은 수자경제 국가 전략을 마련하여 추진할 것으로 예상된다.

5. ICT 보급에 따른 보안 강화

워드 클라우드 분석 결과에서도 '보안', '암호'에 대한 키워드 빈도수가 높게 나타났다. 실제 북한은 2011년 제정한 콤퓨터망관리법에 보안 관련된 규정을 갖추고 있다. 북한은 보안체계 없이는 네트워크를 운영할 수 없다며 강력히 규제한다. 북한은 2011년 12월 14일 최고인민회의 상임위원회 정령 제2039호로 '조선민주주의인민공화국 콤퓨터망관리법'을 채택했다. 콤퓨터망관리법 6조는 "컴퓨터망보안은 컴퓨터망의 안전과 운영과 정보 자료를 보호하기 위한 기본 담보이다. 국가는 컴퓨터망보안체계를 정연하게 세우고 기관, 기업소, 단체와 공민이 컴퓨터망보안 질서를 엄격히 지키도록 한다"라고 규정한다.[8]

북한은 컴퓨터망이 컴퓨터 호상 간에, 또는 컴퓨터와 말단 장치들을 통신선로로 연결해 정보를 교환하거나 처리하는 체계로 정의했다. 컴퓨터망을 이루는 구성 요소에는 컴퓨터와 통신선로, 말단장치, 컴퓨터망보안시설, 운영 프로그램이 속한다. 사용자 컴퓨터와 네트워크, 인터넷을 포함하는 개념으로 보인다.

북한은 콤퓨터망관리법에 제5장[9]으로 컴퓨터망보안에 관한 세부 사안을

---

8) 통일법제데이터베이스, https://www.unilaw.go.kr/bbs/selectBoardArticle.do(검색일: 2020. 10.3).

9) 컴퓨터망관리법의 「제5장. 콤퓨터망보안」의 전문.
    제34조(콤퓨터망 보안체계의 수립). 해당 기관, 기업소, 단체는 발전하는 현실의 요구에 맞게 컴퓨터망 보안체계를 엄격히 세우고 콤퓨터망을 운영해야 한다. 콤퓨터망 보안체계를 세우지 않고서는 콤퓨터망을 운영할 수 없다.
    제35조(콤퓨터망 보안기준의 준수). 해당 기관, 기업소, 단체는 컴퓨터망 보안 기준의 요구에 맞게 신분 확인 기능, 접근통제 기능, 자료 확인기능, 사건기록과 추적기능, 보안관리기능 같은 보안기능을 원만히 갖춘 컴퓨터망 보안체계를 세워야 한다. 콤퓨터망보안기준을 정하는 사업은 중앙쏘프트웨어 산업지도기관이 한다.
    제36조(콤퓨터망 보안체계 심의신청). 컴퓨터망 보안체계는 중앙쏘트프웨어산업지도기관의 심의를 받아야 한다. 이 경우 해당 기관, 기업소, 단체는 신청문건을 만들어 중앙쏘프트웨어 산업지도기관에 내야 한다.
    제37조(콤퓨터망 보안체계 심의). 중앙쏘프트웨어 산업지도기관은 컴퓨터망 보안체계 심의 신청문건을 접수했을 경우 1개월 안으로 심외해야 한다. 심의결과는 합격 또는 불합격으로 한다.
    제38조(콤퓨터망 보안체계 심의방법). 컴퓨터망 보안체계 심의는 신청한 문건에 대한 검토와 컴퓨터망 체계상에서 보안기능을 시험하는 방법으로 한다. 중앙쏘프트웨어 산업지도기관은 컴퓨터망 보안체계심의를 위해 해당 기관, 기업소, 단체에 필요한 자료와 조건보장을 요구할 수 있다.
    제39조(콤퓨터망 보안체계의 갱신). 기관, 기업소, 단체는 컴퓨터망 보안체계를 갱신

두고 있다. 북한은 "기관, 기업소, 단체는 발전하는 현실의 요구에 맞게 컴퓨터망보안체계를 엄격히 세우고 컴퓨터망을 운영해야 하며 컴퓨터망보안체계를 세우지 않고서는 컴퓨터망을 운영할 수 없다"라고 법으로 정했다. 즉 보안체계가 없으면 네트워크를 운영하거나 서비스를 하지 못하도록 한 것이다.

보안체계는 신분 확인 기능, 접근통제 기능, 자료 확인 기능, 사건 기록·추적 기능, 보안관리 기능 등이다. 컴퓨터망 보안체계는 북한 중앙소프트웨어산업 지도기관의 심의를 받아야 한다. 또 해외 보안 솔루션의 경우 심의를 받아서 사용할 수 있도록 하는 규정도 있다. 이와 함께 기관, 기업소, 단체는 컴퓨터망에 불법침입 같은 비정상적인 현상이 발생했을 경우 즉시 해당 기관에 통보해야 한다. 콤퓨터망관리법을 어겨 엄중한 결과를 일으킨 기관, 기업소, 단체의 책임 있는 일군과 개별적 공민에게는 정상에 따라 행정적 또는 형사적책임을 지운다고 북한 법은 명시한다.

북한은 컴퓨터 체계와 서비스를 운영할 때부터 보안체계를 갖출 것을 요구하고 있으며 그 보안체계에 대해 정부 당국이 심의를 한다. 해외 보안 솔루션 사용은 심의를 거치도록 해 통제하고, 해킹, 전산사고가 발생하면 즉시 신고하

할 수 있다. 이 경우 중앙쏘프트웨어 산업지도 기관의 재심의를 받아야 한다.
제40조(콤퓨터망 보안기술연구개발 및 도입). 중앙체신지도기관과 중앙쏘프트웨어 산업지도기관, 해당 기관은 컴퓨터망 보안과 관련한 새 기술을 적극 연구개발하고 제때에 도입해야 한다.
제41조(콤퓨터망 보안프로그람의 리용). 기관, 기업소, 단체와 공민은 컴퓨터망 보안프로그람의 리용질서를 엄격히 지켜야 한다. 새로 개발했거나 다른 나라에서 들여온 컴퓨터망 보안프로그람은 중앙쏘프트웨어 산업지도 기관의 심의를 받아야 리용할 수 있다.
제42조(심의과정에 알게 된 비밀준수). 중앙쏘프트웨어 산업지도기관과 해당 성원은 컴퓨터망 보안체계 심의과정에 알게된 비밀을 루설하지 말아야 한다.
제43조(콤퓨터망 보안체계의 관리운영). 기관, 기업소, 단체는 컴퓨터망 보안체계를 정상적으로 관리운영하며 그 보호대책을 엄격히 세워야 한다. 컴퓨터망 보안체계의 관리운영과 관련한 문건은 기요문건취급절차에 따라 보관 취급한다.
제44조(비정상적인 현상에 대한 통보). 기관, 기업소, 단체는 콤퓨터망에 불법침입 같은 비정상적인 현상이 발생했을 경우 즉시 해당 기관에 통보해야 한다.

도록 한다. 이는 북한도 사이버보안에 대해 민감하게 생각하고 있음을 보여준다.

6. 첨단산업 비중 증대

김정은 위원장은 북한 경제에서 IT, 나노, 바이오 등 첨단산업의 비중을 높일 것을 지시했다. 북한이 추진 중인 경제정책의 목표가 첨단기술산업을 위주로 하는 지식경제강국 건설이라는 근거다. 김정은 위원장은 2016년 5월 열린 노동당 7차대회에서 한 중앙위원회 사업총화보고에서 "첨단기술산업은 지식경제의 기둥이다. 정보산업, 나노산업, 생물산업과 같은 첨단기술산업을 대대적으로 창설해 나라의 경제발전에서 첨단기술산업이 차지하는 비중과 중추적 역할을 높여나가야 한다"라고 말했다

이에 따라 2018년 북한에 「첨단기술산업을 기둥으로 하는 경제구조의 확립은 경제강국 건설의 중요 요구」라는 논문이 수록됐다. 논문에 따르면 "첨단기술산업이 지식경제발전에서 주도적 역할을 하며 첨단기술산업의 힘에 떠받들려 지식경제가 발전한다는 것을 말한다"라며 "우리가 건설하는 경제강국이 지식경제강국인 만큼 첨단기술산업을 기둥으로 하는 경제구조를 확립하는 것이 현시기 경제강국 건설의 중요한 요구로 나선다"라고 해석했다(손영석, 2018). 북한이 추구하고 있는 것이 지식경제강국 건설인데, 그것을 위해서는 첨단기술산업을 발전시켜야 한다는 것과 북한이 추구하는 목표가 정보산업, 나노산업, 생물산업 등 신산업이 경제에서 차지하는 비중을 50% 이상으로 높이겠다는 것이다.

참고문헌

1. 국내 문헌

김지은. 2017. 「빅데이터를 활용한 대학구조개혁 평가의 키워드 및 토픽 분석」. 서울대학교 박사학위
논문.

김한샘. 2015. 『언어 정보와 인문언어학』. 박이정.

백영민. 2017. 『R를 이용한 텍스트마이닝』. 한울엠플러스.

윤인성. 2019. 『혼자 공부하는 파이썬』. 한빛미디어.

이가영. 2020. 「김정은 시기 북한 경제정책의 변화경향성 연구: 텍스트 마이닝 분석을 중심으로」.
≪동북아경제연구≫, 제32권 1호.

이성직·김한준. 2009. 「TF-IDF의 변형을 이용한 전자뉴스에서의 키워드 추출 기법」. ≪한국전자거래
학회지≫, 제14권 4호.

코엔엘파이. http://konlpy-ko.readthedocs.io/ko/v0.4.3/morph.

통일법제데이터베이스. http://www.unilaw.go.kr/bbs/selectBoardArticle.do.

2. 외국 문헌

Gentzkow, M., B. T. Kelly and M. Taddy. 2017. "Text as data." National Bureau of Economic
Research.

Roberts, M. E., B. M. Stewart and E. M. Airoldi. 2016. "A Model of Text for Experimentation in
the Social Sciences." *Journal of the American Statistical Association*, Vol. 111, No. 515.

Salton, G. and C. Buckley. 1988. "Term-weighting approaches in automatic text retrieval,"
Information Processing & Management, Vol. 24.

3. 북한 문헌

김정은. 2012.4.6. "위대한 김정일동지를 우리 당의 영원한 총비서로 높이 모시고 주체혁명위업을 빛
나게 완성해나가자." 조선로동당 중앙위원회 책임일군들과 한 담화.

≪로동신문≫. 2012.4.15. "불패의 군력에 새 세기 산업혁명을 더하면".

_____. 2013.2.21. "경제구조를 최신 과학기술이 기초한 기술집약형 경제로 전변".

_____. 2013.4.2. "과학기술을 원동력으로 하는 지식경제강국".

_____. 2019.6.24. "해외의 수자경제 사례".

손영석. 2018. 「첨단기술산업을 기둥으로 하는 경제구조의 확립은 경제강국 건설의 중요요구」, ≪김
일성종합대학학보≫, 제63권 4호.

≪정보와 프로그람기술≫. 2018. 「대자료관리기술 1」. 4월 호.

_____. 2018. 「대자료관리기술 2」. 5월 호.

조선중앙통신. 2019.7.13. "러시아 수자경제를 발전시키기 위한 조치를 취했다".

12장

동·서독 및 남·북한의 통신 교류 협력과 인프라 연결 분석

1. 동·서독 간 통신 교류 협력

독일 통일은 갑자기 일어난 돌발적 사건이라기보다는 끊임없는 교류 협력의 결과다. 동·서독 간의 IT 분야도 계속된 교류 협력에서 예외는 아니다. 동·서독 간의 통신 분야 교류 협력은 1972년 동·서독 간에 체결된 기본 조약을 기준으로 하여 그 이전과 이후로 구분할 수 있다. 1990년 독일이 통일된 이후 통신 분야 역시 이질적인 특성 때문에 어려운 통합 과정을 겪었다. 따라서 통일에 대비해 북한 지역의 IT 관련 정책을 수립하기에 앞서 먼저 통일을 이룩한 독일의 동·서독 통신 통합과 추진 과정의 경험을 살펴보는 것은 매우 의미가 있다. 통일 이전 동·서독의 통신 상황과 통일 후 통신망 구축 과정을 정리하고 이 중 남·북한의 통신 교류 협력에서 얻을 수 있는 시사점을 정리해 본다.

1989년 독일 통일 이후의 통신 분야 통합 과정도 중요하지만, 그러한 통일을 이끌어낼 수 있도록 통일 이전에 지속적으로 동·서독 간에 이루어져 온 교류 협력의 과정도 의미가 적지 않다. 통신 분야 역시 통일 이전부터 교류 협력이 상당한 수준으로 진행되어 왔다. 독일 통일 이후의 통신 분야 통합 과정은 한반도 통일에 상당 부분 참고해야 하며 구체적인 통일 방안을 다루는 독립적인 연구도 수행되어야 한다.

1) 기본 조약 이전 통신 교류

제2차 세계대전 종전 이후 독일의 통신 체계는 서독에서는 독일연방우정성 (DBPT: Deutsche Bundes Post Telecom, 이하 서독우정성), 동독에서는 독일우정성(DPT: Deutsche Post Telecom)에 의해 각기 발전했다. 동·서독 간 통신은 단절되지는 않았으나 동·서독 간의 통화는 수동식 전화회선으로 가능했다. 1952년 5월에 동독이 동·서 베를린 간에 통용되어 오던 지선인 3910회선을 일방적으로 단절했기 때문에 동·서 베를린 지역 간에는 직접통화가 불가능해졌다. 따라서 서베를린과 동베를린의 통화는 서독 프랑크푸르트의 장거리전화 교환소를 통해 동독의 라이프치히와 포츠담을 경유하여 동베를린에 연결되는 식으로 통화를 해야 했다.

기본 조약 합의 이전에 동·서독 간 통신 교류 관련 협상은 1966년에 동독이 서독의 우정성과 서베를린 당국에, 동독이 더 많이 제공한 통신서비스의 대가와 연체이자를 지불할 것을 요구한 데서 출발한다. 서독우정성은 이에 대해 국제 원칙에 따른 청산 지불 방식을 거절하고, 초과부담금에 대한 정산이 용의하다는 뜻을 표명했다. 협상 결과 서독은 1968년에 1967년도분의 차액 정산액 약 1690만 마르크, 1969년에 1968년도 6개월분의 차액 정산액 약 510만 마르크를 동독 우정성에 지불했다. 이를 계기로 1969년 9월에 동·서독우정성 대표들은 제1차 공식협상을 개최하는 데 동의했으며, 동·서독의 우정성 대표단은 1970년 4월 29일 서독의 본에서 회합을 갖고 '독일연방공화국과 독일민주주의공화국 간의 우편 및 통신 교류에서 발생한 비용의 청구 및 청산에 관한 합의 사항'을 다음과 같은 내용을 포함해 체결했다.

양측은 우선적으로 최소한의 범주 내에서 당시 국경선을 통과하는 우편 및 통신 교류의 보증을 약속했으며, 장거리 전화선과 텔렉스선의 추가 설치 운영을 의무 사항으로 하는 데도 합의했다. 1967년 1월 1일부터 상호 수행한 업무 성과에 대한 총액 정산을 약속하고, 동·서독 간의 우편 및 통신 교류에서 1960년

12월 31일까지 상호 수행한 업무 성과에 대한 비용 전액을 청산하기로 약속했다. 1952년 동독 측의 일방적 단절로 인해 중단된 서베를린과 동베를린 간의 장거리전화 업무를 재개할 용의가 있음을 동독 측이 구두로 표명한 점은 매우 주목할 만했다. 이 합의 이후 동독은 기존의 장거리 전화회선 34회선에 40회선을 증설하고 텔렉스 35회선에 32회선을 추가 운영함으로써 부분적이나마 약속을 이행했지만, 1971년 6월부터 서독과 서베를린에 대한 우편통신 교류에 대해 국외 수수료를 부과함으로써 동·서독 통신 교류는 새로운 부담을 안게 되었다.

동·서독은 이러한 상황을 타개하기 위한 노력을 계속했고, 1971년 9월 30일에 '독일연방공화국의 연방우정성 대표단과 독일민주주의공화국 우정성 대표단 간의 협상에 관한 의정서'가 조인되어 동·서독 간의 통신 교류가 다소 개선되었다. 의정서 내용은 다음과 같다. 첫째, 독일 민주주의공화국의 우정성이 1966년 12월 31일까지 수행한 초과 서비스분 경비 총액 5000만 마르크를 독일연방공화국 연방우정성이 일시불로 청산한다. 둘째, 장거리전화, 전보, 텔렉스 교류용 회선의 계속적인 증설·운영에 합의한다. 셋째, 전체 장거리전화와 통신 교류의 단계적 자동화를 이행한다. 넷째, 주파수 사용의 조정을 실시한다. 다섯째, 새로운 통신시설의 설치·운영에 합의한다.

2) 기본 조약 이후 통신 교류

동·서독 간 통신 분야 교류는 기본 조약 타결로 큰 전기를 맞게 되었다. 1972년 동·서독 간에 맺어진 기본 조약 중 "관계정상화 과정에서 구체적 실천 및 인도적 문제의 해결을 위한 분야별 협력 증진"을 명시한 27조의 정신 및 추가의정서 제5항에 따라 양측은 우편·통신 협정을 체결하기로 합의했다. 이와 같은 기본 조약의 정신에 따라 동·서독 우정성은 계속적 협상을 통해 1976년 3월 20일 '우편 및 통신 분야에 대한 독일연방공화국 정부와 독일민주주의공화국 정부 간 조약을 체결했다.

　조약의 제1장은 이 협정의 법적 기초로서 이 협정이 다루는 대상을 기술하고, 통신 업무에 적용할 협정으로서 같은 협정과 부속 행정 협정, 그 외 국제적으로 통용되는 협정을 기술했다. 제2장은 상호 간의 우편 교류에 관한 규정으로서 우편 교류 대상과 발송 규정의 상호 합의, 요금 책정과 부담 대상, 우편 교류에서의 관세표와 관세 설명서를 적용치 않는다는 점, 우편물의 국내법적 적용들을 명시했다. 제3장은 상호 간의 장거리 통신에 관한 규정으로서 장거리 통신의 대상과 세부 사항의 상호 합의, 상호 요금 통지, 장거리 통신에 대한 국제자문위원회의 추천에 따라 필요한 시설을 설치·운영할 것을 명시했다. 제4장은 우편 및 장거리 통신의 통과에 관한 규정으로서 제3국으로의 통과 보장과 기술적·결제적 범위 내에서의 서비스 제공, 서독과 서베를린과의 통신은 기존의 합의와 일치하되 가능한 한 간단하게 할 것 등을 적시했다. 제5장은 주파수 이용의 조절에 관한 규정으로서 상호 간의 장애가 예상되고 양측의 조정이 합리적이라고 판단되는 경우에 조절하도록 하며, 조절 절차에 관한 당국 간의 합의를 명시했다.

　제6장은 급부 청산에 관한 규정으로서 상호 간의 우편 및 장거리 통신의 총괄적인 청산, 일방의 우편과 통신을 타방을 위해 제3국에 중계한 경우 국제계약 규정에 따른 청산·상호 합의, 서독과 서베를린 간의 통신을 위한 동독 당국의 중계 급부에 대한 청산 방식의 규정 등을 명시했다. 제7장은 책임과 요금반환에 대한 규정으로 등기우편의 분실, 통상 소포나 유가물 편지·소포 등의 파손 혹은 분실 시에는 장거리 통신 당국이 책임지도록 하며, 손해배상청구권 인정 대상, 배상의무, 요금 반환, 파손 혹은 분실된 우편물에 대한 정보전달과 처리 절차 등에 관해 기록했다.

　앞서 말한 우편·통신 협정은 만국우편연합과 국제통신연합의 정관을 기준으로 하되 내독 간 특수 관계를 반영했다는 점에 큰 의의가 있었다. 따라서 양측은 협정을 자국에 유리한 방법으로 해석할 수 있도록 합의함에 따라 국내 및 국제 규정이 동시에 참작되었다. 즉, 동독은 국제 규정을 적용했으며 서독은 국제 규정 적용을 거부함으로써 동·서독 체신부는 상이한 요금 책정 기준을 가지게 되었다.

앞의 조약의 체결로 동·서독 간 통신 교류는 큰 폭으로 증대되는 동시에 매우 원활해졌다. 서독은 1977년부터 1982년까지 초과 체신 업무에 대해 동독 측으로 연간 8500만 마르크를 지불할 것을 약속하고, 동·서독은 동·서독 간 486개의 자동전화선 증설과 서베를린과 동독 간의 216회선 증설에 합의했다. 그 후 동·서독은 초과 체신 업무 지불 정산에 대한 합의를 계속해 서독이 1983년부터 1990년까지 연간 정산액을 2억 마르크로 증액하며 1983년 11월 15일 동·서독 간에는 다음과 같은 합의가 이루어졌다.

먼저, 편지·소포 등의 우송 시간을 단축하며, 동독인 1인당 12건으로 제한되던 선물 수취 건수 제한을 철폐해 우송은 특히 약품 우송을 용이하게 했다. 또한 1984년 2월 말까지 추가적으로 96개의 전화회선과 4개의 텔렉스선을 설치하기로 합의했다. 서독의 240개의 지역에서 다이얼식의 직접 중계로 통화할 수 있게 했으며, 서독과 서베를린 간에 광케이블을 설치하기로 했다. 통일 이전 동·서독 간 통신 교류가 지속적으로 확대되었음에도 불구하고 동·서독 간 전화 통화 수요를 충족시킬 만큼 충분한 회선의 증설을 이룩하지 못했다. 동·서독 간 전화 회선 수 증설 추이는 〈표 12-1〉과 같다.

요약하면 1988년 기준으로 전화 자동화율은 95% 수준에 도달했으나, 총 1529개 전화회선 가운데 서독에서 동독으로 연결한 회선은 1314개인 데 반해 동독에서 서독으로는 215회선에 불과했다. 또한 동독은 회선 증설과 노후 회선 보수 작업을 경제적·정치적 이유로 기피함으로써, 서독의 회선 증설에도 불구하고 동·서독 간 전화 통화 수요의 급증에 따른 통화 적체가 심화되었다. 통일 당시 동독은 전기통신 분야에서 서독에 비해 약 20년 낙후된 것으로 평가되었다. 또한 통일 전의 동·서독 통신망 연결 상황은 1989년 당시 전화 1529회선, 전보 88회선, 데이터통신망 130회선 등 모두 1749회선에 불과했다.

표 12-1 통일 이전 동·서독 통신 연결 현황

연도	전화	전보	텔렉스
1969년 이전	34	28	46
1970	74	31	90
1971	284	86	102
1972	383	86	126
1973	383	86	126
1974	479	88	126
1975	719	88	126
1976	719	88	126
1977	821	88	126
1978	941	88	126
1979	1061	88	126
1980	1181	88	126
1981	1301	88	126
1982	1421	88	126
1983	1421	88	130
1984	1517	88	130
1985	1517	88	130
1986	1517	88	130
1987	1529	88	130
1988	1529	88	130

3) 통합 준비기간의 통신 통합 계획

동·서독 통신 통합을 위한 준비 기간인 1989년 11월~1990년 10월에 서독 징부는 동·서독 동신사업사 간의 체계적인 동신 통합 계획인 '텔레콤 2000 (Telekom 2000)'을 수립했다. '텔레콤 2000'은 1990~1997년간 통일 독일의 '독 일통신회사(DT: Deutsche Telekom)'에서 주도적으로 추진했다. 소요 비용은 600억 마르크(환율 500원 기준 시 30조 원)로, 재원 조달은 DT의 외부 차입을 통해 이루어졌다. 외부 차입으로 인해 DT는 법정 자기자본 비율이 1989년 33%

표 12-2 **통일 전 동·서독 통신 현황**

내용	구 동독	구 서독
전화 가입자 수	180만	2900만
전화 신청 대기자수	120만	0
100명당 전화 가입자 수	11	47
FAX 가입자 수	2500	50만
Data-P 가입자 수	0	5만
TELEX 가입자 수	2만	13만 3000
구 동독과 구 서독 간의 전화회선 수	1529회선	
주민 수	1억 6400만	6억 2300만
기타	• 이동통신 전무 • 교환 시설은 반전자식 • 중계 시설은 1970년대 중반 이후 디지털 방식 도입	

자료: Statistische Bundesamt(1989).

에서 1993년 22%로 하락했다. '텔레콤 2000'에 대해 독일에서는 대부분 긍정적으로 평가했으나 정부와 공기업 주도로 추진함으로써 민간기업과 해외사업자의 참여를 배제한 것에 대해서는 이견들이 있었다. 남·북한의 통일 과정에도 '텔레콤 2000'과 같은 체계적인 통신망 고도화 계획의 사전 수립이 필요하다. 더불어 통일 후 통신 사업 구도 독점, 과점, 완전경쟁에 대한 사전검토가 필요하다는 점을 유의할 필요가 있다.[1]

독일은 제1단계인 1990~1991년에 주 교환 및 거점 교환 시설의 장거리 디지털 통신망을 구축했으며, 제2단계(1992~1993)로 지방 도시에 디지털 통신망을 구축하고, 대도시에는 디지털 방식의 최종 사용자 교환 시설을 구축해 모든

---

1) 동독 지역의 통신은 독일 통일 당시 매우 낙후된 상황이었다. 서독은 통일 독일에 초현대적 통신망을 구축하겠다는 목표를 설정하고 구 동독 지역 통신 역량의 증진과 동·서독 지역에 동등한 서비스 제공 및 통신 여건을 창출한다는 전략을 추진했다.

표 12-3 종합통신 인프라 계획 '텔레콤 2000'

단계	목표 내용
1단계(1990~1991)	주 교환 시설 및 거점 교환 시설의 장거리 디지털 통신망 구축
2단계(1992~1993)	무선통신망 연결, 광케이블 확장 가설
3단계(1994~1997)	지역망 구축 및 ISDN 도입 개시
추가 계획 사업 (1998~2000)	협대역 ISDN 서비스 제공

표 12-4 '텔레콤 2000' 통신시설의 구체적 목표

구분	1990~1997
전화회선 수	5700만 회선
공중전화 수	7만 회선
텔렉스 연결	40만 회선
케이블 TV	500만 회선
데이터 터미널	9만 회선

주 교환과 거점 교환 시설을 디지털화하는 동시에 무선통신망을 연결하며 광케이블을 확장·가설했다. 제3단계(1994~1997)에는 지역망 구축과 ISDN의 도입을 개시해 재래의 모든 다이얼식 교환 시설을 자동 병렬식 교환장치로 교체했다. 제4단계(1998~2000)에는 추가 계획 사업인 협대역 ISDN 서비스를 제공하기 시작했다.

4) 통일 후 구 동독 지역의 통신망 구축

아날로그 장거리망의 기반 위에 총연장 4400km 광케이블을 설치하는 등구 동독 지역의 통신망 디지털화는 99% 이상 달성했으며, 초기 3여 년간 동독 지역코드 체계를 택하도록 유도해 1993년 말 하나의 독일 통신망을 구축했다. 전화망 확충이 어려운 지역은 장거리 전화가 가능한 공중전화를 가설해 통신

수요를 충족했으며, 이동통신 분야에서는 통일 직후 C 네트워크를 통해 전화 서비스의 병목현상을 해소했다. 1993년 말 디지털 GSM 표준에 기반을 둔 D 네트워크를 전국에 구축했다. 통일 후 약 4년이 지난 후 동독에서는 전무하던 무선계 서비스인 무선호출, 시티-2, TRS, 아날로그와 디지털 이동통신, 무선데이터통신을 거의 전 지역에 걸쳐서 제공했으며 1996년 말 당시 구 동독 지역의 무선 이동통신 이용자 수는 100만 명을 돌파했다.

공영방송사의 TV 프로그램을 신속히 제공하기 위해 대용량의 TV 송신장치를 설치했고, 대도시와 산업지역에 20개의 지방 TV 송신장치를 설치, 민간프로그램 공급자들이 이용할 수 있게 했다. 라디오의 경우 음성 방송을 지방으로 분산하기 위해 주 단위로 VHF 네트워크를 구축했다. 또한 케이블TV 서비스를 확충해 440만 가정이 시청 가능하도록 지원해 1996년 말 기준 300만 가구가 케이블TV를 시청했다.

5) 동·서독 간 통신 교류의 의의

동·서독 간 통일 이전 통신 분야의 교류 협력은 동독과 서독이 기본 조약을 체결한 이후 활성화되었다. 동·서독 간 통신은 소통을 원활하게 함으로써 동·서독 주민 간 이질감 해소에 긍정적인 영향을 끼친 것으로 판단된다. 동·서독 간 통신은 제2차 세계대전 종전 이후 기본 조약 체결까지 상당한 어려움을 겪었으나 남·북한의 경우와 달리 완전하게 단절된 상태는 아니었다. 서독과 동독 간 통신은 통신 교류를 제한하려 시도한 동독의 정책에 의해 분단 초기에는 낙후된 시설을 개선하는 데 어려움이 있었으나, 서독이 인내심을 갖고 점진적으로 통신 교류 폭을 확대해 나갔다.

남·북한 간 통신 교류의 확대도 판문점 경유 통신망 사용을 확대하는 방향에서 시작될 수 있다. 통신 교류를 확대할 때 동독은 서독으로부터 경제적 지원을 지속적으로 요구했다. 따라서 남한이 북한과 통신 교류를 확대하기 위해서는 남·북한 간 통신 교류가 북한에 실질적으로 경제적인 도움이 될 것이라는 점을 북측이 인식하도록 해야 한다. 또한 동·서독 간 통신 교류는 동독에서 서독으로의 통신보다 서독에서 동독 지역으로의 통신이 훨씬 많았다. 이와 같은 결과는 동독 지역이 사회주의 체제를 유지하고 있었으므로, 동독 정부의 통신제한 정책으로 인해 동독 내부에 주민 간 통신은 매우 낙후되어 있었다는 점에 기인했다. 남·북한 통신 교류가 확대될 경우에도 남한의 대북한 통신 수요가 북한의 대남한 통신 수요보다 클 것으로 예상된다.

동독은 서독에 대해 동·서독 간 통신 교류 요금을 국제전화 비용으로 책정했다. 남한의 대북한 통신 수요는 북한의 대남통신 수요보다 클 것으로 예상된다. 따라서 북한은 남한으로부터 통신 교류 비용을 더욱더 많이 받아내기 위해 국제전화 요금을 적용하려 할 것이다. 개성공단에서 서울로 전화할 때 일부 공공전화를 제외하고는 국제전화 요금 방식이 부분적으로 적용되었다.

통일 이전의 동·서독 간 통신 교류 협력 사례는 다양한 시사점과 함께 미래 남·북한 통신 교류 협력의 정책 방향을 제시한다. 독일의 통일 이전 통신 분야 교류 협력 과정이 남·북한 통신 교류 협력의 방향성에 주는 시사점을 요약하면 다음과 같다.

첫째, 남·북한 간 통신 교류 협력은 대화와 소통의 재개라는 통신 교류와 북한 지역 통신시설의 현대화라는 통신 협력으로 나누어 접근할 필요가 있다.

둘째, 남·북한 간 통신 교류의 재개를 위해 남한이 인내심을 가지고 꾸준히 북측에 요구해야 한다. 북한이 체제에 대한 부정적 영향력을 우려해 북한 내 주민 간 통신 소통을 제한하는 정책을 구사하고 있다는 것은 주지의 사실이다. 남·북한 간 통신 교류의 초기 단계에서는 북한 내 통신 소통 루트 개척에 관심을 두기보다는 남·북한 간 대화와 소통 루트의 확대에 집중적으로 노력을 기울이는 것이 바람직하다.

셋째, 북한의 경제난을 고려해 남·북한 간 통신 교류를 확대할 때 북측 인프라 구축을 지원할 수 있다. 서독은 통일 이전 동독과의 통신 교류를 확대하기 위해 전술한 바와 같이 상당한 지원을 병행했다.

넷째, 북한 지역의 통신시설 현대화 작업에 남한이 참여할 수 있는 기회가 부여되었을 경우 남한 기업이 적극적으로 참여할 필요가 있다. 남한과 북한의 통신체계가 상이하게 설정되어 있을 경우에는 남·북한 통신 통합이 훨씬 어려워진다. 또한 북한의 통신이 낙후되어 있으면 있을수록 남·북한 간 통신 분야 통합에 소요되는 비용이 많이 들기 때문이다. 따라서 남한은 통일 이전에도 남·북한 간 통신 통합에 대비해 북한의 통신시설 현대화 작업에 관심을 기울일 필요가 있다.

다섯째, 통일 이전의 남·북한 간 통신 교류는 남한에서 북한으로의 통신 수요가 북한에서 남한으로의 통신 수요보다 클 것이라는 점을 고려해 대책을 마련해야 한다. 남·북한 간 통신요금 체계 책정은 독일의 경우와 같이 일정 기간을 설정해, 초과 통신에 대한 요금을 남한이 북한에게 지불하는 방식을 채택해야 한다. 남한과 북한 간 모든 거래는 내국 간 거래로 규정했으므로, 남·북한 간 통신도 국내적 통신으로 간주하자는 입장을 분명히 북측에 전달해야 한다.

여섯째, 동·서독 간 교류는 당시 ICT 산업이 태동하기 이전이었으므로 통신 교류에만 한정되었으나 남·북한 교류는 반드시 정보통신산업의 교류로 연결되어야 한다. 이는 단순히 기술 발전의 측면에서만 보아도 불가피하다. 특히 현대의 통신 기술은 컴퓨터 통신이나 인터넷 등 광범위한 ICT와 통합되어 있다. 따라서 정보화사회의 물결이 남·북한 관계에 미칠 영향에 대해서도 분명한 고려가 있어야 한다. 이 문제와 관련해 북한에서는 체제 안정성을 유지하기 위해 전 세계적인 정보통신망과의 연결을 가급적 제한하고자 할 것이므로 이에 대한 적극적 대응이 필요하다.

2. 남·북한 우편전기통신 교류 협력 사례

1) 남·북한 우편통신 교류 협력 연혁

남·북한 간 우편통신 교류를 위한 접촉은 1970년 정부의 광복절 26주년 경축사 '평화통일의 구상' 발표로부터 시작되었다. 공식적인 전자·ICT 분야 교류는 1990년 8월 '남북교류협력에 관한 법률'의 제정을 계기로 시작되었다. 이에 따라 1991년 12월에 열린 제5차 남북고위급회담에서 정보통신 교류가 포함된 '남북기본합의서'를 채택했다.

남·북한 간에는 직접 연결 전화 29회선, 제3국 경유 간접 연결 전화가 14회선이 연결되었다. 직접 연결 전화는 당국 간 합의에 의한 것으로 연락 업무와 회담 지원용으로 이용되었다. 제3국을 경유해 간접 연결된 전화는 경수로사업과 금강산 관광을 지원하기 위한 통신망이었다. 북한의 신포 경수로 부지에 파견된 한국의 건설 인력이 이용하는 남·북한 간 우편서비스는 중국을 경유하는 국제우편서비스를 활용했다.

2000년 남북정상회담 이후 정치적 화해 무드를 반영해 서울과 평양을 잇는 광통신망 구축과 무궁화 위성을 통한 남·북한 직접 통신에 관해 정부 간 협의가 있었다. 서울과 평양을 잇는 광통신망 구축은 2000년 8월 초 남측 지역 평화의 집과 북측 지역 통일각 사이 1km에 24코어(가닥) 광케이블 공사를 시작해 최근에 완료했다. 판문점에 설치된 광통신망은 전화 300회선, TV(45Mbps급) 1회선, 데이터통신(문서, 음성, 영상) 5회선 이상을 사용할 수 있어 남·북한 당국자 회담, 이산가족 면회소 설치, 경의선 연결, 남북경협 등 다양한 교류 협력에 따른 통신 수요를 충족시킬 수 있었다.

평화의 집-군사분계선-통일각 구간은 이미 광케이블이 깔려 있어 사실상 서울-평양 간 광통신망 시대가 열린 셈이었다. 남북은 지금까지 상호 방문이 아닌 경우 연락관 접촉을 통한 문서 교환 또는 직통전화를 이용해 의견을 주고받

표 12-5 남·북한 정부 간 통신 교류 연혁

날짜	구분	내용
1971.9.22	남북적십자회담 준비용	• 자유의 집과 판문점 간의 직통전화 개설 • 남·북한 간 29회선의 직통전화가 남북대화의 목적으로 설치
1990.9.4	남·북한 간의 전기통신 교류를 위한 4차 남북고위급 회담	• 남한 측 요구: 교통 및 통신 소통의 목적을 달성하기 위한 경제협력기구의 설치 제안 • 북한 측 요구: 교통 체신망의 연결 제안 • 결과: 구체적인 합의 도달 실패
1991.12.13	제5차 남북고위급 회담	• '남북 사이의 화해와 불가침 및 교류 협력에 관한 합의서' 채택: 통신에 관한 사항 포함 • 기본합의서 제15조 이하에서 3통(통신·통상·교통)의 추진이 거론 • 동 부속합의서 제4조에서 "남과 북은 우편과 전기통신 교류에 필요한 시설을 설치·연결하며, 우편·전기통신 교류의 비밀을 보장한다"라고 규정해 남·북한 간의 전기통신 교류 협력을 구체화
1992.2.19	남북기본합의서	• 남·북한 간 이산가족은 자유로운 서신거래 실현(18조) • 우편과 전기통신 교류에 필요한 시설의 설치 연결 및 교류에 따른 비밀의 보장(20조) • 남·북한 경제문화 등 각 분야의 교류 협력을 실현하기 위해 남북경제교류 협력공동위원회 구성 및 운영(22조)
1992.5.17	남북교류 협력 공동위원회 구성 운영에 관한 합의서	• 남·북한 간 각 분야에서의 교류 협력 실현을 위한 남북경제교류 협력공동위원회 등 구성(1조): 쌍방위원장 각 1인, 부위원장 1인, 위원 7인
1992.9.17	부속 합의서	• 남과 북은 우편과 전기통신 교류에 필요한 시설을 설치·연결하며 우편과 전기통신의 비밀을 보장

았다. 이때부터 인적 접촉이 아니더라도 통신수단을 활용해 문서, 음성, 동영상을 송수신할 수 있게 되었다. 기술적으로는 화상회의도 가능하다. 특히 우발적 군사 충돌 방지 등을 위한 군사 직통전화 구실도 할 수 있었다. 정부는 이미 북측에 군사 직통전화를 광케이블을 활용한 디지털 방식으로 하자고 제안했다. 향후 북한 비핵화가 진행될 경우 광통신망 구축은 남북 간 정보통신 협력을 활성화할 단초가 될 여지가 있다.[2]

그림 12-1 남북대화용 통신망 구성도

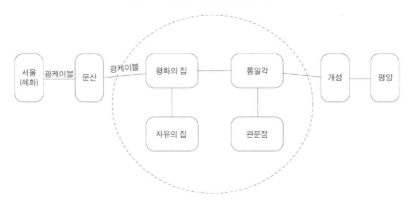

표 12-6 남북 간 직접 연결 전화 현황(2000년 12월 31일 기준)

용도	구간	회선 수	연결 시기
남북적십자 간 직통전화	서울-평양	2	1971.9.22
남북조절위원회	남북조절위원회 위원장 간	1	1972.7.4
남북회담 지원용	서울-평양	18	1972.8.26
남북 경제회담용	서울-평양	1	1984.12.21
판문점 공동경비구역 내 남북 직통전화	남북적십자회담 연락사무소 간	2	1971.9.22
	남북연락사무소 간	2	1992.5.18
남·북한관제통신망	대구-평양관제소(판문점 경유)	2	1997.11.19
	대구-평양관제소(위성통신)	1	1998.2.17
합계		29	

자료: 통일부(2001).

---

2) 광케이블은 빛을 이용하므로 전달 과정에서 자료 손실이 적어 디지털 데이터통신이나
    멀티미디어 통신에 적합한 전송수단이다. 그런 점에서 상징적이나마 남북 간의 디지털
    통신이 가능한 시대가 됐다. 꿈의 통신망으로 불리는 광케이블은 가는 머리카락보다 가
    는 광섬유가닥으로 이루어지는데 한 가닥을 1코어라고 부른다. 따라서 설치된 광케이
    블은 24가닥에 불과하지만 용량은 구리선과 비교가 안 된다. 구리선은 한 가닥에 음성
    전화 1회선만 물릴 수 있는 반면, 광케이블 한 가닥으로는 기술에 따라 차이가 있지만
    1만 회선까지 동시에 물릴 수 있기 때문이다.

2) 남·북한관제통신망 건설과 운영

1998년 10월 남북 간에 체결된 관제 협정에 따라 대구항로관제소와 북한의 평양항로관제소 간에 관제통신망이 연결되었다. 남·북한관제통신망의 주 회선은 1997년 11월 19일에 판문점 경유 남·북한 직통전화로 2회선이 개설되었고, 예비 회선은 1998년 2월 17일 아시아샛 2(ASIASAT II)을 이용한 남북 직접 연결 방식으로 1회선이 개통되어 운영되었다. 주 회선의 경우 대구관제소-대구신암전화국-혜화전화국-판문점-개성-평양-평양관제소로 연결되며 예비 회선은 대구관제소-국제통신국-금산지구국-아시아샛 2 위성-평양지구국-국제통신국-평양관제소로 연결되었다.

그림 12-2 민간항공기 관제통신망 구성도

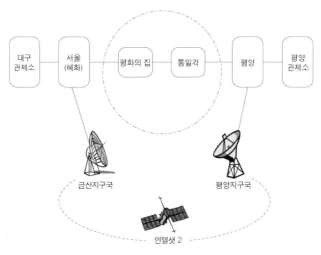

표 12-7 관제통신 현황(1997년 11월~2002년 7월 기준)

운영 주체	한국전기통신공사
회선 현황	총 3회선(주 2회선, 예비 1회선)
회선 구성	주 회선(대구관제소-판문점-일본평양관제소) 예비 회선(대구관제소-아시아샛 2-평양관제소)

남북 적십자 간 직통선은 판문점에서만 그것도 비정기적으로 사용하고 있고, 북한 경수로 원자력발전소 건설 현장인 함경남도 신포와 한국전력 서울 본사 간 통신도 인공위성을 통해 일본을 경유해 이뤄졌다. 반면 남·북한관제통신망은 판문점을 경유하는 직통전화로 연결되며, 비행기가 남·북한의 비행정보 구역을 넘나들 때마다 하루에도 여러 차례 상시적으로 통신이 이뤄졌다.

3) 경수로건설 통신망

한국통신과 한반도에너지개발기구(이하 KEDO)는 경수로사업에 통신을 지원하기로 하고, 1997년 5월 28일 KEDO와 협정서를 체결했다. 한국통신은 경수로가 착공되는 함경남도 신포시 금호 지구에 북한으로부터 전용회선을 임차

그림 12-3 **경수로 건설 통신망 구성도**

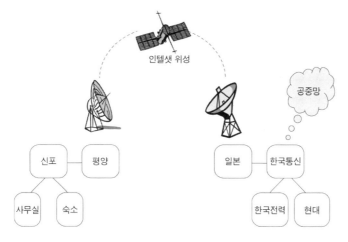

표 12-8 **경수로 건설 통신 현황(1997년 8월~2002년 8월)**

운영 주체	한국전기통신공사
회선 현황	총 8회선(공중용 4회선, 업무용 4회선)
회선 구성	한전-한국통신-일본(KDD)-인텔샛 위성-평양-신포 건설 현장

해 사용하는 방식으로 교환기와 선로를 구축했다.

이어 1997년 8월 4일 경수로사업 지역과 남한 전역 간 전화 서비스를 위한 공중통신용 4회선, 업무용 4회선(한국전력 3회선, 합동시공단 1회선)이 개설되었다. 통신선로는 한전 본사-한국통신 광화문 국제관문국-부산 육양국-한일 간 해저 광케이블-일본 도쿄국제전신전화국(KDD)-인텔샛 통신위성-평양-신포 현장으로 연결되었다. 회선 임차 비용으로는 북한 구간, 일본 구간, 한국 구간의 3구간에 대한 전용회선료가 지불되었다. 이용 요금은 한국과 일본 간 국제 자동전화 요금 기준으로 30% 할인된 통화료를 적용했다.

한국에서 SITE로 전화를 걸 때는 '001 + 850 + SITE 구내번호(××××)' 순서로 다이얼링하고, SITE에서 한국으로 발신할 때 공중통신용은 '9 + 82 + KT 카드번호 + 한국 내 전화번호'이며, 전용통신인 경우에는 별도로 '회사별 이용 방법'을 적용했다. 또한 SITE 발신의 공중통신은 반드시 KT 카드에 별도로 가입해야 통화가 가능하며, 이는 통신보안과 이용자 요금 수납의 편리를 도모하기 위함이었다.

또한 인터넷 보안 서비스 전문 업체인 사이버패트롤은 최근 음성처리 기술 전문 업체인 L&H코리아와 공동으로 KEDO의 금호 지구 경수로 건설 현장에 화자인증 기술(SV: Speaker Verification)을 접목시킨 보안시스템의 설치를 완료했다(≪디지털타임스≫, 2001.3.29).

4) 금강산 관광 통신망

현대 측과 북한의 아세아태평양평화위원회(이하 아태평화위원회) 간에 1998년 7월 6일 '금강산관광을 위한 부속계약서'가 체결되었다. 같은 부속계약서에는 금강산관광사업과 관광객의 편의를 위해 통신시설 제공과 이용을 보장한다는 내용이 포함되었다. 이에 따라 10월 19일 현대전자산업과 북한의 금강산국제관광총회사 간의 '통신보장을 위한 합의서'가 체결되었다.

정부는 1998년 11월 12일 현대전자산업, 한국전기통신공사, 온세통신이 공동으로 신청한 '금강산관광을 위한 통신협력사업'의 1단계 사업을 승인했고, 11월 17일 일본 IDC사를 경유하는 국제전화방식으로 6회선이 연결되었다. 회선구성은 온세통신-일본 IDC사-인텔샛-평양-온정리다. 이후 관광객용으로 관광선 3회선과 온정리 온천장 1회선, 업무용으로 장전항 건설 현장 2회선, 현대아산사무소 2회선 등 총 8회선으로 구성되었다. 2단계 사업은 북한 내 광케이블을 이용해 남북 간 통신회선을 확충하는 사업으로 1999년 초에 시행될 예정이었다. 3단계 사업은 금강산 관광 지역 내에 이동통신망을 구축하는 것으로서 금강산 관광 지역이 종합적으로 개발된 이후에나 시행될 수 있는 장기 사업이다.

그림 12-4 **금강산 관광 통신망 구성도**

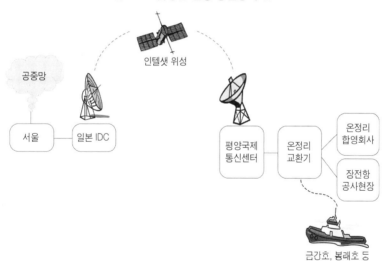

표 12-9 **금강산 관광 통신 현황(1998년 11월~2002년 8월)**

운영 주체	온세통신
회선 현황	총 8회선(업무용 4회선, 관광객용 4회선)
회선 구성	온세통신-일본(C&W IDC)-인텔샛 위성-평양-온정리

5) 2000년 정보통신부 '한반도 통신망 사업계획 전담반'

2000년 남북정상회담 당시 정보통신부가 운영할 '한반도 통신망 사업계획 전담반'은 북한 통신 현황 자료의 체계적인 수집·관리, 남·북한 통신 협력 대상 사업 발굴 및 정부 지원 방안 검토, 통일 대비 북한 지역 통신망 고도화 계획 수립 등을 추진해 나갈 예정이었다. 이와 함께 각종 통신 기술 발전 추세를 감안해 향후 추진할 한반도 통신망 고도화 사업계획의 소요 예산을 산출하고 이의 조달 방안을 마련할 계획이었다. 특히 정보통신부는 1998년부터 통일부가 추진해 온 남북경제공동체건설 종합계획에 부응해 제1단계(2000~2001)로 남북 간 직접 통신망의 개설과 확충을 추진하고, 제2단계(2002~2004)로 북한 대도시 통신망 고도화를 추진하며, 제3단계(2005~2010)에는 북한 전 지역 통신망 고도화를 추진해 나갈 계획이었으나 남북 관계 경색으로 사업 추진은 한계에 직면했다.

표 12-10 **남북 간 간접 연결 전화 현황(2000년 12월 31일 기준)**

용도	구간	회선 수	연결 시기
KEDO 경수로사업용	한국-일본KDD-인텔샛-평양-신포	8	1997.8.4
		2	2000.7.26
금강산 관광 지원	한국-일본IDC-인텔샛-평양-원산-온정-장전	6	1998.11.17
		2	1999.5.18
평양실내종합체육관용	한국-일본IDC-인텔샛-평양-원산-온정-장전	3	2000.11.21
합계		21	

자료: 통일부(2001).

6) 남·북한 우편통신 교류 협력 현황

남·북한 우편물은 금호경수로 건설 현장에 한해 1997년 7월 24일부터 우편물 교환이 추진되었다. 이용 대상자는 경수로사업 참여기관, 업체, 인원과 그

그림 12-5 금호 경수로 건설 현장 우편물 취급 경로

가족들이며 남한의 모든 우체국에서 접수·배달이 가능했다. 경수로 건설 현장에 북한이 설치·운영하는 체신분소에서 접수·배달했다. 2000년 3월 말 기준으로 서장 1188통, 인쇄물 328통, 소형 포장 35개, 소포 232개가 북한으로 발송되었으며, 서장 2061통, 인쇄물 28통, 소형 포장 5개, 소포 5개가 남한에 도착했다.

7) 남북한 연락채널 가동 현황

북한은 2016년 2월 박근혜 정부의 개성공단 중단에 반발해 남북 통신선을 차단했다. 판문점 연락 채널은 2018년 1월 3일 김정은 위원장 지시로 복구되었으며, 그해 4월 20일에는 청와대와 북한 당중앙위 본부 직통 통신선인 남북 정상 핫라인이 설치되었다. 9월 4일에는 개성공단 내 남북공동연락사무소를 개소하면서 남북 직통전화로 통화가 이뤄졌다.

북한은 2020년 6월 9일 김여정 제1부부장의 담화를 통해 대북전단 살포를 맹비난하면서 남북공동연락사무소 폐쇄와 개성공업지구 완전 철거, 9.19 남북 군사합의 파기 등을 거론하고 통신연락선 차단을 시작으로 대남 압박을 본격화했다. 이후 북한이 6월 16일 남북공동연락사무소 폭파까지 강행하며 남북 간 긴장감이 최고조에 이른 뒤 남북관계는 줄곧 교착상태에 처했다. 북한은 남북 간 대화채널이 끊긴 지 413일 만인 2021년 7월 27일 남북연락사무소 통신선을 복원하였다. 하지만 8월 들어 북한은 한미연합훈련 실시를 이유로 통신

표 12-11 남북 연락채널 가동 현황(7월 27일 오후 12시 기준)

남북연락사무소 통신선	
2018년 4.27 판문점 남북정상회담 합의에 따라 개성공단 내에 마련. 매일 오전·오후 정기적으로 통화.	통신회선 점검 후 연결 확인
동·서해지구 군 통신선	
판문점 선언과 남북장성급 군사회담 합의의 산물로 2017년 7월(서해), 8월(동해) 순차적으로 복구.	서해지구 연결 확인 동해지구 연결 시도 중
판문점 남북통신 시험선	
남북 간 연결된 여러 연락선을 확인하는 일종의 남북 기술 당국 간 연락선(판문점 전화)).	판문점 남북기계실 간 통화로 연결 확인
청와대-당 중앙위 본부 직통통신선	
2018년 4월 20일 설치. 남북 정상 간 직통 전화채널.	확인 불가
국정원-통전부 핫라인	
2000년 남북 정상회담을 계기로 연결. 이후 단절됐으나 2018년 북한이 평창동계올림픽 고위급 대표단으로 김여정 제1부부장을 파견하면서 복원.	확인불가

자료: 연합뉴스(2021.7.27)를 참조해 작성.

선을 차단했다. 결국 2021년 8월 말 기준 남북 간 통신은 불통상태다. 2021년 8월 기준으로 남북한 연락 채널은 ① 남북연락사무소 통신선, ② 동·서해지구 군 통신선, ④ 판문점 남북통신시험선, ④ 청와대-당중앙위 본부 직통통신선, ⑤ 국가정보원·통일전선부 핫라인 등 5개선이다.

3. 남·북한 방송 교류 협력 현황

방송위원회는 2000년 6월 4일 남북 방송 교류 정책을 수립하고 이를 효율적으로 추진하기 위해 '남북방송교류추진위원회'를 구성했다. 남북방송교류추진위는 남북 방송 정책 당국 간 창구 개설 및 교류 협력 추진, 남북 방송 교류 협력을 위한 제반 정책 협의, 남북 방송 상호 간 개방을 목표로 단계별 세부 실행방안 등을 논의했다. 방송계, 언론계, 학계, 전문 연구기관, 시민단체 등 관계자들이 참여했다(유승훈, 2001: 28~29).

　KBS는 2002년 8월 28일 북측과 남북 방송 교류를 추진하기로 합의했다. 1단계로 2002년 9월 20일, 21일에 평양의 봉화예술극장에서 열린 KBS 교향악단과 북한의 조선국립교향악단 공연 실황을 공동으로 중계했다. MBC는 2002년 9월 27일, 29일 평양의 동평양극장에서 대중예술공연을 개최했다. MBC와 조선중앙TV가 연출·조명·기술·음향 등을 공동 제작해 남·북한이 생중계했다. 또한 남북방송교류추진위는 2002년 8월 24~25일 평양을 방문해 북측 조선중앙방송위원회 양시운 부위원장 등과 세 차례의 회담을 갖고 '방송협력에 관한 남북기본합의서'를 체결했다. 합의서에 따르면 2003년 상반기 안에 남북방송인학술토론회를 개최하고 관련 실무 협의를 2002년 안에 하기로 합의 했었다(≪디지털타임스≫, 2002.8.28).

4. 기업별 대북한 IT 사업 현황

1) 남한 기업의 대북한 IT 사업 추진 단계

　2000년 남북정상회담 이후 남측 기업들은 주로 북한의 저임금 노동력을 이용하기 위해 북한과 IT 교류를 시도했다. 반면 북한은 정보화 교육이나 컴퓨터 등 하드웨어의 지원을 기대하면서 남북 IT 교류에 참가했다. 북한의 IT 발전정책은 우수 인력 확보를 통한 소프트웨어 개발을 당면 과제로 하고 있으며, 이를 위해 북한은 남한으로부터 가능한 한 많은 선진 장비를 도입하고 동시에 높은 수준의 인력 교육을 받고자 했다.

　북측은 기존의 경협이 추구하던 목적인 외화 획득이나 고용 창출보다는 IT 경협을 통해 선진기술 습득과 IT 인력에 대한 교육 훈련, 그리고 남측으로부터 최첨단 IT 장비 인프라를 제공받고자 했다. 북한으로서는 IT 부문의 교육과 훈

그림 12-6 정보통신산업 경협의 발전 단계

| 제1단계
서비스 부문

• 정보제공
• 중개
• 전자상거래 | ⇨ | 제2단계
생산 부문

• 임가공
• 공동개발 | ⇨ | 제3단계
하부구조 부문

• 통신망
• 인터넷망 |

련을 위해 활용 가능한 남한 기업을 최대한 수용해야 하기 때문에 중소기업과 대기업을 불문하고 IT 경협을 추진했다. 동시에 대규모 대학 설립과 함께 교육 과정에도 적극 참여할 뿐만 아니라, 남한 기업으로부터 용역을 받는 방식까지 다양한 경로를 수용했다(김근식, 2002: 44).

일반적인 IT 산업 남북경협의 첫 단계는 서비스 부문의 교류 협력이다. 즉 남·북한 생산품의 교역, 정보제공, 중개 등이 경협의 첫 번째 단계다. 두 번째 단계는 생산 부문에서의 협력이다. 남한의 자본 및 기술과 북한의 저렴한 양질 의 노동력이 결합되는 단계다. 또는 북한이 우위에 있는 분야에서의 공동개발 도 추진했다. 경협의 마지막 단계는 하부구조(infrastructure)에 대한 협력이다. 하부구조가 완비되지 않은 상태에서의 경협은 한계를 가질 수밖에 없다. 따라 서 서비스 부문과 생산 부문에서의 경협이 진행되면 진행될수록 하부구조에 대한 협력의 필요성은 증가하게 될 것이다(구해우, 2002.9.30).

2) 통신망 연결 사업

(1) 한국통신(KT)

한국통신은 경수로 건설부지와 한국 간을 연결하는 통신망의 구축과 운용 을 지원했으며, 북한 지역의 통신망 구축 사업에 참여했다. 한국통신의 대북사 업은 경수로 건설 부지와 한국 간을 연결하는 통신망 구축·운용 사업으로,

표 12-12 한국통신(KT) 남북협력업무 추진 조직체계

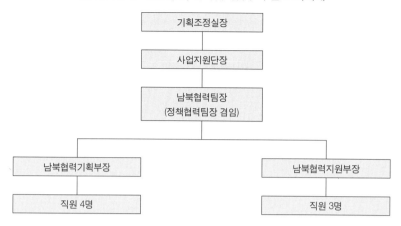

판문점 통신망	판문점 내 KT 운용조직(101분국) 상주
경수로 통신망	사업부지와 한국 간 10회선 운용 중
항공관제 통신망	대구-평양관제소 간 3회선 운용 중

표 12-13 한국통신(KT)의 남·북한 통신망 운영

1997년 5월 한국통신 사장과 KEDO 사무총장 간 통신 지원 협정 체결로 시작되었다. 한국 정부는 1997년 8월에 한국통신 사업을 남북협력사업으로 승인했고 이때부터 사업부지와 한국 간 통신망이 개통되었다. 공중통신용 6회선과 한국전력·시공단 업무용 4회선이 운용 중이며 루트는 사업부지-평양-통신위성-일본-해저케이블-한국이었다.

향후 비핵화가 진행되어 경수로사업이 재개된다면 건설용 독자 통신망을 확보하는 방향으로 주진될 수 있다. 경수로사업 부지 내에 위성 지구국을 건설해 한국과의 직접 접속을 가능하게 하고 국내와 동일 수준의 공중통신과 전용 통신 서비스를 제공할 수 있다. 이를 위해 위성 지구국 건설 담당 사업자를 지정했으며, 이는 한국통신이 담당하는 것으로 한반도에너지개발기구 사무국은 검토했다. 또한 KEDO와 북한 간 협의를 통해 지구국 건설 시기도 검토할 수

표 12-14 한국통신(KT) 남북협력팀 담당 업무

- 북한 통신 현대화 및 협력사업의 중장기 발전전략 수립
- 남북통신 협력사업 개발, 대북한 협상 및 추진
- 남북 간 통신 지원 업무 개발 및 실행 관리
- 남북 간 연결통신망 관리 및 운영(경로서 통신망 등)
- 판문점 통신망 운영 관리
- 국가지도통신 관련 대정부 협력업무
- 북한 발행 특수 자료 확보·관리

있다. 북한 통신망을 경유하지 않는 독자위성통신 수단을 이용할 수 있다는 기본 원칙은 실행될 수 있다. 한국통신은 사업부지 내 위성 지구국을 건설하고 한국전력 기술진을 파견·운용할 수 있었다.

한국통신은 북한 지역 통신사업 참여를 위해 2000년 2월 29일~3월 4일간 관계자 다섯 명이 평양을 방문해 북한 통신 회사인 조선체신회사와 북한 통신망 현대화 사업 참여 의사를 타진했다. 방문 결과 통신 분야 협력에 관한 합의서를 체결하고 한국통신 네트워크본부장과 조선체신회사 사장 황철풍이 서명했다. 합의서의 주요 내용은 통신사업 협력에 대해 적극 노력하고 양측 간 협력 대상 사업을 무상 지원사업과 공동 추진사업으로 나누어 추진하기로 했다.

무상 지원사업은 판문점-평양 간 광통신망 구축 사업으로, 한국통신에서 교환기(TDX-1B), 광통신 장비(565Mbps)를 지원하기로 했었다. 다른 공동 추진 협력사업은 국제통신설비(위성 지구국) 현대화 사업과 시외 통신망 구축 사업이었다. 양측 간 실무 협의 개최로 지원사업과 협력사업의 규모, 촉진 방향, 역할 분담, 투자비 상환 방법 등을 협의하기로 했었다. 사업 추진에 중개창구 역할은 북한 아태평화위원회 베이징 주재원이 담당했다.

향후 추진 계획은 북한 지역 통신망 현대화 사업에 한국통신이 주도적으로 참여해 빠른 시간 내로 북한 통신망 구축 단위사업을 착수한다는 목표 아래, 소규모 사업부터 점진적으로 사업 범위를 확장하고 통일 이후 한반도 통신 통합 비용을 최소화한다는 계획이었다. 아태평화위원회 베이징 주재원을 통해

실무회의 개최를 요청했다. 실무회의 개최로 추진 대상 사업 선정 및 조기 착수방안의 합의를 도출할 계획이었다. 그 외에 북한은 광섬유케이블 확장, 전자동 교환 시스템 도입, 이동통신 도입 등에 관심을 보였었다. 그리고 NTC(러시아에 진출한 한국통신 자회사)와 전략적 제휴사 중국의 차이나텔레콤 등을 통한 우회 진출 방안도 검토했었다.

(2) 온세통신

온세통신은 1998년 현대의 금강산관광사업과 관련해 관광선 3회선과 온정리 온천장 1회선, 장전항 건설 현장 2회선, 현대 아산사무소 2회선 등 총 8회선을 운용했다. 온세통신은 현대와 함께 금강산 통신망 구축을 추진해 제1단계 사업을 종료했고 2000년 5월부터 제2단계 금강산 통신망 확장 사업을 추진했다. 온세통신은 제2단계 사업을 통해 4000회선 규모의 유무선 복합교환기, 온정리-원산-평양 간 155M 광전송 시스템 등을 설치했다. 관광 지역과 주변 지역에 45M 가입자망 및 금강산지역 자연환경 보존을 위한 무선가입자회선(WLL)을 구축하고 CDMA 이동전화 서비스를 제공할 계획이었다. 온세통신은 2000년 남북정상회담을 계기로 협력 분위기가 성숙할 경우 제3단계 사업으로 북한 지역 통신 장비 및 통신망 현대화 사업, 초고속 데이터통신사업, 통신 기술 교류 사업 등을 점진적으로 추진해 나갈 방침이었으나 한반도 정세 불안정으로 사업은 한계에 직면했다.

서해공단을 비롯한 원산, 평양 등에도 광전송 장비가 설치되고 금강산과 남한사이에 이동전화 서비스가 실시될 예정이었다. 또한 현대는 개성공단사업을 위해 위성망을 이용한 통신망 구축을 추진했다. 현대전자는 개성공단과 금강산지역 통신서비스를 위해 사내 대북사업단을 자회사로 분리해 북한 통신서비스 전담회사를 설립할 계획이었다. 현대는 2000년 6월 30일, '북한에서 유무선 통신서비스산업과 관련한 시내·외 전화망 설치 운영사업' 등을 추진하기로 북측과 합의했다고 발표했다.

(3) 하나로통신

하나로통신은 신윤식 사장을 비롯한 대표단이 2000년 7월에 방북해 협력사업을 협의했다. 민경련 산하 삼천리총회사와 하나로통신은 북한의 저렴한 노동력을 이용해 초고속 통신(ADSL)에 쓰이는 음성처리장치 신호분배기 '스플리터'를 생산하는 임가공 사업, 특정지역에서 무선으로 전화 서비스를 제공하는 무선가입자회선과 광대역 무선가입자회선(B-WLL) 구축 방안을 협의했다. 하나로통신은 45만 달러의 자금을 투입하고 삼천리총회사는 토지·건물 등을 제공하기로 했다. 2002년부터 삼천리총회사는 월 5만 가입자 분량의 신호분배기를 하나로통신에 공급했다. 그러나 북한이 같은 사업을 추진하기 위한 공장 건설에 소극적인 입장을 보임으로써 당초 계획보다 6개월 이상 지연되었다. 하나로통신은 당초 계획을 변경해 국내에 북측에서 공급받기로 한 제품 중 50%를 생산하는 공장을 건설하기로 하는 등 사업 추진 계획안을 대폭 축소·취소했다.

(4) SK텔레콤

이동통신 관련 국내 최대업체 중 하나인 SK텔레콤은 평양을 비롯한 북한 내 이동전화사업을 위해 대북 전문가인 구해우 상무를 영입했다. 북한 이동전화 사업이 구체화되면 SK텔레콤이 추진하고 있는 동북아 3개국의 이동전화망 로밍과 관련해 높은 시너지 효과를 보기 위함이었다. SK텔레콤은 독자적인 북한 통신서비스 운영회사 설립, 한국통신과 협력해 북한 측 통신 회사에 지분을 참여토록 하는 등의 방안을 검토했다. 2001년 7월에 대표단이 북한을 방문했고 북한 IT 기술력을 점검했었다. 하지만 사업은 북한의 소극적인 입장에 따라 북한 진출 방안은 실현되지 않았다.

(5) KFT

한국통신프리텔과 엠닷컴이 합병한 KFT(www.kft.co.kr)는 남·북한 디지털 격차를 줄이기 위해 이동통신 사업을 포함한 다양한 협력방안을 검토했다(≪

매일경제≫, 2001.5.14). 이를 위해 일본 노무라경제연구소, 대외경제정책연구원과 함께 해외 통신사업자 실태와 남북 통신시장 환경, 통신사업 예산 등 정보수집과 타당성을 조사했다.

(6) 엠터치

인터넷전화 서비스업체인 엠터치(www.mtouch.co.kr)는 단둥에서 평양정보쎈터 관계자와 북한에 인터넷전화(음성인터넷 프로토콜: VoIP) 개통작업을 추진하기로 합의했다. 2001년 9월쯤 평양정보쎈터에 인터넷전화국서비스를 위한 VoIP 게이트웨이를 시범적으로 설치해 운영할 예정이었으나 북측과의 합의지연으로 사업이 지체되었다. 이에 앞서 남·북한 IT 공동사업을 위해 단둥에 설치된 하나프로그람쎈터와 교육센터, 서울 하나비즈닷컴 본사에 각각 엠터치의 게이트웨이를 설치해 각 센터에 입주한 평양정보쎈터 프로그래머와 강습생 상호 간, 하나비즈닷컴 직원들 상호 간 인터넷전화를 이용했다.

(7) 알에프티엔씨

무선랜카드 전문 벤처기업인 알에프티엔씨(www.rftnc.com)는 북한에서 무선랜카드를 통한 정보통신망 인프라 조기 구축 사업을 추진하려고 계획했다. 정통부 우수신기술(IT) 과제로 개발한 무선랜카드 브리지인 'RF-LiNK 11MP +'와 무선랜카드를 이용해 평양의 주요 통신시설에 초고속 인터넷망을 구축할 예정이었다(≪디지털타임스≫, 2001.7.30). 2001년 7월 30일 평양 방문을 통해 'RF-LiNK 11 MP+' 시리즈 수출을 위해 광명성총회사에 장비 풀세트를 테스트용으로 제공했고, 북한 내 장비 생산을 위해 광명성총회사와 합의 계약서를 작성했다(≪디지털타임스≫, 2001.8.7). 이 회사는 엔트랙이 추진하는 남북 합작 IT단지인 고려기술개발제작소에 입주해 북한 내 통신망 인프라 구축 사업에 적극 나서기로 했었으나, 북측의 약속 불이행으로 중단되었다.

3) 하드웨어 분야 교류 협력

(1) IMRI

IMRI는 1998년 4월 19일, 민경련 산하 삼천리총회사와 위탁 가공 교역 사업 계약을 체결했다. PCB(인쇄회로기판) 조립공정 설비 및 기술을 평양에 이전하고 17인치용 PCB를 조립·생산함으로써 국내 전자업계 최초로 자체 기계설비를 설치했다. 그 이후 매년 공장을 늘려 4개 공장을 가동했다. IMRI가 투자한 평양전자제품개발회사는 컴퓨터 모니터를 북한에서 생산했다. 2000년 11월 처음으로 산업자원부 기술표준원 관계자가 전기용품 안전관리법에 따라 북한에서 만들어지고 있는 제품에 대한 안전인증 현장 실사를 했다.

이 회사는 성공적인 대북한 PCB 임가공 생산을 계기로 모니터 완제품 생산뿐만 아니라 소프트웨어 공동개발 및 판매 등으로 사업 영역을 확대했다. IMRI는 북한 소프트웨어 원천기술을 활용해 일본어를 7개 국어 음성으로 전환해 주는 PDA(개인휴대정보단말기)용 칩을 일본에 수출했다. 2002년 6월에 평양에 세

표 12-15 IMRI의 모니터 완제품 임가공 사업 추진 단계

구분	기간	추진 내용
1단계: 사업성 검토 및 계약 단계	1999.6~ 1996.12	• 베이징 소재 사무소를 연결 축으로 북한에서 임가공 사업의 수익성을 면밀히 검토 • 1999년 12월 4일 북한 측과 임가공 사업 계약 체결
2단계: 설비 구매 및 대북 반출	1999.12~ 2000.1	• 평양의 공장에서 가용 가능한 설비는 그대로 이용 • 추가로 모니터 완제품 조립라인 및 계측기 등을 별도 구매해 투입
3단계: 설비 설치	2000.1	• 설비 반출 완료 후 북한 내 전자제품개발회사에서 임원 및 기술진을 파견해 설비 설치
4단계: 생산기술 교육	2000.2~ 2000.4	• 당사 기술진을 북한 내 전자제품개발회사에 파견해 생산기술교육 실시
5단계: 시생산 예정	2000.5	• 2000년 4월 말 원부자재를 반출해 5월에 북한 측 시생산품 생산
6단계: 반입 및 현지 수출 예정	2000.6	• 평양공장 생산 모니터 국내 반입

표 12-16 IMRI의 모니터 PCB 조립 임가공 사업 추진 단계

구분	기간	추진 내용
1단계: 사업성 검토 및 계약단계	1998.1~ 1998.4	• 베이징 소재 사무소를 연결 축으로 하여 북한에서 임가공 사업의 수익성을 면밀히 검토 • 1998년 4월 19일 북한 측과 임가공 사업 계약을 체결
2단계: 설비 구매 및 대북 반출	1998.4~ 1998.7	• 설비 중 당시 평양의 공장에서 가용할 수 있는 설비는 그대로 이용하고 추가로 SEQUENCER, AXIAL, RADIAL, MACHINE, SOLDERLING MACHINE, ICT 등을 구매해 투입
3단계: 설비 설치 및 생산 교육	1998.7~ 1998.11	• 설비 반출을 완료한 후 1998년 8월 임원과 기술진을 북한 내 전자제품개발회사에 파견해 설비 설치 및 생산기술에 대한 교육 실시(약 70여 일) • 교육 실시 결과 1998년 10월 3일 첫 시제품 200대 중 15대가 샘플로 제작되어 조립 라인에 투입
4단계: 양산 및 국내 반입	1998.10~ 현재	• 1998년 11월 1000대의 PCB 조립 기판을 반입해 국내 완제품을 생산라인에 투입 • 향후 17인치 모니터에 소요되는 PCB 조립기판은 전량 북한에서 임가공한 제품으로 대체할 예정이며 이는 생산원가 절감을 통한 수출경쟁력 확보에 기여할 것으로 추정 • 평양공장의 PCB 조립기판 생산능력은 초기년도 월간 2000조에서 1999년도 월간 3000조로 증가했고 2000년 이후로는 월간 5000조 이상 조립할 수 있는 능력을 갖출 것으로 추정되며 이를 국내 반입 혹은 제3국 수출할 예정 • PCB 조립기판 임가공 사업 성공을 바탕으로 모니터 완제품 생산라인 설치 완료 • 2000년 7월 모니터 완제품 생산 예정

운 단열재용 스티로폼 공상은 대부분 수출이나 남한 내수용 제품을 생산하는 남북 합작 사업과 달리 100% 북한 건축 내수시장을 겨냥했다. IMRI는 북한 노동자들에 대해 매년 두, 세 차례 기술교육을 직접 실시했다. 이 과정에 전체 임직원 180명 중 40%가 북한을 다녀왔다. 유완영 사장은 북한 관계자들과 꾸준한 접촉과 대화를 통해 북한 공장 내 작업 행태를 남측 방식으로 바꿔놓았다.

남·북한 IT 분야에서 가장 성공한 기업으로 평가받았던 IMRI의 대북사업은 다음과 같은 특징을 보였다. 첫째, 양질의 모니터를 생산한 경험과 기술력을 바탕으로 철저한 사전 현지 작업과 계획을 수립해 사업을 진행했다. 둘째, 여타 업체들과는 달리 초기 라인 구축, 설비투자, 기술 지도를 위한 체류 비용을

단순 소모성 비용(Cost) 개념이 아닌 투자(Investment)라고 생각하는 전향적 사고로 사업을 전개했다. 셋째, 북측에 제시한 모니터 PCB 조립 임가공 사업이 북한의 관심을 끌 만한 사업 아이템이었다. 넷째, 북한에서 생산 초기 10% 이상이던 불량률을 국내 수준으로 낮추며 제품의 품질을 향상시켰다. 다섯째, 국내 모니터 시장을 적극 공략할 수 있는 '통일모니터'라는 남북통일 이미지를 강조하며 마케팅에 주력했다. 여섯째, 공장의 담당자들이 생산 노동자들에게 직접 교육함으로써 효율성을 배가시켰다. 일곱째, 물류비 절감을 위해 원부자재를 반출하고 반제품 형태의 PCB 조립 기판을 반입했다.[1]

(2) 슈퍼네트

초고속 통신 장비업체인 슈퍼네트는 북한의 삼천리총회사와 국내 기술 및 부품을 북한에 제공해, 연간 36만 개(월 3만 개)의 비대칭디지털가입자회선(ADSL) 모뎀을 위탁가공 형식으로 생산하는 계약을 체결했다(≪디지털타임스≫, 2001. 8.6). 슈퍼네트는 1차로 2001년 8월 4일 평양 소재 공장에서 생산한 ADSL 가입자용 모뎀 3만 개를 인천세관을 통해 반입해 전량을 하나로통신에 공급했다.

(3) LG전자·삼성전자

LG전자는 북한의 삼천리총회사를 통해 컬러TV를, 삼성전자는 개성무역총회사를 통해 컬러TV, 유선전화기 등을 위탁가공·생산했다. 두 회사는 컬러TV를 각각 2만 대, 4만 대 정도 생산했다. 그밖에 기존 대북사업 아이템의 확대를 추진했다(한국무역협회, 2001). 삼성전자는 평양시 중구역 천리마거리에 위치한 평양체육관에 전광판을 세우기로 하고 2000년 5월 420만 달러 상당의 LCD 전광판과 영상편집·송출장비, 486급 컴퓨터 등 운영 시스템을 반출했다. 삼성전자는 단계적인 사업 추진 계획에 따라 연간 100만 달러 내외 규모로 공동 소

---

1)   IMRI 홈페이지(www.imri.co.kr).

표 12-17 남·북한 전자부품 임가공 사업 현황

기업	품목
극동음향	마이크로폰
한국단자공업	단자류
삼흥사	소형 DC 모터
제일물산	소형 스위치
산화텍콤	노이즈 필터
세광테크노전자	소자코일
이외에도 기라정보통신, 한국코아, 한성전기, 제일물산 등이 임가공사업 추진 중	

프트 개발을 추진했다.

하지만 삼성전자의 대북사업은 핵과 미사일 발사 등 북한의 군사적 도발이 가속화되면서 40%를 넘어서는 외국인 투자가들의 사회주의 국가 체제에 투자 반대 및 주가 하락을 우려한 국내 주주들의 부정적인 입장으로 중단되었다. 북한은 현대그룹 정주영 회장 수준에 버금가는 삼성그룹의 통근 투자를 기대했으나 초우량 글로벌 기업이 북한 근로자들의 저렴한 인건비 등을 활용한 임가공 위탁 가공 사업을 지속하는 데는 한계가 있었다.

(4) 기타 기업 진출 현황

극동음향, 한국단자공업, 성남전자, 삼흥사, 제일물산, 산화텍콤, 세광테크노전자 등이 전자부품 임가공 사업을 추진했다. 이 기업들은 국내 저임금 노동력 부족으로 국내 생산이 어려워짐에 따라 특정품목에 대한 원부자재를 북한에 보내 현지 공장에서 저임금 노동력을 활용해 완제품을 제작하고 국내에 반입했다. 이 외에 기라정보통신, 한국코아, 한성전기 등이 임가공 사업 주진을 검토했다. 다만 북한의 전력난이 심해 공장 가동에 어려움이 있고, 단순노동을 벗어난 임가공은 근로자를 대상으로 별도로 기술 지도를 해야 함에 따라 채산성이 악화되는 등 문제점이 적지 않았다.

4) 소프트웨어 분야 교류 협력

소프트웨어는 북한이 과학기술 분야 가운데 주력으로 삼고 있는 분야다. 대체로 남·북한 소프트웨어 공동개발 및 연구, 북한에서 개발한 소프트웨어의 반입 판매, 남한에서 개발한 소프트웨어의 대북 반출·지원 등의 형태로 협력했다.

(1) IMRI

컴퓨터 주변기기업체인 IMRI는 재일본조선인총연합회 소프트웨어 개발업체인 시지에스와 50대 50으로 총 1억 엔의 자본을 출자해 북한 소프트웨어 유통과 공동개발을 위한 합작법인 유니코텍(www.unikosoft.com)을 일본에 설립했다. 조선컴퓨터쎈터와 유니코텍이 공동으로 개발한 소프트웨어는 일본 윈도에 한글을 입력할 수 있는 '스라스라 한글입력 시스템 2001'과 일본어를 한글로 번역하는 '스라스라 한글번역 2001/KJ'가 있다. '스라스라 한글번역 2001/KJ'는 한국어 웹사이트, 이메일의 일본어 번역뿐만 아니라 일본어 워드 문서도 한글로 번역할 수 있다(≪디지털타임스≫, 2001.2.16). IMRI는 이 소프트웨어를 PDA에 추가하는 작업을 진행했다.

(2) 엘앤에이치코리아

음성처리기술 전문 업체인 엘앤에이치코리아는 함경남도 신포 금호 지구에 있는 KEDO 현장에 음성인증기술이 접목된 보안시스템을 설치한 것을 계기로 북한 진출을 모색했다. 국내 업체들이 특히 관심을 기울이는 분야인 음성인식 처리기술에서는 북한이 강점을 보이고 있다. 북한은 1980년대부터 김일성 전집을 음성 데이터베이스화하면서 기술 기반을 마련했다. 조선콤퓨터쎈터가 개발한 프로그램은 북한어를 95% 이상 받아쓸 수 있는 수준이었다.

(3) 엘앤아이소프트

외국어 자동 번역 소프트웨어 개발업체 엘앤아이소프트(www.lnisoft.co.kr)는 북한의 평양정보쎈터, 민경련과 한 → 중, 중 → 한 번역 소프트웨어를 공동개발 하기로 합의했다. 개발비와 인력을 공동으로 부담하고 번역 프로그램 개발 엔진은 엘앤아이소프트에서, 음성인식과 번역 데이터베이스 개발 기술은 북측이 맡아 2001년 6월부터 중국 단둥에서 사업을 진행했다. 소프트웨어 저작권과 판매권은 엘앤아이소프트와 평양정보쎈터가 공동으로 소유하고 이 소프트웨어가 완료되면 남측이 보유한 영·한 번역 기술을 응용해 한·중·영 3개 국어를 동시 번역하는 소프트웨어와 통역기기를 선보일 계획이었다.

(4) 허브메디닷컴

허브메디닷컴은 2001년 6월 평양정보쎈터의 건강 관련 소프트웨어 프로그램을 수입하고 프로그램 공동개발을 추진했다. 중국 베이징에 소재한 북·일 합작 소프트웨어 개발 회사인 아사히 네트워크를 통해 조선콤퓨터쎈터가 조선말 한의학자 이제마(李濟馬)의 사상의학을 기초로 개발한 체질 분류와 진단 체계 프로그램인 '금빛말'을 계약금 10만 원에 수입해 판매하기로 합의했다. 이 프로그램은 중원산업에서도 반입했다.

(5) 훈넷

훈넷은 북한과 인터넷 게임 소프트웨어를 공동개발 하고 서비스를 제공하기 위해 2001년 12월 29일 통일부로부터 남북 경제협력사업자 자격과 협력사업을 승인받았다. 훈넷은 북측의 범태평양조선민족경제개발촉진협회 및 조선장생무역총회사와 20만 달러의 투자 규모로 조선복권합영회사를 설립하고(연합뉴스, 2002.1.2) 북한 최초의 도박 사이트 '조선복권(www.dklotto.com)', '주패(www.jupae.com)'를 개설했다. 통일부는 처음에는 사이버머니로 거래되는 사이트인 줄 알고 허가했으나, 실제 돈이 거래된다는 사실을 뒤늦게 알고 사행적 성격을 문제 삼아 김범훈 사장 등 훈넷 임직원들의 북한 체류를 불허하고 남한으로 철수하도록 통보했다(≪한국경제신문≫, 2002.4.23). 이에 따르지 않으면 훈넷은 '남북교류협력에 관한 법률'이나 '국가보안법' 위반죄에 해당하게 된다. 국내에서 도박 사이트가 불법이라는 점 때문에 통일부가 이 사업에 제동을 걸었다.

당시 훈넷은 자사 홈페이지(www.hoonnet.co.kr)를 통해 평양 문수동 조선복권합영회사 내에 20m² 규모 PC방을 개설하고 10대의 PC를 설치했다고 밝혔다. 이 PC방은 일반 인민이나 외국인 누구나 이용할 수 있으며, 이용료는 기본 30분에 50달러, 10분 초과마다 10달러가 추가되었다(≪한국경제신문≫, 2002. 5.27). 그러나 북한 주민은 비싼 요금 때문에 이용하지 않았다(≪조선일보≫, 2002. 10.2). 2001년 12월 말 조선복권합영회사는 당시 인터넷 복권 사이트와 카드게임 사이트를 운영했다. 당시 정부는 북한에서 인터넷 복권 사업이 시작되자 통일부가 훈넷에 승인해 준 내용과 다르다며 김범훈 사장의 북한 체류기간을 연장해 주지 않고 2002년 4월 서울로 귀환할 것을 요구했다(≪중앙일보≫, 2002.5.27).

또한 훈넷은 2002년 8월 15일 조선 장생무역총회사와 함께 '고려바둑(www.mybaduk.com)'이라는 대국실 위주의 유료사이트를 개설했다. 급수별로 백두급, 한라급, 금강급으로 나누어 친선 바둑 경기도 하고 조선바둑뉴스도 소개하고 있다. 세계대회 북한 대표인 이봉일 아마7단의 사진과 함께 조선의 명인에게 대국 신청을 하라는 메시지가 눈길을 끌었다(≪중앙일보≫, 2002.8.22).

(6) 한글과컴퓨터

1998년 남·북한 통일 워드프로세서 개발을 추진했던 한글과컴퓨터는 남북정상회담 시기에 즈음해 이를 재개하기 위한 준비를 했으며, 국내 40개 주요 소프트웨어업체 간 협의체인 '소프트웨어벤처협의회'도 합작 등을 통한 공동 소프트웨어 개발사업 추진을 위한 가능성을 타진했다.[2] '아래한글'을 바탕으로 한 새로운 워드프로세서도 공동개발할 예정이며 통일 한글코드(CODE)와 한글코드 변환 프로그램을 개발하고 통일 자판을 개발하는 사업을 추진했다.

(7) 기타 기업

남한이 개발한 소프트웨어를 공식적으로 북한으로 반출하는 경우는 없었다. 다만 컴퓨터바이러스 백신업체인 하우리는 조선콤퓨터쎈터에 자사의 백신인 '바이로봇'과 데이터 복구프로그램을 무상으로 공급하기로 했다. 이 외에도

표 12-18 기타 소프트웨어 관련 단체 및 업체의 경제협력사업 현황

업체명	대북협력 방식	주요 추진내용
옥션	북한 상품 수입·판매	• 북한 상품을 인터넷 경매를 통해 일반 소비자에게 판매 • 북한 상품 취급 사이트: 남·북한평화물산관, 북한마을, 장수촌 　－ 판매 실적: 약 200만 원
우암 닷컴	소프트웨어 공동개발	• 영상 관련 소프트웨어 공동개발 및 기술협력사업 추진 예정
여강 NCC	학술정보 교류	• 남·북한 전역에서 서식 중인 식물 8500여 종에 관한 연구 성과를 CD-ROM에 담아 대학도서관 등으로 배포 　－ 중앙도서관과 2개 대학에 판매
큰사람컴퓨터	소프트웨어 무상제공	• 자사 개발제품 무상 기증 추진 예정 　－ 인터넷 이야기 2000, NeoE(원클릭 접속 소프트웨어), 프리웹텔(인터넷 전화, 통합메이징 서비스)
큐빅테크	소프트웨어 공동개발	• CAM 체계 공동개발 및 기술협력사업 추진 예정
기가링크	소프트웨어 공동개발	• 망 구축, 다매체 관련, 기술협력 등을 추진 예정
안철수컴퓨터바이러스연구소	소프트웨어 무상 제공	• 자사 개발 제품 무상 기증 추진 예정 　－ 백신 프로그램(V3 Pro)
하우리	소프트웨어 무상제공	• 조선콤퓨터쎈터에 '바이로봇'(백신) 및 데이터 복구 프로그램 무상 공급 예정

---

2)　2000년 4월 17일부터 25일, 중소기업협동조합중앙위원회와 중소기업청이 전국 111개 중소제조업체를 대상으로 실시한 설문조사 결과에 따르면, 중소기업인들이 선호하는 대북 진출 분야는 도로·항만 등 사회간접자본(44.1%), 제조업(33.3%), 생활용품 (15.3%), 정보통신(7.3%) 등으로 대기업 외에 중소기업과 벤처기업 사이에서도 소프트웨어 분야의 남북협력이 추진되었다.

안철수컴퓨터바이러스연구소, 큰사람컴퓨터, 나모인터렉티브, 한글과 컴퓨터 등도 여러 형태의 소프트웨어 분야 협력방안을 검토했었다. 하지만 남북 관계의 불안정으로 성사되지 못했다.

5) 인터넷 분야 교류 협력

대북 인터넷 사업은 북한의 인터넷 또는 인트라넷 구축 사업, 남한의 인터넷 환경을 기반으로 관련 콘텐츠나 정보를 남한의 인터넷 이용자들에게 제공하는 사업, 전자상거래, 컨설팅 서비스, 이산가족 찾기 등이 대표적이었다.

(1) 시스젠

시스젠(대표: 권오홍)은 2000년 1월 이북도민회와 일천만이산가족재추위의 공동출자(자본금 10억 원)로 설립되었다. 2000년 4월 조선인포뱅크를 운영하고 있는 북한 범태평양조선민족경제개발촉진연합회와 인터넷 협력사업 계약을 체결했다. 양측은 지적재산권 보유와 사용에 관한 권리를 공동으로 투자하고 이윤을 분배하는 것으로 합의했는데, 통일부는 이를 경제협력에 해당하는 것으로 판단해 2000년 9월 같은 사업을 협력사업자로 승인했다.

사업 내용은 조선인포뱅크 대리 사이트를 개설·운영하는 것으로 조선인포뱅크로부터 북한의 경제 및 산업 정보를 독점 지원받아 국내 기업자에게 유료로 제공했다. 국내 소비자들로부터 북한 물품구입 주문을 받아 인포뱅크에 접속해 북한 물품을 접수한 후 소비자에게 전달하는 방식이었다. 마지막으로 국내 이산가족들로부터 유언·생사 확인을 접수받고, 재북(在北)가족의 생사 확인과 유언을 전달받아 국내 가족에게 결과를 통보하는 내용이다. 계약조건은 조선인포뱅크 대리 사이트 개설 대가로 60만 달러(현금 20만 달러, 현물 40만 달러)를 지불하고 향후 수익금을 배분하기로 했다. 사이트 운영비 20%를 제외한 나머지를 시스젠과 북측 범태평양조선민족경제개발촉진협회가 동등하게 40%

씩 분배하는 내용이 골자였다.

또한 계열사인 위시뱅크(www.angelsuit.co.kr)를 통해 이산가족 유언 남기기, 고향 가족 소식 전하기, 5도 인터넷 방송국 설립 등을 추진하고 있으나 북측의 과도한 사전 요구 조건과 사업 불투명성에 따른 이용자들의 무관심으로 제대로 사업이 추진되지 않았다. 특히 개인회원의 경우 연간 회비가 10만 원에 달하여 회원 가입이 부진했다. 서울에서 일정한 전제 조건하에 ≪로동신문≫을 검색할 수 있고 북측이 특별한 정보를 제공하지 않는 상황에서 10만 원의 연회비는 국내 인터넷 마케팅의 실상을 제대로 파악하지 못한 결과였다.

(2) 기가링크

기가링크(www.gigalink.co.kr)는 2001년 2월 초 '남북 IT 교류 민간대표단'으로 방북해 평양정보쎈터와 남북 간 IT 기술협력 및 북한 내 인터넷 인프라 조성 지원에 대한 합의서에 서명했다. 이에 따라 2001년 4월 초 자사의 시분할 디지털가입자회선(TDSL) 방식의 초고속 인터넷 장비인 T-LAN과 부속 네트워크 장비 등 1000여 만 원 상당의 장비를 북한 평양정보쎈터에 무상으로 공급했다.

(3) 비트 컴퓨터

비트 컴퓨터(www.bit.co.kr)는 북한에 초고속통신망 등 인프라가 갖춰져 있지 않은 점을 감안해 국내 섬 지역에 많이 쓰는 방식인 위성을 통한 인터넷 중계 시스템을 구축하기로 합의했다. 이 회사는 5년간 북한에 위성 인터넷 장비를 독점 공습하고 국내 장비업체 중 1개사를 선정해 3개월 안에 시스템 구축을 완료할 예정이었다(≪동아일보≫, 2001.6.27).

비트 컴퓨터는 조선콤퓨터쎈터 내에 남·북한 민간교류를 위한 전용선인 '비트핫라인(Bit Hot Line: Business information technology Hot Line)'을 구축하기로 북한 측과 합의했다. 이와 함께 조선콤퓨터쎈터 내에 PC방을 설치해 북한을 방문하는 남한사람이나 외국인들이 이메일을 점검하는 등 인터넷을 통해 업무를 처리할 수 있도록 합의했다.

비트 컴퓨터의 조현정 사장은 2001년 1월 30일, 4박 5일 일정으로 북한을 방문해 순수 전문가의 입장에서 북한의 소프트웨어 기술을 진단하고 IT 강의를 했다. 조 사장은 남측 산업자원부 장관과 정보통신부 장관을 합한 격인 전자공업성상, 조선콤퓨터쎈터 이사장, 조선프로그램협회 이사장 등을 접촉했다. 방북 기간 중 북한의 IT 전문가와 책임자 500여 명을 대상으로 인민대학습당에서 '디지털시대를 위한 IT 산업의 가치창조방향'을 주제로 강연했다. 북한은 당시 '리눅스'를 '리낙스'로 '랜선'을 '란선'으로 발음하는 등 일본·러시아 발음을 그대로 쓰고 있었다. 조 사장은 방북 기간 중 IT 표준화 문제를 제기, 우선 'LINUX'를 '리눅스'로 표기하기로 합의했고 북측 실무자들과 컴퓨터 키보드와 용어를 통일하기로 의견 일치를 봤다고 한다.

(4) 티지코프

소프트웨어 개발 벤처기업인 티지코프(www.tgcorp.com)는 북한에 전자상거래 관련 솔루션을 공급한다. 티지코프는 2000년 중국 단둥에서 북한 측과 회동하여 평양정보쎈터가 전자상거래 서비스망 구축 시 지불 결제 솔루션 제공, 북한 내 로열티 마케팅 서비스와 솔루션 구축 등을 추진하기로 합의했다. 로열티 마케팅이란 고객관계관리(E-CRM) 기반의 고객분석 컨설팅과 공동 프로모션을 이용해 고객의 충성도를 높이는 기법이다. 양측은 이 합의에 따라 2개월 내에 평양이나 중국 단둥에서 실무자급 협의를 거쳐 본격적인 사업을 추진할 계획이었다. 평양과 단둥을 방문했을 때 북측이 남북 정보통신 협력에 많은 관심을 표명했으며, 당시 합의로 북한 진출의 교두보를 확보하게 되었으나 실제로 추진되지는 않았다(유승훈, 2001: 29).

(5) 기타 기업

다수의 국내 업체들이 인터넷에 주류·의류 잡화·전자제품 등 북한 상품을 판매하는 전문쇼핑몰을 개설·운영했다. 북한나라(www.dprk2020.com), 북한마을(www.snkorea.co.kr), 넷쇼핑(www.dprk.com/shop), 남북교역(www.nambook.co.kr), 동북교역(www.sindoksan.co.kr) 등 인터넷상에서 북한 상품을 판매하는 사이트들이 등장했다.

표 12-19 인터넷 관련 교류 현황

업체	사업 형태 (현황)	내용
한터넷	정보 제공(추진 중)	• 남북 이산가족 인터넷 상봉
유니온커뮤니티	정보 제공(추진 중)	• 금강산국제그룹과 연계해 이산가족 생사 확인과 찾아주기 및 송금대행
조선인터넷닷컴	정보 제공(추진 중)	• 북한 경제 및 경협 관련 자료와 정보제공
북한정보뱅크	정보 제공(추진 중)	• 남한기업의 대북진출사업 대행 및 컨설팅 업무 수행
시스젠	정보 제공(추진 중)	• '조선인포뱅크'의 미러사이트 '위시패밀리닷컴' 시험 운용
호텔페이지닷컴	중개(진행 중)	• 베이징의 여행사와 북한 지역의 호텔 예약 대행 서비스 제공
지오라인	중개	• 금강산 국제그룹과 공동으로 북한 관광사업 추진
고려샵	전자상거래(진행 중)	• 묘향산선풍기, 삼일포 컬러TV, 삼일포 CD 플레이어 등 20여 종의 전자제품, 식품, 공예품, 의류잡화 등 북한 공산품 취급 • 남북 기업 간 무역통로 제공
북한마을	전자상거래(진행 중)	• 북한의 그림, 주류, 건강식품 판매, 앞으로 북한 농산물까지 확대할 예정
유니온커뮤니티	전자상거래(진행 중)	• 북한 정보 제공 및 북한 제품 쇼핑몰 운영

6) IT 단지 조성 및 교육·학술 교류

(1) 엔트렉

북한에 구두 위탁가공 사업을 했던 엘칸토의 자회사인 엘사이버와 엔트랙(www.ntrak.co.kr)은 3D 콘텐츠 입가공과 북한 기술자 양성 교육 등 협력사업과 평양 근교에 고려정보기술쎈터라는 이름의 IT 산업단지 조성을 추진했다(연

합뉴스, 2001.12.3). 민경련 광명성총회사와 평양시 통일거리에 2만 6000여 m²
부지에 연건평 5400여 m² 규모로 건설하기로 합의했다. 8개의 연구개발동과
1개의 교육관리동을 건설한다는 계획을 발표했다.

2001년 7월에 고려정보기술쎈터에 입주를 신청한 업체는 한신코퍼레이션
(애니메이션), 토미스정보통신(게임·콘텐츠 제작), 한국능률협회인증원(ISO 인증,
경영컨설팅), 글로벌웹(게임), 버츄얼산업개발원(소프트웨어·하드웨어 공동개발),
알에프티엔씨(초고속망 구축) 등이었다(≪한겨레신문≫, 2002.1.27). 2001년 11월
에는 기흥성(조형·모형 제작), 안다미로(게임기 제작), 웹누리(소프트웨어 개발·콘
텐츠 개발), 피엔피이데아(게임 개발), 원데이코리아(인터넷 솔루션 개발) 등 5개
사도 평양을 방문해 고려정보기술쎈터에서 대북사업을 추진하기로 합의했다.

또한 엔트랙의 자회사인 엘사이버는 광명성총회사와 공동으로 평양에 약
600여 m² 규모의 소프트웨어 전문교육기관인 평양프로그램교육쎈터를 개설
해 북한 인력을 대상으로 3D 중심의 쇼핑몰에 쓰이는 툴, 게임, 애니메이션 관
련 교육을 실시했다. 처음에는 남쪽 강사가 방북해 한 달 과정으로 북한의 인
력을 교육시켰고(세 차례 150명), 나중에는 교육 이수생들이 강사로 나섰다.
2002년 말까지 3000명 규모의 북한 IT 전문 인력 양성 계획을 발표했다.

(2) 하나비즈닷컴

2001년 8월부터 하나비즈닷컴이 금강산 국제그룹, 민경련, 평양정보쎈터와
합작으로 약 200만 달러 투자해 설립한 남북 합작 정보기술회사 하나프로그람
쎈터가 중국 단둥시 랑터우(浪頭) 공장지대에서 문을 열었다(≪한국경제≫,
2001.8.5). 하나프로그람쎈터는 북한의 우수 IT 인력을 자체적으로 집중교육해
소프트웨어를 개발한 뒤 중국과 한국에 파는 형태의 남북경협을 목적으로 설
립한 회사다. 이 회사는 전자상거래, 기계 번역프로그램, 네트워크 장비 개발,
화상 소프트웨어, 애니메이션 콘텐츠 제작 등의 사업을 전개할 계획이었다.

중국에 있는 박경윤 금강산 국제그룹 회장의 동생인 박부섭 씨의 제안으로

사업이 이루어졌다. 하나비즈닷컴의 이사는 박경윤 회장을 비롯해 남측에서는 문광승 사장과 남민우 다산인터네트 사장 등 여섯 명이 맡았고 북측에서는 장우영 민족경제협력연합회 총사장, 최주식 평양정보쎈터 총사장 등 네 명이 맡았다. 2001년 2월 하나비즈닷컴의 실무진이 북한을 방문해 회사 설립에 대한 기초 합의를 이루고 7월 24일 방북해 최종 사인을 했다. 2001년 7월 18일 통일부로부터 남북 협력사업 최종 승인도 받았다. 남측이 설립에 필요한 자본금과 개발 환경 조성을 위한 시설 투자금 전액을 부담하고 북측은 개발 인력을 조달하기로 했다. 회사의 지분과 수익배분은 하나비즈닷컴과 평양정보쎈터가 6 대 4로 나누기로 했다(≪월간중앙≫, 2001.9: 148~156).

2001년 8월 하나프로그람쎈터 출범식에 앞서 단둥시에 북측 교육생 30명과 개발 인력 10명도 참석했다. 교육생들은 김일성종합대학 출신 여섯 명, 김책공업종합대학 출신 여섯 명, 평성리과대학 출신 다섯 명, 콤퓨터기술대학 출신 다섯 명, 평양정보쎈터 출신 여덟 명 등으로, 대학을 졸업한 뒤 이미 5~10년 정도 컴퓨터 교육을 받고 소프트웨어 개발 경험을 쌓아온 우수 인력들로 알려져 있다. 소프트웨어 개발 인력들은 평양정보쎈터에서 근무해 온 박사 출신들로 30~40대가 대부분이다. 이들은 하나프로그람쎈터의 개발센터에서 3년 동안 근무할 계획이었다.

하나프로그람쎈터 내 교육센터에는 3개의 강의실이 있고 펜티엄 III급 컴퓨터 70대가 설치되어 있다. 교육생들은 1개월의 기초과정과 3개월의 전문과정으로 나뉘어 집중적인 교육을 받게 된다. 기초과정은 리눅스 기초, 자바 네트워크 프로그래밍, 윈도 2000 등 4개 파트 20개 과정으로 구성되어 있다. 전문 과정은 네트워크 전문가 과정과 VR, 객체 지향 프로그래밍(object oriented programming) 등이 포함되어 있다. 강의는 하루 8시간 정도이고 강의실은 24시간 개방된다고 했다.

(3) 삼성전자

삼성전자는 1999년 11월 조선콤퓨터쎈터와 포괄 협력 및 과제별 용역 계약을 체결하고 2000년 3월 통일부로부터 협력사업자 자격과 협력사업의 승인을 받았다. 2000년 3월 중국 베이징에 '삼성조선컴퓨터 소프트웨어 공동개발쎈터'를 개소했다. 삼성전자는 문서 요약, 리눅스용 소프트웨어, 휴대폰 게임 및 응용, 중국어 문자인식, 오피스 소프트웨어 등 5개 분야 프로그램 개발 계약을 72만 7000달러(한화 약 8억 7240만 원)에 맺었고 사업 기간은 10~24개월이다.

삼성전자는 개발 선급금으로 40%를 사업 개시 전 조선콤퓨터쎈터 측에 지급하고 잔금을 개발 후 지불하기로 했다. 북측은 중국 베이징에 7~10명의 개발 인력을 파견하며 필요하면 평양 조선콤퓨터쎈터의 인력을 활용할 계획이었다. 1년 안에 완성품을 생산할 계획인데 특이할 만한 것은 과거에는 남북경협이 남한의 기술과 북한의 저렴한 노동력을 이용했기 때문에 북한에 위탁가공 형태가 주를 이루었는데, 삼성이 시도한 소프트웨어 공동개발은 북한이 기술을 제공하고 남한이 자금과 상품화 기술을 제공하는 등 북한이 보유하고 있는 기술을 활용한다는 점이었다. 삼성전자는 북경센터와 서울 소프트웨어센터 간에 원격 버추얼 개발환경과 네트워크를 구축하는 등 이에 필요한 자금과 장비 등을 제공하고 개발 작업은 파견된 7~10여 명의 연구 인력이 맡았었다.

2001년 3월 12일부터 북한 조선콤퓨터쎈터 내에 CDMA 기술을 비롯한 통신 소프트웨어 교육 프로그램을 준비해서 CDMA 통신교환 전송 기술과 관련된 소프트웨어 교육을 실시할 예정이었다. 이는 김정일 국방위원장이 아태평화위원회에 CDMA망을 구축하라는 지시에 따른 것으로 전해지며 북한의 통신기반 시설 전문가 50여 명을 대상으로 2개월간은 평양에서, 3개월간은 베이징에서 진행될 예정이었다. 이 밖에도 삼성전자는 2000년 9월 조선콤퓨터쎈터와 바둑, 장기, 요리, 천하제일강산, 금강산, 악보 편집, 게임 등 7개 콘텐츠 도입 계약을 체결해 시판했다. 향후 통신 분야 협력과 홈 멀티미디어 소프트웨어 등의 협력도 확대해 나갈 예정이었다.

표 12-20 남북 IT 교류 협력 일지

일자	내용
1991.12	남북기본합의서 채택(제5차 남북고위급회담)
1994.8	제1차 코리안 컴퓨터 처리 국제학술대회(중국 연길)
1995.8	제2차 코리안 컴퓨터 처리 국제학술대회(중국 연길)
1996.4	삼성전자, 나진·선봉 통신센터 건설·운영 승인(합작) 대우전자, TV등 가전제품 생산승인(합영)
1996.5	LG, 대북임가공으로 생산한 컬러TV 첫 반입
1996.8	제3차 국제 코리안 컴퓨터 처리 학술대회(중국 연길)
1997.8	한국통신, 북한 경유로 건설을 위한 통신지원사업 승인
1997.8	삼성전자, 전화교환기 등 통신설비 생산승인(합영)
1997.8	한국전자공업협동조합, 북한 삼천리총회사와 임가공 협력사업 계약 체결
1997.11	일본을 경유한 서울-북한 경유로 공사 지역 간 통신망 개통
1997.11	남·북한 직접 연결 통신망 개통(대구-평양 간)
1998.4	IMRI, 대북 모니터 PCB 임가공계약 체결
1998.10	IMRI, 임가공으로 생산한 모니터 PCB 반입(1차분 완제품 750대)
1999.8	새한정보시스템, 북한산 바둑프로그램 '은별' 수입
1998.9	성남전자공업, 대북 오디오카세트테이프 임가공계약 체결
1999.8	제4차 코리안 컴퓨터 처리 국제학술대회(중국 연길)
1999.10	현대종합상사, 북한에 컬러TV 첫 반출(삼성전자 등 제품)
1999.11	삼성전자, 남북협력 계약 체결 및 임가공사업 진출 선언
2000.3	제38차 국제표준화기구 문자코드위원회 회의에 사상 최초로 남·북한 공동 참가 (중국)
2000.5	안철수컴퓨터바이러스연구소, 백신 SW 'V3'를 북한에 무상 공급할 예정이었으나 외부에 공개된 이후 중단됨
2000.7	하나로통신, '스플리터'를 생산 임가공사업, 무선가입자망(WLL) 및 광대역 무선가입자망(B-WLL) 구축방안 협의
2000.7.18	남북합작 '코리아남북교역센터' 설립(중국 단둥)
2000.8	통일벤처협의회 창립(서울)
2000.9	엘사이버, 평양프로그램교육쎈터 설립(썅양)
2000.9.21	대북 IT 교류 전문가 모임, '통일 IT 포럼' 창립(서울)
2001.1.30	남한 하나로통신과 북한 삼천리총회사 간 애니메이션 공동 제작 계약
2001.1.30~2.3	조현정 비트 컴퓨터 사장, 북한 IT 전문가 대상 강연(평양)
2001.2.21~24	제5차 코리안 정보처리국제학술회의(중국 옌지)
2001.3	남북, 평양정보과학기술대학 설립 합의(평양)

2001.2.7~11	남북 IT 교류 협력사업 제1차 방북단 평양 방문
2001.3.27~31	남북 IT 교류 협력사업 제2차 방북단 평양 방문
2001.3.28	북한, 통일 IT 포럼에 IT 도서기증 요청
2001.4.21~25	남북 IT 교류 협력사업 제3차 방북단 평양 방문
2001.4.27	남북 IT 민간협력협의회 창립(서울)
2001.5.9	포항공대·평양정보쎈터 과학기술 공동연구 협정 체결(중국 단둥)
2001.5.10	'하나프로그람센터' 설립(중국 단둥)
2001.7.24~28	남북 IT 교류 협력사업 제4차 방북단 평양 방문, 통일 IT 포럼 북한에 1차 IT 도서 전달
2001.7.27	다산인터넷, 삼천리총회사와 평양시내 네트워크 시범구축 합의(평양)
2001.7.28~31	홍창선 KAIST 원장, 조영화 KISTI 원장, 김영호 전 산자부장관, 김진경 연변 과기대 총장 등 과학기술계 인사 평양 방문
2001.8.1	민족네트워크, 평양정보쎈터와 애니메이션 공동 제작 합의
2001.7.31~8.4	평양 '고려정보기술쎈터' 입주 예정, 1차 IT 기업 대표단 방북
2001.8.2	하나프로그람센터 부설 '하나소프트'와 '교육원' 개소(중국 단둥)
2001.10	삼성전자·조선콤퓨터쎈터 공동개발 '통일워드' 시범버전 출시
2001.11	IMRI, 평양공장에서 생산한 PC 모니터 북한 내수 판매 개시(평양)
2001.11	통일 IT 포럼, 북한에 2차 IT 도서 전달
2001.11	북한 E-Mail 중계사이트, '실리뱅크' 오픈(중국 선양)
2001.11.24~27	평양 '고려정보기술쎈터' 입주예정 2차 IT 기업 대표단 방북
2001.12.20	하나프로그람센터 1차 북한인력 IT 교육과정 완료(중국 단둥)
2001.12.31	남한 훈넷과 북한 조선장생무역총회사·범태평양조선민족경제개발촉진협회, 인터넷 복권 합영회사 설립
2002.1.8~12	남북 IT 교류 협력사업 제5차 방북단 방문, 통일 IT 포럼 북한에 3차 IT 도서 전달
2002.4	훈넷·조선장생무역총회사, 인터넷보권 사이트 오픈
2002.4.20~22	북한, '제1차 조선콤퓨터 쏘프트웨어 전시회' 개최(중국 베이징)
2002.5	팝컴네트, 북한 백산컴퓨터합영회사와 이산가족 인터넷영상면회소 설치 합의
2002.5.13	하나프로그람센터 2차 북한 기술·교육인력 중국 단둥 도착, 업무착수
2002.5	훈넷·조선장생무역총회사, 평양에 첫 PC방 개설
2002.6.4~8	남북 첫 통신회담 개최, CDMA·국제전화 사업 공동추진 합의(평양)
2002.6.12	남북 첫 합작대학 '평양과학기술대학' 착공, 이용태 삼보컴퓨터 회장, 정태원 KT 부사장 등 방북(평양)
2002.6.14	남북 『표준 정보기술 용어사전』 증보판 발간

자료: 2000년 이후 자료는 ≪전자신문≫(2002.6.14) 참조.

(4) 평양과학기술대학 설립

북한은 2001년 3월 북한의 IT 발전을 위해 평양정보과학기술대학을 설립하기로 했다. 북한이 평양정보과학기술대학을 남·북한이 공동으로 설립하자는 남측 제안을 수용한 것이다. 대학 명칭도 남측 파트너인 동북아 교육문화재단 측에 일임할 만큼 북한은 남측의 지원을 절실히 필요로 했다. 특히 대학교수, 연구원이 평양에 머물면서 북한의 학생들을 양성함으로써 남·북한이 균형적인 기술 발전과 교류를 꾀할 수 있는 길이 열렸다. 이후 협의에 의해 평양과학기술대학으로 개칭되었고, 준공과 함께 국내 건설업체의 인력 진출도 예상되었다.

대학 설립안에 따르면 최첨단 설비가 갖춰질 이 대학은 정보통신공학, 생물공학, 상경학 등 3개 학부로 구성된다. 21세기 국가경쟁력 강화에 필수적인 정보기술과 생명공학 기술은 물론 국제무역과 실용영어 교육을 북한 당국이 절실히 원하고 있기 때문이다. 자본주의 경제전문가와 컴퓨터 기술 인력 양성에 초점을 맞추었다(유승훈, 2001: 14).

북한 교육성의 설립 합의 및 허가와 통일부의 협력사업자 승인과 협력사업 승인에 따라 설립의 법적 근거가 마련되었다. 2001년 5월 PUST 건립 계약 체결에 따라 2002년 6월 착공했다. 2008년 12월 대학건물 17개 동의 건축이 완성되었고, 2009년 9월 16일 준공식 및 공동운영총장 임명식이 거행되었다. 2010년 4월 5차 남북 개학 준비 학사 협의가 이루어졌고, 같은 해 6월 대학원생 선발 및 학사안을 마련했다. 2010년 하반기 개학 예정이었으나 천안함 폭침 사건과 연평도 포격 사건 등으로 남북관계가 악화되어 진행에 차질을 빚었다. 2010년 10월 25일 처음으로 학부와 대학원 강의가 시작되었나. 평양과학기술대학은 2011년 11월 제1차 국제과학기술학술대회를 개최했고, 2014년 첫 졸업식을 거행, 총 44명의 졸업생을 배출했다. 2016년을 기준으로 정보통신공학부, 농업생명공학부, 경영학부, 공공보건학부 등 4개 학부로 구성되어 있으며, 건설공학부도 향후 신설될 예정이다. 평양과학기술대학에서 이루어지는

표 12-21 **평양과학기술대학의 개요**

설립 목적	정보·바이오 기술, 국제무역, 영어 교육을 통한 21세기형 전문 인력 양성
위치	평양시 통일거리 외곽
규모	대지 100만 m², 건평 3만 5000m², 연구동·기숙사·행정동 등 5개 동
설립 예산	총공사비 1000억 원(초기 투자 200억 원)
일정	• 2001년 4월 조사·설계(상반기 중 착공) • 2002년 9월 박사원(대학원) 개교(500명) • 2003년 4월 학부 개교(2000명)
운영	북한·동북아교육문화협력재단 공동운영
기타	총장 김진경 교수, 연구원 100명 수준

자료: 유승훈(2001: 14).

모든 강의는 영어로 진행된다. 1학년 학부생은 기술 영어 습득을 위해 1년 동안 영어만 공부하고 이후 전공과목을 배운다. 대학원생은 6개월 동안 영어를 공부한다.

(5) 컴퓨터 표준화 관련 교류 협력

남·북한은 자음과 모음의 표현 순서의 차이 때문에 특정 언어를 컴퓨터가 인식할 수 있는 숫자로 대입할 때 남·북한 간의 언어가 서로 통하지 않는다. 현재 북한의 한글인 조선글은 단순한 음에서 복잡한 음으로 가는 '음가순'으로, 남한의 한글은 단순한 형태에서 복잡한 형태로 가는 '자형순'으로 이루어져 있다. 예컨대 사전을 펼쳐보면 남한은 'ㄱ' 다음에 'ㄲ' 나오는 데 반해 북한은 'ㄱ'부터 'ㅎ'까지 모두 나온 뒤 'ㄲ'이 나오는 등 순서가 서로 다르다. 이로 인해 한글을 컴퓨터가 인식할 수 있는 숫자에 대입시킬 때, 서로 언어가 통하지 않는 문제가 발생한다.

1991년 북한은 26타건 치환 방식을 국제표준 규격 시안으로 제출했다. 이는 쌍자음을 입력할 때 모음을 두 번 치는 방식이다. 예를 들면 '까'를 입력하는 경우 'ㄱ'을 한번 치고 'ㅏ'를 두 번 친다. '꺼'인 경우에도 'ㄱ'을 한 번 치고 모음 'ㅓ'를 두 번 친다. 이와 같은 방법은 쌍자음 입력 시 시프트(Shift) 타건이나 공백 타건을 치지 않아서 속도가 빠르며 26타건만으로도 모아쓰기 자동 정렬이 가능하다. 전문 타자인에게는 매우 유용하지만 일반적인 어문 규정과는 괴리가 있어 보편성이 떨어진다. 북한이 제출한 안은 남한도 참석한 국제회의에서 최종적으로 철회되었다. 이 사건을 계기로 남한의 자판을 재검토하는 한편 남한의 표준을 국제표준으로 등록하지 못함으로써 남·북한 간의 자판 이질화가 갈수록 심화될 가능성이 적지 않은 만큼, 어떻게 해서든지 남북 간에 공통된 안을 집약할 필요성이 대두되었고, 향후 남북 간의 합의가 선행될 필요가 있다는 점이 논의되었다.

이후 북한은 1993년에는 쌍자음 5자를 추가해 31타건(우리는 'ㅖ'와 'ㅒ'가 추가된 33타건이다)으로 수정하고 '임시국규 9265'로 지정하여 매년 갱신해 왔다. 이 안은 한국의 기본 구도보다 늦게 실현되었으므로 비교적 효율적이라는 평가를 얻었다. 얼른 보아도 남한의 표준 자판은 출현 빈도가 높은 'ㄱ'과 'ㅅ'이 상단에 위치하고 있는 것에 반해 북한 국규는 중단에 배치한 데서도 쉽게 관찰할 수 있다.

1999년 우리말 컴퓨터처리 학술회의(1996 ICCKL)에서 북한은 자기들의 국규와는 다른 배열을 가진 자판을 공동연구 시안으로 제출했다. 토의 과정에서 제출된 안에 정음 4자를 추가해 공동연구 시안으로 결정하고 더 발전된 안이 있는가를 모색토록 했다. 한편 남한은 이미 500만 대 이상이 보급되고 있어 새로운 자판의 도입은 큰 혼란이 우려됨에 따라 다른 대안이 있을 수 없었다. 이 사실이 국내에 알려지자 북한 안에 일방적으로 끌려갔다는 비판이 있었으며 언론에 대서특필되기도 했다. 그러나 공동연구 시안이 북한 국규와 비슷하긴 하지만 다른 배치를 가지고 있으며, 특히 정음 4자가 추가로 규정된 것은 무엇보다도 중요한 차이점이다. 이 공동 시안은 조선국규는 물론 남한의 표준과는 다른 제3의 안이었다. 자판은 하나라도 차이가 있을 때 펌웨어를 다르게 짜야 하기 때문에 동일 자판에서 약간의 수정을 거쳐 사용하기는 어렵다.

공동연구 시안은 남한에서의 분석 연구를 거쳐 '1999 ICCKL'에서 이론적 토

그림 12-7 한국의 KS5715

한국KS5715 / 1982

그림 12-8 남·북한 공동연구안

공동연구자판 / 1999

론을 종결하고 향후 임상 실험 단계를 준비했다. 통일은 물론 당장 남·북한 경제협력 측면에서도 가장 시급한 것은 남·북한 간 각종 산업과 관련된 표준화 작업이다. 공산품을 만드는 국가 규격인 산업 표준도 남한은 KS, 북한은 CSK이고 남한 TV는 NTSC 방식, 북한은 PAL 방식이다. 그밖에 컴퓨터의 자판배열·쌀 한 가마니의 포장단위·전기의 표준전압·기관차의 신호와 제어방식 등이 모두 다르다. 2000년 기준으로 통일이 2010년에 이루어진다면 10년 동안 부담해야 할 통일비용은 2조 달러라는 조사 보고가 있는데, 이 중 산업 표준화에 필요한 비용은 2000억 달러로 추정된다. 지금부터 만드는 산업 표준만이라도 국제표준기구(ISO)를 모범으로 해 통일 산업규격을 만들어야 한다(윤덕균, 2000.4.20).

현재 시점에서 남·북한 통합 표준안 마련은 양측안의 이질화로 일시에 해결하기 어렵다. 과제 해결을 위해서는 통일 한국을 전제로 호혜 평등의 입장에서 양측 합의에 의해 공동 표준안이 마련되어야 한다. 일단 초기에는 기존의 산업 표준을 무리하게 통일하려 하기 보다는 양측의 자발성을 토대로 통일성과 일관성(uniformity and consistency)을 유지하는 표준화 통합 노력을 시도해야 한다. 통합 과정에서 북한의 장비와 기술 수준의 미흡으로 인한 부분은 통일비용의 선 투입 개념에서 남한의 재정적 지원 등이 수반되어야 한다. 남·북한 표준화 합의 이전에 시장 적합성이나 경제적 요인을 반영하는 가능성에 대해 사전에 산업계와의 충분한 의견 수렴이 필요하다. 남·북한 산업 표준화 통합이 표준화 제정 이후 공동의 이익을 반영할 수 있어야 한다. 폐쇄적인 북한과의 표준 교류 상황을 고려할 때 단계적인 접근이 불가피하다.

따라서 우선 국제 표준을 기준으로 한국 표준을 조기 정착시킨 뒤 북한의 참여와 공감대를 유도하는 전략이 필요하다. 한국, 중국, 일본, 러시아 등으로 구성된 '동북아표준협의체'를 만드는 것도 대안이다. 남·북한 산업 표준 통합 과정에서 다양한 첨단 정보기술 분야를 전부 표준화할 필요는 없다. 국제표준이 있는 경우 이를 따르고, 국제표준이 없는 분야에 대해서만 표준화 논의를 하는 것이 효과적이다. 남북 표준 통합의 목적은 성문화되어 있는 국가규격을 단순히 일치시키는 데만 있는 것이 아니다. 하나의 기준을 적용해 모든 산업기반 시설, SOC 등을 통합하는 것이야말로 진정한 표준 통합이라 할 수 있다.

결국 표준화 분야의 통일비용이란 남·북한의 모든 산업 시설들을 하나의 기준으로 재배치하는 비용이다. 전체 산업 표준을 일시에 통일하기보다는 분야별, 시기별로 단계적인 접근을 하는 것이 효율적이다. 철도, 도로 등 경제협력이 추진된 경험이 있는 SOC 등 기간산업의 표준화가 현실적 대안이 될 수 있다. 기간산업의 표준화는 표준 영역에서 차지하는 비중이 절대적이지는 않지만, 산업 전반에 미치는 파급 효과나 비용 규모에서 통합효과가 상대적으로 크기 때문에 중요하다. 남한과의 협력을 통한 파급효과를 고려해 기술 우위를 인정받을 수 있는 영역에서부터 표준화를 우선적으로 추진하는 것이 바람직하다. 성문 표준인 남한의 KS와 북한의 KPS를 상호 비교·분석, 통일된 표준을 국제사회에 제시해 통합의 국제적 분위기를 조성하는 것도 필요하다.

현행 경제협력 측면에서도 가장 시급한 것은 제조업과 관련된 표준화 작업이다. 지금부터 제정하는 산업 표준만이라도 ISO를 모범으로 하여 통일해야 한다. 특히 발전 속도가 매우 빠른 정보통신 분야의 기술격차는 타 분야보다 심화되어 있으며, 동질화정책이 수립되지 않는다면 통일 후 많은 문제점들이 대두될 뿐만 아니라 엄청난 통일비용을 지불해야 할 것이다. 표준화 분야의 통합은 남·북한 산업의 동질성을 회복시키는 중요한 수단으로 예상됨에 따라 학계에서는 관련연구를 본격화해야 하고 정부와 관련업계에서는 효율적인 지원체제를 구축해야 할 시점이다(남성욱, 2015: 12, 33~58).

정보통신 분야의 기초가 되는 우리말 정보처리 분야에서도 지난 70년 동안 남과 북은 다른 길을 걸어왔다. 북한은 자체적으로 '단군'이라는 조선글처리프로그램과 '창덕'이라는 문서편집 프로그램을 개발해 사용하는데, 이것은 우리가 쓰는 '한글'이나 '마이크로 워드프로세서'와 같은 프로그램과 우리말 처리방식이 다르다. 이러한 우리말 처리의 호환성 부족 문제는 인터넷을 무용지물로 만들고 휴대폰을 비롯한 통신·방송 등 각 분야에 영향을 미칠 것이다.

그동안 민간단체를 중심으로 남북통일안 작업이 추진되어 미미하지만 성과가 있었다. 국어정보학회와 조선콤퓨터쎈터는 1994년부터 매년 '우리말컴퓨터처리국제학술대회'를 개최했으며 1996년에는 전산 처리용 자모 순서 통일안과 통일규격의 컴퓨터 자판 배치안을 합의했다. 1999년 8월에는 우리말 컴퓨터 용어 사전인 『남북공용컴퓨터사전』을 발간했고, 삼성전자는 북한의 조선콤퓨터쎈터와 문서 요약 프로그램, 오피스 프로그램 등을 개발하기로 해 남북 공동의 워드프로세서를 개발하는 과제가 부각되었다.

2000년 3월, 중국에서 열린 '제38차 국제표준화기구 문자코드위원회' 회의에 사상 최초로 남북 컴퓨터 전문가들이 공동 참가해 한글부호의 국제표준문제를 논의했다. 북한 측은 남측의 가나다 어순을 따르고 있는 한글 부호계의 글자 배열 순서를 북쪽 체계에 맞춰 변경할 것과 한글의 영어식 이름을 'Hangul'에서 'Korean'으로 바꿀 것, 그리고 옛글자 8개와 특별 부호 80개를 부호계에 추가 포함시킬 것 등을 요구했다. 한글의 로마자표기법은 국제표준이 없는 상태이므로 한글 로마자 표기 등 남·북한 언어 차이를 해소하는 일은 시급한 과제다.

(6) 정보기술 분야 공동연구: 포항공과대학교

포항공과대학교는 국내 대학으로는 처음으로 북한의 평양정보센터와 정보기술 분야에 대한 공동연구를 추진하기로 합의했다(연합뉴스, 2001.5.16). 양 기관은 단둥과 평양에서 공동연구사업을 진행하고 연구과제를 우선 VR 분야로 정했고 점차 다른 분야로 확대해 나가기로 했다. 이를 위해 장기적으로는 북한의 정보통신 연구개발을 위한 인프라 구축과 인재 양성을 위한 교원 양성 프로그램(Teach-the-Teachers Program)을 개발해야 한다(박찬모, 2002.8.24: 20).

7) 애니메이션 분야 교류 협력

(1) 하나로통신

하나로통신은 삼천리총회사와 북한 인력을 활용하는 3D 애니메이션 공동제작 계약을 체결했다. 하나로통신은 포털사이트인 하나넷(www.hananet.net)을 통해 2001년 2월 북한의 삼천리총회사와 애니메이션 제작 계약을 맺었다. 2000년 평양에 설립한 연면적 1000여 m² 규모의 삼천리하나로센터에서 19만 달러의 제작비를 투입해 3D애니메이션 '게으른 고양이 딩가'를 만들기로 합의했다. 하나넷이 기획단계인 프리프로덕션(Post-production)과 음악·음향·더빙 및 마지막 단계인 포스트프로덕션(Pre-production)을 맡았고, 북측은 3D맥스,

소프트이미지 등 고급 그래픽 툴을 적용하는 메인프로덕션(Main-production)을 담당한다.

본래 본작 1편부터 공동 제작 작품을 출시하기로 했으나 사업이 지연되어 2001년 5월 5일부터 국내에서 제작한 작품 14편을 먼저 선보였다. 그 이후 17편에 대해 북한과 합동 작업에 들어갔고 북한에서 만든 작품이 인터넷상에 방영되었다. 향후 새로운 프로젝트가 성사되면 북쪽과 초기 단계부터 함께 기획·제작할 계획이라고 밝혔으나 사업은 중단되었다(≪월간 민족 21≫, 2001). 또한 하나넷은 2000년 7월 1998, 1999년 세계컴퓨터바둑대회에서 2년 연속 우승을 차지한 AI 바둑게임 소프트웨어 '은바둑'보다 한 단계 수준이 높은 '묘향산바둑'을 반입해 초고속 통신 가입자에게 무료로, 온라인 회원은 9900원, 비회원은 2만 9700원에 홈페이지에서 다운로드를 받을 수 있게 했다.

8) 대북 이동통신 사업 진출과 정책적 함의

(1) 대북 이동통신 사업 추진현황

민간 이동통신 업체들은 2000년 남북정상회담 이후 대북 진출을 추진했다. 당시의 진출 계획 시점은 2월 16일 김정일 위원장의 생일보다는 다소 지연되었지만 2002년 3월 이후 늦게나마 북측과 논의를 시작했다. 북한의 이동통신 사업은 김정일 위원장이 2001년 1월 상하이 푸둥 경제특구를 방문했을 때 수행 중인 당 간부들에게 "내년 4월 15일 태양절까지 평양시에 이동전화를 개통하라"고 지시한 데 근거해 추진되었다. 북한 통신 당국은 이러한 지시에 따라 첨단 CDMA 기술로 무장한 남한의 이동통신 사업체들과 물밑으로 꾸준히 접촉을 추진해 왔다. 2002년 6월 정보통신부와 SK텔레콤 등 대표단이 북한을 방문해 실무 협의를 진행했으나 서해교전이 발발하며 실무 회담이 무기 연기되었다. 향후 남북 관계 활성화에 따라 협의가 재개될 것으로 예상되었으나 구체화되지는 않았다.

남측 통신사업자들의 컨소시엄은 당초 KT(한국통신)와 SK텔레콤, 삼성전자, LG전자, 현대시스콤 등 5개사로 구성될 예정이었으나, 서비스 사업자와 장비 제조업체들 간의 입장 차이가 좁혀지지 않음에 따라 장비업체들은 컨소시엄에 소수의 지분만 참여하기로 했다. 따라서 KT와 SK텔레콤은 이 컨소시엄의 85% 이상을 확보, 북한 통신사업을 실질적으로 주도할 계획이었다. 반면에 삼성전자, LG전자, 현대시스템 등 3사는 북한 통신사업에 협력 의지를 표명하는 상징적 차원에서 업체당 1~5% 이내의 지분만 참여할 계획이었다.

(2) 남북 이동통신 사업 협력

사회주의 국가의 정권은 대중을 통치하기 위한 수단으로 항상 통신의 중요성을 인식하고 첨단 통신수단을 장악하는 데 주력해 왔다. 스탈린은 늘 통신수단의 획득에 관심을 보였으며 중국의 마오쩌둥도 역시 그러했다. 북한도 이와 같은 통신의 중요성을 인식했다. 특히 컴퓨터의 급속한 보급은 정보통신의 중요성을 절감하게 했으며 폐쇄 국가지만 정보화의 사각지대로 남아 있을 수 없다는 위기의식을 느끼게 했다.

한편 디지털 핵심 계층에 김정일 위원장의 장남인 김정남이 있었는데, 김정남은 대북 이동통신 사업을 주도하려고 노력했다. 당시 김정남은 북한의 정보통신사업을 총괄하는 조선컴퓨터위원회 위원장을 맡았고 그동안 중국의 실리콘밸리인 중관촌 등지를 수시로 방문하며 장쩌민 주석의 장남인 장몐헝(江綿恒) 등과 깊은 교분을 유지했다. 또한 IT 분야에 깊은 관심을 보였으나 김정은이 성장함에 따라 점차 평양보다는 마카오에 거주하며 북한 사업에서 점차 거리를 두었다.

(3) 북한 이동통신 사업 추진관련 정책과제

북한의 이동통신 사업 추진은 단기적으로는 북한의 개혁·개방과 관련되어 있고, 중장기적으로는 남·북한 정보통신 협력을 달성하는 주춧돌을 마련해 한

반도를 하나의 통신 네트워크로 연결함으로써 가상세계부터 분단을 극복한다는 상당한 의의에도 불구하고 현실적인 어려움이 적지 않았다. 사업 추진 과정에서 즉각적으로 부딪치는 한계는 크게 두 가지로 구분해 볼 수 있다. 첫째, 경제성의 확보 여부다. 평양과 남포 지역에 100개소 기지국을 건설하고 각종 단말기 등 장비는 일부 국내 중고산을 사용할 경우 소요 비용을 줄일 수는 있으나 여전히 적지 않은 금액이다. 과연 이러한 투자비용을 어떻게 회수할 것인가가 사업 추진의 관건이다.

사업의 추진 목적이 수익성의 확보가 전부는 아니지만 시장경제 체제하에서 기업의 투자는 원가계산을 소홀히 할 수 없는 것이 현실이다. 전반적으로 어려움을 겪고 있는 북한의 경제 사정을 감안할 때 남한의 소비자들처럼 북한이 과연 비싼 이동통신 요금을 부담할 수 있을지 미지수다. 특히 수익을 과연 남한으로 반출할 수 있을지도 의문이었다. 일례로 2010년 이후 북한의 이동통신 사업을 추진한 이집트의 오라스콤의 경우 예상대로 북한이 반출을 허가하지 않음에 따라 사업의 지속적인 추진에 큰 어려움을 겪었다.

우선 북한 이동통신 사용자는 개인보다는 '통신의 자유'를 누리는 당·정·군 관계자와 기관이 되고 이후 개인 등으로 확산될 것으로 예상되었다. 상업성이 조기에 확보되기 어렵고 요금도 국가차원에서 지불하는 체제를 구축할 수밖에 없다. 이러한 점이 참여기업들로 하여금 대북한 통신 진출이 중장기적으로 매력적인 사업이 될 수도 있음에도 불구하고 현실적으로 주저하게 만들고 있는 요인이었다. 기업들로서는 투자회수의 불확실성 때문에 정부의 남북협력기금 지원을 기대했다. 그러나 협력기금 지원은 '대북 퍼주기' 논란으로 성사되지 못했다.

둘째, 이동통신 사업 추진관련 핵심 기술의 대북한 반출에 대한 현실적인 법적 제약을 어떻게 풀 것인가에 있다. 북한에 대한 통신과 컴퓨터 등 첨단기술 이전은 현실적으로 미국의 주도하에 있는 '바세나르협정'과 '10% 제한 규정' 등으로 제한받고 있다. 따라서 1987년 미국과 체결했던 '전략물자 및 기술보호에 관한 양해각서', 무기와 이중용도품목 이전에 대해 투명성과 책임을 강화한 '바세나르협정'을 기초로 대북 반출을 제한하는 대외무역법 및 같은 시행령에서 비롯된 전략물자수출통제제도의 한계를 넘어설 국제정치적 상황 변화가 필요했다. 특히 기술이전과 관련해 감청 등 전술 무기로 활용할 수 있는 핵심 소프트웨어 기술은 가르쳐주지 않는다는 조건을 달긴 했지만, 북한을 악의 축으로 규정하고 3대 핵심 적성국가로 분류하고 있는 미국이 첨단 통신 기술 이전에 방관하지 않을 것이라는 것은 분명했다.

5. 북한 진출 외국 기업 사례 분석

1) 태국 록슬리

나진·선봉경제무역지대에 진출한 태국의 록슬리(Loxeley) 그룹은 1995년 2월 28일 '대외경제협력추진위원회' 통신사업 MOU(양해각서)를 체결하고 27년간 종합통신서비스 사업독점권을 획득했다. 록슬리 그룹은 이 사업을 전담하기 위해 자회사인 록팩(Locpac)을 설립했고, 북한과 합작으로 NEAT&T(동북아 전신전화회사)를 설립했다.

1단계에는 3500만 달러를 투자해 1만 5000회선을 구축하고, 2단계에는 1억 달러를 투자해 10만 회선을, 3단계에는 5억 달러를 투자해 40만 회선을 구축해 총 6억 3500만 달러, 51만 5000회선 구축을 목표로 사업을 시작했다. 1996년에 유선전화용으로 5000회선 규모의 GPT-X 교환기와 80대의 카드식 공중전화를 설치했고 1997년에는 앰프스(AMPS) 방식의 이동전화 500회선을 설치했으나 1999년 말 서비스가 중단되었다.

전송 설비로는 나진과 중국의 훈춘 간에 155Mbps급 광통신을 개통했고 ≪로동신문≫ 보도에 의하면 1999년 6월 연건평 1만 m3의 나진국제통신센터의 착공식이 있었다. 같은 해 10월 선봉 지구의 통신 센터와 원정리의 통신 중계소를 완공했다. 이에 따라 중국 훈춘과 광통신망이 개통되었다. 록슬리 그룹은 통신망 확장 사업이 지연되고 수익성이 떨어짐에 따라 1999년에 국내 기업들에게 사업권 매각을 추진했으나 매각 대금과 국내 사업자의 북한 진출 시 북한의 승인 문제 등으로 협상은 용이하지 않았다. 설치된 회선을 통해 유선전화 서비스를 제공하고 있으나 나진·선봉 지역의 개발 지연으로 통신망 확장 사업은 한계에 직면했다.

2) 홍콩 허치슨

홍콩의 허치슨(Hucchison)사는 홍콩·호주 지역에서 CDMA 이동전화 서비스를 제공하는 통신사업자다. 허치슨의 허치슨텔레콤과 북한 조선체신회사(KPTC)는 1997년 10월 사업 추진 MOU(양해각서)를 체결했다. 이는 30년간 북한 전역에 약 5억 5000만 달러 규모의 국내외 통신 및 TV 전송망 현대화와 생산 공장 건설 등을 추진하는 내용이었다. 수차례 걸쳐 양측 대표단의 교차 방문하며 협의를 추진했으나, 최종적인 계약 체결에는 실패했다.

북한은 북한 전역에 대한 통신망 현대화 추진을 요구했으나 허치슨은 막대한 투자 재원 확보·회수를 고려해 경제성이 있는 국제전화와 이동전화 분야의 사업을 먼저 추진하고, 나머지 사업은 점진적으로 추진하기를 희망했기 때문이다. 북한 측은 전국적인 통신 현대화 사업 추진이 지연됨에 따라 향후 타 기업과 협상의 여지를 두기 위해 허치슨사의 요구 조건을 수용하지 않았다. CDMA 이동전화 사업도 태국 현지법인을 통해 북한 지역에서 CDMA 이동전화 서비스 제공 사업을 추진했으나 재원 문제 등으로 실패했다.

3) 프랑스 알카텔

프랑스의 알카텔(Alcatel)사는 1989년 평양 국제통신센터에 국제통신 관문국용 교환기를 공급했다. 상하이벨(Bell)사의 중국 현장 합작 공장에서 생산되는 전자교환기 10만 회선을 북한에 수출했다.

4) 기타 기업

미국 AT&T사는 1995년 5월에 북한 전역을 대상으로 하는 통신사업을 협의하기 위해 10여 명 규모의 대표단이 방북했고 1995년 4월, 북한-미국 간 IDD 국제전화를 개통했다. 하지만 추가적인 사업은 진행되지 않았다. 또한 중국의 우전공업총공사는 1994년 자체개발 교환기인 HJD-04 6000회선 공급계약을 체결했고, 1994년에는 유엔개발계획의 지원 아래 평양-함흥-청진-나진-훈춘 간 광케이블 포설 사업을 진행했다.

홍콩의 랜스릿홀딩(Lancelet Holding)사는 1998년 8월 북한의 국제전화와 이동통신 사업 30년 독점사업권 계약을 체결했으나 투자 재원 확보의 어려움으로 사업을 중단했다. 또한 국제 관문 교환기 공급 등의 통신사업 참여를 추진했다. 1999년 5월 홍콩의 펄오리엔탈사이버포스사(pearl oriental cyberforce)가 북한 체신성과 장거리와 이동전화 사업에 30년간 1억 5000만 달러를 투자하는 협정도 체결했으나 실제로 사업이 추진되지는 않았다.

참고문헌

1. 국내 문헌

구해우. 2002.9.30. 「북한의 정보통신산업 현황과 남북경협전망」, 북한경제포럼 연례회의 발표자료.

김근식. 2002. 「북한의 IT 경협 전략과 대응 방안」. ≪통일경제≫, 5·6월 호.

남성욱. 2015. 「북한의 표준·규격화 체계와 향후 남·북한 통합방안 연구」. ≪입법과 정책≫, 제7권 2호.

≪동아일보≫. 2001.6.27. "비트 컴퓨터, 북한에 인터넷 시스템 구축 합의".

≪디지털타임스≫. 2001.2.16. "IMRI, 유니코텍 일본에 설립".

_____. 2001.3.29. "사이버패트롤 금호 지구에 보안시스템 설치 완료".

_____. 2001.7.30. "알에프티엔씨, 광명성총회사와 합의 계약서 작성".

_____. 2001.8.6. "알에프티엔씨, 북한에 무선랜카드 인프라 구축사업 추진".

_____. 2001.8.7. "슈퍼네트, 삼천리총회사와 생산계약 체결".

≪매일경제≫. 2001.5.14. "KFT 남북한 다양한 협력 방안 검토".

민족21. 2001. "하나로통신, 삼천리총회사와 애니메이션 계약 체결". ≪월간 민족 21≫, 2001년 1월호.

박찬모. 2002.8.24. 「남북 정보통신(IT)산업 협력의 현황과 과제」. 제17회 미래전략포럼 발표자료.

연합뉴스. 2001.1.2. "훈넷, 조선복권합영회사 설립"

_____. 2001.5.16. "포항공대, 북한의 평양정보센터와 공동연구 추진".

_____. 2001.12.3. "엔트랙, 평양에 IT 산업 단지 조성 추진".

_____. 2002.1.2. "북한 해킹으로 자금 확보".

_____. 2021.7.27. "남북 통신연락선 복원"

≪월간중앙≫. 9월 호. "하나비즈닷컴, 대북 사업의 실상".

유승훈. 2001. 「남·북한 정보통신 협력의 현황과 향후 과제에 관한 연구」, 『2001 통일부 신진연구자 발표논문집』. 통일부.

윤덕균. 2000.4.20. "남북한 산업표준화 대책 시급". ≪조선일보≫; ≪전자신문≫. 2002.6.14. "북한 IT 협력일지".

≪전자신문≫. 2002.6.14.

≪조선일보≫. 2002.10.2. "훈넷, 조선복권합영회사 설립".

중소기업협동조합중앙위원회와 중소기업청, 전국 111개 중소제조업체 대상 설문조사 결과. 2000.4.17~ 2000.4.25.

≪중앙일보≫. 2002.5.27. "훈넷, 평양에 PC방 설치".

_____. 2002.8.22. "훈넷, 바둑 유료 사이트 개설".

통일부. 2001. 『2001 통일백서』. 통일부.

≪한겨레신문≫. 2002.1.27. "북한 고려정보기술센터에 6개 업체 입주 신청".

≪한국경제신문≫. 2001.8.5. "하나비즈닷컴, 남북합작 정보기술회사 설립".

_____. 2002.4.23. "통일부 훈넷 임직원 북한 체류 불허".

_____. 2002.5.27. "훈넷, 평양에 PC방 설치".

한국무역협회. 2001. 「북한의 IT 산업 현황과 남북협력 활성화 방안」.

IMRI 홈페이지. www.imri.co.kr.

2. 외국 문헌

Statistische Bundesamt. 1989. DBPT.

13장

남·북한 ICT 교류 협력의 한계

남북 경협은 내국 간 거래로 간주되지만 각종 장벽으로 외국과의 무역거래보다 어려움이 많다. 13장은 일반적인 남·북한 교역은 물론 ICT 교류 협력의 문제점을 진단하고 개선 방안을 검토하기 위해 작성했다. 내용은 1990년대 말을 기준으로 작성되었지만, 20년이 지난 2021년 8월 기준으로도 크게 다르지 않다. 오히려 11건의 유엔 대북제재 등으로 교역 여건은 더욱 어려워졌다. 지난 90년대 경협의 어려움이 2021년에도 여전한 만큼, 2000년 6.15 정상회담을 기점해 남북 경협이 활성화되고 ICT 교류 협력이 본격적으로 추진됐던 시점을 기준으로 각종 교역 여건을 분석하기로 한다.

1. 경협 활성화의 일반적인 장애 요인

1) 과도한 물류비용

과거 남·북한 경협이 진행되었던 시절 완제품과 부품 위탁가공 대북사업에서 가장 심각한 문제 중 하나가 물류비용이었다. 서해 인천-남포 항로가 주된 물류 통로인데 20피트 컨테이너 1대당 운임은 편도 1000달러로 비싼 편이다.

게다가 통관비를 포함하면 컨테이너당 1300달러가량이 소요되었다. 2002년 운행했던 '한성선박'의 경우 이 수송 편을 한 달에 평균 3항차 정도 운행했으며, 평균 적재율은 40% 미만이었다.

동해 쪽으로는 동룡해운과 연변현통집단이 공동으로 부산과 나진 사이를 월 3회 운항했다. 운임은 20피트당 상행 850달러, 하행 650달러로 서해 쪽에 비해 저렴한 편이고, 평균 적재율도 85%로 높은 편이었다. 나진항의 하역 설비가 낡아 작업이 힘들고 시간이 많이 소요되는 것은 불가피했다. 남포항에서 평양 등 내륙 공장까지의 도로 사정도 열악해 운송 시 자재 파손이 우려되었다.

2) 자금 부족

평양에서 컴퓨터용 모니터 PCB를 위탁 가공하는 국내 중소기업들의 경우 월평균 3000대의 PCB 조립에 드는 비용은 대략 20만 달러이고, 자재 주문과 물류의 어려움 때문에 자금을 회수하는 데 60일 정도가 걸렸다. 이 외에 포장비·인건비·출장비 외에 설비 유지보수와 계측 장비 등을 투입하는 데 따르는 부담, 설비 교육과 품질관리 등을 위한 북한 현지 체류 비용 등 추가 부담도 있었다.

국내 대북 경협 사업자들은 정부에 제3국과의 경제 관계에 적용되는 무역금융, 해외 투자금융 수준 이상의 지원을 요구했다. 2000년 4월 17~25일간 중소기업 협동조합중앙회와 중소기업청이 전국의 111개 중소 제조업체를 대상으로 실시한 설문조사 결과, 대북 투자에 소요되는 자금조달 방법에 대해서 정부의 정책자금을 이용하겠다는 기업인이 66.3%, 자체 조달(19.3%)이나 제3국과의 합작(3.6%)을 통해 자금을 마련하겠다는 기업인은 22.9%, 금융기관 차입은 10.8%로 정부 지원에 의존하려는 경향이 강했다.

3) 접촉 제약

북한 사회의 특성상 전화나 팩스 등 통신 제약과 이로 인한 현장 접근에 대한 장애가 커 북한에 공장을 둔 국내 기업들은 생산공정에 문제가 발생할 경우 중국 등 제3국을 통해 팩스를 이용할 수밖에 없어 사실상 신속하고 원활한 대처가 불가능한 실정이었다. 또한 ICT 협력을 희망하는 기업들은 조선콤퓨터쎈터나 평양정보쎈터 정도의 큰 조직에 대한 자료 정도만 알 수 있다. 협력 상대기업에 대한 조사가 불가능하고 협력 상대자에 대한 정보도 없기 때문에 초기 접촉에 어려움이 적지 않았다.

표 13-1 1999년 대북사업 추진 165개 업체 대상 '대북사업 현황과 장애 요인'

기업들이 느끼는 장애 요인	• 높은 물류비용과 경제 외적 불확실성, 정보 부족이 각각 31.5%, 24.3%, 21.6%로 압도적인 비율 • 북한 내 사회간접자본과 정부의 대북사업 제도가 미비하다는 응답도 각각 10.8%, 9.0%를 차지 • 물류비용의 경우 운송 비용이 너무 비싸거나 선박의 체류 기간이 너무 짧은 점, 선적과 하역 비용이 비싼 점 등 • 북한의 통신망과 도로, 철도, 항만시설, 전력 등 사회간접자본시설이 부족한 점도 문제 중 하나
정부의 대북사업 지원	• 응답한 업체 중 91.5%가 '기대에 못 미친다'는 반응
대북사업에서 느끼는 정보 갈증	• '정보제공쎈터'가 없다는 점, 정부와 기업 간 모임이 활성화되지 않아 정보 공유가 어렵다는 것이 한계로 지적
제도적인 측면	• 분쟁해결 방안이 없다는 점과 기술자의 상주가 어렵고 투자 손실을 보전할 길이 없다는 점 또한 불안 요인
개선 과제	• 주변국과의 협조도 절실하고 직교역체 구축, 투자 보장, 분쟁해결 장치 마련, 남북협력기금 확대 등 제도적 장치를 보완하는 작업이 하루빨리 이루어져야 할 과제 • 정부와 기업 간 협력체제를 구축해 개선 방안을 강구하길 촉구 중 • 기업들은 특히 반출입과 협력사업 등 각종 승인·허가 때 서류를 간소화하고 소요 기간을 단축하며 통관절차도 개선해야 한다고 지적 • 기업들도 과당 경쟁을 피하고 철저한 준비와 수익성 분석을 바탕으로 사업을 추진해야 하며 특히 남북 간 거래에서 이행 사항들은 반드시 준수, 신뢰를 쌓아야 할 것

자료: 전국경제인연합회(1999.10).

4) 신규 시장 창출 제약

북한은 제품의 생산, 판매, 정보 등을 국가 독점 아래 엄격히 통제했다. 게다가 IT 제품 대부분은 군수공장에서 생산되는 것으로 알려져 있어 북한 내수시장을 겨냥한 판매는 불가능했다. 또한 일부 소프트웨어 제품을 제외하고는 기술 표준의 차이, 고급 기술 이전 불허 등으로 제3국 수출을 위한 우회생산 거점 역할도 용이하지 않았다.

2. IT 교류 협력사업의 장애요인

1) 북한 ICT 자료의 부족

북한 관련 정보에 대한 접근이 어렵고 또 정보가 제공된다 하더라도 검증되지 않은 잘못된 데이터도 일부 있어 그 진위 여부를 파악하기도 어렵다. 제대로 된 북한 관련 정보는 자금력과 우수한 정보망이 있어야 습득이 가능했다. 북한 관련 정보는 특정 기업, 특정인에게만 국한되는 경향이 있었다. 북한 통신 현황 자료의 경우 국제전기통신연합(ITU: International Telecommunication Union) 등 국제기구에서 공식 집계하는 총회선 수와 같이 제한된 자료에 의존했다. 국내의 북한 ICT 관련 자료들도 부족하며, 국내에 있는 자료들조차도 각 기관에 산재해 있어 체계적인 관리가 미흡한 상태다.

2) 통신시장의 다국적기업 선점

북한의 통신시장에 다국적기업이 등장했다. 통신사업은 통신설비의 특성상 선점 기업의 제품이 지속적으로 공급되어야 하므로 북한 통신 현대화 사업을 외국 사업자가 선점할 경우에는 시장과 기술이 외국 기업에 종속될 우려가 있다. 이 경우 다국적기업이 북한 지역의 통신시장에서 획득한 기득권을 통신 통합 과정에서 어떻게 처리할 것인가의 문제가 제기된다. 이러한 문제를 해결하는 방법은 통합 당시 남한의 통신시장 구조가 어떻게 편성되어 있고, 통신 통합이 어떠한 방식으로 이루어질 것인가, 그리고 기득권의 내용이 무엇인가 등에 따라 달라진다. 기득권이 원활한 통신 통합을 저해하지 않도록 사전에 대비할 필요가 있다.

3) 사업계획의 미흡

남·북한 ICT 협력사업자들은 대부분 사업에 대한 충분한 사전 검토 없이 사업에 나섰다가 다양한 어려움을 겪었다. 교섭 단계에서 이익을 얻으려는 남측과 초기 투자를 유치하려는 북측의 협력사업에 대한 이해 차이 때문이었다. 사업계획의 검토 부족이 사업 수익 확보 계획에 부정적인 영향을 미쳤다. 북한 현장에 직접 가볼 수 없기 때문에 사업 진행 과정에서 발생하는 초과 비용과 이동에 따른 간접비용을 감안하지 못하면서, 수익 확보 계획에 차질이 생겨 사업을 포기하게 된다.

3. 남·북한 ICT 교류 협력 관련 법적 한계

1) 남·북한 IT 교류에 관한 국내법

(1) 남북교류협력에 관한 법률
가. 인적교류 관련 법률
남·북한 IT 교류를 추진하기 위해서는 여타 분야와 마찬가지로 인적 접촉이 우선적으로 이루어져야 한다. 먼저 북한의 정보통신 전문가들과 제3국 등지에서 개별적으로 접촉하거나 국제 학술세미나에 공동으로 참가해 서로 의견을 교환하는 기회를 넓혀야 한다. 또한 북한의 관계 기관을 방문해 북한의 ICT 수준을 파악하고 관련 전문가들과 직접 협의하는 과정도 필요하다. 하지만 현행 법 체제에서 북한의 주민, 기업, 단체 등과 정보통신 교류를 위해 접촉하는 것은 자유롭지 못하다.

실정법상 북한의 사회주의 이념 노선에 동조해 활동하는 국외 단체 구성원도 북한 주민이며, 북한 주민이 개설한 인터넷 사이트에 접속해 회원가입, 주문판매, 전자우편과 대화방 이용 등 통신수단을 이용해 북측과 의사를 교환한 것도 북한 주민 접촉에 해당되는 등 현실적으로 많은 제약이 있다.

1990년 8월에 제정된 '남북교류협력에 관한 법률'(2014.3, 2020.3, 2020.12 일부 개정)에서는 남·북한 주민 간의 통신을 북한 주민 접촉으로 규정하고 남북 교류 협력의 차원에서 다루고 있다. 이에 따라 남한 주민이 제3국에서 북한 주민과 통신의 방법으로 연락하기 위해서는 원칙적으로 접촉 전에 통일부 장관의 승인을 받아야 하지만 부득이 사전 승인을 얻지 못하고 북한 주민을 접촉할 경우가 있을 수 있다. '남북교류협력에 관한 법률'은 이러한 상황의 발생을 고려해 북한 주민과의 통신에 의한 접촉에 대해 사전 승인제를 원칙으로 하되 이에 대한 예외를 인정했다.

'남북교류협력에 관한 법률' 시행령 제16조 제4항에서는 "편지의 접수와 같은 부득이한 사유로 인해 사전 승인 없이 북한 주민과 접촉한 경우"를 사전 승인의 예외 사유로 본다. 기타 부득이하게 사전 승인 없이 북한 주민과 접촉한 경우란, 예건대 북한 주민으로부터 일방적으로 전화가 걸려와 이를 받는 경우를 말한다. 이와 같이 사전의 접촉 승인을 받는 것이 현실적으로 불가능한 부득이한 사정이 발생한 경우에는, 북한 주민과 접촉한 자가 접촉 후 7일 이내에 접촉 사실을 통일부 장관 또는 재외공관의 장에게 신고하면 사전에 승인을 받은 것으로 본다.

어떤 사람이 '남북교류협력에 관한 법률' 제9조 제1항의 규정에 의한 승인을 얻지 아니하고 회합·통신 기타 방법으로 북한 주민과 무단 접촉을 한 경우에는 법 제27조 제1항 제1호에 의해 3년 이하의 징역 또는 1000만 원 이하의 벌금에 처해진다. 사전 승인을 받지 않은 상황에서 부득이하게 북한 주민과 전화 통화 접수를 한 경우, 사후에 이 사실을 통일부 장관에게 신고하지 않으면 역시 승인 없이 북한 주민을 접촉한 것이 되어 처벌 대상이 된다. 여기서 부득이한 경우라 함은 북한 주민을 접촉할 것을 사전에 예상할 수 없는 객관적 정황이 존재하는 경우를 말한다. 처음부터 통일부 장관의 승인을 받지 않고 북한 주민과 전화·컴퓨터 통신 등을 통해 접촉하려는 의사를 가지고 출국한 후 제3국에서 북한 주민으로부터 전화 통화 내지 컴퓨터통신을 접수한 경우는 부득이한 경우라고 볼 수는 없다. 이와 같은 경우에는 승인 없는 무단 접촉 행위의 발생과 동시에 '남북교류협력에 관한 법률' 위반의 죄가 성립되어 처벌의 대상이 된다. '남북교류협력에 관한 법률' 제27조 제3항에 의하면 법 제27조 제1항 제1호의 미수범도 처벌된다. 승인을 받지 않고 북한 주민과 통신에 의해 접촉하려 한 자는 설령 접촉이 이루어지지 않더라도 처벌을 받게 된다.

한편 2020년 12월 문재인 정부는 우리 국민의 남북 교류를 위한 대북 접촉 절차를 간소화했다. 북측 주민과의 우발적 만남은 접촉 신고 대상에서 제외되는 내용의 '남북교류협력에 관한 법률' 개정안을 통과시켰다. 개정안에 따르면 앞으로 남북 교류를 위해 우리 국민이 북한 주민을 접촉한 경우 통일부에 신고만 하면 된다. 기존에는 통일부가 국가안전보장, 질서유지 우려 등이 있는 경우 신고 수리를 거부할 수 있었지만 수리 제도를 폐지했다. 신고 대상도 남북 교류 목적의 접촉자로 제한된다. 해외여행 중 우연히 북한 주민을 만나거나 이산가족이 북측 가족에게 연락하는 경우 통일부에 북한 주민 접촉 신고를 하지 않아도 된다는 것이다.

나. 전기통신 역무의 제공

'남북교류협력에 관한 법률' 제22조에서는 남북교류협력에 참여하는 자들의 편의 도모와 남북교류 협력 촉진을 위해 전기통신 역무를 제공할 수 있다는 일반 조항을 두고, 남·북한 간에 제공되는 전기통신 역무의 제공자, 종류, 요금, 취급 절차 등에 관해 필요한 사항은 대통령령으로 정하도록 위임했다.

시행령 제35조(통신역무의 제공)1항에서는 "남북교류협력법 제22조 제1항에 따라 우편 및 전기통신 역무를 제공할 수 있는 자는 '우편법'과 '전기통신사업법'에 따라 우편 및 전기통신 역무를 제공하는 자 중 법 제17조에 따라 통일부 장관의 승인을 받은 자로 한다"라고 규정했다. 제2항에는 "남한과 북한 간에 제공되는 우편 및 전기통신 역무의 종류는 다음 각 호와 같다"라고 규정되어 있다[개정 2010.10.1 제22424호(전기통신사업법 시행령); 2014.10.15]. 이는 ① '우편법' 제14조에 따른 보편적 우편역무, ② '우편법' 제15조에 따른 선택적 우편역무, ③ '전기통신사업법' 제2조 제11호에 따른 기간통신역무, ④ '전기통신사업법' 제2조 제12호에 따른 부가통신역무를 말한다. 제36조(통신 역무의 요금)에서는 "남북교류협력법 제22조 제1항에 따라 남한과 북한 간에 제공되는 우편 및 전기통신 역무의 요금은 정부와 북한 당국 간에 합의한 바에 따른다". 제37조(통신 역무의 취급 절차)는 "남북교류협력법과 이 영에서 규정한 사항 외에 법 제22조 제1항에 따라 남한과 북한 간에 제공되는 우편 및 전기통신 역무에 관하여는 '우편법'·'전기통신기본법' 및 '전기통신사업법'의 관계 규정을 적용한다"라고 규정되어 있다.

다. 통신 관련 남북협력사업의 승인

법인과 단체를 포함한 남한 주민이 북한 주민과 통신 분야의 합작투자 등 협력사업을 하고자 하면 먼저 '남북교류협력에 관한 법률' 제16조 제1항에 따라 통일부 장관으로부터 협력사업자 승인을 얻어야 한다. 협력사업자 승인은 협력사업 추진 자격을 부여하는 것을 말한다. 협력사업자 승인 절차는 협력사업을 추진하려는 개인과 법인단체의 경험과 전문성 등 자격과 능력을 검증 확인하는 과정이라고 볼 수 있다. '남북교류협력에 관한 법률'에 이와 같은 절차를 둔 것은 특수한 남·북한 관계의 현실을 고려해 무분별한 남북협력사업 추진과 이에 따른 과당경쟁을 사전 방지하기 위한 의도다.

협력사업자 승인을 받았다고 해서 당장 북한에서 남북통신협력사업을 추진할 수 있는 것은 아니다. 협력사업자는 '남북교류협력에 관한 법률' 제17조 제1항에 따라 사업마다 북한 측 당사자와 구체적 협의를 거친 후 소정의 서류를 갖추어 다시 통일부 장관으로부터 협력사업 승인을 얻어야 한다. 이러한 점에서 협력사업 승인은 현실적으로 협력사업 시행을 허용하는 절차라고 볼 수 있다. 협력사업의 승인 요건과 그 절차에 관해 필요한 사항은 '남북교류협력에 관한 법률' 시행령 제34조 내지 제39조[1]와 '남북경제협력사업처리에 관한 규정' 제8조 내지 제12조에 더욱 자세하게 나와 있다. 한편 통일부 장관은 남한과 북한의 당국 간 합의 또는 당국의 위임을 받은 자 간에 합의가 있을 때, 혹은 남북교류 협력추진협의회의 의결이 있을 때에는 시행령 제20조에 따라 통신 분야 협력사업 승인에 관한 절차 규정에 대해 특례를 정할 수 있다.

(2) 국가보안법

'남북교류협력에 관한 법률' 제3조에 따르면 남한과 북한과의 왕래·교역·협력사업과 통신 역무의 제공 등 남북 교류와 협력을 목적으로 하는 행위에 관해서는 정당하다고 인정되는 범위 안에서 다른 법률에 우선해 이 법을 적용한다. 여기에서 다른 법률이라 함은 국가보안법 등을 지칭하는 것으로 해석되며, '남북교류협력에 관한 법률'에 따라 추진되는 정당한 목적, 즉 남·북한 관계 개선

---

1) 협력사업 승인의 요건과 관련, '남북교류 협력법' 시행령 제35조에서는 ① 당해 협력사업의 실현 가능성, ② 남·북한 간의 분쟁 가능성, ③ 타협력사업과의 경합, ④ 협력사업자의 능력과 사업의 내용 및 규모와의 부합 여부, ⑤ 국가안전보장 공공질서 또는 공공복리의 저해가능성 등을 종합적으로 고려해 승인 여부를 결정하도록 한다.

표 13-2 **남·북한 ICT 교류와 국내 관련 법제도**

헌법	• 영토 조항과 실제상의 '2국가' 문제의 상충
국가보안법	• 북한 주민과의 접촉문제 보완 – 통신수단을 이용한 의사교환도 접촉에 해당 – 실정법상 북한의 노선에 따라 활동하는 국외 단체의 구성원도 '북한 주민' 　이며 이러한 북한 주민이 개설한 인터넷 사이트에 회원가입, 주문판매, 　전자우편, 대화방 이용 등도 접촉에 해당
남북교류협력법	• 북한 주민 접촉과 관련한 교류 협력법 조항(사전 승인)
특수 자료 취급 지침	• 개정 혹은 폐지

이나 민족 공동체 형성 등의 목적을 가진 교류 협력 행위에는 국가보안법이 적용되지 않는다.

북한 주민과의 통신 등에 의한 접촉 행위가 헌법상 반국가단체를 이롭게 한다는 점을 알고 행해진 경우에는 '남북교류협력에 관한 법률'의 적용이 배제되고 국가보안법에 따라 처벌된다. 국가보안법 제8조는 "국가의 존립·안전이나 자유민주적 기본질서를 위태롭게 한다는 점을 알면서 반국가단체의 구성원 또는 그 지령을 받은 자와 회합·통신 기타의 방법으로 연락을 한 자는 10년 이하의 징역에 처한다"라고 규정한다.

북한 주민과의 통신에 의한 접촉이 '남북교류협력에 관한 법률'에 따라 통일부 장관의 승인을 받아 이루어졌다 하더라도 남북교류 협력의 차원을 벗어나 반국가적·이적 목적을 위해 남용되었다면 곧바로 국가보안법 위반으로 간주되어 처벌 대상이 된다. 반면에 통일부 장관의 승인을 받지 않고 행해진 통신이라 해도 이적의 목적 없이 행해진 교류 협력이라면, 이 경우에는 국가보안법이 적용되는 것이 아니라 '남북교류협력에 관한 법률' 위반 여부가 쟁점이 된다.

(3) 전기통신관련 법령

'전기통신기본법'과 '전기통신사업법'의 관련 조항도 '남북교류협력에 관한 법률' 제48조에 의거해 남·북한 간의 전기통신 교류에 준용될 수 있다. 1991년

8월 10일 제정된 '전기통신기본법'에서는 ① 용어의 정의, ② 전기통신의 관장, ③ 전기통신사업자의 구분, ④ 전기통신기술의 진흥, ⑤ 전기통신설비(사업용 전기통신설비와 자가 전기통신설비)와 종류와 기술기준, ⑥ 전기통신설비의 통합 운영, ⑦ 전기통신기자재의 관리, ⑧ 보칙과 벌칙 등에 관해 규정한다. 같은 날 함께 제정된 '전기통신사업법'에서는 ① 용어의 정의, ② 전기통신사업의 종류 (기간통신사업, 부가통신사업), ③ 전기통신업무, ④ 전기통신사업의 경쟁촉진, ⑤ 전기통신설비의 설치 및 보전, ⑥ 보칙과 벌칙 등에 관해 규정했다.

이외에도 남북 통신 교류와 관련해 '전파법'의 해당 조항들이 부분적으로 준용될 수 있다. 하지만 전파 감시에 관한 사항은 남북 통신 교류보다는 통신 개방의 문제와 주로 관련이 있는 것이므로 직접 관련성은 적다.

2) 남·북한 ICT 교류에 관한 국제협정 및 유엔 대북 제재

바세나르협정, 전략물자수출법 등 각종 국내외 협정이나 법률도 국내 정보 기술업체들의 북한 진출에 결정적인 제약요인이다. 그동안 남북경협은 노동집약 산업 위주의 단순 위탁가공 교역에 집중해 왔기 때문에 바세나르협정이 현안 문제로 대두되지 않았다. 하지만 북한이 기술집약적 산업의 경제협력을 요구하고 있고, 전자·전기·통신 분야의 기술 집약적 설비들은 민수용이지만 모두 군사용으로 전용될 수 있는 이중용도품목이다.

게다가 소프트웨어의 상당 부분도 전략물자로 분류되어 있다. 일반적으로 구매할 수 있는 소프트웨어는 통제 대상이 아니지만 전자 분야의 내장형 프로그램 제어용 장비관련 소프트웨어, 센서와 레이저 관련 소프트웨어, 항공전자 분야의 GPS 관련 소프트웨어 등 광범위한 분야를 통제 대상으로 규정했다. 결국 바세나르협정을 보수적으로 운영하면 관련 산업의 남북경협은 사실상 불가능하다.

산업통상자원부는 이 협정에 따라 교환기, 컴퓨터 등 통신기기의 대북반출을 제한한다. 통신업계는 남북 통신 교류를 활성화하려면 먼저 남한에서 만든 첨단장비를 북한에 공급할 수 있는 국내외적인 여건이 조성되어야 한다는 입장이다. 2002년 당시 우리민족서로돕기운동본부(본부장: 서경석)에서는 이 협정을 준수하면서도 북한 아태평화위원회와 협의해 486급 컴퓨터 2만 대를 제공하는 계획을 추진했다. 국내 미지(美知)사가 개발한 국산 리눅스 OS를 탑재하고 안철수연구소의 바이러스 진단 리눅스용 'V3 프로라이트', 다국어 사전『월드맨』, 텍스트 기반 통신프로그램 '가연'과 '기우' 등이 탑재되어 있었다. 그러나 우리민족서로돕기운동본부 측이 확보한 컴퓨터들은 대부분 CD롬 드라이브가 없어 리눅스 배포판도 별도로 공급하는 방안이 추진되었으나, 실제 성사되지는 않았다.

2016년 3차 북핵 실험 이후 연속적으로 채택된 5건의 유엔 안보리 대북 제재는 이전에 군사적 목적의 무기 수출입을 막는 6건의 제재와 달리 군수용은 물론 민수용 부품의 이동을 차단함으로써 북한의 경제적 이득을 차단하는 데 주안점을 두었다. 따라서 첨단 ICT 부품과 소재와 장비 등의 직접적인 제공은 물론 북한에게 실질적인 이득이 있는 경제교류 협력사업은 추진이 불가능하다.

3) 인터넷을 통한 남북교류사업과 관련법과의 관계

인터넷을 통한 남북교류 협력사업이나 북측이 개설한 인터넷에 접속하는 사례가 발생하게 됨은 당연한 시대적 추세다. 특히 인터넷 거래는 상대방과의 직접 접촉이 필요 없으므로 북측 주민과의 직접 접촉에 따르는 절차상의 다양한 불편을 덜 수 있을 뿐만 아니라 일반거래에 비해 거래비용도 절약할 수 있는 장점이 있다. 인터넷을 통한 남·북한의 교류도 국내 각종 법적 제약과 맞물려 있다. 2001년 통일부는 훈넷이 북측과 연계해 인터넷 복권사업을 추진하는 과정에서 수익금의 일부가 평양으로 이동하는 것은 '남북교류 협력법'을 위반한 것으로 판단, 제재를 취하고 훈넷은 이에 반발해 법적인 대응을 준비하는 등 인터넷을 통한 대북사업의 법적인 문제가 간단치 않음을 암시했다.

(1) 북측 개설 사이트에 대한 접속, 열람, 회원가입

'남북교류협력에 관한 법률' 제9조 제1항에 따르면 남한 주민이 북한 주민과 접촉하고자 하는 경우에는 사전에 정부의 승인 즉, 통일부 장관의 승인을 받아야 하고, 승인 없이 접촉한 경우에는 '남북교류협력에 관한 법률' 시행령 제19조 제3항에 따라 접촉 후 7일 이내에 신고해야 한다. 여기서 '접촉'이라 함은 남한과 북한의 주민이 서로 정보나 메시지를 주고받는 과정을 말하는 것으로, 북한 주민을 직접 만나는 것은 물론 중개인을 통하거나 전화, 우편, 팩스, 텔렉스 등의 통신수단을 이용한 의사 교환도 모두 접촉에 해당한다. 만일 접촉 승인을 받지 않고 접촉을 한 경우에는 '남북교류협력에 관한 법률' 제27조 제1항 제1호에 따라 3년 이하의 징역 또는 3000만 원 이하의 벌금을 받게 된다(개정 2014.3.11).

또한 남북교류협력에 관한 법률 시행규칙(일부 개정 2019.8.19) 제9조에에 따르면 접촉 후에는 북한 주민 접촉 결과 보고서를 제출해야 한다. 북측이 개설한 인터넷 사이트를 열람하는 것도 '접촉'에 해당하며, 따라서 정부의 승인을 받고 그 결과를 보고해야 하는지가 문제가 된다. 북한 주민은 북한에 적(籍)을 둔 주민뿐만 아니라 남북교류협력에 관한 법률 30조(북한 주민 의제)에 근거해 북한의 노선에 따라 활동하는 국외 단체의 구성원도 북한 주민으로 보기 때문에, 조총련이나 기타 외국에서 친북 성향의 사람들이 운영하는 인터넷 사이트도 북측이 개설한 것으로 판단된다.

인터넷도 통신수단에 해당하는 것은 틀림이 없으나 기존의 통신수단과는 그 성격을 달리한다. 인터넷이 갖는 강력한 개방성, 접속의 용이성 등 인터넷 특유의 속성을 고려할 때 전통적인 통신수단과 구별할 필요가 있으며, 설사 승인을 필요로 한다고 하더라도 현실적으로 접속의 유무를 판단해 규제하는 것이 사실상 불가능하다. 실정법이 현실에서 실질적인 이행이 불가능한 것을 규

정할 때 그 법의 존재가치를 유명무실하게 해 법의 권위를 손상시킬 뿐만 아니라 개인의 자유를 지나치게 구속할 우려가 높아진다.

따라서 북측이 개설한 인터넷 사이트에 접속해 열람하는 경우에는 북한 주민 접촉 승인을 받을 필요가 없다는 주장도 제기되었다. 더 나아가 회원가입, 주문판매, 전자우편이나 대화방 이용 등을 통해 의사전달을 할 경우에는 북한 주민 접촉으로 볼 수가 있기 때문에 승인을 요한다. 실제로 정부는 북측의 외곽단체인 범태평양조선민족 경제개발촉진협회가 개설한 '조선인포뱅크' 사이트 회원가입에 대해 북한 주민 접촉 승인을 받도록 했다. 북측 사이트에 들어가서 자료를 다운로드받는 것도 접촉으로 보아야 한다. 이때 자료가 북한의 일방적 선전을 담은 '특수 자료'에 해당한다면 특수 자료 취급 기관으로 인가를 받은 경우에 한해 다운이 가능할 것인지의 문제가 제기될 수 있다.

한편 자신의 인터넷 사이트에 북측이 개설한 사이트를 소개해 링크할 수 있도록 하는 것이 가능한지도 문제다. 북측 사이트의 내용에 대한 소개가 없이 단순히 도메인 이름만을 소개해 링크해 놓은 경우도 북한 관련기관에서는 정보 제공 차원에서 발생할 수 있다. 특히 특수 자료 취급 인가를 받은 공신력 있는 기관에서는 이용자의 편의를 위해 이러한 링크가 가능하게 해둘 가능성도 배제할 수 없다. 제3자가 그러한 링크를 통해 북측이 개설한 사이트를 단순히 열람하는 것과 자신의 사이트를 통해 링크가 가능하게 하는 것은 구별할 필요가 있다. 링크를 가능하게 하기 위해서는 특수 자료 취급 인가를 받아야 한다거나, 또는 정부의 접촉 승인을 받아야 한다는 지적도 가능하다. 단순히 사이트 링크 없이 북측 개설 사이트의 도메인만을 소개하는 경우에는 달리 취급될 필요가 있을 것이나.

(2) 인터넷을 통한 남북협력사업

국내 사업자가 북측 인터넷 사이트 개설자와 계약을 체결해 공동사업을 하는 경우 계약 내용에 따라 사업의 유형이 다양해질 수 있다. 향후 사업의 유형은 다음과 같이 구분될 수 있다.

첫째, 북측 개설자로부터 북한 정보와 자료를 받아 국내에 미러사이트(mirror site)를 개설해 이를 국내 사용자에게 유료로 제공하는 방식이다. 이는 '지적재산권 및 이의 사용에 관한 권리'를 공동으로 투자하고 이윤을 분배하는 경제협력사업에 해당함으로 교류 협력법상의 협력사업 승인을 받아야 한다. 2001년 시스젠(Sysgen)은 '조선인포뱅크' 사이트를 개설한 범태평양조선민족경제개발촉진협회와 계약을 체결해 그 사이트가 제공하는 정보를 바탕으로 국내에 북한 정보 제공 사이트를 개설하는 사업을 추진했다. 이때 제공되는 정보가 단순한 경제 산업 정보 이상의 것으로 '특수 자료'에 해당하는 경우 특수 자료 취급 기관으로서의 인가도 받아야 한다.

둘째, 북측 개설자와 계약을 맺은 국내업자가 국내 사이트에서 북한 물품을 주문·판매하는 경우에는 교류 협력법상 물품 반·출입 절차에 따라야 한다. 셋째, 국내 사이트의 정보나 주문판매를 이용하는 이용자는 국내 사업자들 간의 관계이므로 '남북교류협력에 관한 법률'상의 접촉 등에 해당되지 않기 때문에 승인의 대상이 되지 않는다.

(3) 독자적인 국내 사이트를 통한 대북 중개·알선사업

국내의 인터넷 사업자가 자사의 웹사이트를 개설해 단순히 국내 인사들에게 대북사업을 알선·중개하는 사업은 이적성이 없다면 가능하다. 예를 들어보면, 북한 제품 전문쇼핑몰을 개설해 북한 물품을 판매하거나 교역을 중개할 수가 있을 것이며, 이산가족과 관련해 이산가족 찾기나 고향 투자, 송금이나 물품 발송 및 묘목 식수 대행도 제안할 수 있다. 북한의 교예단이나 예술단 등의 교류를 주선하는 문화예술 교류 이벤트 사업도 가능하다. 이 밖에도 북한 지역 혹은 인물을 대상으로 하는 멀티미디어 제작이나 광고 및 이벤트 사업과 함께 북한 운동선수나 예술인에 대한 섭외, 매니지먼트도 사업 아이템으로 제시하며 수석 등과 같은 동호인 그룹의 수집품 대행 서비스도 가능할 것이다. 2000년대 초반 남북 화해 분위기에 따라 관련 사업을 구상한 국내 인터넷 사업체는 시스젠(www.sysgen.co.kr), 조선인터넷(www.dprk.com), 유니온커뮤니티(www.unionzone.com), 한터넷(www.hanter.net) 등이 있었다.

이 사업체들은 국내의 인터넷 이용자가 해당 사이트에 접속해 희망하는 대북사업 내용을 선택한 후 신청하면 개별적인 사안에 따라 북한 물품을 판매하거나 북측 관련기관을 소개하는 등의 활동을 구상했다. 이러한 경우는 북측에 대한 투자가 수반되지 않는 단순 중계·알선에 불과하기 때문에 협력사업에 해당되지 않는다. 다만 운영상 북측 상대자와의 접촉이나 물품의 반입이 필요할 경우 접촉 승인이나 물품 반입 승인은 필요하다. 이러한 사업을 북측을 대리하는 회사와 계약을 맺고 이 대리회사가 북한 관계 당국과 협의·처리한 내용을 국내 사업자에게 전하는 것과 같이 지속적인 사업 상대방이 있을 때는 협력사업 승인을 받아야 한다.

(4) 인터넷상의 북한 저작물 보호 문제

인터넷은 저작권 관련 법제도에도 큰 변혁을 초래했다. 모든 자료가 디지털화됨으로써 인터넷 이용자들은 인터넷을 통해 접하는 타인의 저작물들을 다운로드해 이를 기초로 그대로 사용하거나 개작·변형해 인터넷상에 쉽게 재배포할 수 있다. 인터넷상에서의 저작물의 이용·유통 행위에 대해 전통적인 저작물에 대한 '저작권법'상의 법리를 그대로 인정할 수는 없다. 법원은 북한 작가들의 작품에 대한 저작권이 '저작권법'에 따라 남한에서도 보호된다는 입장이다.

법원이 월북 작가나 재북 작가의 저작물을 우리나라에서 보호하는 근거는 '헌법' 제3조의 영토 조항이다. '헌법' 제3조에 의하면 "대한민국의 영토는 한반도와 그 부속도서로 한다"라고 규정하므로 북한 지역은 한반도의 일부로 당연히 우리 대한민국의 영토에 속하며, 따라서 북한 지역도 우리의 주권 범위에 속한다는 것이다. 그러므로 우리 헌법에 의해 제정·시행된 '저작권법' 등 모든 법령의 효력은 북한 지역에도 미침으로 우리나라에서 당연히 보호된다고 판시했다. 저작권법이 취하고 있는 상호주의도 북한에는 적용될 수 없다. 대한민국의 주권은 헌법상 북한 지역에까지 미치는 것임으로 설사 북한이 세계 저작권협약(UCC: User Created Contents)에 가입하지 않았다 하더라도 북한 저작물은 상호주의에 관계없이 우리 저작권법상 보호를 받는다.

(5) 북한의 명칭을 사용하는 도메인의 보호문제

도메인 네임의 등록 신청자는 대부분 자신의 영업이나 활동을 대표하는 표지로서 도메인 네임을 등록한다. 때로는 인터넷 도메인 네임 시스템이 도래하기 전부터 지적재산권에 의해 보호되고 있는 제3자의 상표와 동일하거나 유사한 도메인 네임을 등록하기도 한다. 따라서 자신의 상품이나 영업을 대표하는 도메인 네임을 획득하지 못한 상표권자는 도메인 네임 등록자가 무단으로 자신의 도메인 네임을 선점했음을 주장하면서 그 등록을 취소하거나 그 도메인 네임을 원래 소유자에게 돌려줄 것을 주장하기도 한다. 특히 악의의 남용적 등록은 부당이득을 얻을 수 있는 투기적 행위이면서 제3자인 상표권자의 권리를 침해하는 행위가 되기 때문에 더욱 문제가 된다.

아직 이러한 문제에 대한 국제적 규범이나 국내법상의 원칙이 확립되지 않은 상황에서 북한의 관련 문제까지 여기서 논의하는 것은 시기상조인 감이 없지 않다. 그러나 문제 제기 차원에서 제시하고자 한다. 과거 많은 사람들이 북한의 인명, 지명, 사업명 등을 사용한 도메인을 등록해 놓고 있다. 북한 관련 주요한 명칭이 신속하게 남한 사람을 포함한 외국인에 의해 선점되고 있다. 2000년 6월 정상회담을 앞두고 북한 관련 인터넷 도메인이 수백만 달러에 대거 매물로 쏟아져 나왔다. 도메인 경매 사이트 그레이트도메인즈(www.greatdomains.com)에 따르면 '통일조선닷컴(unichosun.com)', 'i-choson.com', 'e-choson.com' 등이 각각 300만 달러(약 31억 원), '북조선닷컴(pukchosun.com)'이 200만 달러(21억 원)의 거액을 내걸고 대거 매물로 나왔었다. 이러한 도메인의 원주인은 모두 서울 등지에 사는 한국인으로서, 대부분 2000년 3월 도메인 등록을 마쳤

으나 남북정상회담 발표와 함께 예상되는 '북한 붐'을 노리고 경매시장에 내놓았다.[2]

한편 'pyungyang.com'이나 '옥류관.com'의 도메인 네임을 사용하는 사람에 대해 평양시나 평양의 옥류관이 사용 중지 요청을 할 수 있느냐는 문제가 제기된다. 물론 분쟁해결 방법에 관한 남·북한 간의 제도적 장치가 마련되어 있지 않고, 북한의 상호 등록 제도도 국제적 규범과 다를 가능성이 높기 때문에 현재 자본주의 국가 간에 논의되고 있는 규정이 그대로 적용될 수 없다고 볼 수도 있다. 북한이 1974년에 국제지적재산권협회(WIPO)에 가입한 사실을 보면 국제지적재산권협회에서 논의되는 것이 북한의 경우에도 그대로 적용될 수 있는 경우가 적지 않을 것이다. 북한의 명칭을 사용하는 도메인 네임을 둘러싼 분쟁이 앞으로 북한이 개혁·개방으로 나올수록 빈번해질 것이 예상되며 이에 대한 향후 대책이 필요하다.

4. 북한 비핵화와 남북 협력 방안

1) 기본 방향

정치는 희소가치를 권위적으로 배분하는 과정이다. 정보의 생산과 공유라는 통신은 북한에서 아직도 상당한 희소가치가 있다. 지금까지 북한 지배층은

---

[2] 국내 도메인 비즈니스 업체인 디지털맥스에 따르면 수천 개에 달하는 부분을 한국인이 소유하고 있지만 정작 중요한 도메인들은 미국인이나 중국인들이 갖고 있는 것으로 나타났다. 가장 대표적인 예가 북한을 뜻하는 'northkorea.com'이나 'nkorea.com', 또 김정일의 영문 표기인 'kimjungil.com'도 미국기업의 소유로 되어 있다. 이에 따라 도메인 전문가들과 일부 네티즌들 사이에서는 외국인 소유의 북한 관련 도메인을 회수해 우리 정부나 북한 측에 기증하자는 여론이 확산되고 있다고 한다(≪문화일보≫, 2000.6.18).

이 희소가치를 배분하기를 거부했다. 그러나 앞으로는 이러한 거부가 불가능할 것이다. 북한이 향후 세계적인 디지털경제에 편입하는 것은 북한의 생존을 위해서는 선택이 아니라 필수적인 사항이다.

유럽연합(EU: European Union)의 원점이라고 불리는 유럽석탄철강공동체(ESCS)가 성공적으로 설립된 후에 많은 사회과학자들이 정치·경제적 통합에 관한 연구에 몰두했다. 유럽연합을 가장 잘 설명하는 이론으로 '기능적 통합이론(functional integration)'이 있다. 이 이론에 의하면 분리된 공동체들이 통합으로 가는 지름길은 비정치적으로, 하위와 중위의 기술적이고 경제적인 통합에서 시작해 서서히 고위의 정치적인 통합으로 이행하는 방식이다. 스포츠, 문예·학술 교류, 이산가족 통합, 경제교류와 경제통합 등 많은 기능적 통합 과제들을 위해 의사·정보를 주고받는 통신 인프라의 정비는, 북한에서도 더 이상 선택의 문제가 아니라 암묵적이나마 스스로 선택하기로 천명한 의무다.

따라서 북한이 국제사회를 위해 비핵화를 선언할 경우 낙후된 정보통신 인프라의 현대화 사업을 위해 남한의 정부와 기업들은 현실적인 계획을 준비할 수 있다. 정보통신 협력을 통해 경제협력의 상설화를 추진하며 이를 발전시켜 남북경제공동위를 구성할 수 있다. 상시적 성격의 남북경제공동위는 남북경제대표부로 격상되며, 궁극적으로는 남북대표부로 확대되는 것이 남북 경제협력을 통한 남북 경제공동체의 구성과 경제 분야의 통합의 과정이라고 볼 수 있다.

이러한 작업을 위해 고려해야 할 요소들은 무엇인가? 우선 ICT 분야의 협력 진전이 타 분야에 미치는 파급효과가 크고 중요한 만큼 난관도 많을 것이다. 통일 독일의 경우에도 타 분야에 비해 통신 분야의 개방 속도가 가장 늦었음을 비추어볼 때 한반도에서는 사전준비가 필요하다. 북한의 지도부는 자존심과 대내적인 정당성의 확보를 위해 교류 협력과 경제 원조를 받아들이는 데 소극적인 면이 있다. 따라서 비핵화가 가시화된다면 북한의 통신 현대화를 정부차원의 추진과 동시에 일부 지역단위, 민간 수준의 사업 형태로 시작해 신뢰를 쌓으면서 사업을 확대한다. 평양의 이동통신 사업을 정부 차원에서 지도해, 통신업체들이 일부 컨소시엄으로 참여하는 방안도 검토할 수 있다. 이동통신 사업 등 대형 통신 인프라 사업을 수행함과 동시에 초기 단계에는 이산가족 상봉 등의 대외적 홍보이벤트와 연관된 협력사업의 발굴이 효과적일 것이다.

단기적으로는 남측의 자본 및 상업화 기술과 북한의 소프트웨어 우수 인력을 접목시켜 응용소프트웨어를 공동으로 개발할 수 있다. 애니메이션, 디지털 만화, VR 분야가 유망하다. 2001년 포항공과대학교와 평양정보센터가 VR 분야에서 공동연구를 진행한바 있다. 중장기적으로는 북한의 정보통신 연구개발을 위한 인프라 구축과 인력 양성을 위한 교원 양성 프로그램 등도 추진할 수 있다. 또한 남한의 KS와 북한의 KP를 통합하는 표준화 문제를 해결하고 국제 프로젝트를 공동으로 수행할 필요도 있으며 이를 위해 남북이 공동으로 정보기술연구소도 설립할 수 있다.

북한 비핵화 진전과 함께 남북이 정보통신산업 분야의 교류 협력을 활성화하기 위해서는 다음과 같은 여건 조성이 필요하다. 첫째, 서로 신뢰를 구축해야 한다. 둘째, 인내심을 갖고 협력에 임해야 한다. 셋째, 유엔 안보리 결의안 11건을 비롯해 바세나르협정, 전략물자수출통제법 등 저해 요소를 가진 규정이나 법률을 사전에 충분히 검토해서 장애요인을 제거해야 한다. 넷째, 북한에서는 인터넷을 수용해 사이버 공간을 이용한 남북 정보기술 교류가 활발히 진행되어야 한다. 북한에서 인트라넷과 방화벽에 관한 연구가 활발한 점을 고려해 북한과 방화벽 기술협력 방안 등도 검토할 수 있다. 다섯째, 남한의 기업들은 처음부터 이익을 추구하는 것이 아니라 일종의 중장기 투자개념으로 북한과 협력하는 것이 바람직하다. 이를 위해 민간 차원의 '남북공동 ICT 교류위원회'(가칭)를 구성해 협력에 대한 기본계획(Master Plan)을 세우고 체계적인 남북 교류를 증진시킬 수 있다(박찬모, 2002.8.24: 20).

한편 기술적으로 최선의 선택이 아니라 다소 불합리한 면이 있더라도 북한의 기존 인적자원을 최대한 활용해 상호협력을 참여적(participatory)인 과정으로 만드는 것도 중요하다. 북한이 자체 생산 가능한 통신 인프라 분야는 수동

교환기, 통신중계기, 광케이블, 통신케이블, 전화기, 무전기, 레이더, 유선방송 설비와 중단파 송신기 등이며, 이를 적극 활용할 필요가 있다. 이는 인민의 기본적 욕구 충족의 필요성이라는 북한 당국의 입장에 부합되는 방향으로 사업을 전개하기 위한 관련 아이템인 공중전화 단말기 공동생산 협력, 남한의 유휴설비(철거 유무선 아날로그 교환기, 기지국 장비, 구현 단말기 등) 무상지원을 통해 통신사업 등을 제안해 볼 수 있을 것이다.

마지막으로 인터넷 교류 협력에 관해서는 신중한 고려와 행동이 필요하다. 단일한 정치이념을 체제 생존의 관건으로 여겨온 사회주의 국가에서는 인터넷을 '체제 파괴의 침투 경로'로 간주하는 경향이 높다. 세계무역기구(WTO)에 가입한 중국의 지도부가 외국 인터넷에 대한 경계를 풀지 않는 것을 상기할 필요가 있다. 따라서 북한 당국의 입장이 쉽사리 변화하는 것을 기대하기는 무리다. 이는 북한 사회가 범세계적인 개방형 정보체제, 즉 미국 중심의 TCP/IP 방식에 의한 보편적 체제에 편입하는 것으로 인터넷 기술 그 자체가 북한에 적용되지 않는다는 것은 아니다.

북한은 인터넷 기술은 이용하되 대외 노출의 위험이 없는 VoIP 솔루션 형태의 접근에 관심이 있다. 장기적으로 본다면 통일 후의 남·북한 통신 인프라 통합과 현대화에 소요될 막대한 경비를 최소화하기 위해서는 VoIP, IP 스위칭, MPLS 등 인터넷 관련 기술의 활용이 중요하다. 인터넷에 관해서는 콘텐츠는 물론 하드웨어 면에 치중해 민·관·산의 긴밀한 협조체제를 구축하고 일관성 있는 정책 수립이 필요할 것이다.

2) 구체적 추진사업 방향

(1) 인터넷 분야

일반적으로 디지털 개방사회에서의 인터넷 분야의 발달 단계 구분은 다음과 같다. ① 일반시민이 중심이 된 소비자 대상의 소비자(consumer) 분야, ② 사업을 목적으로 한 비즈니스(business) 분야, ③ 사회 공공성 유지를 위한 공공 분야(public) 등의 세 가지 순서다. 이는 C:C, C:B, B:B, C:P, B:P 및 P:P 등으로 사업 영역이 세분화될 수 있다. 이러한 분류를 기준으로 할 때, 북한의 경우 ① 체재나 공공성을 유지할 수 있는 공공 분야에서 시작해, ② 앞으로 전개될 경제협력을 기반으로 한 비즈니스 분야를 거쳐, ③ 마지막으로 일반 시민들 중심의 소비자 분야로 전개될 가능성이 높다. 따라서 북한의 인터넷 발전 분야는 남한과는 상이할 수밖에 없다. 북한의 개인이 소비자가 되는 인터넷 사업은 현재로는 시기상조다. 인터넷 사업은 수익성을 확보하는 방안 마련이 중요한데 북한 소비자를 대상으로 하는 사업은 현재로선 실현 가능성이 없다.

대북 인터넷 사업은 북한이 제공하는 정보를 탐색하는 수준으로 전자상거래 등 인터넷의 각종 기능을 활용하지 못한 초보적인 단계에 그친다. 과거 비트 컴퓨터 등에서 북한의 기관에 대한 인터넷 설치를 지원하기로 결정했다고 발표했으나 실제 추진은 불가능했다. 다만 애플리케이션 분야에서 완전 개방성을 보장하는 웹 기반의 솔루션보다는 사용 목적에 따라 폐쇄성을 유지할 수 있는 PC 통신 기반의 애플리케이션을 보급하는 방향은 가능할 것이다.

시스젠의 경우처럼 대리 사이트 개설에 따른 과도한 비용(도합 60만 달러로서, 현금 20만 달러와 현물 40만 달러)을 지불함으로서 수익 구조가 초기부터 불투명해지는 문제점도 신중하게 대처해야 한다. 차선책으로 북측과 연결해 남측 소비자와 연계하고, 북측 진출에 대한 광고하는 방법을 모색해 볼 수 있다. 이 경우 국내 광고료의 몇 %를 사업에 투자할 것인지를 파악해야 한다. 과거 금강산사업 부진 이후 기업들이 대북사업 투자를 발표할 경우 해당 기업의 주가가 하락한다는 속설이 유포되어 과연 광고 효과가 얼마나 있겠냐는 반박도 있을 것이다. 그러나 광고란 인지도를 높이는 데 가장 중요한 포인트가 있는 만큼, 부정적인 효과가 상당 부분 상쇄되면 긍정적인 효과도 있다고 볼 수 있다.

국내 업체들 간 치열한 경쟁을 보이고 있는 국내 인터넷 사업의 업그레이드를 위해서 북한의 인터넷 사업과 연계하는 방안도 모색할 필요가 있다. 특히 젊은 층이 주 고객으로 부상하는 시점에서 대북 인터넷 연계 사업은 광고효과가 적지 않다. 예를 들어 일정 금액을 지불하거나 북한의 인터넷 접속점(POP), 즉 평양이나 외부 세계와 연결되도록 하드웨어를 일정 부문 지원해 주고 조선콤퓨터쎈터의 대리 사이트나 북한을 소개하는 정보 지원 사이트를 연계하는 전략이다. 물론 이 사업은 북측으로부터 구체적인 수익성을 보장받지 못하는 만큼 남측도 부담이 될 수 있다. 따라서 광고효과와 투자액 등을 상호 비교해 투자 여부가 결정되어야 한다.

평양 등지에 사업 목적 사이트를 개설해 남한의 주민 혹은 인가받은 사업자가 접속할 수 있도록 하는 사업이나, 남·북한 기상정보 교류, 임진강과 북한강 수계의 수자원 관리와 정보통신 교류 협력, 스포츠 경기, 공연, 회의 등의 인터넷 중계 등 다양한 형태의 시범적 사업을 개발해야 한다. 정보보안 솔루션은 출입 통제 제품 등 하드웨어 시스템이 진출하고 이어서 침입 차단·탐지 시스템, 네트워크 보안 등 기업 내부정보를 보호할 수 있는 소프트웨어기반 솔루션이 관심을 받을 것이다.

북한의 인터넷 인프라는 일부 제한적이며 그것도 군사용으로 활용되기 때문에 국내와 같은 인터넷 비즈니스는 아직 요원하다. 북한이 자주 활용하는 외자유치의 경우 개발 사업권과 함께 평균 30년의 운영권을 주는 것이 일반적이므로 인터넷 인프라 구축과 더불어 B2B, B2G 차원의 전자상거래를 유도하는 것이 바람직하다.

북한의 철강과 원자재를 중심으로 남·북한 B2B 전자상거래를 통한 남·북한 기업 간 구매·판매가 이루어질 수 있으나 B2G 전자상거래는 시장 형성도 어렵고 소비 패턴도 달라 단기간 시행이 어려우므로, 북한의 물품이나 합작생산품을 전자상거래를 통해 판매하는 형태가 시행될 것으로 예상된다.

(2) 개성공단 통신 분야 검토 사항

2004년 6월 시범단지 공단을 시작으로 2016년 1월 북한의 핵실험에 의해 가동이 중단될 때까지 개성공단은 남한의 자본과 기술, 북한의 노동력과 토지가 결합한 대표적인 경제협력사업이었다.

2000년 8월 9일 정몽헌 현대아산 회장과 김정일 국방위원장은 개성 지역 산업단지를 조성하기로 합의했다. 9월 말 정몽헌 회장은 방북 시 김정일 국방위원장에게 개성을 중국 선전과 같은 경제특구로 지정해 줄 것과 '특별법' 제정을 요구해 북측에서는 관계 전문가들이 검토하기로 합의했다. 이에 따라 현대(14명)와 토지공사(4명) 조사단은 2000년 8월 5일~8월 14일간 방북해 개성시 평화 지역의 22km2(약 700만 m2: 공사제시지역)와 송전 지역 36km2 등 현지에 대한 물리적·사회적·경제적 조건, 사회간접시설 전반에 대한 조사를 실시해 사업 타당성을 검토했다. 현지조사는 부지 조성 여건과 도로, 철도, 전력, 용수 등 기반 시설 현황을 중심으로 실시했으며, 북한의 민족경제연합회(삼천리 총회사), '국토환경보호성'과 '개성시 인민위원회'가 관련 업무에 협조했다.

북측의 입장은 남포와 해주의 산업단지 개발에 소극적인 자세이고, 개성을 기존 시가지를 포함한 경제특구로 우선 개발한 다음 통천 → 신의주 순서로 진행하기를 희망했다. 김정일 국방위원장은 2000년 5월 29일~31일 중국 방문 당시 주룽지 총리와의 회담(5.30)에서 현대그룹과 추진 중인 서해안 공업단지로 신의주가 적합하다는 전제하에 조언을 요청한바, 주룽지 총리는 지리적으로 신의주를 개방하면 중국·러시아에 치중하게 되어 실익이 적을 것이므로 휴전선 인근을 개방해 한국·일본 측에 치중하는 것이 경제적으로 이득이 많을 것이라고 조언했다.

사업계획 1단계는 시범공단(1공단) 조성, 중소규모 투자사업과 설비 이전이 용이한 품목을 유치하며, 2단계는 수출경쟁력을 확보해 세계적 수출의 전진기지를 구축하며 2차 3공단(400만 m²)에 섬유, 의류, 신발, 전자조립, 가방, 완구, 기타 경공업 대규모 북한공업단지로 발전하는 것이다. 사업추진 방식은 민간기업(현대)과 정부 투자 기관(토지 공사)의 합작 법인[가칭 '(주)개성산업단지개발']을 설립했다.

표 13-3 북한 개성과 중국 선전 특구 비교

항목	개성	선전
면적	3억 8000만 m²	6억 m²
특구 면적	4000만 m²	6억 m²
지정 시기	2001	1980
인구	39만 명(1994)	400만 명(1999)
1인당 GDP	-	4092달러(1997)
주요 도시와의 거리	서울에서 70km	홍콩 주룽반도
특징	경의선 통과	홍콩 배후도시
주요 산업	방직 피복 인삼 가공	전자통신 컴퓨터
대외 무역액	-	수출(1997) 9000만 달러 수입 165억 1800만 달러

　개성공단은 서울에서 78km 떨어져 있는 등 남한과 지리적으로 인접해 송전을 통해 전력 문제를 해결할 수 있었다. 일산 등 북부 수도권 지역에서는 60~70km에 위치해 있다. 2001년 완공 예정인 경의선이 통과하게 되어 육로를 통한 수송이 가능하고, 인근에 있는 인천항이나 인천 신공항을 이용할 수 있어 물류비를 절감할 수 있었다. 개성시를 비롯해 개풍군, 판문군, 장풍군을 합해 총인구가 35만 명에 달하고 있어 인력 수급에 별다른 문제가 없다. 서부와 남부 지역에는 풍덕벌, 삼성벌, 신광벌 등 넓고 비옥한 평야들이 펼쳐져 있어 부지 확보가 용이했다. 서남부 경계에는 한강, 예성강, 임진강들이 합류해 공업용수의 확보에도 유리하다.

　개성공단이 운용되기 위해서는 안정적인 전력공급이 중요했다. 북한의 전력난을 고려해 볼 때 북측에서 전력을 공급하는 것이 불가능한 만큼 남측에서 공급될 수밖에 없다. 개성공단 전력공급 방안은 공급전력의 품질 확보를 위해 북한 전력 계통과 분리 운전해야 하며 남한계통과 연계하거나 발전소를 건설해 독립 계통으로 운전되어야 한다. 개성공단의 최종 전력공급 규모는 50만 kw로 가정되며 전력공급 방안은 크게 두 가지로 검토되었다. 첫째, 154kv 송전선로를 건설해 공급하는 경우로 공급 변전소는 문산 지역이다. 공급 한도는

표 13-4 개성공단 통신망 구축 규모

- 교환 시설(TDX-100): 5만 회선

- 가입전화 시설: 7만 회선
  - 가입선로: 3만 5000회선, WLL: 3만 5000회선
  - 광전송 시설(622Mbps): 6SYS
  - 선로 시설(광CA, 관로): 182km
  - TRS 시설: 4000회선
  - 이동전화 시설(PCS): 3만 회선

- 소요 재원: 총 622억 원
  - 교환 시설: 45억 원, 가입전화 시설: 230억 원
  - 광전송 시설: 29억 원, 선로 시설: 137억 원
  - TRS 시설: 30억 원, 이동전화(PCS) 시설: 151억 원

40만 kw이며 선로 길이는 30km이고 건설 기간은 36개월 정도가 소요되며 건설비는 약 300억 원으로 추정되었다. 초기 투자비의 최소화 및 전력 계통 연계로 전기품질이 안정적이다. 부족 전력 10만 kw는 내연 발전설비를 별도 건설해 확충하는 방안도 검토되었다.

둘째, 345kv 송전선로를 건설해 공급하는 경우로 공급 변전소는 양주 지역이며, 공급 한도는 100만 kw다. 선로길이는 약 50km로 건설 기간은 50개월 정도가 소요되며 건설비는 약 900억 원으로 추정되었다. 이 경우 전기품질이 안정되며 향후 남북 전력 계통 연계 시 활용이 가능하다. 공급 기간의 과다 소요로 초기 단계에는 별도 전력 공급 대책 마련이 필요하다.

한국통신(KT)이 구상한 개성공단 통신망 구축 계획은 다음과 같다. 기본 방향은 북한의 개성공단 조성에 따른 현지 진출 국내 기업들에 필요한 현지 통신 수요를 충족하고 공단 지역과 국내를 연결하는 통신서비스를 구축한다는 것이다. 1단계로 시범공단 조성할 경우에는 최소 통신 수요 충족을 위한 기반 시설을 구축하고 공단 지역의 특성을 고려해 TRS를 우선 구축하며 이동전화(PCS)를 소규모 시범 구축한다. 신속한 망구축을 위한 WLL을 설치하며 판문점을 경유하는 개성공단-판문점-서울 간 통신망 연결을 추진한다. 2·3단계로 입주 규

모와 통신 소요량 증가 추이에 따라 기반 시설을 확충해 각 통신서비스별 시설 용량을 증설하며, 북측 구간 통신 수요 증가에 대비해 평양과의 광전송로 신설을 검토한다. 2004년 개성공단 통신망 구축 규모는 〈표 13-4〉과 같다.

(3) 신의주 경제특구와 IT 사업 진출

가. 신의주 경제특구 지정의 함의

북한은 2002년 7월 1일 경제관리개선 조치를 취한 지 세 달도 안 되어 신의주 경제특별행정구 기본법을 채택함으로써 경제회복을 위해 특구정책을 적극 추진했다. 기본법에 이어 외국인의 행정장관 임명은 북한의 경제관리개선 조치가 전면 개혁으로 확대될 가능성을 시사한다. 북한이 기본법을 제정한 핵심 이유 중의 하나는 외자유치다. 경제관리개선 조치는 가격과 임금 상승을 포함하기 때문에 공급능력 증대를 필요로 한다. 공급능력 증대는 외국자본의 유입으로 해결될 수밖에 없다. 7월 개혁이 제도개선에 중점을 둔 반면, 특구법은 지역(Place)을 기반으로 한 경제개혁 조치로 이해될 수 있다.

한편 신의주 기본법은 토지의 임대기간을 50년으로 확정함으로써 안정적인 투자 유치를 도모하고 있다. 외국자본의 중장기적인 투자 계획 수립이 가능하게 되었다. 임대기간의 명기는 투자보장협정이 체결된 것과 같은 효과를 발휘할 것이다. 또한 기본법은 경제행위의 선택 기준을 수익성 확보에 둔다. 즉 기업의 외국투자 지분을 확대하고 근로자 채용 등을 국제기준에 맞추었다. 과실 송금을 보장하고 거래 통화를 자유롭게 선택하는 등 선진 금융제도의 도입도 규정했다.

아울러 특구 내 상품가격은 철저하게 시장의 수요·공급원리에 의해 결정되게 함으로써 진정한 시장경제를 추진할 토대를 마련했다. 특히 특구 지정과 동시에 국제 언론을 상대로 적극적인 홍보에 나선 것은 외자유치만이 특구의 성공을 보장해 주는 핵심사항이라는 것을 이해하고 있음을 의미한다. 북한 당국은 나진·선봉경제특구 개발 당시의 시행착오를 되풀이하지 않고 중국 선전 특구와 같은 성공을 거두기 위해 '특구 지정 → 홍보(PR) → 투자 설명회 개최' 등 치밀한 마스터플랜을 준비했다. 북한은 나진·선봉과 같이 '오고 싶으면 오라'는 구호만으로는 외국자본이 움직이지 않는다는 것을 이미 경험을 통해 알고 있다. 북한은 이제 기본법 제정을 통해 제도적인 하드웨어를 구비했다. 다음은 적정 임금, 인프라 구축 등 외국자본이 밀물처럼 들여올 소프트웨어적인 후속 조치를 만들어야 한다.

나. 신의주 경제특구 지정과 나진·선봉경제특구 실패의 시사점

북한이 외형적으로 중국식 개방 모델을 따른 것은 1984년 '합영법' 제정을 통해 외자를 직접 유치하면서 시작되었다고 볼 수 있다. 중국식 개방 모델은 '하나의 중심과 두 개의 기본점(一個中心, 兩個基本點)' 전략에서 출발한다. 모든 역량을 국가적 당면 목표인 경제 건설을 위해 선진기술과 외자를 받아들이는 개방정책을 수용하되 사회주의 노선은 반드시 견지해야 한다는 것이 그 골자다. 북한에서 이러한 전략이 일차적으로 실현된 곳이 나진·선봉 지역이다.

북한은 1991년 12월 나진·선봉 지구를 경제특구로 지정[1]하면서 이 지역이 천연자원이 풍부한 러시아의 원동 지방과 중국의 동북 지방, 몽골을 배후지로 두고 러시아·중국과 접경하고 있으며 바다를 사이로 일본과도 마주한 해류 연계의 관문에 놓여 있다고 주장했다. 그래서 이상적인 지역경제의 중심지로서

---

[1] 조선민주주의인민공화국 정무원결정 제74호(1991년 12월 28일) 요지는 다음과 같다. ① 라진시의 14개 동·리와 선봉군의 10개 리를 포함하는 621km²의 지역을 자유경제무역지대로 한다. ② 자유무역경제지대에서는 합영, 합작, 외국인단독기업을 허용한다. ③ 투자하는 나라에 대한 제한이 없다. 국가는 다른 나라 사람들이 투자한 자본과 재산, 기업운영을 통해 얻은 소득과 기타 소득을 법적으로 보호한다. ④ 개발지대 안의 라진항, 선봉항과 함께 인접 지역에 있는 청진항을 자유무역으로 한다. ⑤ 기업소득세의 감면을 비롯한 여러 가지 특혜 조치들을 취한다. 1993년 9월 24일 조선민주주의 인민공화국 중앙인민위원회 정령에 의해 은덕군 3개 리(125km²)가 선봉군에 넘어옴으로써 라진·선봉 자유무역경제무역지대의 면적은 746km²이다.

세계적인 관심을 가질 것이라고 예상했다. 김일성은 이 지역에 대한 장래 투자 전망을 묻는 쿠바의 프렌사 라티나(Пренса Латина) 러시아 통신사 사장에게 "나진·선봉 자유경제무역지대는 방대한 경제적 잠재력과 유리한 자연 지리적 조건으로 외국투자가들의 커다란 관심을 불러일으키고 있으며 여기에 투자할 것을 희망하는 나라들이 많습니다"라고 자신감을 표명했다(김일성종합대학출판사, 1995: 5).

북한은 1993년부터 개발을 시작해 2010년까지 이 지역을 21세기 세계경제 발전에 상응하는 종합적이고도 현대적인 국제 교류 거점으로 건설할 계획을 마련했다. 그리고 이러한 자유무역지대 개발을 성공적으로 수행하기 위한 법적 기반을 구축했다.[2] 투자 유치에 필요한 경쟁력 있는 관련 법 규정을 마련하는 것 이외에 경제특구에 대한 투자가 필요하다는 적극적 홍보와 유치 권고, 사안별 특혜 배려, 지대 내 기술과 노동 인력 양성 보장, 지대와 여타 지역 간의 물리적 분리, 행정관리 체계의 정비, 지대 내에서의 시장 기능 형성 등이 북한이 나진·선봉경제특구를 성공적으로 개발하기 위해 마련했던 각종 정책으로 볼 수 있다(조명철, 1997: 10, 20). 법적으로 중국의 경제특구와 큰 차이가 없는 나진·선봉의 경제특구가 중국과 달리 실패[3]한 이유를 분석하는 것은 매우 중요하다. 1998년 나진·선봉의 외자유치는 중국·홍콩·일본 등으로부터 약 8억

---

2) '조선민주주의인민공화국 합작법'(1992.10), '외국인기업법'(1992.10), '자유무역경제법'(1993.1), '외국인기업법'(1992.10), '외국투자기업 및 외국인 세금법'(1993.1), '외화관리법'(1993.1), '토지임대법'(1993.10), '외국투자은행법'(1993.11), '세관법'(1993.11), '합영법'(1994.1) 및 동(同) 법들에 대한 각종 시행령 등 20여 개의 외자유치 관련 법령을 제정·개정했으며 향후에도 투자기업들이 요구하는 비합리적 법규정의 수정 내지 제정을 적극적으로 할 방침이라고 한다.

3) 1992년부터 2000년 말까지 투자된 액수는 1억 달러가 채 안 된다. 이는 금강산 관광에 2년 1개월 동안 3억 4200만 달러가 투자된 것과 비교하면 외자도입이라는 측면에서는 명백하게 실패했다고 볼 수 있다. 금강산 관광은 1998년 11월부터 2005년 2월까지 9억 4200만 달러를 지불하기로 계약한 바 있다.

달러의 계약이 이루어졌다. 이 가운데 실제 투자가 이루어진 것은 계약 금액의 10%선(8800만 달러)다. 외자의 주요 투자 분야는 인프라와 서비스 분야다. 특히 통신·호텔·운수·건설·관광 분야에 투자가 집중되어 있다. 제조업 부문에 대한 투자는 1997년까지는 매우 미진해 전체 투자의 4%에 지나지 않았다.

북한은 1993년 이후 외자유치를 위한 해외 투자설명회를 독일·홍콩 등 10여 개국에서 30여 회 개최했다. 1996년 9월과 1998년 9월에는 나진·선봉 현지에서 투자포럼을 개최해 원정리 자유시장 개장, 자영업 허용, 환율 현실화 등의 조치를 단행해 시장경제요소를 수용했다. 이와 함께 자본주의 경제관리 기법의 습득을 위해 호주·싱가포르 등에 경제 연수단을 파견해 서방국가의 투자유치를 유도했지만 별다른 성과를 거두지는 못했다(연합뉴스 편집부, 2000: 10, 676~677). 나진·선봉의 실패원인은 하드웨어의 문제라기보다는 북한 경제정책이 가동되는 소프트웨어 시스템에 있다. 국제 자본은 세계 각 지역의 경제특구와 자유무역지대를 철저히 비교·검토해 투자 여부를 판단한다.

북한으로서는 각종 혜택을 부여하지만 국제 자본 입장에서는 여타 지역과 비교해 결코 만족스럽지 못하다. 은연중에 부과된 각종 정치적 규제와 제약은 사업 활성화를 가로막고 있으며 근로자들의 수동적이고 경직적인 자세도 부담스러운 요인이다. 또한 소비시장이 형성되어 있지 않으며 교통·통신 등 인프라 시설이 부실한 것도 과도한 물류비용을 부담해야만 하는 기업들의 참여를 꺼리게 만드는 요인이 된다. 이러한 부정적 요인들은 신의주 경제특구 개발에서 해결되어야만 하는 변수들이다.

다. 신의주 특구와 북한의 개방 예상 지역 타당성 비교

북한은 중국의 '하나의 중심과 두 개의 기본점' 전략을 체제 수호에 중점을 둔 점분산형(點分散型) 개방정책으로 받아들였다. 제한된 지역을 선택적으로 고립시켜 개방함으로써 체제 내부에 미칠 영향을 차단하면서 동시에 개방의 필요성을 해결해 나가겠다는 전략이다. 이러한 지역은 구체적으로 네 가지 조건

표 13-5 홍콩, 선전, 신의주, 나선 지구 비교

구분	홍콩특별행정구	선전 경제특구	나진·선봉 자유경제무역지대	신의주특별행정구
소속 국가	중국	중국	북한	북한
지정 일자	1997년(영국 중국에 주권반환)	1980년	1991년	2002년
면적	1,091km²	391.7km²	746km²	기존 신의주 지역에 67km² 추가 예정
인구	678만 2000명 (2002년 기준)	700만 8000명 (2001년 기준)	-	34만 여 명 → 50만 명
정치제도 상 특징	• 97년 이후 50년간 사회주의 속에 자본주의가 병존하는 일국양제(一國兩制) • 97년 이후 중국 중앙정부가 임명하는 임기 5년의 특구행정장관이 독자적으로 영도	• 중국정부와 광동성 지방정부 소속의 경제특구 • 중국의 대외 개방정책 이후 외국자본 및 기술유치를 위한 수출산업단지 • 정치적 독자성 전무	• 북한의 중앙행정기관인 무역성과 나선시 인민위원회가 통치하는 중앙정부 직접 통제 속에 외국자본 유치 노력 • 50년간 토지사용권 임차, 무비자 입국	• 특구기본법에 따라 입법·행정·사법권 보장 • 토지임대기간 50년 보장·자체적인 여권 발급 및 구기(區旗) 보장 • 중앙정부가 임명하는 행정장관이 자율적으로 통치
산업적 특징	• 아시아 무역 가공산업의 중심지 • 세계 제1의 컨테이너 교역규모 기록 (2001년 기준)	• 컨테이너 교역 세계 8위의 해운물류기지 • 전자·방직·경공업	• 동해와 인접, 러시아와 교역에 유리 • 화학·철강 등 중공업단지의 배후를 이루는 가공무역	• 서해에 인접해 중국과의 교역에 유리 • 경공업, 경공업 및 정보통신(IT)

이 필요하다. ① 수도인 평양에서 멀리 떨어져 있고 군사지역이 아닐 것, ② 항구를 낀 해안도시로서 외국과의 경제적 호환성이 있을 것, ③ 산업기반 시설이 갖춰져 있을 것, ④ 인력조달이 용이한 곳이다.

북한 전역을 이러한 투자 환경에 따라 크게 5개 권역으로 구분해 볼 수 있다. 신의주·구성 강계·만포를 중심으로 하는 '압록강권', 청진·나진·선봉·회령 등을 중심으로 하는 '나진·선봉권', 평양·남포·안주·박천을 중심으로 하는 '평양·남포권', 원산·함흥·흥남·김책을 중심으로 하는 '원산·함흥권', 해주·개성·사리원을 중심으로 하는 '해주·개성권'이 그것이다(현대경제연구원 통일경제센터, 2000: 7, 206~241). 물론 이러한 분류는 사회간접자본 시설, 대외 접촉 용이성과 북한 당국의 지원 가능성 등 투자 환경 분석을 위해 편의상 이루어진 것으로, 이 지역을 한 권역으로 묶기에는 지리적으로 다소 무리가 있다. 그러나 투자 환경을 거시적으로 파악한다는 점에서 의의가 있다.

평양·남포권은 외국인이 선호하고 사회간접자본(SOC)이 비교적 잘 갖춰져 있지만 북한 당국이 개방을 꺼려하는 곳이다. 또한 남포는 대규모 부지가 없는 곳이기도 하다. 나진·선봉 지역은 산업기반 시설이 미흡해 외국인이 기피하는 곳이다. 원산·함흥권은 외국과의 경제적 호환성이 낮고 경공업 기반이 취약하다. 신의주권은 외국과의 경제적 호환성은 높지만 외국인 선호도는 크게 높지 않다. 신의주 특구에 대한 장·단점은 다음과 같다. 1999년 11월 현대 측은 신의주에 대한 현지 조사결과 홍수가 날 경우 물에 잠기는 저지대가 많아 2000만 ㎡ 규모의 공단 조성 후보지로는 부적격하고 남측과 물류비용이 만만치 않다는 판단을 했다. 따라서 남신의주 지역에 중국시장을 대상으로 첨단업종의 공장을 건설하는 방안은 검토하는 것이 효율적이라고 평가된다. 물론 이러한 분석은 양빈의 파격적인 특구정책으로 상당 부분 희석될 것으로 전망된다. 다만 현재 상황에서 신의주에 대한 장단점은 향후 정책의 추진 추이에 따라 상당 부분 달라질 것이다.

주룽지 중국 총리는 신의주 특구 지정이 이뤄지기 전인 2001년 1월 김정일 북한 국방위원장에게 특구로 개성을 권했다. 당시 주 총리는 신의주에 인접한 중국 동북 지방은 북한처럼 노동력이 저렴한 데다, 시장도 충분치 않기 때문에 신의주가 중국 측과 구별되어 한국과 일본의 투자를 이끌어낼 경쟁력이 부족하다고 강조했다. 이러한 관점은 신의주가 중국 단둥 등과 경쟁 관계를 가질 수 있다는 사실을 시사한다. '해주·개성권'은 산업기반, 사회간접자본 시설, 내외 개방과 시장규모 측면에서 볼 때 다른 권역에 비해 비교 우위를 가지고 있지는 않다. 특히 해주항은 해군의 군사기지가 위치해 있어 공단 건설이 어려운 지역이다.[4] 상기의 기준으로 볼 때 이 지역의 장점은 남한과 지리적으로 인접해 있어 남·북한 경제 통합의 효과가 가장 극대화 될 수 있다는 것이다. 물론

표 13-6 북한의 경제입지 타당성 분석

대상 지역	입지분석	북한의 개방가능성	외국인 선호도
평양·남포권	인구밀집 지역, 수도권, SOC 양호	낮음	매우 높음
원산·함흥권	중공업 중심지, 항구 조건 열세	중간	낮음
해주·개성권	남측 인접, 물류비 절감, 전력지원 용이, 군사력 밀집	높음 (조건부 개방)	높음
나진·선봉권	외국과 경제적 호환 가능, SOC 취약	개방	낮음
신의주권	외국과 경제적 호환 가능	개방	중간

이 지역은 전통적으로 군사적 이유로 인해 북한이 산업 시설을 남한과 되도록 멀리 떨어져 건설했기 때문에 산업기반이 비교적 미약하다는 문제점도 가지고 있다.

3) 향후 ICT 협력 추진과제

북한 핵문제가 해결되고 통일 한민족이 선진국으로 거듭나기 위해서는 21세기 인터넷 경제의 핵심인 ICT 산업 발전이 필수적이다. 특히 낙후된 북한의 ICT 시설을 고도화할 수 있는 통신 분야는 상당한 투자가 필요한 분야다. 1990년대 중반 이래 경제적 어려움에 처한 북한은 재원 조달의 어려움으로 자체 추진이 어려운 실정이다. 수익성 확보가 불투명해 외국 기업의 자본 투입도 곤란한 상황에서 현실적인 방안은 북한의 개혁과 개방 선언에 따른 남측의 협력과 지

---

4)   국토의 균형적인 발전을 이유로 신의주와 개성 대신 해주를 경제특구로 개발하는 것이 필요하다는 주장이 있다. 특히 해주는 규모와 시설은 작지만 항구도시라는 장점이 있으며 북한의 9대 공업지구 가운데 하나로 지정되어 있기 때문에 개성에 비해 산업화에 비교 우위가 있다고 주장한다(이태정, 2000: 14). 그러나 유감스럽게도 해주가 북한 해군의 중요한 군항 역할을 하고 군사기지가 위치해 있어 경제특구 개발은 분단체제하에서 어려운 문제다.

원뿐이다. 남측이 중장기적으로 검토할 수 있는 기본 방안은 무상 지원사업과 공동 협력사업을 병행 추진하는 것이다. 일부 국내 중고 시설이나 유휴 장비를 지원하거나 인력을 연수시키는 방안들은 단기적으로 검토할 수 있다. 중장기적으로는 남북 간 공동 협력사업을 검토할 수 있다.

(1) ICT 교류 협력 제도화
가. 남·북한 ICT 현황조사 및 자료의 체계적 관리

ITU, IDC 등 국제기구와 해외 신문, 방송 등 언론매체, 북한 관련 연구기관 등에서 파악한 북한 ICT 현황자료의 지속적인 모니터링과 수집이 필요하다. 하와이에 위치한 동서문화센터, 스탠퍼드대학교(Stanford University)에 위치한 동아시아연구소 등 선진국의 연구기관, 민간의 컨설팅업체에서 보유한 북한 ICT 관련 자료 등 수집하고 데이터베이스에 체계적으로 보존하는 작업이 필요하다. 남·북한 ICT 현황 조사·연구는 사업자들이 독자적으로 수집한 자료를 한데 모아 정리하는 작업이 대부분이다. 대표적인 연구기관들이 각 사업자들의 협조를 받아 주도적으로 조사·연구를 진행하는 것이 바람직하다. 또한 북한 ICT 관련 자료의 체계적인 관리도 필요하다. 시간이 지나고 사업이 중단되면서 협력사업에 참여한 민간업체들이 이탈하면서 이들이 추진했던 사례는 사장될 수밖에 없다. 이들의 경험은 향후 시행착오를 최소화하는 데 좋은 나침반이 될 수 있다.

나. 가칭 '남북정보통신협정' 체결

교역 및 투자 정보와 자문 제공, 표준화 관련 조치, 공공 통신망과 서비스에 대한 접근과 이용방법, 지적재산권, 분쟁관리 등과 관련한 문제를 구체적으로 처리할 수 있는 협정이 필요하다. 이를 체계적으로 관리하고 정보통신 통합을 위한 전 단계로 가칭 '남북정보통신협정'의 체결이 필요하다. 우편과 전기통신, 방송, 정보통신산업 등의 남·북한 교류 협력과 통합에 관한 제반사항을 규정하고, 협정의 형식이 어렵다면 '남북정보통신기본합의서'에 합의하고 우편, 전기통신, 방송, 정보통신산업 등에 대해 각각의 부속합의서를 채택한다.

다. '남북 ICT 교류 협력위원회' 설립

남한의 정보통신부장관과 북한의 체신성을 공동위원장으로 해 남·북한 간의 ICT 관련 교류 협력을 총괄 조정할 조직이 필요하다. 이 위원회를 실무적으로 뒷받침하기 위해 남·북한 차관급이 공동위원장인 '남북 ICT 교류 협력실무추진위원회'와 그 밑에 각 분야별 교류 협력을 담당할 '실무추진위원회'를 둔다. 각 분야별 실무추진위원회는 남한의 경우 정보통신부 우정국장이 공동위원장이 되는 '남북우편교류 협력실무추진위원회', 정보통신지원국장이 책임자가 되는 '남북전기통신교류 협력실무추진위원회', 전파방송관리국장이 책임자가 되는 '남북방송교류 협력실무추진위원회', 정보통신정책실장이 책임자가 되는 '남북정보통신산업교류 협력실무추진위원회' 등이다.

라. ICT 개발기금 설립

북한 지역의 정보통신 인프라를 구축하는 데 소요되는 막대한 자금을 위해 '남·북한 정보통신개발기금'을 설치한다. 정보화촉진기본법 제33조에 의해 설치된 '정보촉진기금'의 활용을 고려해야 한다.

(2) 주변국 및 국제기구와의 연계 강화

중국, 일본, 러시아 등 주변국과 유럽연합 및 세계은행, 아시아태평양전기통신협의체(APT, Asia Pacific Telecommunity), 국제전기통신연합(ITU, International Telecommunication Union), 유엔개발계획(UNDP, United Nations Development Project) 등 국제기구와 연계해 다각적인 접근 경로를 확보한다. 현재 북한은 위의 모든 국제기구에 가입해 있다. 특히 두만강유역개발사업과 관련해 UN 개발계획으로부터 통신망 구축 및 통신 인력교육 등 지원을 받은 것으로 알려져

있다. 장기적으로는 동북아시아 전역을 포괄하는 사업 체계를 상정하는 구도
하에 추진해야 한다.

(3) 교류 협력 지원사업

가. 이산가족 영상전화 만남 지원사업

남북 적십자사 등 비정치적, 비경제적, 인도적 기구의 주관하에 영상전화를
이용한 이산가족 상봉을 추진할 수 있다. 이산가족 상봉은 1회에 100여 명씩
진행하고 있으나 1년에 10차례도 추진되지 못하고 경비도 만만치 않은 상황에
서 고령 이산가족들이 만남을 이루지 못하고 사망하고 있다. 차선책으로 영상
전화를 통해서라도 간접적인 만남을 계속하는 것이 중요하다. 북한의 이산가
족들에게 상봉 이후 신분상 불이익이 없도록 사전에 협약을 체결해야 한다. 또
한 남·북한 간 이산가족 상봉을 위한 자료 정비와 상호교환이 선행되어야 가
능하다. 이산가족 생사 확인과 상봉의 대가로 일정 금액을 북한 측에 지원하는
방안을 검토할 수 있다. 상봉의 대가지급으로는 남한의 통신사업자가 통화 건
당 일정 금액을 북한 측에 지원하고, 정부는 통일기금 등에서 통신사업자에게
원가 수준의 비용을 지급하는 방안도 검토할 수 있다.

남·북한은 일정 장소에 영상통신을 위한 시설을 설치하고 생사 확인 및 화
상전화를 통한 상봉 대상자들의 이산가족 확인 후 상봉을 추신한다. 영상 상봉
센터를 점차 전국적으로 확대한다. 통신망의 구축은 남·북한 직통 전송망 구
축을 원칙으로 하되 빠른 시일 내에 구축이 필요할 경우 VSAT(Very Small

표 13-7 전송망 구축 형태

- 서울-판문점-평양의 전송로 구축
- 한국-중국-일본 기상전용 통신망 구축 시 북한을 통과하는 망을 구성토록 추진
- 서울-판문점-평양-신의주-중국을 연결하는 기상전용통신망 구축
- 위성(무궁화위성)을 사용한 Back-up망 구축
- 남·북한 당국 간 추진보다는 WMO 또는 세계기상통신망전문가회의(GTS), 한중일관계자회의 등
  국제기구를 통한 추진

Aperture Terminal, 초소형지구국)을 설치해 위성통신망으로 운용한다. 북한 지역에 필요한 화상 통신 장비는 남한 측에서 공급하고 초기에는 화상 상봉을 원칙으로 추진하다가 판문점 등에 이산가족 면회소 설치를 추진하는 방안이다.

나. 유휴시설 지원사업

향후 비핵화가 진행되면 남한에서는 철거 대상인 장비이나 통신시설이 낙후된 북한에서는 효용가치가 있는 교환기, 공중전화, 광단국장치 등 유휴시설을 지원하는 방안도 검토해 볼 수 있다. 2000년 3월 한국통신이 방북 협의시 북한은 남한의 유휴 장비 중 TDX-1B, 565Mbps 광단국 장비의 수용의사를 나타낸 바 있다. 남한의 통신사업자가 북한에 유휴시설을 지원하는 경우에도 가능한 한 협력사업과 연계해 지원을 추진할 수 있다.

다. ICT 기술 연수사업

남·북한 간에 통신 협력이 본격화되면 북한에 대한 기술 전수가 필요하다. 정부 또는 통신사업자가 북한에 통신 훈련 센터를 건립하고, 남한 기술자들을 파견해 통신 기술 전수와 인력 양성을 추진할 수 있다. 1999년 11월 북한은 ITU에 10억 원 상당이 소요되는 통신 훈련 센터 건립을 요청했다. 북한 ICT의 체계적인 현대화를 위해 그 계획 단계부터 기술적인 자문을 수행해야 한다. 남한의 기업이 직접 자문하기는 어려울 것이나 APT, ITU 등의 국제기구의 통신 전문가 개발도상국 파견 제도를 이용해 북한의 ICT 발전 계획 수립·지원이 가능하다. 한국은 1960년대의 통신 낙후국에서 1980년대에 통신 선진국으로 발전한 경험을 가지고 있고, 한국의 IT 발전 속도는 세계적으로 유례가 없을 정도다. 이러한 과거 한국의 발전에 따른 경험을 전수해 주어야 한다. 한국의 통신사업자들은 많은 해외사업과 기술자문의 경험이 있고 북한과는 언어 문제 등에서 유리한 면이 있다.

라. 남북 ICT 학술 교류 협력

남·북한 IT 전문가들이 통신 기술에 대해 토의하고 정보를 소통할 수 있는 학술 교류의 장을 마련해 국내통신 기술 보급을 추진할 수 있다. 국제기구 주관의 통신학술학회에 북한을 적극 초청하고 필요하다면 북한 측의 소요 경비 지원을 검토할 수 있다. IT 전문가의 왕래가 이루어져 북한의 학자가 남한에 와서 세미나를 하며 남한의 학자가 북한에 가서 강의할 수 있는 제도적 장치가 마련되어야 한다.

(4) 분야별 ICT 교류 협력사업

가. 경수로 건설 본공사 및 금강산 관광 지역 통신사업

향후 북한 비핵화가 진행되어 경수로 건설 본공사를 추진할 경우에는 증가하는 통신 수요 충족하기 위해서 남·북한 독자 통신망(무궁화위성) 구축을 추진해야 한다. 금강산 관광 활성화에 대비하며 금강산 관광 지역 내 유무선 통신서비스 제공, 금강산 관광 지역과 국내 간 국제통신망 확보를 위한 통신사업을 확대해야 한다. 한국통신, 온세통신 등이 음성 3000회선 규모의 유무선 교환 시설 등을 금강산 관광 지역에 설치할 수 있다.

나. 북한 기간망 건설사업

북한 통신망의 골간을 이루는 기간망은 총연장이 짧을 뿐 아니라 재료가 매우 원시적이다. 단편적으로 보도된 광케이블 매설을 종합해 본다면 평양과 대도시 간에 총연장 1400km 정도에 이르는 것으로 추계할 수 있다. 이는 평양권이 아닌 북한 전역의 기간망 현대화를 위해서는 매우 미흡한 수준이다. 북한의 장거리통신회신은 아직도 동선이며 더구나 나선이 많아 트위스트페어(twisted-pair) 선마저 희귀한 실정이다.

북한 기간망의 현대화 작업을 할 때 동축케이블과 광케이블의 기술적 선택 시 동축케이블을 뛰어넘어 곧바로 광케이블로 가는 방안은 적극 추진할 수 있다. 전력선 통합도 중장기적인 검토 과제다. 북한은 통신 회사와 전력회사가 민영화된 자본주의 사회가 아니므로 전력선과 통신선의 매설을 동일한 사업으로 전개할 수 있다. 이 경우 장래의 정보 수요에 대비해 충분한 양의 다크 파이버(dark fiber)를 매설해 놓는다면 우선 당면한 전력의 부족난 타개뿐만 아니라 장래 전송용량의 부족 문제도 사전에 대비할 수 있다. 광케이블의 포설은 남북협력 문제의 또 다른 주제인 철도 개설과 함께 고려해 보는 것도 중요하다. 서울-신의주의 경의선, 서울-원산의 경원선 등을 복구할 때 광케이블을 충분히 매설해 놓을 필요가 있다. 또한 부분적으로는 금강산 관광 특구나 나진·선봉경제특구의 이동전화망을 구축할 때, 평양 경유의 이동전화 전용회선망(광케이블 또는 마이크로웨이브)을 설치해 조건부로 운영하는 방안도 검토할 수 있다.

다. 지선망 건설사업

기간망이 확충됨과 더불어 일정한 시점에서 대도시와 인근의 도시나 부락을 연결하는 지선망의 신설 또는 현대화가 과제로 등장하게 된다. 이 지선망에서는 현재의 기술이나 중국 등지에서의 경험 등을 고려해 볼 때 광케이블과 B-WLL 기술을 병합하는 방안이 선택될 것이다. 우선 경제특구와 한국 또는 외국 기업이 진출하는 경협 지역에서는 광케이블 매설과 B-WLL의 구축을 조합하기에 통신요구에 응하지 않을 수 없게 된다. 그 다음 단계의 작업으로 대도시 이외의 중소도시와 지방행정 단위에서는 B-WLL을 구축하는 것이 경제적이며 효과적이다.

라. 가입자망 건설사업

가입자망 요구의 완급과 북한 체제의 개방 정도에 따라 두 가지 수요 계층으로 나누어 생각해 보아야 한다. 우선 관공서, 국영기업, 학교, 공공단체 등은 가까운 장래에 수요가 발생할 것이다. 이 수요층에는 광가입자망(FLC), B-WLL

그리고 TRS의 세 가지 선택지를 갖고 대응할 수 있다. 앞으로 일반 가정에 가입자망이 연결될 경우에는 그 사이에 새로운 기술적 방안들이 등장할 것이므로 확정적으로 말하기는 어렵다. 예를 들어 일본이나 남한 등에서 추진하고 있는 FTTH(filer to the home) 또는 FTTC(fiber to the curb)는 지금으로서는 환상적으로까지 들릴 것이다. 그러나 제한적으로나마 일반용 가입자선에 대한 수요가 발생할 것이고, 이 수요는 지금의 시점에서 본다면 ① 셀룰러(9.6Kbps급 < 144Kbps급 < 2Mbps급), ② 고정 셀룰러(CLL: Cellular Local Loop), ③ 협대역 WLL(144Kbps급), ④ 전력선 통신(Power Line Communication) 등의 기술적 대안을 가지고 대처할 수 있다.

(5) 통일 이후 북한 지역 통신망 고도화 방안

기존의 음성통신망 위주의 고도화 계획을 대폭 보완해 통신 기술 발달 추세를 고려하고 통신시장 경쟁 도입에 따른 경험을 반영하며, 현실적인 재원 방안을 포함하는 종합적인 통신망 고도화 계획을 수립해 추진할 수 있다. 음성 전화 중심의 고도화 계획에서 탈피해 초고속데이터·무선통신 등 통신 기술 발달 추세를 고려하고 도로·철도·전력 등 여타 사회간접자본(SOC) 분야의 북한 지역 고도화 계획과 연계된 통신망 고도화를 추진할 수 있다. 통일 후 북한 지역 통신망 고도화를 위한 통신사업 구도에 대한 정책 방향 수립을 추진할 수 있다. 북한 지역의 통신사업 구도는 세 가지 방안으로 가능하다. 첫째, 독점적 사업자를 통해 체계적인 통신망 고도화를 추진하는 독일의 사례가 있다. 둘째, 지역적인 독점을 통한 통신망 고도화 방안을 추진할 수 있다. 셋째, 완전경쟁을 통해 조속한 통신망 고도화를 추진하는 방안이 있다. 약 20조 원으로 추성되는 북한 지역 통신망 고도화 비용에 대한 구체적인 산출, 현실적인 재원 조달 방안과 실행 계획을 마련해야 한다.

(6) 북한 지역 국제통신망 현대화 방안

국제통신 요금은 국가 간의 상호 정산에 의해 후진국들에게는 매우 큰 수입원이다. 국가 간 정산료는 상호 합의해 결정하고 발신 측이 착신 측에 지불하는 형태이며, 선진국에서 후진국으로 발신되는 트래픽이 많으므로 착신국인 후진국의 수입에 도움이 된다. 북한은 현재 1개의 국제교환국을 운용하고 있으나 국제회선의 한계와 접속이 가능한 국가가 매우 한정적이어서 현대화와 회선 확대를 추진 중이다. 북한의 국제교환국을 국내 기술로 시설하고 북한 기술자가 운용하는 방식으로 합작이 가능하다. 국제정산료를 이용해 장기적으로 투자비를 회수할 수 있다.

북한과 연결되는 국제통신 중 남한과의 연결이 매우 많은 비중을 차지할 것으로 예상되며, 남·북한 직접 연결을 추진함으로써 북한에게는 수익의 증대를, 남한 사용자에게는 통신 요금 감면의 혜택을 줄 수 있다. 또한 남한의 기술과 장비로 북한 측이 국제교환 관문국을 설치·운용하고, 일정 기간 공동운영해 상호 정산 수입 등으로 투자자금을 회수할 수 있다. No.7 신호방식을 도입하고 접속 가능한 국가를 확대해 자동 전화망을 확장하는 방향으로 기존의 북한 국제교환국 장비를 대체하는 것도 좋은 방법이다.

(7) 기상정보 통신망 건설 방안

남·북한이 기상정보를 공유하는 문제는 남·북한이 동시에 이익을 얻을 수 있는 사업이다. 정보를 공유할 경우 남·북한이 겪고 있는 홍수 또는 가뭄 등 기상재해의 피해를 즉각적으로 줄일 수 있다. 남한은 북한 지역에 대해 북한은 남한 지역에 대해 정확한 기상정보 입수가 어려운 실정이다. 남한은 현재 중국을 통해 한반도 기상재해를 파악하는 등 비효율적 방식을 사용하고 있다.

남·북한 간 기상정보 공유를 위한 통신망 연결은 세계기상기구(WMO)와 연계함으로써 남·북한 기상 관련 기관의 전용통신망을 추진하는 방향을 택해 음성보다는 데이터통신을 주로 사용하게 되므로, 음성통신은 관리용으로 사용할 수 있다. 남·북한 상호 간의 자료 공유 및 상호 직접 전송을 추진하고 기상청에서 추진 중인 한·중·일 기상전용통신망과 연계해 남·북한 간의 기상전용 통신망을 구축한다. 더불어 한·중간의 기상전용 통신망(TCP/IP 방식, 64Kbps)을 북한을 통해 소통하는 방식도 추진 가능하다. WMO에서도 TCP/IP 기반 인터넷망 구축을 권고하고 있다.

(8) 우편통신 교류 협력

남·북한 우편통신 교류 협력은 이산가족을 중심으로 우선 추진하고, 향후 일반인에게도 쌍방의 국내 우편물 취급 방법에 따라 판문점을 통한 직접 교류로 확대되어야 한다. 이를 위해 우편물 이용 대상, 우편물의 종류, 교환 장소, 절차와 방법, 요금 정산 등에 남·북한 우편물 교환 협정을 체결해야 할 것이다. 북한행 우편물의 안정적이고 정확한 배달을 위해 통일부 등 관계기관과 협조하여 북한 주민의 주소록 확보가 필요하다. 또한 차량, 오토바이 등 신속한 우편 소통에 필요한 기동 장비를 우선적으로 지원해야 하며, 우편 작업 자동화기기 등 현대적인 시설·장비는 남한 지역 시설·장비 배치기준을 고려해 지원할 수 있다.

초기 단계에는 판문점 내 특정 장소를 우편물 교환소로 임시 운영하고 교류 확대로 교환 우편 물량 증가 시에는 교환소를 설치해야 할 것이다. 남·북한 간 우편 이용 제도의 단계적 통합을 통해 궁극적으로는 남·북한 우정망 통합의 토대를 마련할 수 있다. 우정 서비스 격차 해소를 위한 우정 인력 교류와 우편 시설 장비의 지속적인 현대화를 지원하고, 궁극적으로 우편물 종별, 이용 요금, 번호 체계, 운송망 등 이용제도의 통합을 추진한다. 북한 지역 우편 요원에 대한 교육자료 제공과 남·북한 인력의 6개월씩 교환 근무 실시 등 인력교류 방안을 추진할 수 있다. 또 평양, 신의주, 청진과 같은 주요 도시에 우편집중국, 국제 우체국, 일반 우체국의 시범 건설을 지원할 수 있다.

(9) 공장·기업소 전산화

가. 은행·철도 및 정부기관·기업 전산화

북한은 중앙은행 산하 2250개의 지점 중 무역은행 1개를 제외하고는 전산화가 완전하지 않다. 은행 전산망을 구축할 경우 남한이 모든 것을 맡아 해결해야 하고, 그 대가로 북한에 남한 은행을 설립할 수 있는 기득권을 받거나 카드와 현금서비스 사업권 등을 받을 수 있는 방안이다. 북한에는 660개의 철도역이 있다. 이 중 철도전산화가 되어 있는 곳은 단 한 군데도 없고 다만 평양역에 부분적으로 열차 장악 시스템과 열차 시간표 게시판이 있을 뿐이다. 현대를 비롯한 대기업들과 국제 다국적기업들의 지원에 의해 1999년부터 남·북한 철도도로 연결을 합의한 만큼 북한 철도 전산화 사업도 필수적이다.

중앙당 1청사, 중앙당 2청사, 국가계획성 청사, 재정부 청사, 노동당 대남사업부 청사, 국가안전보위 청사를 포함한 5개의 권력기관 청사를 제외하고는 나머지 600여 개의 중앙과 지방의 당 및 행정기관들, 100개 대기업체들의 전산화가 이뤄지지 않았다. 정부기관과 대기업 업체에서 통계자료 계산 및 문서 작성과 관리를 모두 수작업으로 하고 있는데, 여기에 동원된 인력만도 대략 7만명에 달한다.

나. 정보화 어장 탐색 시스템 구축

북한은 남한보다 풍부한 수산자원이 있음에도 낙후한 설비와 어로 탐색 방법으로 생산량은 남한의 10분의 1도 안 된다. 전산화를 이용한 어로 탐색으로 북한의 물고기 생산량을 1.4배로 늘릴 수 있을 것이다. 어로 탐색 시스템을 구축하면 물고기 생산량이 늘어나 북한의 식량난에 직접적인 도움을 주는 역할을 할 수 있다.

다. 전자공업 분야 교역 활성화

북한의 비핵화가 진행되면 정보통신 기기 등 제조업 부문의 교역을 활성화할 수 있다. 현재 북한에서 자체 생산 가능한 통신 인프라 분야인 수동교환기, 통신중계기, 광케이블, 통신케이블, 전화기, 무전기, 레이더, 유선방송 설비, 중단파 송신기, 전화기 등을 적극 활용하는 것도 좋다. 2000년 12월 말 기준으로 전자·전기 제품의 남·북한 물자 교역 규모는 반입 8748달러, 반출 1만 4560달러였다. 이 가운데 위탁가공교역은 반입 8300달러 반출 8926달러였다. 이는 우리나라 정보통신기기 수출액 비중에 비해 현저히 낮은 수준이다.

(10) ICT 관련 연구소 및 기구 설립

가. 남북 ICT공동연구소 설립

남·북한이 공동으로 ICT 연구소를 설립하면 남한의 하드웨어 기술과 북한의 소프트웨어 기술을 함께 활용할 수 있고 북한의 이론적 연구와 남한의 산업화 기술을 접목해 더욱 경쟁력 있는 연구개발을 할 수 있다. 우수한 북한의 인력과 우리의 하드웨어 기술, 자본력을 결합해 '정보통신연구소'(가칭)를 설립하는 방안도 필요하다.

표 13-8 **남북 간 ICT 관련 제조업 협력 가능 분야**

전자	• 전자장치 및 부품 　- 범용 집적회로, 마이크로 또는 밀리미터 웨이브 장치 　- 초전도 재료의 전자장치 및 전자회로 　- 고에너지 장치(축전지, 고전압용 콘덴서, 초전도 전자석과 솔레노이드 및 프래시 방 　　전 X-ray 시스템 등) • 일반 용도 전자장비 　- 기록 장비와 이의 전용 시험 테이프 　- 주파수 합성기 또는 조립품 　- 신호 분석기, 수파수 합성 신호발생기, 회로망 분석기, 마이크로 웨이브 시험수신기, 　　원자주파수 표준기 • 반도체 소자나 재료의 제작 또는 시험장비, 부품 및 부속품 　- 내장프로그램 제어형 에피텍셜 확산 성장 장비 　- 내장프로그램 제어형 이온주입 장비 　- 내장프로그램 제어형 이방성 프라즈마 전조 에칭 장비 　- 내장프로그램 제어형 자동로드 멀티 챔버 중앙 웨이퍼 처리시스템 　- 마스크 또는 망선 　- 내장프로그램 제어형 반도체 전용 시험 장비, 부분품 및 조립품

전자	• 에피텍시얼 성장 다층 기관 　－ 헤테르 에피텍시얼로 성층된 에피텍시얼 성장다층 기관 • 절연도료의 재료 　－ 절연도료의 재료와 디들 재료로 도포한 기판 • 금속-유기 화합물 　－ 알루미늄·갈륨·인듐의 금속-유기화합물 　－ 비소·안티몬·인의 유기화합물 • 수소화물 　－ 인, 비소, 안티온 등의 수소화합물 ※ 상기 품목의 개발, 생산, 운용에 사용되는 소프트웨어 및 기술
컴퓨터	• 컴퓨터, 관련 장비 및 전용 부품과 조립품 　－ -45℃ 미만 +75℃ 초과의 온도에서 작동되거나 내방사선화된 것 　－ 정보 보안 기능이 있는 것 • 하이브리드 컴퓨터 조립품 및 전용부품 　－ 고장허용 기능을 갖도록 설계된 것 　－ 복합이론 성능이 710Mtops를 초과하는 것 　－ 계산요소의 결합을 통해 성능을 향상시킨 것 　－ 그래픽 가속기 및 그래픽 보조처리기 　－ A/D 변환장비 　－ 단말기 접속장비를 가지고 있는 장비 　－ 외부 연결 장비 • systolic array computer, 신경컴퓨터, 광컴퓨터, 관련 전용장비, 조립품 ※ 상기 품목의 개발, 생산, 운용에 사용되는 소프트웨어 및 기술
전기통신 및 정보 보안	• 시스템, 장비 및 관련 부품, 전기통신 장비, 전기통신용 전송장비, 내장프로그램 제어형 교환 장비, 광섬유 통신 케이블, 광섬유 및 이의부속품, 전자조정 위상배열 안테나 • 광섬유 제조를 위한 유리 또는 적합한 기타 재료의 프리폼 • 정보보안을 위한 시스템, 장비, 특정 응용 조립품, 모듈 또는 집적회로 • 시험, 검사 및 생산장비 ※ 상기 품목의 개발, 생산, 운용에 사용되는 소프트웨어와 기술

또한 남·북한 ICT 교류·협력을 촉진하기 위해서는 ICT 교류·협력사업의 바람직한 형태에 관한 연구도 필요하다. 예를 들어 국내 통신업계가 이미 시행하고 있는 HAN/B-ISDN 연구개발과 같은 프로젝트를 참고할 수 있다. 이 프로젝트의 연구 대상이나 내용이 중요한 것이 아니라 연구 담당 조직을 어떻게 구성했느냐가 도움이 될 수 있다. 즉, 한국 통신업계가 주관해 산업체, 학계, 국책연구소 등과 협동 체제로 과제의 개념 형성에서부터 사업화에 이르기까지 적용할 수 있을 것이기 때문이다(김영세, 2001: 68).

표 13-9 **상공신탁관리소(구 서독)와 해기회(타이완)의 기능과 역할**

구분	구 서독의 상공신탁관리소	타이완의 해기회
조직	연방 경제성 산하의 민간단체인 독일상공회의소 내에 설치	정부와 민간이 공동 출자한 비영리 재단법인 형태
역할	구 동독 측 경제부터와 접촉 유지, 협상 진행, 합의 도달을 위임	행정원 대륙위원회의 권한 위임받아 정부를 대신해 교류업무 수행
주요 기능	기업의 경제교류 지원, 교역질서 통제	상호 방문 관련 서류 접수·발급, 투자 업무 조정, 통제, 분쟁 처리 등

나. 대북 교섭 컨설팅 기구 설치

북한의 경우 대남 교류를 위한 공식기구인 민족경제협력련합회(민경련)라는 창구를 두고 있다. 민족경제협력련합회는 1990년 중반까지 대남 경제사업을 담당하던 고려민족산업발전협회의 후신인 광명성경제연합회를 개칭해 1998년 설립된 것이다(≪전자신문≫, 2001.9.18). 북한은 자신들의 창구를 단일화해 남한의 기업들을 만나고 있다. 남한에서도 북한의 ICT 현황에 대해 파악하고 상대하는 정부 기구를 설립하고 북한에 진출하고자 하는 남한 기업에 대한 컨설팅을 한다면 비용을 절감하면서 효율적인 교류를 할 수 있다(고영삼, 2001: 38).

다. 애니메이션

북한의 ICT 문화산업 중 가장 발달된 분야가 애니메이션이다. 평양연극영화대학, 평양미술대학, 지방의 각 도·시·군에 있는 연극영화대학과 미술대학에서 해마다 100여 명의 대졸 애니메이션 전문가들을 양성하고 있다. 북한은 이미 극장용 만화영화를 하청받아 유럽 등의 국가에 수출할 만큼 애니메이션 제작 능력이 있다. 여기에 최근 강조되고 있는 컴퓨터 그래픽 기술, 동영상 처리 시스템과 관련 하드웨어 설비가 필요하다.

참고문헌

1. 국내 문헌

고영삼. 2001. 「민간부문의 성공적인 남북 IT교류를 위한 정부의 역할 모형 연구」. 『2001년 통일부 신진연구자 발표논문집』. 통일부.

김영세. 2001. 『남북통일에 대비한 정보통신정책 협력방안』. 대외경제정책연구원.

≪문화일보≫. 2000.6.18. "북한관련 중요 도메인, 미국기업이 소유".

박찬모. 2002.8.24. 「남북한 정보통신(IT) 산업 협력의 현황과 과제」. 제11회 미래전략포럼 발표자료.

연합뉴스 편집부. 2000. 『2001 북한연감』. 연합뉴스.

이태정. 2000. 「개성경제특구 개발의 타당성과 문제점」. ≪통일과 국토≫, 2000년 가을호.

≪전자신문≫. 2001.9.18. "북한 대남 경제교류를 위한 공식 기구는 민족경제협력련합회".

조명철. 1997. 『북한과 중국의 경제관계 현황과 전망』. 대외경제정책연구원.

현대경제연구원 통일경제센터. 2000. 『북한 교역·투자가이드』. 21세기북스.

2. 북한 문헌

세관법(1993.11).

외국인기업법(1992.10).

외국투자기업 및 외국인 세금법(1993.1).

외국투자은행법(1993.11).

외화관리법(1993.1).

자유무역경제법(1993.1).

조선민주주의인민공화국 정무원결정 제74호(1991.12.28).

조선민주주의인민공화국 중앙인민위원회 정령(1993.9.24).

조선민주주의인민공화국 합작법(1992.10).

토지임대법(1993.10).

합영법(1994.1).

김일성종합대학출판사. 1995. 『라진·선봉자유경제무역지대 투자환경』. 김일성종합대학출판사.

14장
4차 산업혁명과 북한 ICT 산업 전망

1. 산업 발전 측면의 전망

일본 교토통신은 2001년 김정일 국방위원장이 러시아를 방문할 때 모스크바로 향하는 특별열차 안에서 인터넷 서핑을 즐겼다고 보도했다(≪교도통신≫, 2001.8.1). 러시아 정부 고관에게 인터넷 사용을 지도하기도 했다고 전했다. 김정일 국방위원장의 러시아 방문을 수행한 러시아 극동 지역 대통령 전권 대리인 콘스탄틴 폴리콥스키(Константин Пуликовский)는 코메르산트데일리(Газета Коммерсантъ)와의 회견에서 "김 국방위원장은 인터넷을 매우 즐겼다"라고 밝히기도 했다.

또한 2001년 1월 김정일 국방위원장의 중국 방문 때 일본의 ≪요미우리≫ 신문은 "김 국방위원장이 중국 당국에 인터넷 접속이 가능하도록 부탁했으며 노트북을 들고 와 숙소에서 인터넷을 즐겼다"라고 보도했다. 이 신문은 "김 국방위원장은 인터넷광이며 실시간으로 세계가 돌아가는 일을 파악하고 있다"라고 덧붙였다. 2000년 10월 평양을 방문한 미국의 매들린 올브라이트(Madeleine Albright) 전 국무장관에게는 이메일 주소를 알려달라고 언급했다고 한다.

중고등학교 시절 스위스에서 체류한 3대 지도자 김정은 위원장의 경우 인터넷에 대해 매우 적극적인 태도를 취하고 있다. 인터넷 서핑을 즐기고 인터넷을 통해 세계 각국의 동향을 파악하는 데 능숙하다. 일본 언론은 김정은 위원장이 "인터넷을 통해 과학기술 정보를 수집하라"라고 지시했다고 2012년 5월 10일 일본의 해외 정보 청취·분석 기관 라디오프레스(Radio Press)를 인용해 보도했다.

조선중앙방송의 2012년 5월 9일 보도에 따르면 김정은 위원장은 국토 관리에 관한 회의 참가자를 상대로 한 담화에서 "인터넷을 통해 세계적인 추세 자료들, 다른 나라의 선진적이고 발전된 과학기술 자료들을 많이 보게 하고 대표단을 다른 나라에 보내 필요한 것들을 많이 배우고 자료도 수집해 오게 하여야 한다"라고 지시했다. 김정은은 또 "국토 관리와 환경 보호 부문에도 세계적인 발전 추세와 다른 나라들의 선진적이고 발전된 기술들을 받아들일 것이 많다"라며 "국토환경보호성과 해당 기관들에서 다른 나라의 과학 연구기관들과 공동연구, 학술 교류, 정보 교류를 활발히 진행하며 국제적으로 진행하는 회의, 토론회들에 참가하여 앞선 과학기술을 받아들이기 위한 사업을 적극 진행하여야 한다"라고 덧붙였다. 일본 언론은 인터넷을 통한 외국 정보 유입에 신경을 곤두세우며 외국 사이트 접속을 엄격하게 통제하던 북한이 김정은의 이 지시를 계기로 변화할지 주목된다고 적었다.

김정은 위원장이 인터넷에서 가장 많이 검색하는 단어는 역설적으로 '김정은'이었다고 미국 정보 관계자들이 비공개적으로 발표했다. 본인에 대한 국제사회의 여론과 평가에 관심이 많다는 증거다. 김정은 위원장은 아이폰(휴대폰), 맥북(노트북), 아이맥(데스크톱)을 이용하는 것으로 유명하다. 김 위원장이 애플 제품을 애용하는 '애플빠'(충성 고객)임을 알 수 있다.

하지만 최고지도자의 IT에 대한 지대한 관심에도 불구하고 산업이 발전하는 데 한계는 분명하다. 북한의 IT 기술들은 국방력을 강화하는 데 사용되고 있다. 따라서 인민경제 발전에 IT를 활용하고 발전시키는 민수용 정책은 아무래도 군사 분야 다음으로 부차적인 관심사다. 또한 유엔 대북 제재로 기술과 부품이 도입되지 못하는 현실도 북한 IT 산업이 발전하는 데에 발목을 잡고 있

표 14-1 북한의 IT 산업 현황 개괄

산업	기본 인프라	추진 주요 기관	특징
통신 서비스	• 매우 취약함	• 체신성, 국가정보화국	• 남한의 1990년대 수준
소프트웨어	• 상당한 기술력 보유 • 인적자원 풍부	• 프로그람종합연구소, 평양 정보기술국, 조선콤퓨터쎈 터 등	• 북한 당국의 대대적인 지원 • 숙련된 인력 풍부
하드웨어	• 전반적 수준은 비교적 낮 은 편 • 컴퓨터 부문은 32bit 공업 화 달성에 주력 • 64MD램 개발에 노력하고 있으나 기술 수준 부족	• 전자공업성 • 평양컴퓨터공장 • 평양집적회로공장 • 3대혁명붉은기 집적회로 시험공장 • 단천영예군인 반도체공장 • 전지공학연구소	• 군사용 기술은 상당히 높 은 수준 • 숙련된 인력 풍부
인터넷	• 매우 취약 • 인트라넷 중심	• 김일성종합대학을 비롯한 주요 대학 및 연구소	• 체제 유지에 큰 위험이 될 수 있다는 인식으로 매우 제 한된 범위 내에서 보급 • 주요 인터넷 서버가 제3국 에 위치

다. 마지막으로 IT 발전에 필연적으로 뒤따르는 개방과 쌍방향 소통을 차단하
는 것은 치명적인 약점이다. 보안성과 폐쇄성만을 강조해 외부와 소통하지 않
는다면 우물 안 개구리로 전락할 수밖에 없다. IT 산업은 항상 새로운 기술을
창조하지 못하고 모방과 추격에만 주력해 미래의 획기적인 성과는 기대하기
어려우며 김정일 위원장이 주장했던 단번도약(great leap)은 물거품이 될 수밖
에 없다. 일부 선진국들은 4차 산업혁명 시대 알고리즘이 산업과 인간의 행태
를 결정하는 시대에 들어서고 있다. 체제 유지를 위해 폐쇄적이고 제한된 일방
통행 방식의 ICT를 택한 북한의 ICT 산업이 향후 어떤 방향으로 나아갈지는
북한의 선택에 달려 있으므로, 그들의 선택에 주목할 수밖에 없다.

김정일 국방위원장이 과거 2000년에 중국을 방문해 IT 산업 부문에 관심을
갖고 경제 재건을 위한 단번도약을 수립한 것처럼 김정은 국무위원장 역시
2019년 6월 19일부터 20일까지 중국을 방문했을 때 중국의 주요 시설을 참관
했다. 이때 방문한 곳은 베이징시 궤도교통지휘센터와 국가 농업과학기술혁신

표 14-2 북한 10대 IT 우수기업과 모범단위

연도	10대 IT 우수기업 또는 모범단위
2016	• 김일성종합대학 첨단과학연구원 정보기술연구소 • 김책공업종합대학 붉은별연구소 • 김책공업종합대학 정보기술연구소 • 평양정보기술국 정보화1연구소 • 삼풍정보기술교류소 • 푸른하늘련합회사 • 아침콤퓨터합영회사 • 정보보안연구소 • 연풍상업정보기술사
2017	• 김일성정합대학 첨단과학연구원 정보기술연구소 • 국가과학원 정보과학기술연구소 • 푸른하늘전자합영회사 • 전자공업성 아침콤퓨터합영회사 • 체신성 정보통신연구소 • 평양정보기술국 붉은별연구소 • 조선류경프로그램개발회사 지능정보기술연구소 • 조선콤퓨터쎈터 • 평양정보기술국 • 철도성 정보기술연구소
2018	• 김일성종합대학 첨단과학연구원 정보기술연구소 • 국가과학원 지능정보연구소 • 평양교원대학 • 류경안과종합병원 • 송도원종합식료공장 • 북새전자기술사
2019	• 김일성종합대학 정보과학부 인공지능기술연구소 • 김책공업종합대학 정보기술연구소 • 원산구두공장 • 해방산호텔 • 평양정보기술국 • 전자공업성 아침콤퓨터합영회사 • 평안북도 전자업무연구소

자료: 2016~2019년에 해마다 개최되는 전국정보화성과전람회 이후 조선중앙방송, ≪로동신문≫ 보도 내용을 종합해 연구자가 작성했다.

원이었다. 첨단시설 단지를 방문함으로써 그의 관심사가 ICT와 과학을 통한 경제혁신이라는 점을 단적으로 보여주었다. 김정은이 참관한 곳들은 기존 부문과 ICT 및 첨단과학 기술이 접목됐다는 점이 특징이다.

그림 14-1 북한의 ICT 총괄 현황(2020년 기준)

이동통신	600만 명 휴대전화 사용, 3G, 고려링크, 유심카드
통신기기	자체 기술력 스마트폰, 태블릿 개발 보급
인터넷	국가 컴퓨터 통신망(내부 인트라넷), ISP 서비스 시행, KP 도메인
전자상거래	온라인 장마당(전자상업홈페이지), 카드결제
소프트웨어	'붉은별' OS 기반, 다양한 프로그램
AI	얼굴인식, 음성인식, 기계번역기술

베이징시 궤도교통지휘센터는 교통 시스템을 IT로 통제해 효율성을 극대화하는 첨단 교통 시스템의 상징적인 장소다. 북한 평양 지하철과 궤도전차 등 대중교통 수단을 현대화할 때 모델로 삼을 수 있다. 국가농업과학기술혁신원 역시 농업 부문에서 제기되는 문제를 과학으로 해결하는 곳이다. 농업생산성을 높이고자 하는 북한 입장에서 벤치마킹하거나 지원을 요청할 수 있는 있는 대상이다. 김정은 위원장이 바쁜 일정 중 두 곳을 선택한 것은 그의 관심을 나타낸다.

북한에서는 2016년부터 매년 전국정보화성과전람회를 개최해 북한 내 10대 IT 우수기업과 모범단위를 선정해 발표하고 있는데, 그 현황은 〈표 14-2〉와 같다. 북한은 경쟁을 통해 정보화 영역의 능률을 높이기 위해 10대 기업을 선정하고 있다. 북한 내에서 나름 치열한 경쟁이 펼쳐지고 있는 것으로 추정된다. 현장에서 기술력을 토대로 한 각종 대책이 추진되고 있으나 플랫폼이나 구조적인 정책에서 한계를 보이는 것은 북한 ICT 산업이 지속적으로 발전할 수 있는 기반 조성에 치명적인 장애물이 될 수밖에 없다.

북한은 4차 산업혁명 시대를 맞이해 기술력을 통한 단번도약을 추진하고 있다. 첨단 ICT 기술을 활용해 산업의 현대화와 정보화를 통한 성과 거양을 지향하고 있으나 각종 제도적 장벽과 인프라 미흡으로 결정적인 한계에 직면하고 있다. 개방성과 포용성 및 연계성을 기본으로 하는 인터넷 사용 등 ICT 관리체계는 여전히 전통적인 정보통신산업 개념에 의존하고 있으며 북한 당국이 통신을 국유화해 관리·독점화하고 이를 승인해 규제를 하고 있다. 북한은 아직까지도 정보통신을 사회경제적 하부구조이며 단순히 공공재를 공급하는 일차 공익 산업으로 인식한다.

2. 삼중고의 북한 경제와 ICT 산업

북한은 2021년 노동당 제8차 대회를 통해 새 국가경제발전 5개년계획을 발표하는 등 경제 활성화를 내세웠지만, 첫해인 올해 경제 건설 예산은 제자리걸음을 했다. 최고인민회의 제14기 제4차 회의에서 고정범 재정상은 2021년 경제 건설 관련 지출이 2020년보다 0.6% 늘어난 데 그친 예산안을 보고했다. 북한이 최근 3년간 경제 건설 부문 예산을 매년 4.9~6.2%씩 늘려온 것과 비교하면 큰 폭으로 줄어든 수치다. "경제 건설에 대한 투자를 늘려 올해의 자력갱생 대진군을 자금적으로 담보할 수 있게 했다"라는 재정 당국의 설명을 무색하게 하는 대목이다. 경제 건설 예산이 총액에서 차지하는 비율도 지난해의 47.8% 보다 줄어들었을 것으로 예상된다. 북한은 매년 이 부문 예산의 총액 대비 비율을 공개했으나 올해는 밝히지 않았다. 금속·화학공업과 농업, 경공업 등 인민경제 관련 투자도 불과 0.9% 증가해 최근 3년간의 평균 증가율 5.5~6.2%보다 대폭 감소했다. 새 국가경제발전 5개년계획의 첫해인데도 올해 북한이 경제 관련 예산을 낮춰 잡은 것은 대북 제재와 코로나19, 수해 등 '삼중고'로 북한 경제가 답보 상태이기 때문이다.

북한은 교육과 보건 분야에만은 상대적으로 높은 투자를 이어갔다. 교육과 보건 부문 예산은 각각 작년 대비 3.5%, 2.5% 높여 잡았는데, 이는 최근 3년 평균보다는 다소 줄어든 수치지만 올해 지출 총액 증가율(1.1%)과 비교하면 상당히 높은 수준이다. 교육은 북한이 김정은 국무위원장의 주요 치적으로 선전하는 분야라는 점이, 보건은 코로나19 상황에서 방역에 집중해야 한다는 점이 각각 고려된 것으로 보인다. 하지만 ICT 산업 발전과 연관된 과학기술 부문 투자 증가율은 2020년 9.5%에서 올해 1.6%로 대폭 축소되었다. 예산 투입 순위에서 밀린 것으로서 북한 ICT 산업과 과학기술 발전의 전망을 어둡게 하는 대목이 아닐 수 없다.[1]

2017년부터 본격화된 5건의 유엔 대북 제재가 북한 경제 특히 김정은의 궁정경제를 압박하고 있다. 2016년 이전 제재는 무기 수출 통제 등 비경제적 제재였으나, 2017년부터는 현금 차단 목적의 맞춤형 경제 제재로 제재의 본질이 변화되었다. 오죽했으면 김정은이 2019년 2월 하노이에서 영변 핵시설 폐기에 대한 대가로 5건의 제재 해제를 요구했는지 압박의 강도를 짐작할 수 있다. 북한 경제는 4중(重) 경제로 분류된다. 가장 규모가 크며 제2경제위원회가 운영하는 군수경제, 내각에서 관리하는 일반 정무원경제, 김정은 위원장의 사금고 경제인 궁정경제(court economy)가 있다. 이 외에 일반 주민들의 생존 현장인 장마당경제가 있다.

---

1) 국방비 예산은 총액의 15.9%로 지난해(2020년)과 같은 수준을 이어갔다. 그 밖에 사회문화사업비 중 문학예술 부문 예산은 지난해보다 2.7% 늘었고, 체육 부문은 1.6% 확대되었다. 한편, 국가예산 수입 증가율이 0%대로 낮아진 것도 경제침체를 잘 보여준다. 거래수입금(남쪽의 부가가치세)과 국가기업이익금(남쪽의 법인세)이 각각 0.8%와 1.1% 늘어나는 데 그쳤기 때문이다. 이들은 북한의 올해(2021년) 수입 총액의 83.4%를 차지하는 주 수입원이지만, 둘 다 경제가 원활히 굴러가야만 늘어난다는 공통점이 있다. 지난해 국가예산 수입이 예산안 대비 100.1%로, 지출도 99.9%로 집행됐다(연합뉴스, 2021.1.18).

1990년대 중후반 고난의 행군과 비교해 2021년 평양의 경제 상황부터 파악해 보자. 우선 코로나19로 인한 국경 철통 봉쇄로 1400km에 달하는 북·중 국경이 막힌 것은 북한 경제에 치명적인 타격을 주었다. 2020년 1월 22일 자 ≪로동신문≫에서 최초로 외국의 코로나19 발생 상황을 보도한 이후 1월 30일부터 북·중, 북·러 간 항공편과 철도, 도로를 차단했다. 1월 28일 비상설중앙보건위원회를 시작으로 2월 이후 국가비상방역지휘부 → 국가초특급비상방역위원회 → 국가비상방역사령부와　위생방역체계 → 국가비상방역체계 → 국가비상체제로 대응 주체와 체계를 격상하면서 신속히 선제적인 현장 방역을 유도했다. 2월 초부터 신형 코로나바이러스 보도를 통해 북·중 국경지대를 대상으로 수출입 품목에 대한 검사, 검역을 강조했다. 외국에서 발생한 코로나바이러스가 북한으로 들어오지 못하도록 국가비상방역체계를 선포했다. 비상방역의 키워드는 봉쇄와 차단이다. 예방의학을 강조하는 북한 보건의료체계는 감염병 치료에 속수무책이다.

　마침내 대외무역의 90%를 차지하던 중국과의 교역이 차단되기 시작했다. 대한무역진흥공사는 2020년 12월 발표된 자료를 보면 10월 한 달 동안 북·중 간 교역은 전년 같은 기간 대비 99.4% 축소된 166만 달러에 그쳤다고 밝혔다. 9월 대비 92%가 감소했다. 2020년 1~10월 누적 북·중 무역액은 전년 같은 기간 대비 76% 감소했다. 연간 무역액은 전년 대비 80% 감소했다. 북한은 석탄 등 광물자원과 인삼, 버섯 등을 수출하고 전기, 전자, 화학, 기계부품 등 공산품의 소부장(소재, 부품, 장비)을 수입해서 완제 공산품을 생산한다. 중국에서 공산품의 중간재가 수입되지 않으면 공장의 생산 라인이 작동되지 않는다. 북한 전역 500개 장마당에서 유통되는 물자 상당수는 민간 돈주들과 보따리상들이 중국 단둥에서 다양한 방식으로 수입된 것이다. 단둥을 거쳐 신의주와 평안남도 평성의 물류 유통망을 거쳐 북한 전역으로 배송된다. 남한의 동대문 시장에서 의류 도매상들이 새벽에 전국으로 물자를 이동시키는 것과 비슷하다.

　북한이 대북 제재 속에서도 코로나19 유입을 막기 위해 국경을 봉쇄하는 등 최악의 경제 상황에서 마땅한 대안이 없는 만큼, 더는 경제와 민생이 추락하지 않도록 하는 대응책 마련이 용이하지 않은 것은 북한 ICT 발전에 장애물로 작용할 것으로 예상된다. 전반적인 북한 경제 상황의 회복은 ICT 발전에 관건이 될 것으로 보인다.

3. 중국과 중동의 디지털 권위주의와 북한 ICT의 미래

디지털 권위주의는 권위주위 체제가 국내와 외국의 대중을 감시·억압·조작하기 위해 디지털 정보기술을 사용하는 것을 말한다. 디지털 권위주의는 'AI'를 기반으로 한다. AI는 새로운 기술의 조합으로서 좁게는 '빅데이터', '머신 러닝(machine learning)'[2]과 '디지털 사물(digital things)'[3] 등을 일컫는다. 기술의 조합은 '새로운 테크놀로지 시대(new technological epoch)'를 열었으며, 이를 강조하기 위해 새로운 산업혁명으로까지 부르고 있다. AI는 특히 이미지나 스피치 혹은 빅데이터 내 일정한 유형을 인식하는 데에서 두드러졌다. AI는 실생활 전반에 적용할 수 있는 영역으로 급속하게 확장되었다(Tse et al., 2019: 9~14).

컴퓨터와 인터넷 관련 혁신은 다량의 데이터를 생산했으며, 이제 AI와 연계

---

[2] 학습할 거리를 제시하면 그것을 갖고 스스로 학습하는 기계다. 기계를 학습시키는 이유는 사람이 할 수 있는, 혹은 할 수 없는 작업을 기계가 할 수 있도록 만들어서 해당 작업을 아주 빠른 속도로 365일 24시간 내내 자동으로 수행하기 위해서다. 축적된 데이터에 기반을 둔 수학적 알고리즘(mathematical algorithm)을 생성함으로써 컴퓨터가 생각을 할 수 있게 만들어주는 기술과 장치의 체계로 규정할 수 있다[https://www.cognex.com/(검색일: 2020.2.17)].

[3] 사물(스마트폰, AI 스피커 등)은 점차 얼굴 혹은 음성을 인식할 수 있게 되고, 결정하고 행동하기에 이른다. 사물은 인터넷과 연결되지 않아도 스마트해진다. 사물인터넷은 사물의 상호연결성이 증대하고 그것이 인터넷으로 연결되는 것을 의미한다(Kelleher, 2019: 2~38).

한 혁신은 데이터를 사용 가능한 정보로 전환한다. 21세기는 이와 같은 새로운 시대의 초기라고 할 수 있다. 2016년 구글이 제작한 컴퓨터 알파고가 세계 바둑 챔피언 이세돌을 이김으로써 AI 발전이 급진전되었다는 것을 온 세상에 알려주었다. 이처럼 AI의 진보가 엄청난 강점을 갖고 있다는 것을 일깨워 주었지만, AI가 그 자체로 완벽한 것은 아니다. 거대한 데이터의 양을 시스템이 수용하지 못하고 있으며, 시스템 역시 정확한 맥락을 파악하지 못하는 한계가 있다 (Yuan, 2018.11.17).

21세기 신기술 혁신은 상대적 중요성이 다르기는 하지만 각기 다른 정치체제에 영향을 미칠 뿐만 아니라 이 체제들이 글로벌 질서 내에서 경쟁하는 구도에도 많은 영향을 주고 있다. 이로 인해 20세기 말 냉전 종식과 함께 사라진 줄로 알았던 체제 간 경쟁이 다시 시작되고 격화될 가능성마저 커지고 있다. 신기술은 단순히 기술 발전의 결과물일 뿐인데, 체제 간 경쟁을 촉발하는 수단이 되고 있다는 사실에 주목할 필요가 있다.

디지털 권위주의를 설명하기 위해서 가장 설득력이 있는 접근 방식은 '국내 정치체제(domestic political regimes)' 분류에 따라 각각의 특성을 제시하는 것이다. 국내 정치체제는 글로벌 수준에서의 정치체제 흐름과 연관성을 갖고 있다. 시간의 경과에 따라 국내 체제가 변화하는 흐름이 주기적으로 나타난다. 1990년대 초반, 소련과 동유럽에서의 사회주의 체제 붕괴와 체제전환(transition)의 대변화와 더불어 민주주의 확산을 논하면서 거론되었던 '민주주의의 제3의 물결(Third Wave of Democracy)' 이론이 대표적이다. 19세기 초반부터 20세기 말에 이르기까지 2세기에 걸쳐 진행된 민주주의 확산의 흐름은 민주주의 물결에 뒤이은 '역류(reverse wave)'도 동반했다(Huntington, 1991: 12~34). 역류 시기에는 민주주의가 아니라 권위주의가 증대되는데, 권위주의는 등장 시기마다 역사적으로 새로운 형식을 취하면서 나타난다. 2010년대 이후 우리는 또다시 권위주의가 증대되는 제3의 '역류' 속에서 살고 있다.[4]

민주주의가 확산된 제1의 물결(1820년대~1926)의 종식은 1920년대에 파시

표 14-3 민주주의 확산의 물결과 역류 흐름

구분	확산 물결	역류
제1의 물결	• 1820년대~1926년 • 민주주의 국가 29개국	• 1922~1942년 • 1922년 이탈리아 무솔리니 정권 집권 • 권위주의적 지배의 새로운 역사적 형식: 파시즘 권위주의

제2의 물결	• 1945~1960년대
	• 제2차 대전 연합국의 승리로 제2의 물
	  결이 시작
	• 1962년에 36개국으로 민주주의 확산
		• 1960~1975년
		• 민주주의 국가 30개로 감소
		• 새로운 형식의 권위주의 지배: 관료 권
		  위주의

제3의 물결	• 1974~2006년 • 민주주의 국가의 수는 1975년부터 2007 년까지 확대	• 제3의 물결 2006년 종료 • 새로운 형식: 디지털권위주의

자료: Wright(2018).

즘(fascism)을 출현시켰다. 20세기 중반(1945~1960년대)에 나타났던 민주주의 확산의 제2의 물결은 1960년대에 만연했던 '관료적 권위주의(bureaucratic authoritarianism)'를 배태했다. 제3의 물결에 뒤이은 시점인 2000년의 상황은 과연 민주주의가 계속 확산되고 있는가, 아니면 민주주의 확산 흐름이 좌절되기 시작하는 역류의 흐름에 섰는가라는 문제가 제기되고 있다. 이에 대해 2018년부터 일부 학자들은 AI 기반 기술이 과거와 다른 유형의 권위주의를 형성하고 있다고 보면서 이를 '디지털 권위주의'로 부르기 시작했다. 주로 서구 언론과 싱크탱크를 중심으로 제기된 이 개념은 아직 학술적으로 확립된 것은 아니지만, 이 주장의 근거는 시간이 지날수록 확고해졌다. AI를 융합한 디지털 권위주의는 시대의 요구를 적절하게 반영하고 있다는 주장을 뒷받침한다.

---

4) 래리 다이아몬드(Larry Diamond)는 2010년대 중반까지는 아직 세계적으로 민주주의가 퇴조하지 않고 있다고 했지만, 2010년대 후반으로 가면서 '퇴조기(recession)'에 접어들었다고 진단하고 있다. 퇴조의 직접적인 원으로 '금권정치(money politics)'를 꼽고 있으며, 인터넷과 SNS가 민주주의에 부정적 영향을 미친다고 거론했지만, 디지털 요소를 전면적으로 부각시키지는 않았다. 그는 미국이 민주주의의 표본으로 자리 잡지 못한다면 세계에 권위주의의 쓰나미가 불어닥칠 것이라고 경고하고 있다(Diamond, 2019).

AI를 포함한 기술과 정치체제를 연관시켜 니컬러스 라이트(Nicholas Wright)는 ① 중국을 디지털 권위주의(digital authoritarianism), ② 러시아를 '디지털 하이브리드 체제(digital hybrid regimes)'[5], ③ 미국을 자유민주주의 체제(digital liberal democracies) 등 세 가지로 분류하고 있다(Wright, 2018: 19). 새로운 AI 관련 기술은 특히 인식 능력이 발전하면서 '감시(surveillance)', '선택적 분류(filtering)', '예측(prediction)'에 적합한 기능으로 확대되어 디지털 권위주의와 디지털 하이브리드 체제의 유용한 수단이 되고 있다. 다시 말해 AI 기술 자체보다는 그것을 운용하는 주체가 누구인가가 더욱 중요시되는 환경으로 바뀌고 있다는 점을 인식할 필요가 있다.

북한의 미래는 어디인가? 자유민주주의 체제는 아니더라도 최소한 ICT를 통해 '디지털 하이브리드 체제'로 진화해 나갈 것을 기대하는 것이 북한 ICT를 연구하는 목적이다. 만약 ICT 첨단기술이 북한의 독재 지도자가 21세기에 인민을 효율적으로 통제하고 검열하는 수단으로 전락하는 디지털 독재 리더십이 활성화된다면 한민족이 열망하는 개혁과 개방은 더욱 어려워질 수밖에 없을 것이다.

AI 기술의 발달로 축적된 데이터는 이를 장악하고 있는 세력이 취사선택할 수 있다. 데이터를 통제하는 세력이 방대한 양의 데이터 중에서 자신에게 유리한 정보만 공개하고 불리한 정보는 사장할 수 있다. 더 나아가 AI는 정교한 검

---

5) 디지털 하이브리드 체제는 디지털 권위주의 체제와 디지털 자유민주주의 체제의 특성이 혼합되어 있다. 정보조작과 통제에 있어 전체 시스템을 통한 기술통제를 디지털 권위주의 체제보다 덜 강조한다. 그 대신 보편적인 온라인 검열을 회피하기 위해 온라인상의 정보 통제를 디지털 권위주의 체제보다 덜 노골적으로 행하며, 여론을 형성하기 위해 긍정적인 온라인 수단을 사용한다. 또한 정권이 수행하는 온라인상의 행위에 대한 자국 내 시민의 감시에 주목하는 특성이 있다. 그러나 하이브리드 체제는 중간 지대에 속해 존재감이 덜하며, 디지털 하이브리드 체제가 디지털 권위주의 체제에 시간이 갈수록 경도되는 경향이 강하기 때문에 더 시간을 두고 주목해야 할 대상이다(Wright, 2018: 24~25).

열을 통해 이미지와 텍스트를 선택적으로 분류하는 능력을 발전시키고 있으며 이로 인해 거대한 인적 요소를 집대성한 시스템을 구축할 수 있다. 이를 통해 정부는 시스템이 비용·효과 측면에서 필요하다고 강조하면서 전 사회적 규모로 계획을 수립해 실행할 수 있다.

21세기에 출현한 디지털 권위주의는 이런 측면에서 과거의 권위주의와는 질적으로 다른 새로운 특성을 띠며 인류의 미래에 치명적으로 암울한 분위기를 드리운다(Freedman, 2013: 25). AI 연관 기술의 발달은 사회를 통제하기 위해서만 사용되지 않고, 인간에 편리한 환경을 제공하고 효율적인 생활을 보장해 주는 의미가 사실상 더 크다. 똑같은 디지털 인프라 구조를 갖추고 있더라도 권위주의 체제, 하이브리드 체제, 자유민주체제 등 각기 다른 정치체제에 따라 용도가 달라지는 현실이 엄연히 존재한다. 이 세 가지 디지털 체제 간 구분을 가능하게 해주는 몇 가지 요소를 제시하면 다음과 같다(Wright, 2018: 20~21).

첫째, 디지털 기술을 지배하는 규칙과 법률적인 틀의 존재 유무다. 일상적인 환경에서 개인에 대한 사적 보호 정도를 포함할 뿐 아니라 대중 감시가 일상적인 환경에 얼마나 광범하게 허용되는지를 포함하는 주요한 영역에서의 차이다. 둘째, 보안기관과 경찰 기능이다. 반테러 등 국가안보를 위한 보안기관의 국내 감시가 모든 체제 유형에서 공히 이뤄질 수 있다. 체제 유형에 따라 대중 감시의 범위는 달라진다. 넷째, 상업 부문이다. 정치체제는 사적 부문의 데이터들 간의 통합을 얼마나 허용하는지, 그리고 공공 부문이 '위치파악(ground truth)' 데이터를 갖고 있거나 통제할 수 있는지에 따라 다르다. 다섯째, 검열과 같은 정보의 네거티브 측면 및 바람직한 통제·선전 여부다. 모든 체제는 일부 정보에 대한 접근을 제한해야 한다. 그러나 검열의 양은 메커니즘에 따라 다르다. 마지막으로 인프라 구조다. 물리적인 디지털 인프라 구조는 절대적이다. 거대 IT 프로젝트들은 어떤 사회에서는 추진이 용이하지 않다. 거대 통합 데이터베이스는 오랜 기간을 투자해야 갖출 수 있으며, 그러한 인프라 구조는 체제마다 다르다.

디지털 권위주의는 같은 AI 기술을 보유하고 있더라도 다른 체제 유형과 달리 대중 통제 및 감시, 검열 기준에 친화성이 있다. 또한 과거의 권위주의와 다르게 AI 기술 발전을 매개로 권위주의의 수단을 타 국가들에 수출해 '국제권위주의 카르텔'을 형성할 수도 있는 막강한 힘을 보유할 수 있게 되었다. 이와 같은 디지털 권위주의의 양상을 중국, 러시아, 중동 국가, 쿠바, 중앙아시아 등의 모델을 통해 살펴볼 수 있다.

20세기가 끝날 무렵 파시즘, 공산주의와 자유주의 간의 거대한 이념 전쟁은 자유주의의 압도적 승리로 귀결되는 듯 보였다. 민주적 정치와 인권, 그리고 시장 자본주의가 전 세계를 정복하도록 예정된 것처럼 보였다. 하지만 늘 그렇듯이, 역사는 예상 밖의 선회를 했고 파시즘과 공산주의가 붕괴된 후 지금 자유주의는 곤경에 처했다. 그러면 우리는 이제 어디로 향하는가? 빅데이터 알고리즘은 모든 권력이 소수 엘리트의 수중에 집중되는 디지털 독재를 만들어낼 수 있다. 그럴 경우 대다수 사람들은 착취로 고생하는 것이 아니라, 그보다 훨씬 더 나쁜 지경에 빠질 수 있다고 유발 하라리는 경고하고 있다(하라리, 2018). 부디 북한이 이러한 사례의 대표적인 체제로 각인되지 않기를 기원한다.

참고문헌

1. 국내 문헌

연합뉴스. 2021.1.18. "북한 최고인민회의 제14기 제4차 회의가 17일 평양 만수대의사당에서 진행됐다고 조선중앙통신이 보도했다".

하라리, 유발(Yuval Harari). 2018. 『21세기를 위한 21가지 제언』. 전병근 옮김. 김영사.

2. 외국 문헌

Diamond, Larry. 2019. *Ill Winds: Saving democracy from russian rage, chinese ambition, and american complacency*. NY: Penguin Press.

Freedman, Lawrence. 2013. *Strategy: A history*. Oxford; NY: OXFORD University Press.

Huntington, Samuel P. 1991. "Democracy's Third Wave." *Journal of Democracy*, Vol.2, No.2.

Kelleher, John D. 2019. *Deep Learning*. Cambridge: MIT Press.

Tse, Terence and Mark Esposito, Danny Goh. 2019. *The AI Republic: Building the nexus between humans and intelligent automation*. Carson City, NV: Lioncrest Publishing.

Wright, Nicolas D. 2018. *Artificial Intelligence, China, Russia, and the Global Order*. Maxwell Air Force Base. Alabama: Air University Press.

Yuan, L. 2018.11.27 "How Cheap Labor Drives China's A.I. Ambitions." *The New York Times*. https://www.nytimes.com/2018/11/25/business/china-artificialintelligencelabeling.html(검색일: 2020.2.17).

코그넥스 홈페이지. http://research.sualab.com/introduction/2017/09/04/what-is-machine-learning.html (검색일: 2020.2.17).

3. 북한 문헌

교도통신. 2001.8.1. "김정일, 특별열차에서 인터넷 서핑".

북한의 정보통신기술(ICT) 주요 일지: 1998~2020

1990년대

1998.2.8	김정일, '전국 프로그람 경연 및 전시회' 출품 프로그람 참관
1998.2.24	컴퓨터 프로그람 분야 과학자·기술자들이 개발한 조선글 문서편집 프로그람 및 3차원 설계 프로그람 등이 널리 활용되고 있다고 보도(중앙방송)
1998.2.25~1998.2.27	'전국 음성인식 프로그람 경연 및 학술 발표회' 진행(인민대학습당)
1998.8.28~1998.8.29	은별컴퓨터기술무역쎈터, '제4차 호스트컵 세계 컴퓨터 바둑 선수권대회'에서 1위(도쿄)
1998.9.4	조선중앙통신사, 인공지구위성 발사 보도
1998.9.28	36개 시·군에서 '빛섬유 통신까벨화(광섬유 통신케이블)' 공사 완료
1999.1.26	과학원 수학연구소 등, 음성인식 및 문자인식 프로그람 개발
1999.6.15	나진-선봉 국제통신쎈터 건설, 현지에서 착공
1999.9	김일성종합대학에 콤퓨터과학대학 설립

2000년대

2000.2.24	새로운 지리정보체계 소프트웨어 '삼천리' 개발
2000.6.22	김일성종합대학 외국어문학부, 30만개의 영어 단어와 속담 등을 기억하는 '영-조 전자대사전 프로그람' 개발(중앙TV)
2000.7.4	김일성종합대학 정보통신쎈터, 주체사상 학습자료 검색 체계 등 각종

	프로그램 개발
2000.10.24	'조선컴퓨터쎈터 창립 10돌 기념보고회' 개최
2000.10.26~2000.11.6	제11차 '전국 프로그람 경연 및 전시회' 진행(3대혁명전시관)
2000.11.19~2000.11.22	'전국 고등중학교학생 컴퓨터 프로그람 및 타자 경연' 진행(평양)
2000.11.20~2000.11.24	제1차 '전국 대학생 프로그람 경연' 진행(평양)
2000.11.21	평양프로그람쎈터, '단군 5.0' 등 프로그람 개발 보도(중앙TV)
2001.1.15	만경대생소년궁전과 평양학생소년궁전 및 그 부속학교인 금성제1고등중학교, 금성제2고등중학교에 콤퓨터수재양성기지 건립
2001.2.8	평양프로그람쎈터, 한글 문서편집 프로그람 '창덕 6판' 개발·출시(중앙TV)
2001.2.28	중앙과학기술통보사, ≪정보과학기술≫, ≪새기술통보≫ 등 도서 및 CD롬 제작 보도(평양방송)
2001.3.27	제12차 '전국 프로그람 경연 및 전시회' 진행 및 조직 관련 계획 발표(중앙TV)
2001.5.8	조선컴퓨터쎈터, 21세기 정보산업의 요구에 맞게 '조선어 음성인식 프로그람 등 최첨단 프로그람들' 개발 보도(중앙TV)
2001.5.10	중앙과학기술통보사, 최근 컴퓨터망 출판물 ≪오늘의 소식과 상식≫을 전자신문 형식으로 일일 발행 보도(중앙TV)
2001.5.12	평양에 건설된 현대적 컴퓨터 생산기지, 생산 개시 보도(중앙방송)
2001.5.14~2001.5.17	'전국 지질학 부문 과학기술 발표회 및 광물 표본 전시회' 진행
2001.5.20	농업과학원 컴퓨터중심, 농업생산을 위한 컴퓨터 프로그람 개발·도입 보도(평양방송)
2001.5.22	평양전화국의 전국적인 컴퓨터 통신망 운용 보도(중앙TV)
2001.5.30	함경북도 인민위 과학기술국 과학기술통보실, 도내 공장, 기업소, 기관을 망라하는 컴퓨터 지역망 확대 사업 진행(중앙방송, 평양방송)
2001.8.2	남한의 하나비즈닷컴과 평양정보쎈터가 함께 단둥에 세운 하나프로그람쎈터 개소식 개최
2001.8.16~2001.8.29	'제2차 전국 교육 부문 프로그람 경연' 진행
2001.9.6	전국학생소년궁전회관 소조원들의 수학 및 컴퓨터 경연 진행(평양학생소년궁전)
2001.10.21	조선예술영화촬영소, 과학영화 〈컴퓨터망에 의한 정보봉사〉 및 교육영화 〈컴퓨터다루기 2〉 등 제작 보도(중앙방송)

2001.11.26	김책공업대학, 정보과학기술대학과 기계과학기술대학 신설 보도(중앙통신)
2002.1.15	과학원에 '정보기술학교' 신설
2002.3.19	새 학년도를 맞으며 김책공업종합대학 내 '정보과학기술대학'과 '기계과학기술대학' 신설 및 함흥건설전문학교(현 함흥건설대학), 함흥경공업전문 학교(현 함흥경공업대학) 등의 개명 보도(중앙방송)
2002.4.8	'김일성 탄생 90돌 기념 평양미술축전 컴퓨터미술 경연 개막
2002.4.20~2002.4.24	'제1회 조선 컴퓨터 소프트웨어 전시회' 진행
2002.5.8	중앙과학기술통보사, 7개어(러시아어, 영어, 독일어, 프랑스어, 일본어, 중국어, 조선어)로 된 다국어 과학기술 전자사전 『광명』 출판(중앙방송)
2002.8.20	'전국 청년 정보기술 성과 전시회' 개최
2002.8.26	'전국 청년 컴퓨터기술 경험 토론회' 진행(3대혁명사적관)
2002.9.2~2002.9.10	'제2차 전국 대학 부문 과학 연구 성과 전시회' 및 '제3차 전국 교육 부문 프로그람 전시회' 진행(10일까지)
2002.9.10	아침-판다 컴퓨터합영회사 조업식 개최
	아침-판다 컴퓨터합영회사, 서방의 바세나르 협약 등 경제봉쇄 정책의 제약 극복을 위해 북한(전자공업성)과 중국(판다전자집단 유한공사) 간 합영 진행 및 컴퓨터 생산
	아침-판다 3000bit(팬티엄 4급) 및 아침-판다 1000bit급(셀룰론급) 생산
2002.9.27	평양정보쎈터 프로그람 개발실 및 강습소 준공
2002.10.1~2002.10.9	제13차 '전국 프로그람 경연 및 전시회' 개막(9일 폐막)
2003.6.22	'비약적으로 발전하는 우리의 주체 과학기술' 제목으로 반도체, 유전공학, 정보산업 등 "일부 과학기술 분야의 세계적 수준 담보 마련" 보도(중앙방송)
2003.7.11	기자의 '이과대학'(평양시 은정구 소재) 방문기, "수많은 과학기술 인재들이 자라난다"(평양방송)
2003.8.6	'과학원 중앙과학기술통보사'에서 최근 '우리식 과학기술대사전 『광명-2003』 편찬 사실 보도(평양방송)
2003.8.19~2003.8.22	제4차 '전국 교육 부문 프로그람 전시회', 평양에서 개막(22일 폐막)
2003.8.25~2003.8.28	제4차 '전국 학생 프로그람 경연' 평양에서 진행(28일까지)

2003.8.28	'수학연구소' 및 '조선어의 정보처리에 대한 프로그램 개발' 등 과학원 내 청년 과학자들의 과학 연구 사업 성과 보도(중앙방송)
2003.9	'2.16 과학기술상' 제정
2003.9.15~2003.9.16	제8차 '전국 정보학 부문 과학기술 발표회' 진행(인민대학습당)
2003.9.30~2003.10.8	제14차 '전국 프로그람 경연 및 전시회' 개막(10월 8일 폐막)
2004.2.24.	양강도 삼지연군 백두산밀영체신소, 체신의 현대화 등 위성방송망과 TV중계소 건설을 완성
2004.3.23.	과학기술 부문의 최고상인 '2.16과학기술상' 수여식이 최태복, 로두철, 변영립 등 참가하에 진행
2004.3.25.	김정일 위원장, 올해 인민대학습당에 200여 종의 첨단과학 부문과 물리화학 등 도서(나노기술, 기술과 응용, CD 등) 기증 보도
2004.5.27.	과학백과사전출판사, 올해 근로자들과 청소년 학생들을 위한 건강 상식 도서(컴퓨터 대화, 수술 후 환자 관리, 수지 치료 등) 등을 발간
2004.10.1~2004.10.14	제15차 '전국 프로그람 경연 및 전시회' 개막(14일 폐막)
2004.10.7	과학백과사전출판사, 『나노기술과 응용』, 『쉽게 할 수 있는 컴퓨터 대화 2』 등 수십 종의 과학기술 및 의학, 상식 도서 출판
2004.10.28	바둑 프로그람 KCC바둑(조선컴퓨터쎈터 개발), '세계 컴퓨터 바둑 도전자 대회'에서 1등 쟁취
2004.11.5	체신성 등 40여 개의 중앙기관들, 대안친선유리공장 건설 지원
2004.11.30	인민대학습당, 도서 열람의 현대화·정보화로 과학기술 보급에 앞장
2005.9.13	김일성종합대학 컴퓨터과학대학 학장 김영준, 해주의학대학 부학장 김원석에 원사 칭호, 김일성종합대학 연구사 김유철 등 5명에게 후보원사 칭호 수여 김일성종합대학 학부장 김영훈 등 9명에 교수 학직, 김일성 종합대학 학부장 박진실 등 8명에게 박사 학위, 149명에 부교수 학위, 744명에게 학사 학위 수여
2005.9.21	제16차 '전국 프로그람 경연 및 전시회'(9.13~9.20) 3대혁명전시관에서 진행
2005.11.6	김책공업대 정보과학기술대학 정보통신수재반 대학생들, 백두산 기상관측소 설비 현대화를 통해 발명권 획득
2005.11.1.	[북] KCC바둑 프로그람이 일본에서 진행(10.29~10.30)된 '세계 컴퓨터

바둑 도전자 대회'에서 우승

2005.11.24.	소프트웨어산업총국 대표단(단장 한우철 총국장), 러시아 방문
2006.1.24	김책공대 전자도서관 준공식 진행
2006.2.5	황북 전신전화국, 착신 가입자 번호 알림 장치 등 체신 현대화 추진 혁신
2006.4.18	중국 수리부, 4.17 북 기상수문국에 통신/수문관측설비 기증식.
2006.6.26	북-러 정보기술 공동전시회 개막, 6.25인민문화궁전에서 한우철(북 소프트웨어산업총국장), 홍선옥, 김철호(북 소프트웨어산업부총국장 개막연설) 등 참가
2006.9.30~2006.10.1	KCC바둑(조선컴퓨터쎈터바둑) 프로그람, '세계 컴퓨터 바둑 선수권대회'(일본, 9.30~10.1)에서 6연승 기록
2006.10.3~2006.10.9	제7차 '전국 교육 부문 프로그람 전시회', 혁명전시관에서 진행
2006.10.14	김일성종합대 창립 60돌 즈음 '전국 대학생 정보과학기술 성과 전시회' 진행
2006.10.19~2006.10.27	제17차 '전국 프로그람 경연 및 전시회' 평양에서 진행
2006.11.28~2006.11.29	'과학기술정보학 부문 학술 토론회' 진행
2006.12.9	다매체 프로그람『조선약전』제6판 출간
2007.1.19	북 체신회사·이집트 오라스꼼 전기통신 회사 사이의 협조
2007.2.27	자강도 도서관, 각 계층 근로자 대상 정보서비스 개시
2007.8.30	전국 대학 부문 컴퓨터 모의실험 실습 프로그람 경연 진행(김책공대)
2007.10.24~2007.10.31	제18차 '전국 프로그람 경연 및 전시회' 진행
2007.12.11~2007.12.13	전국 체신 부문 과학기술 발표회 진행(평양)
2008.1.21	함경남도 전자도서관 개관
2008.4.15	김정일, 프로그람 기술 발전에 기여한 과학자·기술자들에게 선물 전달
2008.7.31~2008.8.2	제9차 '전국 교육 부문 프로그람' 경연 진행
2008.8.22	공화국 창건 60돌 기념 '전국 대학생 정보과학기술 전시회' 개막
2008.10.24~2008.10.31	제19차 '전국 프로그람 경연 및 전시회' 진행(평양 3대혁명전시관)
2008.10.28~2008.10.29	'전국 정보학 부문 과학기술 발표회 및 전시회' 진행(인민대학습당)
2008.11.4	제9차 '전국 교육 부문 프로그람 전시회' 개막
2008.12.10	평북 운천군 도서관(열람실, 컴퓨터실, 과학기술보급실 등) 건립
2008.12.15	오라스콤과 텔레콤, 북한 휴대전화 서비스(koryolink) 개시
2009.2.14	2.14건설설계정보쎈터 창립 50돌 기념 보고회 개최

2009.2.26	순천시멘트연합기업소, 생산공정을 종합적으로 자동 감시하고 조종할 수 있는 컴퓨터 통합 조종 체계 도입
2009.9.2~2009.9.8	제10차 '전국 교육 부문 프로그람 전시회'(9.2~9.8) 3대혁명전시관에서 진행
2009.9.3	북 한덕수평양경공업대학정보쎈터 과학자들, 온봇설계·본배열·검사와 수정 등 모든 공정을 컴퓨터화한 '피복 설계 지원체계' 연구·개발

2010년대

2010.1.12	체육 과학정보 수집·연구 보급기지인 체육과학도서관 개관
2010.1.20	북 컴퓨터과학연구소·평양농업대학 과학자들, 숫자 조종 파종기 개발·도입(중앙방송)
2010.2.23	평양방직공장의 컴퓨터망에 의한 종합 조종체계 완성, 선교편직공장 등의 내의류, 셔츠, 양말 본격 생산 및 신의주화장품공장의 가루비누 생산 등 "북 경공업부문이 개술개건과 신제품 개발에서 혁신적 성과 이룩" 과시(중앙통신)
2010.4.14	평양화력발전연합기업소 컴퓨터실 청년 기술자들, 수송 관계 프로그람 개발·도입(중앙방송)
2010.4.27	김만유병원과 각 도 인민병원들 사이에 수립된 '먼거리의료봉사체계'의 운영 개시 행사 진행(중앙통신)
	농업화학화연구소, 병해충·잡초의 특성과 농약의 합리적 선택 적용을 위한 다매체 편집물 '실용 농약' 전자 편람 연구 완성(중앙방송)
2010.5.14	북 첨단기술쎈터 연구 집단, 다기능 무변압기식 주파수 안정기(변압 및 주파수 안정 기능, 전동기 연기동 기능, 컴퓨터 조정기능 등) 개발(중앙방송)
2010.7.15	[사설] 모든 부문에서 과학기술 성과들을 적극 받아들여 "인민경제의 현대화, 정보화를 실현하고 높은 경제발전속도를 보장하여 강성대국 건설에서 대혁신, 대비약을 일으키자" 선동(중앙방송, ≪로동신문≫, "과학기술 성과들을 적극 받아들이자")
2010.8.23	북, 2010년 상해 세계 박람회 조선관 소개 사이트(www.expo20100-

dprkorea.org) 개설 선전(중앙통신)

2010.9.6	북, 중앙물리탐사단과 중앙광물자원조사단 및 함경남도탐사관리국 등의 정보과학기술탐사방법을 도입
	검덕 지구 등 지질 구성과 광물 매장량 탐사 성과 등 과시(중앙통신)
2010.9.22	평양과각道의 자료 통신망 구축 공사 완료에 따른 전화·자료통신·이동통신 자료 전송 속도 첨단 수준 돌파 등 체신 부문 현대화 목표 조기 실행 및 전국적 규모의 3세대 이동통신 기지국 건설 과시(중앙방송)
2010.10.27	김책공업종합대학, 지능형'가금류 알깨우기 조종 장치' 개발(중앙통신)
2010.10.28	제21차 '전국 프로그람 경연 및 전시회' 개막식, 3대혁명전시관에서 진행(중앙통신)
2010.11.7	김일성종합대학 평양농업대학교원 학자들, 휴대용 전자식 염도계 개발(중앙방송)
2010.11.15	제11차 전국 교육 부문 프로그람 전시회(11.8~11.15) 폐막식, 3대혁명전시관에서 진행(중앙통신)
2011.1.24	북 국가과학원수학연구소과학자들, 컴퓨터 입력기 개발(≪로동신문≫, 중앙방송)
2011.1.27	김일성종합대학정보쎈터, 컴퓨터망에 의한 전화 봉사를 제공하는'IP전화 교환 봉사 체계' 개발 소개(중앙통신)
2011.2.28	북 국가과학원, '휴대용 반도체식 폐하 측정장치' 개발(중앙통신)
2011.3.2	북 중앙과학기술통보사, 전국 과학자·기술자들에게 "국내외 최신 과학기술 성과 자료들을 제공"하며 정보 봉사 사업 진행(중앙통신)
2011.4.13	북, 4월 15일부터'조선의 소리' 인터넷홈페이지(www.vok.rep.kp) 개설(중앙방송)
2011.4.26	북 '전국 체육 프로그람 전시회'(4.26~5.3) 평양체육관에서 진행(중앙통신, 중앙방송)
2011.5.27	북 평양정보쎈터, "전자결재 카드·출입 카드 등 보안성이 높은 새로운 전자카드 개발" 선전(중앙통신)
2011.7.17	북 봉화화학공장 종업원들, 최첨단 돌파전을 벌여 "통합생산체계확립을 위한 정보통신 하부구조 완비" 성과(중앙방송)
2011.8.31	고려의학과학원과 조선컴퓨터쎈터, 전국적 '원격 고려 의료 봉사 체계' 확립 및 '고려의술' 홈페이지 개설

2011.10.1	김일성종합대학 전자도서관·수영관 등 완비 선전
2011.10.27	제22차 '전국 프로그람 경연 및 전시회'(10.27~11.3) 3대혁명전시관에서 개최
2011.11.11	김책공업종합대학 정보과학기술대학 개발 머리단장 선택 프로그람 '멋쟁이', "이발소와 미용소들, 가정에서 인기" 선전(중앙통신)
2011.11.14	대동강돼지공장, "통합자동화체계 도입으로 경영활동 정보화와 생산공정의 자동화를 높은 수준에서 실현" 선전(중앙통신)
2011.11.26	3세대 손전화 봉사 고려링크(KoryoLink), "로동신문에 대한 열람 봉사 시작 및 도서 열람 봉사 시작 예정" 보도(조선신보)
2012.2.7	평안북도에서 '전자업무연구소' 건설
2012.2.14	전자공업성 산하 전자현미경연구소, 가정과 생활에서 쓰이는 '손전화기(휴대전화) 전용 프로그람 개발(도로 안내 프로그람), 보급 선전
2012.3.14	조선요리협회, 홈페이지 '조선료리' 개설
2012.3.29	김정은 부위원장, 새 학년도를 맞은 평양시 교육 부문 단위들에 컴퓨터·수자식 촬영기·사진기 등 90종의 현대적인 교육 설비와 체육 기자재들 수천 점 전달
2012.5.10	제2차 '전국 체육 프로그람 전시회', 평양체육관에서 개최
2012.5.16	제2차 '전국 체육 프로그람 전시회' 폐막
2012.5.26	청진의학대학, 컴퓨터망에 의한 화상·음성 전송 체계 완성
2012.8.6	북 중앙식물원, 전자출판물 『조선식물도감』 새로 출간
2012.9.4	제13차 '전국 교육 부문 프로그람 경연'(9.4~9.6) 김일성종합대학 전자도서관에서 진행
2012.9.18	중앙방송, 중앙위생방역소의 전염성 질병 감시를 위한 '방역 사업 정보화 실현' 보도
2012.10.3	제13차 '전국 교육 부문 프로그람 전시회' 개막식, 3대혁명전시관에서 진행
2012.10.4	이집트 오라스콤 전기 통신수단 및 기술 주식회사 이사장(나기브 싸위리스) 일행, 평양 도착
2012.10.7	최영림 총리, 전화 설비 제작 기지에서 체신의 정보화·현대화 실현 문제 토의
2012.10.18	제23차 '전국 프로그람 경연 및 전시회' 개막식, 3대혁명전시관에서 진행

2012.10.19	중앙통신, 한덕수 평양경공업대학 교원·연구사들의 '5차원 피복 설계 기술 개발'(피복 컴퓨터 지원 설계 기술) 보도
2012.10.25	제23차 '전국 프로그람 경연 및 전시회' 폐막식 진행
2012.10.29	제4차 '전국 대학생 정보과학기술 성과 전시회', 3대혁명전시관에서 개막
2012.11.27	'전국 정보과학기술 부문 과학기술 발표회'(11.27~11.29) 인민대학습당과 김책공업종합대학에서 진행
2012.12.31	중앙통신, 구성공작기계공장 '고성능 CNC(컴퓨터 수치제어) 공작기계'인 '10축복합가공반' 개발 보도
2013.1.9	미국 구글 회사 대표단, 인민대학습당·김일성종합대학 전자도서관·조선컴퓨터중심 참관
2013.1.23	≪로동신문≫, '노을기술합작회사'에서 개발한 공업용 컴퓨터 '노을' 보도
2013.2.1	평양방송 인터넷 홈페이지 '민족대단결'(www.gnu.rep.kp) 개설
2013.3.9	국가소프트웨어산업총국 대표단(대표 : 정성찬 부총국장) 라오스행
2013.4.4	국가과학원 공업정보연구중심, 분산형 컴퓨터 조종체계 개발 선전(중앙통신)
2013.7.3	북·몽골 정부 사이의 '정보기술 분야 교류와 협조에 관한 협정' 체결
2013.7.8	김책공대 정보기술연구소, 큰물 피해를 사전에 대비하기 위한 프로그람 개발
2013.7.10	국가과학원 미소전자연구중심, '레슬링 경기용 전자 심판 체계' 개발
2013.7.16	김일남 김책공업종합대학 원격교육대학 학장, 중앙통신에서 '정보통신망을 통한 원격교육(150여개 기관 등) 도입으로 일하면서 배우는 교육체계' 선전
2013.7.30	먼거리 의료 봉사에 관한 세계보건기구(WHO) 동남아시아 지역 기술협의회(7.30~8.1) 평양에서 개최
2013.8.2	중앙과학기술통보사 창립 50돌 기념 정보과학기술 부문 및 광업 부문 전국 과학기술 발표회 개최
2013.8.20	제14차 '전국 교육 부문 프로그람 경연'(8.20~8.22) 김일성종합대학 전자도서관에서 진행
2013.9.13	'전국 체신 부문 과학기술 성과 전시회' 개막식 대외 문화교류 중심에서 진행
2013.9.16	'전국 체신 일군 대회' 진행

2013.9.17	'전국 체신 부문 과학기술 성과 전시회' 폐막
2013.10.2	제14차 '전국 교육 부문 프로그람 전시회', 3대혁명전시관에서 개막
2013.10.7	제14차 '전국 교육 부문 프로그람 전시회' 폐막
2013.10.11	각급 병원들에서 새로운 "먼거리 수술지원체계 도입"으로 "의료봉사의 전문화 및 질적 수준을 더욱 높이고 있다"고 선전
2013.10.16~2013.10.24	제5차 '전국 대학생 정보과학기술 성과 전시회' 진행
2013.10.28	북, 국가소프트웨어산업총국과 몽골 정보기술·우편 및 통신국 간 '2013~2015년 정보기술 분야 교류 계획서' 조인
2013.10.29	제24차 '전국 프로그람 경연 및 전시회', 3대혁명전시관에서 개막
2013.11.8	국가과학원 지질학연구소의 석탄 탐사용, 갱전방탄성과 탐사 프로그람과 지질 및 개발 정보 관리 지원 프로그람 개발 보도(중앙통신)
	국가과학원 조종기계연구소의 현장 모선형 수자 조종 장치 'CNC-16'과 개방형 PLC 프로그람 체계 개발 소개
	국가과학원 공업정보연구중심, 대동강타일공장 통합자동화체계 연구·개발 보도(중앙통신)
2013.11.11	김책공업종합대학, 중-북 기계 번역 프로그람(중국어 번역 프로그램) 개발
2013.11.15	평안북도 시·군 인민병원, 먼거리 수술 지원 체계 확립
2013.12.3	조선요리협회 서재요리정보기술교류사, DVD 다매체 편집물 『조선요리집』 제1편(「일반가정 음식 만들기」 1, 2 수록) 출판
2014.2.24	옥류아동병원과 전국 소아 병원들을 연결하는 먼거리 의료 봉사 체계를 새로 수립
2014.3.3	김일성종합대학 컴퓨터과학대학에서 '영화편집 프로그람·경기분석지원 프로그람' 개발 보도
2014.5.9	국가과학원 111호 제작소의 '이동식 소형 공기 정화 소독기 개발 보도
2014.7.15	수산과학분원, '3차원 조선 서해 어장도'와 '조선 농해 어해황 예보 시원 체계(단풍 1.0)' 개발
2014.7.23	고산과수농장에 원격 의료 봉사 체계가 도입된 산업병원 건립
2014.8.6	국가과학원 철도과학분원의 '철도 운수의 정보화 추진과 지열 난방용 전동 체계 개발' 보도
2014.8.26~2014.8.28	전국 체신 부문 과학기술 발표회, 남포시 정보통신국에서 진행

2014.9.26	국가과학원 생물공학분원과 지능정보연구소, 투과식 전자현미경의 CNC화 실현 보도
2014.9.29	벨기에 대학교 교수 일행, 김일성종합대학 전자도서관에서 '이산수학 및 컴퓨터 기하학 강습' 진행
2014.10.6~2014.10.14	제6차 '전국 대학생 정보과학기술 성과 전시회' 진행
2014.10.28	제25차 '전국 프로그람 경연 및 전시회' 진행
2014.11.22	국가과학원 지구환경정보연구소, 지리정보체계(GIS) 기술을 응용해 '전력망 관리지원 정보체계' 개발
2014.12.18	국가과학원 지구환경정보연구소, 지리정보체계에 의한 '산불 퍼짐 특성 해석 방법' 연구 완성 선전
2015.2.3	발명법을 정보산업시대에 맞게 수정·보충했다고 소개
2015.2.10	북 요리협회 서재요리정보기술교류사, 인터넷 홈페이지 '조선요리' 신설
2015.3.18	리과대학의 일기예보 과학화 실현에 기여하는 새로운 모의 지원 체계 개발 보도
2015.3.30	국가과학원 기계공학연구소, 컴퓨터 조정 체계를 갖춘 '6MN 수평관 압출 프레스' 개발·제작했다고 선전
2015.4.1	전자 상업 봉사 체계 '옥류' 운영과 전자카드 결재 및 판매 상품 등 소개
2015.4.4	과학기술 자료들을 전문적으로 검색할 수 있는 '열풍' 홈페이지 개설(이동통신용 '열풍' 개설) 선전
2015.4.7	평북종합대학 농업대학에서 '토양산도측정기(간단한 방법의 토양 pH값 측정)' 등 농업생산에 필요한 '휴대용 측정기구들 개발' 선전
2015.4.14	국가과학원 공업정보연구소에서 첨단 수준의 분산형 조종 체계의 국산화를 실현했다고 선전
2015.8.24	'전국 대학생 정보과학기술 성과 전시회', 31일까지 3대혁명전시관에서 개회
2015.8.26	삼홍정보기술교류소에서 개발한 도서열람기 '나의 길동무 2.0' 선전
2015.9.3	교육 부문, 원격교육 체계 완비 선전
2015.10.1	김책공업종합대학 원격교육대학, '이동통신망에 의한 원격교육 체계' 확립
2015.10.7	체신상에 김광철 전 부상 임명
2015.10.14	중앙정보통신국 창립 70주년 기념 보고회 개최

2015.11.2	'전국 체신 부문 과학기술 발표회', 6일까지 함경남도 함흥시에서 진행
2015.11.11~2015.11.18	제26차 '전국 프로그람 경연 및 전시회', 3대혁명전시관에서 진행
2015.11.24~2015.11.25	'전국 정보기술부문 과학기술 발표회', 평양에서 진행
2015.11.25	가정용 의료 진단 및 치료 지원 체계 '명의원', 각지 정보기술교류소에서 널리 판매·보급 보도
2015.11.30	산불방지 무선 원격 감시 시스템 도입 보도
2015.12.9	김책공업종합대학 교원·연구사들, 컴퓨터 단층 촬영 장치인 '조선식의 라선식 뇌 CT 설비' 개발
2016.1.15	철도성 정보기술연구소, 철도의 현대화를 위한 과학 연구 사업 활발히 진행
2016.1.31	김일성종합대학, '양자암호 통신기술' 개발
2016.3.8	농업 부문 일꾼·과학자·기술자들, "첨단과학기술에 의한 먼거리 영농 기술 문답 봉사 체계 확립 및 곧 시작" 예고
2016.3.10	전력공업성 중앙전력설계연구소 소장 지태학, 국가과학원 정보과학기술연구소 실장 조석철 결의 토론
2016.3.27	개성시 정보통신국, 휴대용 빛섬유(光) 케이블 용접기 연구 제작 국산화
2016.4.5	김책공업종합대학, 개별 설치된 '이동식그물우리양어장'들의 자동 사료 공급기 동력을 무선 조종으로 보장하기 위한 프로그람 신규 개발
2016.4.6	전국적인 산불 감시 정보 봉사 체계 확립, 중앙산불방지지휘소에서 산불 감시 정보 봉사 시작
2016.4.15	고려의학 부문, '첨단 과학기술에 의한 먼거리 의료 봉사 체계' 확립
2016.4.24	청진제2사범대학, 수백 건의 교육 지원 프로그람 개발
2016.5.3	김책공업종합대학 원격교육대학, 새 원격교육 체계 확립
2016.5.16	대동강텔레비죤수상기공장·아침콤퓨터합영회사, 수자식 텔레비죤 수상기 개발, 계열 생산 시작
2016.5.22	평양의료기구기술사, 휴대용 건강 검진기 새로 개발
2016.5.26	세포지구 축산기지건설장, 휴대용 수의 방역 설비 연구·개발, 도입성과 확대
2016.5.26	고려의학과학원,고려의학 부문에서 먼거리 의료 봉사 실시
2016.5.26	의약품 관리 정보체계 개발
2016.6.3	김책공업종합대학 정보기술연구소, 옥류아동병원의 정보화를 위한 수

	술장 화상 협의 체계 및 안드로이드용 비루스와전 개발
	국가표준 블로크 암호 '필승'의 제품화, 국가표준 암호학적 해시 함수 '불패'의 제품화
2016.6.14	목장에서 집짐승의 질량을 측정하고 중체률을 분석해 축산업 발전의 4대 고리 해결 결과를 종합평가 하는 데서 의의 있는 집짐승 자동식별 동적 계량 및 사양 관리 정보화 체계를 연구·도입
2016.6.24	김철주사범대학, 쌍방향통신 수단을 이용한 새 교수 방법 창조 및 도입
2016.7.15	전국 산림자원 관리 정보체계 개발
2016.7.22	산림 과학기술 보급 홈페이지 '황금산' 새로 개설·운영
2016.8.7	국가과학원 정보과학기술연구소, 양묘장 통합 생산체계 개발·과정 보도
2016.8.19	제7차 '국가과학원 정보기술 및 첨단기술 제품 전시회'(8.19~8.23) 진행
2016.9.7	최근 김형직사범대학의 원격교육 실시 보도
2016.9.13	평양철도종합대학 전자도서관 준공식
2016.9.17	통합조종실, 생산공정 컴퓨터 조종 체계를 이용해 현장 조종실에서 보내온 생산공정 자료들과 감시카메라 화면 자료들을 집중 감시 및 분석
2016.9.23	김책공업종합대학, 초음파와 마우스 등을 이용하는 새로운 전자칠판 제작 및 이를 이용한 새로운 교육 방법 등 도입되었다고 보도
2016.10.4	'전국 정보화 성과 전람회 2016'(10.4~10.7) 3대혁명전시관에서 진행, 개막사 김기남
2016.10.5	'전국 대학생 정보 과학기술 성과 전시회'(10.5~12) 과학기술전당에서 개막, 전용남 청년동맹중앙위원회 1비서가 개막사
2016.10.21	평양외국어대학·평양인쇄공업대학 등 6개 대학, 원격교육대학 신규 설립
2016.10.26	제27차 '전국 정보기술 성과 전시회'(10.26~11.3), 과학기술전당에서 개막
2016.11.1	'전국 체신 부문 과학기술 발표회'(11.1~4), 황해북도 사리원시에서 진행
2016.11.9	김일성종합대학에서 신규 개발한 첨단 수준의 응용 지리정보체계를 인민경제 여러 부문에 도입
2016.11.10	김일성종합대학 첨단과학연구원 정보기술연구소, 상식 문답 프로그람 '힘' 개발
2016.11.11	지능 발전에 도움을 주는 어린이 교육 지원 프로그람 '신비경'을 교육 부문에 도입 보도
2016.11.25	함북 북부 피해 지역 32개 학교·분교들, 국가 컴퓨터망 가입 사업 완결

체신성에서 300여 개소의 빛섬유 통신케이블 융착 공사를 14일까지, 6개 시·군의 체신분소와 학교에 설비 설치 및 망가입 위한 사업을 15일까지 완료

무산군, 학교·진료소를 비롯한 공공건물 완공 선전

2016.11.28	정보과학기술연구소와 자동화연구소, 정보기술 제품의 국산화 실현과 생산공정 등 확립
2016.11.29~2016.11.30	'전국 교육정보학 부문 과학기술 발표회', 과학기술전당에서 진행
2016.12.2	김일성종합대학 컴퓨터과학대학, 피부 측정 분석기를 연구·개발
2016.12.13.	인민경제대학 경제관리정보연구소 소장 김도영 및 20~30대 젊은 과학자들, 북한식 통합 경영 정보체계 프로그람을 개발
2016.12.27.	김정은, 룡산정보기술교류소 혜산룡산정보기술분소 책임자 박금희 등 양강도 근로자들에게 감사 전달
2016.12.28.	황해북도체신관리국, 에네르기 절약형 건물 건설
	북, 전국적인 산불 감시 정보 봉사 체계 확립 등 산림자원 보호 대책 강화(중앙통신)
2017.7.18	김일성종합대학 평양의학대학, 동의보감 열람 프로그람 '유산 1.0' 개발 (중앙통신)
2017.8.21	제8차 '국가과학원 정보기술 및 첨단기술 제품 전시회', 24일까지 국가과학원 및 국가과학원 산하 분원·연구소·대학 등 40여 개 단위 참가(중앙통신·중앙방송)
2017.8.29	지하 전동차 개발 관련 과학기술 발표회, 8월 30일(수)까지 철도성 정보기술연구소에서 진행.
2017.8.29	제18차 '교육 부문 프로그람 전시회' 개막
2017.9.11~2017.9.15	정보화 성과 전람회 진행
2017.10.12	'과학기술전당'의 '과학기술 보급망 체계 형성' 성과 선전(중앙통신)
2017.10.23	삼홍정보기술교류소에서 손전화(핸드폰) 및 판형 컴퓨터(태블릿 PC)에서 이용할 수 있는 도서 열람기 '나의 길동무 3.3' 및 '길동무 1.0' 개발 (중앙통신)
2017.10.24~2017.10.31	'대학생 정보과학기술 성과 전시회' 진행
2017.11.7~2017.11.13	제28차 '정보기술 성과 전시회', 과학기술전당에서 진행
2017.11.7~2017.11.10	'체신 부문 과학기술 발표회', 10일까지 평성에서 진행(중앙통신·중앙방송)

2017.11.14~2017.11.17	'정보기술 부문 과학기술 발표회' 진행(중앙통신)
2018.1.17	과학기술전당 준공 후 "2년간 방문자 수가 160여만 명, 전자 열람 봉사를 받은 수가 1500여만 명에 달한다" 선전(중앙통신)
2018.1.18	기상정보교류소와 기후연구소에서 내놓은 "농업 기상 전문 봉사 프로그람 '농업기상'"의 "농업 부문과 많은 단위들 이용 및 호평" 선전(중앙통신)
2018.8.3	'기초과학 부문 과학기술 발표회' 진행
2018.11.7	제29차 '정보기술 성과 전시회' 진행
2018.12.20	북한 경제발전을 추동한 과학기술 성과 실현
	국가과학원에서 통합 생산 체계 구축과 함께 양묘장의 경기질생산장·종자선별장 및 빛섬유레이자절단기와 새형의 다기능경사그물초지기 등 첨단 설비 개발
	김일성종합대학, 김책공업종합대학, 석탄연구원, 농업연구원 등 교육·과학 연구기관들에서 연소 모형 주조 공정 설비들과 국가 통합 전력 관리를 위한 전력 지리정보체계 및 새형의 풍력양수기와 벼종합수확기 개발
	북창화력발전련합기업소 PLC장치들과 실시간 분석체계를 비롯해 자체 분산형 조종 체계 등을 개발함으로써 김책제철련합기업소와 황해제철련합기업소비코크스제철법의 새로운 경지를 개척
2019.4.24	전민 과학기술 인재화 방침 강조
	김정은, 전민 과학기술 인재화의 구호로 근로자들이 지식형 근로자로 발전할 것을 튼튼히 준비
	"당이 제시한 전민 과학기술 인재화 방침의 요구에 맞게 온 사회에 과학기술 학습 열풍을 일으켜 전체 인민이 과학기술의 주인, 과학기술 발전의 담당자가 되도록 하여야 합니다."
	지식경제·정보산업의 시대인 오늘 과학기술을 틀어쥐면 강자가 되고 과학기술을 틀어쥐지 못하면 약자가 되기 마련임을 강조.
2019.7.24	'정보기술 부문 과학기술 발표회' 진행
2019.9.19	'대학생 정보과학기술 성과 전시회' 개막식 진행
	김일성종합대학 계응상농업대학 창립 60주년, '농업 부문 과학기술 성과 발표회' 진행

'전국 수의 축산 부문 과학기술 발표회', 사리원시에서 진행

청신무역회사 개발, '저회합활성수 다기능 약돌' 소개

'전국 재료 부문 과학기술 발표회 및 전시회' 평양에서 진행

2019.9.25   '전국 건설 부문 과학기술 발표회', 과학기술전당에서 진행

'전국 대학생 정보과학기술 성과 전시회' 폐막식, 과학기술전당에서 진행

2019.11.8   과학기술 중시의 관점과 일 본새를 국풍으로 확립할 것 강조

'전국 체신 부문 과학기술 발표회' 진행

제23차 '전국 체육 과학기술 성과 전시회', 새로운 체육 과학기술 적극
연구 도입

국토환경보호성 산림총국, 산불 감시와 통보 체계 정보화 구축

2019.11.12   '정보화 성과 전람회 2019' 진행, "숫자경제를 지향해가는 정보기술 발
전 전망 낙관"

2019.12.19   국가과학기술위원회, 기술무역봉사 '자강력' 사이트 개설

국가콤퓨터망에서 기술 제품과 과학기술 성과 자료에 기초, 신용거래
및 전자 업무 체계 모란봉기술무역회사 운영

2020년대

2020.3.17   휴대용 지지력 측정기 및 도로교통표식도화, 속도제한 턱, 도로 차단물
등 규격화

'도로 안정성과 문화성'을 높이는 데 필요한 과학기술 적극 개발

2020.4.1   국가과학원지구환경정보연구소, 재해 관리 정보체계 등 재해 방지를
위한 과학 연구 사업 전개 및 국가 통합 자연재해 관리 정보체계 구축

2020.4.19   신의주화장품공장 파견 등 평양기계대학 과학자, '생산공정 자동화, 무
인화 실현 등 과학기술 성과' 실현

2020.4.24   황해남도, 생산·경영 활동 컴퓨터화 실현된 해주종금장 건설

2020.4.27   정보기술 특성화고(기술고급중학교) 190여 곳 신규 증설

2020.5.18   과학백과사전출판사, 『조선속담사전』 등 사전 여러 종 전자화 진행

2020.5.19   함주군, 휴대용 컴퓨터 및 교육 설비 전달 등 교육 부문 후원 사업

외국문정보기술보급사, 어린이와 청소년용 지능 개발·상식 도서 『주산

	문제집』1, 2, 3권 및 『기묘한 수의 세계』 등 발간
2020.6.12	중앙과학기술통보사, 2020년도 '새 기술 소식' 50여 건, 과학기술 분석 자료 40여 건 작성
	김책공업종합대학 4학년 및 2학년생, 국제 프로그래밍 대회(코드세프)에서 나란히 1위와 2위 차지
2020.7.9	부전강발전소, 디지털(숫자식) 조속기의 성능 개선 사업과 4호 발전소 도입 수차 제작 사업 추진(중앙방송)
	해주기초식품공장, 경영관리의 정보화 및 생산공정의 자동화 등 통합 생산 체계 마감 단계(중앙방송)
2020.7.13	보건성, 평양종합병원 운영과 의료 봉사의 지능화·정보화
2020.7.18	평양종합병원 건설을 비롯해 통신 시설 하부망 전력 및 통신케이블 증설 목적의 하부망 공사 완공(중앙방송)

김정일·김정은 집권 시기 ≪과학원통보≫에 실린 ICT 관련 논문 목록

번호	권호명	논문명
1	2000-2호	「정보론적 수법을 리용한 자료 분류의 한가지 방법」
2	2000-3호	「ATM망에서 셀지연 변동을 허용하는 사용량 파라메터 조종방법에 대한 연구」
3	2000-3호	「콤퓨터 수식처리 체계에서 기호행렬식 수식계산 알고리즘에 대한 연구」
4	2000-3호	「몽떼까를로법에 의한 폴리초산비닐단분산라텍스의 침강 및 침강확산평형과정의 콤퓨터 모의」
5	2000-5호	「인공신경망을 리용한 독립다중원천신호들의 적응적추정에 관한 연구」
6	2000-6호	「진동형상관인자에 의한 Rae방법에서 교환전자상관파라메터의 계산」
7	2001-3호	「준우연 위상부호를 리용한 위상변조신호의 스펙트르 해석에 관한 연구」
8	2001-4호	「로보트기계손의 조종성능타원체와 그의 해석적 평가지표에 대한 연구」
9	2001-5호	「정보론적수법에 의한 자료 분류」
10	2002-1호	「콤퓨터화상처리에 의한 벼속(Oriza L.)식물의 AFLP분석」
11	2002-2호	「Tl -계 고온산화물초전도체미소다리에서의 마이크로파수감에 대한 연구」
12	2002-3호	「주파수령역에서 2자유도계의 반결합보상기의 한가지 구성법」
13	2002-3호	「기상위성 NOAA/AVHRR화상과 자원위성 Landsat/TM화상의 위치중첩 정확도개선방법에 대한 연구」
14	2002-4호	「자료기지에서 지식발견」
15	2002-5호	「다차원통계자료의 한가지 돌출해석방법」

39	2007-1호	「GenBank자료기지의 압축, 검색 및 열람체계를 구축하기 위한 연구」
40	2007-2호	「GMDH의 일반성을 높이기 위한 한가지 방법」
41	2007-2호	「모호검색어변환에 기초한 분류-주제통합사전의 개발」
42	2007-2호	「콤퓨터동화상에서 곡면에 대한 강체의 련속 접촉 실현의 한가지 방법」
43	2007-3호	「RAKE분집수신을 리용한 격자부호변조스펙트르확산 CDMA통신체계의 성능개선에 대한 연구」
44	2007-3호	「부분전력 계통운영에서 단기 전력예측체계와 자료기지의 설계」
45	2007-3호	「인공지구위성의 온도해석을 위한 한가지 방법」
46	2007-4호	「여러개의 RSC부호들의 평행련접 turbo복호기의 에르고드성」
47	2007-4호	「J2EE환경에서 Java스트라츠들과 Java봉사기대면부틀을 결합한 웨브응용 프로그람개발의 한가지 방법」
48	2007-4호	「원격시험체계의 XML표준화에 대한 연구」
49	2007-5호	「대수적부호에 기초한 한가지 비밀열쇠우연암호」
50	2007-5호	「API함수 Hook에 의한 망통신자료추출의 한가지 방법」
51	2007-5호	「제곱분해법에 기초한 RSA공개열쇠암호화알고리듬의 속도성능개선에 대한 연구」
52	2007-5호	「콤퓨터에 의한 란다우대칭상의 공간군결정」
53	2007-5호	「홍채에 의한 생체식별의 한가지 방법」
54	2007-6호	「영조기계번역에서 병렬접속사처리에 대한 연구」
55	2007-6호	「의미적련관어를 리용한 조선어명사단어의 개념클라스터화」
56	2007-6호	「통계쏘프트웨어 STATISTICA에서 STATISTICA BASIC언어의 특성」
57	2007-6호	「다경로환경에서 직교분할다중변조에 의한 전력선통신체계의 성능해석에 대한 연구(OFDM)」
58	2007-6호	「DSP체계쌍방향중단통신의 한가지 방법에 대한 연구」
59	2008-1호	「대칭열쇠암호체계 PR=(K, E, D)에서 통로부호화의 관계에 대한 연구」
60	2008-1호	「영조기계번역에서 주제를 리용한 의미해석의 한가시 방법」
61	2008-1호	「증명가능한 안정성을 가지는 정보은닉체계의 한가지 구성법」
62	2008-1호	「불확정카오스계의 로바스트 적응 추종 및 동기실현에 대한 연구」
63	2008-2호	「화상블로크특징에 기초한 전자은서방법에 대한 연구」
64	2008-2호	「정보은닉학에서 추정한 은닉통보길이의 정확성을 개선하기 위한 방법」
65	2008-3호	「초다양체에서 내부접속과 접속형식」

148	2012-3호	「중어단어조성특성과 n-Gram모형을 리용한 조-중횡단검색지원의 한가지 방법에 대한 연구」
149	2012-3호	「IRT에 기초한 컴퓨터 적응시험의 실현방법」
150	2012-3호	「TDM방식에 의한 여러장치 조종체계에서 직렬통신결합에 대한 연구」
151	2012-4호	「타원곡선암호화에 기초한 개선된 IKE열쇠교환체계」
152	2012-4호	「대행체를 리용한 정보검색에서 통신처리 및 시간비용을 줄이는 한가지 방법」
153	2012-4호	「ASM을 리용하는 오라클봉사기의 자동기동실현의 한가지 방법」
154	2012-4호	「다차원문헌시계렬에 의한 문헌정보표현의 한가지 방법」
155	2012-4호	「주제개념그라프에 의한 문헌주제표현방법에 대한 연구」
156	2012-4호	「다중프락탈에 의한 화상경계 검출의 한가지 방법」
157	2012-4호	「WSN에서 한가지 고속시간동기화방법」
158	2012-5호	「쏘프트웨어공정효과성 개선을 위한 실체의존성분석의 한가지 방법」
159	2012-5호	「오라클쏘프트웨어의 실패를 고려한 자료기지회복의 한가지 방법」
160	2012-5호	「로그령역에서 LDPC부호의 확장된 최소합 알고리듬」
161	2012-5호	「기록장성모형에 기초한 예견기록 작성방법에 대한 연구」
162	2012-5호	「주파수변화를 고려한 전력계통-제한조류 계산방법」
163	2012-6호	「원격지능교수체계에서 적응적인 학습자모형의 한가지 실현방법」
164	2012-6호	「OFDM체계의 성능개선을 위한 산수평균-기하평균사이부등식에 기초한 비트적재방법」
165	2012-6호	「동화상워터마킹에서 워터마크삽입과 추출의 한가지 방법」
166	2012-6호	「문헌검색체계에서 판단모형에 기초한 잠재의미색인화에 대한 연구」
167	2012-6호	「원격방식에 기초한 조작체계의 자동설치에 대한 연구」
168	2013-1호	「청각특성을 반영한 웨이블리트려파기묶음과 잡음마스크효과를 리용한 잡음억제의 한가지 방법」
169	2013-1호	「용어근접성과 류사성 평가에 기초한 Passage검색의 한가지 방법」
170	2013-1호	「베이스신경망에 의한 레이다신호의 임풀스 압축처리」
171	2013-1호	「비동기기호주기성검출에서 최대유효부분순서렬 발굴에 대한 연구」
172	2013-1호	「벡토르화된 례외조종기를 리용한 프로그람의 오유수정방법」
173	2013-1호	「인쇄체조선어문자인식에서 자모검증에 기초한 상세식별의 한가지 방법」
174	2013-1호	「전문가정보를 리용한 문헌검색체계실현의 한가지 방법에 대한 연구」

232	2015-5호	「XML에 기초한 가상자료기지를 리용한 자료기지시험방법에 대한 연구」
233	2015-5호	「UML상태기계의 모형검사를 위한 RTC걸음의 모의알고리듬에 대한 연구」
234	2015-5호	「WDM체계에서 SMF G.652의 분산특성」
235	2015-6호	「실시간 호출의 평균통화 활성도를 고려한 OVSF-CDMA체계에서 OCHM 을 리용한 부호나무 리용률 개선에 대한 연구」
236	2015-6호	「실시간 다매체봉사를 위한 망련결 상태의 감시 및 자동회복 실현의 한가 지 방법」
237	2015-6호	「유한요소법에 의한 가교폴리에틸렌절연의 물트리링렬화특성해석」
238	2015-6호	「MODIS자료에 의한 겉면반사률평가방법에 대한 연구」
239	2016-1호	「신호에네르기 경계조건을 리용한 OFDM 통신체계의 IQ불균형성추정의 한가지 방법」
240	2016-1호	「업무류형에 따르는 영상매체 처리과제들의 부하분산실현의 한가지 방법」
241	2016-1호	「다중DSP계에서 자료 및 기능병렬화를 결합한 가변길이 련속프레임의 실 시간처리방법」
242	2016-1호	「WCDMA이동통신체계에서 동적우선권분배를 리용한 통로할당방법」
243	2016-1호	「리산푸리에려파방법을 리용한 한가지 스펙클잡음 제거방법」
244	2016-2호	「련속위상변조를 리용하는 협동분집방식에 의한 무선 수감부망 통신체계 성능제고의 한가지 방법」
245	2016-2호	「전경 및 배경해석과 유전알고리듬을 리용한 필기수자렬인식의 한가지 방법」
246	2016-2호	「WDK를 리용한 완전개방형CNC체계의 실시간처리부구성에 대한 연구」
247	2016-3호	「고정소수점수자신호처리소자를 리용한 ANC체계에서 보상방법에 기초 한 소음제거성능제고」
248	2016-3호	「이동체의 위치계산에 자동 무선 라침판 리용」
249	2016-4호	「프락탈QRS-복체패턴인식」
250	2016-4호	「불법침입자 검증가능한 비밀공유도식의 구성에 대한 연구」
251	2016-4호	「화상표시와 차원축소에 의한 자료시각화를 리용한 교육정보 분석방법에 대한 연구」
252	2016-4호	「System Generator에 의한 OFDM부호동기실현에 대한 연구」
253	2016-4호	「LED 배렬광원의 콤퓨터 모의설계에 대한 연구」
254	2016-5호	「망밀음성에 대한 한가지 연구」

255	2016-5호	「VoIP가입자접속장치구성의 한가지 방법」
256	2016-6호	「새로운 훈련부호에 기초한 OFDM신호의 부호동기알고리듬」
257	2016-6호	「PLC(전력선통신)개발도구를 리용한 통신규약해득에 대한 연구」
258	2016-6호	「동일다중처리기체계에서 준분할형EDF계획화의 성능개선에 대한 연구」
259	2017-1호	「고차확장유한요소법에 의한 선형탄성균렬해석에서 무게함수의 영향」
260	2017-1호	「웨이블리트와 DTW를 리용한 필기악보의 필자식별방법」
261	2017-1호	「중소규모의 쏘프트웨어 개발조직들에서 프로젝트 성공요인들에 대한 한 가지 분석방법」
262	2017-1호	「고속철도정보화에서 안전성평가를 위한 지표체계의 구성과 한가지 평가 방법」
263	2017-1호	「패턴에 기초한 업무흐름공정오유처리의 한가지 방법」
264	2017-1호	「대규모정보체계에서 총적구조설계의 최량화방법」
265	2017-1호	「직렬통신방식의 증분형엔코더를 내장한 고정밀동기전동기의 속도조종 에 대한 연구」
266	2017-2호	「무선 수감부망에서 자료 전송 나무의 한가지 적응구축방법」
267	2017-2호	「국부망에 의한 병행계산체계에서 한 형태의 련립1차방정식의 고속계산 알고리듬에 대한 연구」
268	2017-2호	「두 주파수 측심기의 수자 조종단 설계와 실현」
269	2017-3호	「복합 기능 블로크들을 가진 IEC 61499응용의 구조모형에 대한 연구」
270	2017-3호	「합성수에 기초한 ElGamal 수자 서명의 고속변종」
271	2017-3호	「SDN을 리용하여 구름계산체계에서 망통신을 개선하기 위한 한가지 방법」
272	2017-4호	「이종콤퓨터에서 속도제고」
273	2017-4호	「련속공정콤퓨터감시조종체계에서의 근방최량화방법에 기초한 모형예측 조종」
274	2017-6호	「GIS(지리정보시스템)에 의한 지형의 형태적분류방법」
275	2018-1호	「룽선밀도추정을 리용한 지문화상의 초기강조」
276	2018-1호	「복합기능블로크들을 가진 IEC 61499응용의 실행모형」
277	2018-1호	「보안통표를 리용한 쏘프트웨어사용허가관리의 한가지 방법」
278	2018-1호	「임풀스잡음진폭제한을 위 한 최량턱값결정방법」
279	2018-2호	「병원의료정보체계의 실현에서 의료진단전문가체계의 자동생성」
280	2018-2호	「정보융합에 의한 쏘프트웨어군탐지체계의 광대역화방법」

308	2019-2호	「SQL에 의한 결심표의 핵속성찾기의 한가지 방법」
309	2019-2호	「그라디엔트히스토그람을 리용한 방향성마당내보간 순차화방법의 개선」
310	2019-2호	「특징점서술자와 무리짓기에 기초한 지문첨수화방법」
311	2019-2호	「MC-CDMA통신체계에서 주파수-시간령역 위상잡음보상의 한가지 방법」
312	2019-2호	「수자식 쉬로그라피 간섭측정의 콤퓨터 모의」
313	2019-2호	「위성해양자료기지구축의 한가지 방법」
314	2019-3호	「감쇠진동자를 통하여 호상작용하는 위상진동자들의 비동기상태의 안정성」
315	2019-3호	「심층학습에 의한 얼굴인식」
316	2019-3호	「스테가노그라피방법의 안전성을 높이기 위한 한가지 방법」
317	2019-3호	「초음파송수신기의 지향성결정을 위한 한가지 방법」
318	2019-4호	「비등간격푸리에자료로부터 신호경계검출을 위한 유한푸리에흐레임수축 인수방법」
319	2019-4호	「면역학원리를 리용한 공업조종망보안체계의 구성과 망환경의 믿음성평 가방법」
320	2019-4호	「리상적인 대조도를 가지는 시각암호학방식구성」
321	2019-4호	「색인어출현위치목록부호화에서 압축률을 높이기 위한 한가지 방법」
322	2019-4호	「무선통신에서 합리적인 성좌도회전행렬 결정방법」
323	2019-5호	「임의의 화소확장을 가지는 확률적시각암호학방식의 구성방법」
324	2019-5호	「Hadoop에 기초한 농업과학기술정보봉사체계의 설계」
325	2019-6호	「음성변동에 안정한 음성신호의 시간-주파수특징추출의 한가지 방법」
326	2019-6호	「인공신경망을 리용한 병원정보체계프로젝트의 개발로력평가 방법」
327	2019-6호	「Hadoop에 기초한 Web본문분류방법」
328	2019-6호	「화상정보처리에서 불균등분포되는 자료삽입률을 평활화하는 한가지 방법」
329	2019-6호	「16분, 4분혼합나무를 리용한 피라미드화된 원격조사화상타일의 효과적 인 관리방법」
330	2019-6호	「음성분석에서 잡음특징량들과 주기성을 나타내는 특징량들의 관계」
331	2019-6호	「푸리에변환에 의한 시누스형투영무늬의 대조도평가에 기초한 3차원형태 측정」
332	2019-6호	「지자기마당측정에 기초한 저궤도위성의 궤도결정」

찾아보기

지은이

/

남성욱

미국 미주리주립대학교(University of Missouri-Columbia)에서 응용경제학 박사학위를 받고 **2002년부터** 고려대학교 통일외교학부 교수로 있다.

국가안보전략연구소 소장(2008~2012, 차관급), 민주평화통일자문회의 사무처장(2012~2013, 차관급), 문화일보 객원논설위원(2014~2015), 법무부 법무연수원 통일관계 자문교수(2014~2017), 국방부 정책자문위원(2014~2017), 중소기업중앙회 통일경제위원회 공동위원장(2014~2018), 고려대학교 아세아문제연구소 북한연구센터장(2014~2019), 고려대학교 행정전문대학원장(2016~2021), 통일부 남북관계발전위원회위원(2017~2018)을 역임했다.

현재 통일부 산하 사단법인 남북경제연구원 원장(2004~현재), KBS 북한문제 객원해설위원(2005~현재), 한국북방학회 고문(2007~현재), 기상청 남북관계자문위원(2007~현재), 보다나은미래를위한 반기문재단(2019~현재)로 활동하고 있다.

주요 연구실적으로는 저서로 *Mysterious Pyoungyang: cosmetics, beauty culture and north korea* (2020), *North Korean Nuclear Weapon and Reunification of Korean Peninsula* (2018), *South Korea's 70 years for Diplomacy, National Defense and Unification of Korean Peninsula* (공저, 2018), 『북한여성과 코스메틱』(공저, 2017), 『현대 북한의 식량난과 협동농장 개혁(개정판)』(2016), 『한국의 외교 안보와 통일 70년: 1945~2015』(공저, 2015), 『개방과 폐쇄의 딜레마, 북한의 이중적 경제: 북한의 경제』(공저, 2012), 『한반도 상생 프로젝트: 비핵·개방 3000 구상』(공저, 2009), 『북한의 급변사태와 우리의 대응』(공저, 2007), *Contemporary food shortage of north korea and reform of collective farm*(Germany, 2006), 『현대 북한의 식량난과 협동농장 개혁』(2004), 『북한의 정보통신(IT) 발전전략과 강성대국 건설』(2002), 『사회주의와 북한 농업』(공저, 2002), 『북한경제의 특성과 경제운용방식』(공저, 2002)과 번역서로 『김일성의 북한: CIA 북한보고서』(공역, 2001)가 있다.

한울아카데미 2317

4차 산업혁명 시대 북한의 ICT 발전과 강성대국

지은이 ┃ 남성욱
펴낸이 ┃ 김종수
펴낸곳 ┃ 한울엠플러스(주)
편집책임 ┃ 최진희
편집 ┃ 이동규

초판 1쇄 인쇄 ┃ 2021년 11월 1일
초판 1쇄 발행 ┃ 2021년 11월 19일

주소 ┃ 10881 경기도 파주시 광인사길 153 한울시소빌딩 3층
전화 ┃ 031-955-0655
팩스 ┃ 031-955-0656
홈페이지 ┃ www.hanulmplus.kr
등록번호 ┃ 제406-2015-000143호

Printed in Korea.
ISBN 978-89-460-7317-3 93320 (양장)
       978-89-460-8096-6 93320 (무선)

* 책값은 겉표지에 표시되어 있습니다.
* 무선 제본 책을 교재로 사용하시려면 본사로 연락해 주시기 바랍니다.